A STUDY OF INTERNATIONAL LAW ON GENETIC RESOURCES

遗传资源国际法
问题研究

张小勇 / 著

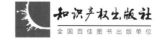

知识产权出版社
全国百佳图书出版单位

图书在版编目（CIP）数据

遗传资源国际法问题研究 / 张小勇著 .—北京：知识产权出版社，2017.1

ISBN 978-7-5130-4730-2

Ⅰ . ①遗… Ⅱ . ①张… Ⅲ . ①生物资源—种质资源—国际法—研究Ⅳ . ① D996.9

中国版本图书馆 CIP 数据核字（2016）第 323242 号

内容提要

本书以《生物多样性公约》及其《名古屋议定书》和《粮食和农业植物遗传资源国际条约》作为研究对象，运用历史研究、比较研究、法解释学等研究方法，梳理和考察这三大国际法律文书的缔结背景，解释并评析它们所确立的主要制度和规则，总结和归纳它们在实施过程中所取得的相关进展，以期为我国实施这些国家法律文书提供智力支持。

责任编辑：龚 卫　　　　　　　　　　　责任校对：谷 洋

装帧设计：张 冀　　　　　　　　　　　责任出版：刘译文

遗传资源国际法问题研究

Yichuanziyuan Guojifa Wenti Yanjiu

张小勇　著

出版发行：知识产权出版社有限责任公司	网　　址：http://www.ipph.cn		
社　　址：北京市海淀区西外太平庄 55 号	邮　　编：100081		
责编电话：010-82000860 转 8120	责编邮箱：gongway@sina.com		
发行电话：010-82000860 转 8101/8102	发行传真：010-82000893/82005070/82000270		
印　　刷：三河市国英印务有限公司	经　　销：各大网上书店、新华书店及相关专业书店		
开　　本：787mm×1092mm　　1/16	印　　张：24.5		
版　　次：2017 年 1 月第 1 版	印　　次：2017 年 1 月第 1 次印刷		
字　　数：390 千字	定　　价：78.00 元		

ISBN 978-7-5130-4730-2

前　言

　　遗传资源是人类生存与发展最根本的物质基础，是一个国家具有战略意义的资源。遗传资源在许多产业部门的产品开发活动中发挥着举足轻重的作用，其被认为是应对诸多领域中的重要社会挑战（如保障粮食安全、研发挽救生命的新药、适应气候变化及消除贫困等）的基础。

　　在过去的30年间，遗传资源发展为国际"造法"活动的主题，国际社会先后缔结了《生物多样性公约》《粮食和农业植物遗传资源国际条约》和《〈生物多样性公约〉关于获取遗传资源与公正和公平分享其利用所产生惠益的名古屋议定书》（以下简称《名古屋议定书》）。这三大国际法律文书确立了一致性的目标，即公正和公平地分享利用遗传资源所产生的惠益。这一目标的确立意义重大，这为创建一个公正的利用遗传资源的国际秩序奠定了坚实的法律基础。然而，要实现这个目标并非易事，其面临着来自不同方面的挑战。唯有包括政府、公共机构、私营部门及土著和地方社区等在内的所有利益相关者积极行动起来，采取符合以上国际法律文书要求的措施，才能在国家和社区层面实现公正和公平分享惠益的目标。

　　自20世纪80年代以来，国外学界主要为了配合上述国际法律文书的谈判和实施就遗传资源涉及的法律问题，特别是控制或归属、获取和惠益分享等展开了深入的讨论，并且推出了相当多的研究成果。这些研究成果对于厘清遗传资源法律问题的由来、阐明国际法律规则的含义以及推动这些规则的国际和国内实施发挥了关键的作用。国内学界则从90年代后期以来开始关注和研究《生物多样性公约》关于遗传资源问题的规定以及与遗传资源有关的知识产权问题，并主要从我国实施公约的角度提出了一些对策和建议。进入21世纪之后，《粮食和农业植物遗传资源国际条约》先后于2001年11月和2004年6月获得通过和生效，《生物多样性公约》框架下的《名古屋议定书》先后于2010年10月和2014年10月获得通过和生效。我国作为粮食和农业植物遗传资源保存总量居世界第二位的国家和生物多样性最丰富的国家之一，面临着加入和在国内实施这两份国际法律文书的压力和任务。①毫无疑问，在国内实施这两份国际法律文书必须建立在全面和深入理解它们各自实体条款的基础之上。这就要求国内学界加大对遗传资源国际法律文书的研究力度，从而为我国实施这些国际法律文书提供智力支持。

基于上述考虑，本书以《生物多样性公约》及其《名古屋议定书》和《粮食和农业植物遗传资源国际条约》作为研究对象，运用历史研究、比较研究、法解释学等研究方法，全面梳理和考察这三大国际法律文书的缔结背景，详尽解释并评析它们确立的主要制度和规则，细致总结和归纳它们在实施过程中取得的有关进展。

本书在结构上分为上下两篇：上篇为"遗传资源的获取和惠益分享的一般性国际法律文书"，包括《生物多样性公约》和《名古屋议定书》两章内容；下篇为"遗传资源的获取和惠益分享的专门性国际法律文书"，包括《粮食和农业植物遗传资源国际条约》一章内容。作出这种安排的原因有三点，需要在此加以说明。其一，遗传资源的获取和惠益分享制度是这三份国际法律文书的核心制度，当然也是本书研究的主要对象。本书因此将遗传资源的获取和惠益分享这一表述放置在篇名之中。其二，《名古屋议定书》是为进一步实施《生物多样性公约》关于获取和惠益分享的规定而缔结的国际条约，《生物多样性公约》和《名古屋议定书》是一体化的，它们体现了国际环境立法中的"框架条约+议定书"模式。而《粮食和农业植物遗传资源国际条约》是联合国粮农组织主管的一个独立存在的特别条约。本书因此将它们分别置于上下篇之中。其三，《名古屋议定书》明确使用"获取和惠益分享专门性国际文书"的提法，这表明，《生物多样性公约》及其《名古屋议定书》是获取和惠益分享的一般性国际文书。而《粮食和农业植物遗传资源国际条约》是目前唯一具有法律约束力的获取和惠益分享专门性国际文

---

① 我国已于2016年6月8日加入《名古屋议定书》，并于9月6日正式成为缔约方。但截至目前尚未加入《粮食和农业植物遗传资源国际条约》。

书。本书因此区分了遗传资源的获取和惠益分享的一般性和专门性国际法律文书。

全书由前言、绪论、正文（第一章至第三章）组成。

前言阐明本书的研究背景、国内外研究现状、研究方法、结构安排以及研究内容。

绪论论述了遗传资源国际法的一般性问题：一方面，考察和揭示国际社会谈判和缔结遗传资源国际法律文书的深层次的原因和背景；另一方面，分析和概括论述遗传资源国际法的作用以及发挥相关作用所依托的治理框架。

第一章《生物多样性公约》首先梳理和考察促成《生物多样性公约》缔结的有关事实和因素，其次分析和解释《生物多样性公约》的特点、一般性规定以及生物多样性的保护和可持续利用的规定。本章的重点是分析和探讨《生物多样性公约》中的遗传资源的获取和惠益分享制度。这一部分内容论述遗传资源的获取和惠益分享制度的发端和确立的过程，接着对本书中最重要的概念——遗传资源的定义进行深入的讨论和解析，运用法解释学的方法对《生物多样性公约》中的遗传资源的获取和惠益分享制度作出详尽的解释、分析和评论。本章最后介绍《关于获取遗传资源与公正和公平分享其利用所产生惠益的波恩准则》的谈判和通过背景及其主要内容。

第二章《名古屋议定书》首先分析和阐明发起谈判并最终缔结《名古屋议定书》的关键事实和过程，接着解释和探讨《名古屋议定书》的一般性规定及其问题，再下来运用法解释学方法详尽地解释、分析和评论《名古屋议定书》关于遗传资源的获取和惠益分享、与遗传资源相关的传统知识、遵守、监测利用遗传资源等重要规定，最后对《名古屋议定书》所规定的其他三个重要问题进行分析和讨论。

第三章《粮食和农业植物遗传资源国际条约》首先全面梳理和考察植物遗传资源问题国际化的缘起以及相应的努力和成果，接下来按照《粮食和农业植物遗传资源国际条约》的框架结构，运用法解释学的方法详尽地解释、分析和评论《粮食和农业植物遗传资源国际条约》的一般性规定、关于粮食和农业植物遗传资源的保护和可持续利用、"农民权"、获取和惠益分享多边系统等重要规定，然后对作为实施获取和惠益分享多边系统的法律工具的《标准材料转让协议》逐条加以解析，最后解释和评析《粮食和农业植物遗传资源国际条约》的一种重要支持成分（国际农业研究磋商组织所属各国际农业研究中心及其他国际机构持有的粮食和农业植物遗传资源非原生境收集品）以及关于供资战略的规定，在阐述这两个方面的规定时总结并指出《粮食和农业植物遗传资源国际条约》在实施中所取得的重要进展。

目 录

上　篇　遗传资源的获取和惠益分享的 一般性国际法律文书

下 篇 遗传资源的获取和惠益分享的专门性国际法律文书

绪论 遗传资源与国际法

自20世纪70年代末以来，国际社会发起了谈判和缔结遗传资源国际法律文书的行动。从1983年的《植物遗传资源国际约定》到2010年的《名古屋议定书》，这一行动持续了大约30年，其结果就是推出了三个具有法律约束力的国际条约，即《生物多样性公约》及其《名古屋议定书》和《粮食和农业植物遗传资源国际条约》。这三大国际条约建立起了一个治理遗传资源的保护、可持续利用、获取以及惠益分享等问题的法律框架。事实上，国际社会针对遗传资源进行"造法"的活动并没有完结，相关国际组织正在各自主管领域内推进解决特定的遗传资源问题或特定类别或区域的遗传资源所涉及问题的商讨和谈判活动，未来还会缔结新的遗传资源国际法律文书。

那么，有关国际组织为什么要发起谈判和缔结遗传资源国际法律文书的行动？为什么遗传资源问题会进入国际"造法"的视野？国际法在治理遗传资源的问题上将发挥什么样的作用？国际社会为治理遗传资源问题建立起了一个什么样的法律框架？绪论将着力分析并阐明这些一般性的问题，从而为本书具体章节的论述奠定一个必要的基础。

一、遗传资源、南北冲突与国际法回应

遗传资源是人类生存和发展最为宝贵和重要的自然资源之一。[①]自从农业产

[①] 根据有关文献的记载，"遗传资源"（genetic resources）这一术语从20世纪60年代后期开始被使用。联合国粮农组织在1967年主持召开植物遗传资源考察、利用和保存技术大会，推出了一本名为"植物中的遗传资源：考察及保存"的出版物，一个新的术语"遗传资源"就这样产生了。在此之前，人们使用的是另外一个术语——"种质"（germplasm）。种质是由德国生物学家魏斯曼在19世纪末创立的。从科学意义上说，种质是指遗传材料，它们构成了遗传的物质基础并借助生殖细胞从一代传递给下一代，而遗传资源指植物、动物或其他生物体的含有具有实际或潜在价值的有用性状的种质。可见，种质的外延要大于遗传资源，尽管如此，种质和遗传资源经常被作为同义语而使用。See Jack R. Kloppenburg, JR. (ed.), *Seeds and Sovereignty: The Use and Control of Plant Genetic Resources,* Duck University Press, 1988, pp. 21-22. International Board for Plant Genetic Resources, *Elsevier's Dictionary of Plant Genetic Resources*, Elsevier Science Publishers B.V., 1991, pp. 74, 76.

生以来，人类就有意识或无意识地利用植物和动物的遗传资源。经过驯化的动植物在人类文明的演进过程中一直都在不同地区和大陆之间进行着交换。借助经济和军事上的优势，欧美国家在过去的几个世纪不断从物种丰富和多样的南半球国家收集和获取具有经济利用价值的植物遗传资源。进入20世纪之后，在科技进步和产业发展等力量的推动下，美欧国家逐步将知识产权保护延伸至经过改良和修饰的植物遗传资源，从而实现了通过私有财产权控制植物品种和植物有关组成部分的目标。而为这些受保护客体的培育和开发提供了原始投入材料——植物遗传资源的发展中国家则遭受到了严重的不公平对待。

20世纪70年代末，南北双方针对植物遗传资源的控制或归属等问题产生了激烈的冲突。遗传资源问题由此逐渐发展成为国际立法的一项主题，国际法因而被选择作为回应和化解南北冲突的一个关键工具。经过国际社会近30年的努力，一个由包含遗传资源国际法律规则的框架公约以及专门以遗传资源问题作为治理对象的国际条约组成的新的国际法领域诞生了。

为了更加充分地揭示遗传资源问题的来龙去脉，我们首先看20世纪之前驯化动植物的交换以及植物遗传资源从南半球向北半球流动的相关情况。

大约在1万～1.2万年前，我们新石器时代的祖先开始从狩猎和采集野生植物缓慢地、从表面上看来无法抗拒地转向对于农业的依赖，这可能是人类曾经对"自然"环境所作出的最大改变。在这个时期，人类正在利用的为数不多的植物和动物被驯化了。[①]人类驯化野生动植物，以因此而产生的牲畜和农作物为食，这样一来粮食生产就出现并逐步发展起来。随着粮食生产的传播，经过驯化的动植物在不同区域和大陆之间开始相互流动。世界上的很多地方通过引进其他地方驯化的动植物发展或丰富了粮食生产。[②]

经过驯化的植物，也就是栽培植物及其繁殖材料向新地区的不断传播是一个永恒的人类史特征。但这一传播进程长期以来以在生态适应的边缘缓慢延伸作为其特征。[③]不过，随着1492年哥伦布发现美洲新大陆，植物及其繁殖

---

① Cary Fowler, Regime Change: Plant Genetic Resources in International Law, *Outlook on Agriculture*, Vol. 33, No. 1, 2004.

② 参见［美］贾雷德·戴蒙德：《枪炮、病菌与钢铁：人类社会的命运》（修订版），谢延光译，上海译文出版社2014年版，第57-103页。

③ Jack R. Kloppenburg, JR. (ed.), *Seeds and Sovereignty: The Use and Control of Plant Genetic Resources*, Duck University Press, 1988, p. 4.

材料在新旧大陆之间经历了一场史无前例的广泛交换，这就是所谓的"哥伦布大交换"（Columbian Exchange）。①已经从非洲、亚洲和欧洲其他地方辗转进入西欧的大量作物被引进到美洲，而且许多极其重要的"新世界"作物被引入欧洲。例如，苹果、香蕉、大麦、咖啡、莴苣、小米、燕麦、洋葱、水稻、茶树、大豆、菜豆、甘蔗以及小麦来到"新世界"。甜椒、辣椒、可可、玉米、木薯、鹰嘴豆、马铃薯、南瓜、西葫芦、向日葵、烟草、西红柿被第一次带回欧洲，并接着走进非洲和亚洲。

"哥伦布大交换"使得植物及其繁殖材料的流动获得了一个全球性的维度，而一个处于上升势头的资本主义成为进一步塑造这一进程的驱动力。殖民国家不仅掠夺新世界的黄金和白银等贵重金属，而且花大力气进行植物及其种子（种质）的"原始积累"。在殖民时期，欧洲人从殖民地广泛收集植物及其种子，以便在其他拥有适宜环境条件的殖民地进行物种选择、繁殖和种植。殖民当局对于建立它们控制下的某些拥有极高价值的作物的生产特别感兴趣，因为这些作物的贸易能给它们带来丰厚的利润。在某些场合，殖民当局公开表达了垄断某些经济作物（例如靛蓝）生产和贸易活动的渴望，并且试图建立起这种垄断。②由于在殖民地提取剩余价值的焦点从贵重金属转向农产品，种质因此被认定是一种极其重要的具有战略性的资源，植物和种质的流动呈现出巨大的政治和经济重要性。欧洲一些殖民国家曾费尽心思地阻止竞争者获得有用的植物种质。③

欧洲殖民当局在18世纪创建了一个世界性的植物园网络，这一举措直接关乎与殖民地农业发展相联系的经济需要。④这些植物园系统地收集世界上的植物材料，其目标在于确定它们的商业应用性以及可能种植的区域。一个新

---

① "哥伦布大交换"是美国社会历史学家艾尔弗雷德·W·克罗斯比（Alfred W. Crosby）用以描述自1492年以来在新旧世界之间发生的农作物及家禽牲畜的相互交换而使用的一个术语。[美]艾尔弗雷德·W·克罗斯比：《哥伦布大交换：1492年以后的生物影响和文化冲击》，郑明萱译，中国环境出版社2010年版。

② Cary Fowler and Richard Lower, Politics of Plant Breeding, *Plant Breeding Reviews,* Vol. 25, 2005.

③ Jack R. Kloppenburg, JR. *First the Seed: The Political Economy of Plant Biotechnology, 1492-2000,* 2nd Edition, The University of Wisconsin Press, 2004, p. 154.

④ 这些植物园分布在欧洲的英国、法国、西班牙和荷兰等国以及这些国家的海外殖民地。其中最著名的植物园是位于英国伦敦基尤（Kew）的皇家植物园（Royal Botanic Garden at Kew）。两个世纪以来，皇家植物园（邱园）派遣收集人员到世界上几乎所有国家寻找具有潜在利用价值的观赏植物、药用植物和作物的野生近缘植物，收集到的各种各样的植物达5万种之多。

生的植物科学此时被召来为资本服务，大部分植物学信息特别对于热带种植园作物具有极大的商业重要性，而这些作物是一些殖民当局财富的主要来源。以邱园为例，在邱园作出的决定或在邱园帮助下付诸实施的决定对殖民扩张（colonial expansion）产生了极其深远的影响，因为植物学家可以就种植何种有利可图的植物以及在哪些殖民地种植提供明确的建议。[1]

美国在收集其他国家的植物及其种质上可以说是一个后来者，但美国对于其他国家植物及其种质的收集和利用比起欧洲国家来有过之而无不及。考虑到北美大陆相对的基因贫乏，收集其他国家粮食和经济作物的种质对美国而言就显得极为迫切。[2]1819年，美国财政部部长指示所有在海外的领事和海军官员收集可能对美国农业有用的植物和种质。到1878年之时，美国农业部在种质收集活动上的花销占到其年度财政预算的1/3。美国将大部分收集到的材料分发给了提供试验场地的农民，这最终创造了产业资本主义赖以为基的遗传基础。1898年，美国农业部设立协调收集活动的专门机构——种子和植物引进办公室，这使得美国开展的全球种质收集活动正式实现了制度化。1900～1930年，超过50个受美国农业部资助的独立考察队遍布世界各地以搜寻有用的种质。[3]这些事实可以解释为什么美国是当今世界上保存植物种质数量最多的国家（其中从其他国家收集的种质占到了所有已保存种质的80%）。

通过回顾以上事实，可以看出20世纪之前植物遗传资源流动的特点以及人类社会在植物遗传资源的归属上所持有的观念。在过去的几个世纪当中，不论是欧洲殖民国家，还是美国，都曾在南半球国家广泛和系统地收集植物遗传资源。[4]总体上来看，20世纪之前植物遗传资源遵循着"从南到北"的方向流动。作为地球上的一种自然财富，植物遗传资源几个世纪以来被视为人类共同拥有的资源或人类共同遗产。人类社会尚不拥有对植物遗传资源施加有效控制的法律机制，植物遗传资源的收集和获取活动是自由和开放的，任

[1] Jack R. Kloppenburg, JR. (ed.), *Seeds and Sovereignty: The Use and Control of Plant Genetic Resources*, Duck University Press, 1988, p. 50.

[2] 只有向日葵和一些小浆果及美洲山核桃等很少的粮食作物原产于北美洲。See Cary Fowler, *Unnatural Selection: Technology, Politics, and Plant Evolution*, Gordon and Breach Science Publishers S.A, 1994, p. 15.

[3] Jack R. Kloppenburg, JR. *First the Seed: The Political Economy of Plant Biotechnology, 1492-2000*, 2nd Edition, The University of Wisconsin Press, 2004, p. 154.

[4] 事实上，由于冰期的影响，地球上的植物物种的分布是不平衡的，北半球在植物上的多样性要远逊于南半球。

何人都可以不受限制地得到它们。^①

进入20世纪之后，美国先于其他国家走上了以市场为导向的、商业化的农业发展道路。因为孟德尔遗传定律被重新发现而日益科学化的植物育种活动培育出了很多拥有不同性状的品种，而商业化农业的发展使得对品种进行区别变得越来越重要。更为重要的是，某些代表商业育种利益的团体开始游说国会要求在法律上认可品种的所有权。1930年，美国国会通过了保护无性繁殖的植物品种的法律制度——《植物专利法》。这部法律在无性繁殖的植物品种上创设了作为私有财产权的专利权，从而达到排除他人无性繁殖植物以及销售和使用如此繁殖的植物的目的。《植物专利法》代表了从法律上对植物品种施加有效控制的开端。

当通过创设私有财产权的方式保护植物品种的大门被打开之后，在商业育种者集中的欧洲国家创设保护植物品种的财产权制度以及在美国为有性繁殖的植物品种提供保护就只是一个时间上的问题。1961年，为了协调欧洲国家在植物育种成果上的保护制度，12个欧洲国家缔结了《保护植物新品种国际公约》（以下简称UPOV公约）。UPOV公约为植物品种创设的不是专利权，而是被称为育种者权（breeder's rights）的特殊权利（sui generis rights），当然这也是一种私有财产权。受UPOV公约的影响，并在国内种子贸易团体的协调和推动之下，美国国会于1970年通过保护有性繁殖的植物品种的《植物品种保护法》。这部法律建立了一个类似于专利保护的"植物品种证书"制度，这也是私有财产保护制度。不论育种者权，还是"植物品种证书"，都可以使权利人实现对于植物品种及其繁殖材料的控制。

当美国和欧洲国家分别在国内和国际层面上建立起了控制和保护植物品种的法律制度之时，植物遗传资源属于人类共同遗产的观念在工业化国家和发展中国家仍然广为流行。植物育种者、种子公司以及从事植物研究和开发的机构继续抱着遗传信息属于科学知识并不能被所有的观念在全世界收集植

---

① 需要指出的是，就某些经济作物（如橡胶）的遗传资源而言，由于这些作物的生产和贸易能够给出口国或殖民国家带来很大的利益，历史上有些国家为了保持市场竞争中的优势地位采取了禁止这些作物遗传资源出境的措施。但此类措施是从物种水平上对植物进行控制的措施，往往很难奏效，这导致原产于某些国家的经济作物遗传资源被其他国家和人员以偷窃和走私等方式而带到国外。

物遗传资源。[①]然而，面对工业化国家在植物品种上打上的私有财产烙印，发展中国家逐渐地感觉到它们所遭受的不公平对待。相应地，改变植物遗传资源属于人类共同遗产的观念的考虑和行动就此开始酝酿。

　　1972年，重组DNA技术的发明给予人类共同遗产观念以沉重的一击。20世纪70年代开始的生物技术革命导致许多从事遗传工程的新公司的设立。这些公司的商业模式需要安全的财产权，以便收获它们在研发上高昂投资后所产出的利益。在这些公司寻求实现其愿望的过程中，1980年美国最高法院在里程碑式的"Chakrabarty案"中所作出的判决是一个关键的突破点。实际上，在该案之前，处在1930年《植物专利法》狭窄范围之外的生命创新的可专利性并不确定。但在"Chakrabarty案"以及随后确认并作出延伸的案例之后，美国公司可以针对一整套的基因组技术收到完全的发明专利保护。同年美国通过了"拜杜法案"（Bayh-Dole Act），其意在通过允许大学和私人公司就政府资助的研究提出财产权要求而鼓励创新活动。总之，美国在司法上和立法上发生的这两个重大变化改造了与遗传资源财产权有关的国内环境。自从1980年以来，在美国普遍的认知是，强有力的财产权，尤其是专利对于基于现代生物技术的创新是极其必要的。美国公司以及政府开始寻求在全球层面上推广这一新的制度。[②]

　　工业化国家为植物品种和其他生命形式（life forms）提供财产权保护导致了植物遗传资源的私有化，一部分先前被视为人类共同遗产的植物遗传资源经过必要的改良和修饰后转变成私人财产权的客体。这一极大地推动了工业化国家科技进步和产业发展的举措引发了发展中国家的严重关切。来自发展中国家的政治家、外交官员和科学家深刻意识到，为植物品种和其他生命形式提供财产权保护在很多方面给发展中国家带来了极为不公平的后果。首先，由于种子产业不断的国际化，受工业化国家法律保护的植物品种的繁殖材料以商品的形式进入发展中国家销售，但在培育这些受保护植物品种过程中作为原材料使用的植物遗传资源最初是免费和不受限制地从发展中国家被带到了工业化国家。其次，工业化国家为育种者完成的"正规"创新——植物品种提供保护，但发展中国家的社区和农民长期以来为保存、改良和开发

---

①② Kal Raustiala and David G. Victor, The Regime Complex for Plant Genetic Resources, *International Organization*, Vol. 58, No. 2, 2004.

作为原材料的植物遗传资源所作出的"非正规"创新无法获得法律上的认可和保护。再者，工业化国家为遗传基础狭窄和一致的植物品种提供保护引起了"遗传侵蚀"（genetic erosion）的问题①，为应对遗传侵蚀而建立的非原生境保存体系由工业化国家主导，而向这一保存体系提供了大量植物遗传资源的发展中国家在该体系的运作上不拥有决策权。需要强调的是，以上关切与发展中国家自20世纪六七十年代以来寻求建立一个旨在对全球财富进行重新分配的"国际经济新秩序"的努力产生了共鸣。

由此可见，经济上富有和技术上先进的工业化国家通过创设私有财产权确立并逐渐加强了对经过改良和修饰的遗传资源的控制，但经济上贫穷和技术上落后的发展中国家无法在国内衍生出法律变革的力量和因素，因此未能实现对"原始"遗传资源的控制。由于在法律上确立了对经过改良和修饰的遗传资源的控制，工业化国家在市场化的资源开发利用活动中收获并独占了商业利益，而发展中国家因为不拥有"原始"遗传资源的财产权利而在开发利用这些资源的活动中得不到工业化国家的任何补偿，还要在取得含有它们的遗传资源的商业产品（如专利种子）时支付费用。在这样一种不对称和不公正的利益格局下，南方发展中国家不可避免地与北方工业化国家在植物遗传资源的控制或归属以及获取等问题上发生了激烈的争议和冲突。

通过一些反对植物品种保护立法以及关注遗传侵蚀和种子产业不断集中所带来后果的非政府组织的活动，发展中国家对于当前全球种质体系日益增加的不满和焦虑找到了政治上的表达。这些组织将它们游说努力的重心放在了联合国系统，特别是联合国粮农组织。②在墨西哥的带领下，发展中国家阵营此时选择了联合国粮农组织作为表达立场、公开讨论以及促成问题解决的国际论坛。实际上，作为联合国的专门机构，联合国粮农组织对所有成员国都是开放的，而且更重要的是，发展中国家在联合国粮农组织占有支配地位，

---

① 遗传侵蚀是指遗传多样性的丧失，既包括某一品种内的具体性状的丧失，也包括整个品种和物种的丧失。随着经过改良的品种不断地取代未经改良的品种（地方品种），作物的遗传基础急剧缩小，遗传多样性加速丧失。品种的一致性倾向增加了主要作物对流行病虫害潜在的遗传脆弱性。

② Jack R. Kloppenburg, JR. (ed.), *Seeds and Sovereignty: The Use and Control of Plant Genetic Resources*, Duck University Press, 1988, p. 10.

因此其就成为提出财富重新分配要求的一个有利论坛。①在1981年召开的联合国粮农组织第二十一届大会上，遗传资源的控制问题变成具有国际性和政治性的议题，同时大会明确提出了拟定一份关于确保全球植物遗传资源的保护、可持续利用和交换的"国际法律公约"的请求。这就拉开了在国际组织的主持下谈判和缔结遗传资源国际法律文书的序幕。

　　然而遗憾的是，国际社会在历史上首次为遗传资源"造法"的活动并没有实现预定的目标，因为1983年联合国粮农组织大会通过的是一份不具有法律约束力的国际文书——《植物遗传资源国际约定》（以下简称《国际约定》）。《国际约定》最重要的也是最具争议的内容是关于"植物遗传资源为人类遗产（heritage of mankind）并因此可以无限制获得"的规定。正如上文所指出的，在这之前，发展中国家意图采取行动改变长期以来植物遗传资源被视为人类共同遗产的观念，并寻求对获取它们的植物遗传资源的活动进行控制。《国际约定》非但没有作出符合发展中国家利益的改变，反倒正式认可了这一原则。实际上，这是发展中国家采取的反击工业化国家植物品种保护法的一个策略。具体来说，《国际约定》中的植物遗传资源涵盖了受工业化国家植物品种法保护的"特别遗传品系"（special genetic stocks），无限制获得的原则也适用于这些品系的繁殖材料。②就此来说，工业化国家的植物品种保护遭到了《国际约定》的严重削弱。《国际约定》可以看成是发展中国家取得的一个象征性胜利。由于受工业化国家法律保护的植物品种被规定为人类遗产，一些主要的工业化国家通过作出正式的保留拒绝接受《国际约定》提出的无限制获得受保护材料的要求。

　　从《国际约定》的属性和内容等方面来看，1983年的《国际约定》是一次并不成功的"造法"活动的产物。《国际约定》在很大程度上是在对抗而非合作思维的支配下产生的，发展中国家和工业化国家在谈判中并没有试图寻找各自利益的"交集"，也没有在不同的议题上展开"交易"。实际上，发展中

---

① 卡尔·劳斯提亚拉（Kal Raustiala）和大卫·维克多（David G. Victor）认为这是谈判者进行"论坛选购（forum shopping）"的结果。See Kal Raustiala and David G. Victor, The Regime Complex for Plant Genetic Resources, *International Organization*, Vol. 58, No. 2, 2004.

② 《植物遗传资源国际约定》第2条规定："在本约定中，植物遗传资源是指以下类别植物的有性或无性繁殖材料：目前正在使用的栽培品种和新近开发的品种；过时的栽培品种；原始栽培品种（地方品种）；野生和杂草物种，栽培品种的近缘种；特别遗传品系（包括优良和当前育种家品系和突变体）。"

国家和工业化国家都未能从《国际约定》得到它们各自所期待的规则。这就为日后国际社会谈判和建立新的国际法律规则以及修订《国际约定》创造了前提。

尽管1983年的《国际约定》确立了植物遗传资源为人类遗产的原则,然而在随后的几年间人类共同遗产原则加速地走向了解体。促使这一原则加速解体的主要因素是工业化国家生物技术,特别是遗传工程的飞速发展以及知识产权保护的及时跟进。生物技术和遗传工程的发展造就了保护知识产权的强大推手,从事生物技术研发的公司要求为它们的技术创新提供更为全面和有力的保护。例如,美国1985年的"Ex Parte Hibberd案"明确了组织培养、种子以及整个植株可以被授予发明专利(utility patent),从而打开了对植物及其组成部分授予广泛的发明专利权的大门。在欧洲,1983年的"Ciba Geigy案"确认了植物繁殖材料(本身并非植物品种)的可专利性。美国并不满足于在国内扩大知识产权保护的范围,还极力在关贸总协定框架下推动与贸易有关的知识产权议题的谈判,从而要求其他国家为生物技术领域的发明及植物品种等提供保护。

生物技术革命制造了一种印象,那就是有价值的遗传资源大量存在,一旦发现,它们就能够产生巨大的收益。在生物资源上富有却尚未被开发的南方国家现在将这些资源视为新的财富来源,并且寻求确保它们因为拥有这些重要的资源而被给予充分的补偿。相应的结果就是产生了无法阻挡的以当前财产权制度取代人类共同遗产制度的压力。由于不再将这些资源看作是共同持有,法律规则上的这一转变意味着"原始"的植物遗传资源将会如同原油或原木那样被看作是主权资源(sovereign resources)。[①]可见,技术上的发展和进步提升了"原始"的植物遗传资源的价值,这样就激发了针对这些资源创设财产权的兴趣。

在"原始"植物遗传资源上创设财产权意味着发展中国家将会关闭"遗传公域"(genetic commons),这将对工业化国家产生实质性的影响,它们无法再同过去那样免费和不受限制地从发展中国家获取植物遗传资源。不仅如此,发展中国家开始要求确立一个受国家控制的机制,以便迫使工业化国家的私营部

---

① Kal Raustiala and David G. Victor, The Regime Complex for Plant Genetic Resources, *International Organization*, Vol. 58, No. 2, 2004.

门与提供了"原始"植物遗传资源的那些国家分享利用所得到的惠益。在这一点上，工业化国家倾向于一个更加自由的基于市场的路径，以使它们能够继续收获并独占利用资源所得到的惠益。事实上，发展中国家与工业化国家针对遗传资源的控制或归属等问题的争议和冲突随着技术的不断发展一直延续着，而且增加了如何分配利用遗传资源所产生的惠益这一新的维度。

随着人类共同遗产原则在20世纪80年代加速走向解体，发展中国家开始寻求在"原始"植物遗传资源上创设财产权。而这一举动正好与同一时期应对生物多样性快速消失的国际环境合作相遇。20世纪80年代，生物多样性，尤其是热带雨林的破坏成为一个普遍性的政治问题，这导致工业化国家将生物多样性上的更广泛利益与对雨林的特别关注联系在一起。发展中国家对预想到的就此而产生侵扰它们主权的后果感到不快，遂以新近坚持对森林资源进行主权控制作出回应。这场争执激起了估量森林——不仅是诸如原木等明显的资源，而且包括橡胶、旅游和遗传多样性等全部价值的努力。环保人士声称，通过财产权认可这样的价值会创造出保护这些生态系统的激励。森林持有巨大的未经估量的资产的观念对于发展中国家具有很大的吸引力。通过坚持自身拥有的权利，发展中国家能够为它们自身保留惠益并且最大限度减少受侵扰的风险。[①]

因此，在20世纪80年代后期，发展中国家开始将植物遗传资源财产权看成是一个保护主权和财富的机制，而不仅仅看成是一个由北方工业化国家的"生物剽窃者"（biopirates）操纵的对它们不利的工具。[②]封闭（enclosure）而非公域（commons）对一些主要的利益相关者，尤其是发展中国家和许多强势的新近着迷于市场机制的环境组织变得有吸引力。"生物勘探"

[①] Kal Raustiala and David G. Victor, The Regime Complex for Plant Genetic Resources, *International Organization,* Vol. 58, No. 2, 2004. Also see Cary Fowler, Regime Change: Plant Genetic Resources in International Law, *Outlook on Agriculture,* Vol. 33, No. 1, 2004.

[②] "生物剽窃者"实施的行为被冠之以"生物剽窃"（bipiracy）。这个术语是由北美社会活动组织"侵蚀、技术和汇聚行动组织"（Action Group on Erosion, Technology and Concentration, ETC Group）作为讨论"生物勘探"的一种方式而创造的，是指未经授权从发展中国家提取生物资源和（或）相关传统知识的行为，或在不作出补偿的情况下就基于此种资源或知识的"虚假"发明申请并被授予了专利。"生物剽窃"传递的观点是，专利不仅是不适当的，而且专利权人是彻底的偷盗者。See J. Michael Finger and Philip Schuler (eds), *Poor People's Knowledge: Promoting Intellectual Property in Developing Countries,* The International Bank for Reconstruction and Development/The World Bank, 2004, pp.159-181. Graham Dutfield, *Intellectual Property, Biogenetic Resources and Traditional Knowledge,* Earthscan, 2004, p. 52.

（bioprospecting）的观念成为这个支持财产规则的新政治联盟在概念上的试金石。就如同探矿者在过去几个世纪勘探黄金那样，公司可以勘探有价值的遗传资源。1991年，美国制药巨头默克公司和哥斯达黎加国家生物多样性研究所对于在哥斯达黎加的雨林开展生物勘探活动达成协议。这个著名的交易预示着一个新的生物勘探时代的到来。这个概念上的创新使得环境、生物技术公司的利益以及寻求从它们拥有的生物多样性财富中提取价值的发展中国家的利益结成了联盟。①

20世纪80年代后期，保护生物多样性的国际环境合作是在联合国环境规划署的主持下进行的，各方经讨论达成需要一个更加宽广的生态系统保护路径以及缔结一个全球性的生物多样性保护条约的共识。这样一来，为保护生物多样性而缔结一个全球性条约（采取框架公约的形式）的工作就启动了。出人意料的是，许多国家并不准备只考虑严格意义上的保护（conservation）问题，与生物多样性相关的其他重要议题也被纳入公约的谈判范围，这就包括遗传资源的控制、获取以及分配利用遗传资源所产生的惠益等问题。当然，这些问题是在发展中国家的强烈要求下被确定为公约的谈判议题的，发展中国家通过努力有效地实现了"议题联结"②，也得到了在其他国际论坛（如关贸总协定）上无法得到的让步。遗传资源问题进入公约的谈判范围意味着国际社会将再度为遗传资源"造法"。毫无疑问，发展中国家意图为它们拥有的遗传资源创设财产权是这次遗传资源"造法"活动的关键推动力。将遗传资源议题成功地"联结"到生物多样性保护议题之上还要归因于发展中国家不断地强调它们在遗传资源的控制和利用等方面长期以来遭受的不公平对待。

众所周知，地球上的大部分生物多样性分布在发展中国家。为了促使发展中国家支持公约的缔结，在公约中认可发展中国家对它们的遗传资源拥有主权权利以及对获取遗传资源的控制就成为必需的选择。重要的是，自然资源永久主权原则已经得到了国际社会普遍的承认，是国际法中一个公认的原则，没有法律上的理由排除该原则对于国家管辖范围内的遗传资源的适用。

---

① Kal Raustiala and David G. Victor, The Regime Complex for Plant Genetic Resources, *International Organization*, Vol. 58, No. 2, 2004.

② 有关多边条约缔结中牵涉的"议题联结"问题，可参见［美］何塞·E·阿尔瓦雷斯：《作为造法者的国际组织》，蔡从燕等译，法律出版社2011年版，第516-517页。

在发展中国家看来，公约仅认可遗传资源的主权权利对于维护它们的利益而言是不够的，还应当促进公正公平地分享利用遗传资源所产生的各种惠益。尽管这一重新分配财富的要求遭到了美国等发达国家的强烈反对，其进入公约却已无法避免，作为对等交换，发达国家也将会得到发展中国家作出的对它们有利的承诺。

当发达国家和发展中国家在谈判中完成了所谓的"大交易"（grand bargain）后，《生物多样性公约》（以下简称《公约》）于1992年5月22日获得通过。自然资源（包括生物和遗传资源）的国家主权权利得到了《公约》的正式认可。[①]然而，对国家主权的强调受到两个方面的义务的制衡：一是源于主权本身的义务，另一是源于生物多样性的保护是整个国际社会共同关注的事实的义务。[②]需要特别指出的是，《公约》并没有直接为遗传资源创设财产权，然而，正是由于认可了遗传资源的国家主权权利，主权国家将通过行使主权权利决定遗传资源适用的财产权制度。[③]除了正式认可遗传资源的国家主权权利，《公约》还将公正公平地分享利用遗传资源所产生的惠益确立为它的一大目标。这一目标的确立是以发展中国家支持保护生物多样性的义务作为条件的。为发达国家设立一个分享利用遗传资源所产生的惠益的义务使《公约》不仅仅成为一个保护协定，而且成为一个面向可持续发展和公正（equity）的协定。规定在《公约》第三项目标中的惠益分享体现了一个实现可持续发展和公正的国家间路径（inter-state approach）。值得注意的是，国家主权原则与国家间的惠益分享存在极其密切的关系，前者为后者提供了一个明确的法律

---

① 当保护生物多样性的公约的复杂议程尚处于形成之中时，发展中国家在联合国粮农组织的植物遗传资源委员会这一政府间国际论坛上已经开始行动，以寻求认可国家对于植物遗传资源的主权控制。由于发展中国家不满委员会在1989年通过的明确UPOV公约规定的植物育种者权与《国际约定》不相冲突的决议，以及受到1990年《与贸易有关的知识产权协定》文本已经基本商定和1991年UPOV公约修订的刺激，发展中国家极力要求认可植物遗传资源的国家主权。1991年11月，植物遗传资源委员会通过了第3/91号决议，其指出，"适用于《国际约定》的人类遗产概念要遵照各国对它们的植物遗传资源的主权"，"各国对它们的植物遗传资源拥有主权权利。"这样一来，第3/91号决议就实现了对于1983年《国际约定》确立的人类遗产原则的一个完全翻转。这份决议提及的"主权权利"（sovereign rights）与当时已公开的《生物多样性公约》文本草案中的措辞一字不差。不同的地方是，《生物多样性公约》文本草案提到的是生物资源（序言第4段）和自然资源（第15.1条），而不仅仅是遗传资源。

② Lyle Glowka et al, *A Guide to the Convention on Biological Diversity,* International Union for Conservation of Nature and Natural Resources, 1994, p. 3.

③ 在这个问题上，一些国家为国家自身保留了财产权，通常国家坚持的不仅仅是对这些权利的控制，而且是直接的所有权；还有一些国家允许创设个体的财产权。关于这个问题的进一步介绍和分析，可参见本书第一章第三节的相关内容。

基础。①

1992年的《公约》最明确和可能最重要的规定是将生物资源界定为属于主权国家，由此终结了国家之间的共同遗产和相对不受限制的遗传资源的流动。②《公约》的通过标志着国际社会在看待和处理遗传资源的归属或地位问题上完成了一个范式转换（paradigm shift），即从人类共同遗产转换为国家主权资源。《公约》基于国家主权原则建立了遗传资源的获取和惠益分享制度。需要强调的是，该制度建立在这样一种设想之上，即发展中国家拥有具有货币价值的事物，它们可以通过行使主权以及为交换货币惠益提供遗传资源的获取而实现这一价值。③本质上，《公约》创建了一个旨在便利基于合同的商业交易（主要在遗传资源的原产国和其他国家私营部门的利用者之间）的获取和惠益分享制度。④这体现了一种双边式的安排，遗传资源的原产国（或根据《公约》取得遗传资源的国家）提供获取，而遗传资源的利用者与提供国分享利用遗传资源所产生的惠益。然而，这样的设想和安排对具有一些特殊性和独特特征的粮食和农业植物遗传资源而言是难以适用的。⑤虽然《公约》涵盖了所有来源（包括植物、动物、微生物及其他来源）的遗传资源，但按照其相关规定确定的范围以及条约的"不溯及既往原则"，《公约》无法适用于其生效之前已经收集的并被保存在一些国际机构和许多国家的基因库中的粮食和农业植物遗传资源非原生境收集品（ex situ collections）。

正是考虑到以上原因，各国在通过《公约》文本的内罗毕会议上认识到，有必要在联合国粮农组织建立的"粮食和农业植物遗传资源保护和可持续利用全球系统"内，寻求对粮食和农业植物遗传资源的获取和惠益分享问题以及其他突出问题的解决办法。这意味着，《公约》将这些问题让与给联合国粮农组织谈判解决。联合国粮农组织对内罗毕会议的提议和要求给予了积极回

① Elisa Morgera and Elsa Tsioumani, The Evolution of Benefit Sharing: Linking Biodiversity and Community Livelihoods, *Review of European Community & International Environmental Law,* Vol. 19, No. 2, 2010.

② Stephen B. Brush, *Farmers' Bounty: Locating Crop Diversity in the Contemporary World,* Yale University Press, 2004, p. 232.

③ Cary Fowler, Regime Change: Plant Genetic Resources in International Law, *Outlook on Agriculture,* Vol. 33, No. 1, 2004.

④ Sebastian Oberthur and G. Kristin Rosendal (eds), *Global Governance of Genetic Resources: Access and Benefit Sharing after the Nagoya Protocol,* Routledge, 2014, p. 5.

⑤ 关于粮食和农业植物遗传资源具有的特殊性和独特特征，可参见本书第三章第五节的相关内容。

应。1993年11月，联合国粮农组织大会通过了处理有关修订《国际约定》问题的第7/93号决议，其要求通过粮食和农业遗传资源委员会进行谈判，以为了与《公约》保持一致而修订《国际约定》。

尽管1993年联合国粮农组织大会作出的最初授权是谈判以修订《国际约定》，然而从谈判过程来看，各国政府基本上是在谈判和缔结一个新的关于粮食和农业植物遗传资源的特别条约，这是国际社会继《公约》之后为一类具体的遗传资源进行"造法"。谈判者们必须使粮食和农业植物遗传资源的特殊之处与《公约》的遗传资源国家主权原则以及公正公平分享惠益的相关需要一致起来，这是一个相当艰巨的任务。[①]经过近7年艰苦的谈判，2011年11月，联合国粮农组织大会通过了《粮食和农业植物遗传资源国际条约》（以下简称《国际条约》）。《国际条约》的通过代表了国际社会在遗传资源"造法"活动上取得的又一重大成就，它的生效在生物多样性的国际管理和治理上是一个非常重要的里程碑。与《公约》一样，《国际条约》也认可各国对它们的粮食和农业植物遗传资源的主权权利。考虑到粮食和农业植物遗传资源具有的特殊性和独特特征，《国际条约》在承认主权权利的基础上建立了一个适用于64种作物和饲草的遗传资源（《国际条约》附件一所列出的粮食和农业植物遗传资源）的便利获取和惠益分享多边系统。这是国际社会为解决粮食和农业植物遗传资源的获取和惠益分享问题设计并确立的特殊方案。[②]

《国际条约》通过后不久，各国在2002年9月召开的可持续发展世界首脑会议上达成一致，要求在《公约》框架下经谈判建立一个关于获取和惠益分享的国际制度。这是发展中国家为改变《公约》第三项目标以及关于获取和惠益分享的规定自从其生效以来没有得到有效和充分实施的状况而提出并被写入会议最终文件的要求。2004年召开的《公约》缔约方大会第七届会议对此作出回应，授权其下设的获取和惠益分享问题不限成员名额特设

① Elsa Tsioumani, International Treaty on Plant Genetic Resources for Food and Agriculture: Legal and Policy Questions from Adoption to Implementation, *Yearbook of International Environment Law*, Vol. 16, 2005.

② 对于64种作物和饲草的遗传资源而言，《国际条约》的缔约方同意放弃在双边基础上谈判独立的获取和惠益分享条件以及在获取上要求取得事先知情同意的权利。不仅如此，为了确保这些粮食和农业植物遗传资源的持续流动和降低所涉及的交易费用，缔约方同意在这些资源的获取和惠益分享上适用所有谈判方在多边基础上已经共同商定的标准化条件，这些条件被纳入一份标准的材料转让协议之中。

工作组详细拟订和谈判一个关于获取和惠益分享的国际制度，以便有效实施《公约》第15条（遗传资源的获取）和第8（j）条（传统知识）及其三项目标。这是国际社会在进入新世纪之后进行的又一次遗传资源"造法"活动，但这次"造法"实际上是为了推动《公约》的进一步发展，而非在一个新的国际组织主持下针对具体类别的遗传资源或特定的遗传资源问题的"造法"。

经过6年的谈判，《公约》缔约方大会第十届会议于2004年10月29日在日本名古屋通过了《〈生物多样性公约〉关于获取遗传资源和公正和公平地分享其利用所产生惠益的名古屋议定书》（以下简称《名古屋议定书》）。《名古屋议定书》扩展了《公约》关于获取和惠益分享的规定，其通过确立更具可预测性的获取遗传资源的条件以及协助确保在遗传资源离开提供国情况下的惠益分享，为遗传资源的提供者和利用者提供了一个更大的法律上的确定性和透明性。《名古屋议定书》引入了一些创新性规定，其中的一个重要创新是支持遵守遗传资源提供国的国内立法或规范性要求以及反映在共同商定条件中的合同义务的具体义务。实施这些规定能够促进遗传资源和相关传统知识的利用以及增进公正和公平分享利用它们所产生的惠益的机会，从而为保护生物多样性以及可持续利用其组成部分创造激励因素，并进一步推进生物多样性对可持续发展和人类福祉的贡献。

二、遗传资源国际法的作用和治理框架

从以上介绍和分析来看，国际社会在近30年的时间里进行了四次遗传资源"造法"活动，这些活动推出了《国际约定》《公约》及其《名古屋议定书》和《国际条约》等四份国际文书。其中后三份国际文书具有法律约束力，它们共同组成一个新的国际法领域——遗传资源国际法。鉴于当前国际层面上还存在一些与遗传资源相关的国际进程，未来这个国际法领域还会扩大，一些新的国际法律文书将会加入这个领域中来。①

通过考察和分析遗传资源国际"造法"的起因、推动力量以及过程，

① 关于这些与遗传资源相关的国际进程所涉及的国际组织和议题等方面的情况，可参见本书第二章的有关介绍。另外可参见Thomas Greiber et al, *An Explanatory Guide to the Nagoya Protocol on Access and Benefit-Sharing,* International Union for Conservation of Nature and Natural Resources, 2012, pp. 33-42.

可以看出：一方面，由于发展中国家在遗传资源跨国性的流动、获取和利用中遭受了严重的不公正和不公平的对待，因此在国际层面上发起了反击工业化国家知识产权保护制度以及要求创设遗传资源财产权和重新分配财富的行动，这导致以治理和规范跨国性的利用遗传资源活动为内容的国际法律规则的确立；另一方面，由于国际社会共同面临生物多样性丧失、遗传侵蚀及粮食安全的重大挑战，因此各国决定开展国际合作，这导致以治理和规范遗传资源的保护和可持续利用活动为内容的国际法律规则的确立。

可见，遗传资源国际法是国家间合作以化解发展中国家和工业化国家之间在遗传资源的控制和利用上存在的利益冲突和应对上述全球性挑战的产物。遗传资源国际法由关于遗传资源的获取和惠益分享、保护及可持续利用等方面的国际法律规则构成，其中关于获取和惠益分享的法律规则是遗传资源国际法的核心。遗传资源国际法的产生背景和过程以及制度构成决定了遗传资源国际法具有三个方面的作用：其一，确认和保障实现各国对它们的遗传资源拥有的主权权利；其二，确保在跨国性的利用遗传资源的活动中实现公正和公平；其三，规范与保障保护和可持续利用遗传资源领域的国际合作。发挥遗传资源国际法的这些作用无疑要依托于国际社会商定和建立的治理框架以及各国对于国际法律规则的实施。显然，国际社会为治理遗传资源问题商定和建立的框架是发挥遗传资源国际法作用的基础和前提，治理框架对于发挥遗传资源国际法的作用而言是第一位的。下面对遗传资源国际法不同方面的作用以及发挥这些作用所依托的治理框架进行阐述和分析。

首先，分析遗传资源国际法确认和保障实现各国对它们的遗传资源拥有的主权权利的作用。

如上所述，发展中国家和工业化国家曾经围绕遗传资源的控制或归属问题发生了激烈的争议和冲突。这就涉及国家之间如何看待和界定遗传资源的法律地位，此种界定关乎发展中国家能否控制它们的遗传资源，以及能否从工业化国家利用这些资源的活动中收获利益。考虑到遗传资源属于处在国家管辖范围之内的一类自然资源，而且利用遗传资源的科学技术的不断进步极大地提升了它们的价值，在国际法律文书中确认各国对遗传资源的主权权利就成为一个必然的选择。重要的是，各民族及各国行使对自然财富和资源之永久主权已经在1962年联合国大会通过的《关于自然资源之永久主权宣言》中得到了宣示，而1966年的《经济、社会和文化权利国际公约》和《公民权利和政治权利国际公约》确认了所有民族自由处置其自然资源的权利。不过需要强调的是，不论联大决议还是关于人权的国际公约，都没有具体提及生物资源和遗传资源，这就要求国际社会经由有关生物资源保护的国际法律文书确认各国对它们的生物和遗传资源拥有的主权权利。

国际社会为保护全球生物多样性而推出的《公约》率先担负起了确认遗传资源国家主权权利的"重任"。《公约》是第一份确认了国家对其管辖范围内的遗传资源拥有主权权利的国际文书。这一确认具有历史性的意义，其扭转了长期以来各国秉持的遗传资源为人类共同遗产的观念。在这之后国际上公认的原则将是，主权国家有权控制遗传资源从它们领土内的流出，以及在这种情况发生时有权获得补偿。[①]这将对维护拥有丰富的生物多样性及遗传资源的发展中国家的利益产生重大且深远的影响。具体到文本的规定上，《公约》及其《名古屋议定书》重申和确认了各国对它们的生物资源和自然资源的主权权利。尽管在《公约》及其《名古屋议定书》中没有出现各国对它们的遗传资源拥有主权权利的措辞，然而从《公约》序言对于生物资源（其定义涵盖遗传资源）国家主权权利的提及以及自然资源国家主权权利被规定于遗传资源专条（第15条）之中的处理方式来看，生物资源和自然资源国家主权原则确定地适用于遗传资源。与《公约》有所不同的是，《国际条约》则明确了各国对它们自己的粮食和农业植物遗传资源拥有的主权权利。这当然与《国际条约》是一个专门针对粮食和农业植物遗传资源的条约有着密切的关系。

遗传资源国际法不止具有确认遗传资源国家主权权利的作用，而且具有保障实现这一权利的作用。从某种意义上说，相比于确认遗传资源国家主权权利，保障实现主权权利对发展中国家产生的实际效果更加显著。发挥遗传资源国际法保障实现遗传资源国家主权权利的作用要依托于一个治理框架，在这一方面，遗传资源国际法针对跨国性利用遗传资源活动的初始环节——获取遗传资源建立了相应的治理框架。

---

① Anthony J. Stenson and Tim S. Gray, *The Politics of Genetic Resource Control*, Macmillan Press Ltd, 1999, pp. 122-123.

该框架涵盖六个方面的法律规则。其一，根据《公约》和《国际条约》的规定，国家政府拥有决定获取遗传资源及粮食和农业植物遗传资源的权力（authority），以及国家政府遵照国家立法行使该权力；其二，根据《公约》和《国际条约》的规定，各缔约方应当便利（facilitate）其他缔约方获取遗传资源及粮食和农业植物遗传资源；①其三，根据《公约》及其《名古屋议定书》的规定，为了利用而获取遗传资源须经提供此种资源的缔约方——此种资源的原产国（country of origin）或根据《公约》已获得遗传资源的缔约方的事先知情同意（prior informed consent），除非该缔约方另有决定；其四，根据《公约》及其《名古屋议定书》的规定，获取遗传资源应当订立共同商定条件（mutually agreed terms）；其五，根据《名古屋议定书》的规定，就获取遗传资源要求事先知情同意的缔约方采取的立法、行政或政策措施应当符合七个方面的标准和最低要求；②其六，根据《国际条约》的规定，各缔约方同意建立一个便利获取粮食和农业植物遗传资源的多边系统（multilateral system），并同意采取法律或其他适当措施通过多边系统向其他缔约方提供便利获取。

需要说明的是，这个框架涵盖的法律规则可以分成两类，《公约》及其《名古屋议定书》关于获取遗传资源的法律规则相当于一般或普通规则，而《国际条约》关于便利获取粮食和农业植物遗传资源的法律规则相当于专门或特别规则。一般规则和专门规则在两个重要问题上的规定是完全一致的，这就是国家政府拥有决定获取资源的权力以及缔约方应便利其他缔约方获取遗传资源。但是，关于获取遗传资源的一般法律规则与关于便利获取粮食和农业植物遗传资源的专门法律规则在获取的路径、适用范围和内容繁简上存在着明显的不同。

在获取的路径上，《公约》及其《名古屋议定书》采取的是"双边路径"（bilateral approach）。具体来说，寻求获取遗传资源的当事方应当取得提供此种资源的缔约方的事先知情同意，并在逐案的基础上进行双边谈判，以就获取订立共同商定条件。而《国际条约》采取的是"多边路径"（multilateral

---

① 《公约》第15.2条要求每一缔约方致力于创造条件，便利其他缔约方取得遗传资源用于无害环境的用途。根据《国际条约》的规定，各缔约方在行使它们的主权时，同意建立一个高效、透明的多边系统，以便利获取粮食和农业植物遗传资源。

② 关于这些标准和最低要求的解释和分析，可参见本书第二章第三节相关内容。

approach），其建立了一个便利获取粮食和农业植物遗传资源的多边系统。具体来说，各国事先在多边谈判的基础上已经商定了多边系统所包括的粮食和农业植物遗传资源以及便利获取这些资源的条件，寻求获取资源的当事方无需取得提供方的事先知情同意，以及通过双边谈判订立共同商定条件，提供方只需遵照这些已商定的条件并通过一份标准的材料转让协议（a standard material transfer agreement）向获取方提供便利获取。

在适用的范围上，《公约》及其《名古屋议定书》关于遗传资源的获取的法律规则适用于作为遗传资源原产国的缔约方提供的遗传资源，以及根据《公约》取得遗传资源的缔约方提供的遗传资源。①《国际条约》关于多边系统中粮食和农业植物遗传资源的便利获取的法律规则适用于一份清单上所列出的作物和饲草的遗传资源。这份清单上的作物和饲草是各国在多边谈判的基础上依据各国对于粮食和农业植物遗传资源的相互依赖性及其对粮食安全的重要程度选择并商定的，包括35种作物和29种饲草。缔约方、相关国际机构以及缔约方管辖范围下的自然人和法人持有的这些作物和饲草的遗传资源在符合《国际条约》所规定的条件的情况下被纳入到多边系统之中，适用《国际条约》关于粮食和农业植物遗传资源的便利获取的法律规则。②

在法律规则内容的繁简上，《公约》及其《名古屋议定书》在治理获取遗传资源的活动上采取的是宏观的、粗线条式的策略，它们创制的关于获取遗传资源的法律规则体现了简约性和原则性的特点。需要强调的是，《公约》只

① 《公约》及其《名古屋议定书》适用的遗传资源主要是指那些具有药用和生物化学用途的野生和本地特有物种的遗传资源。这些遗传资源（包括与遗传资源相关的传统知识）对于制药、生物技术、个人护理产品、农作物保护产品以及植物药、食品和饮料等产业具有极其重要的利用价值。

② 值得注意的是，《公约》及其《名古屋议定书》关于遗传资源的获取的法律规则适用的遗传资源属于实实在在的国家主权控制下的资源。而《国际条约》关于多边系统中粮食和农业植物遗传资源的便利获取的法律规则适用的遗传资源在地位上类似于"全球公有物"（global commons），因为按照多边系统运作的要求，各缔约方和相关国际机构有义务向其他缔约方及其管辖范围下的自然人和法人迅速和无偿地提供资源的便利获取。实际上，《国际条约》在承认各国对粮食和农业植物遗传资源拥有主权权利的基础上，将缔约方、相关国际机构以及缔约方管辖范围下的自然人和法人持有的符合国际商定标准的粮食和农业植物遗传资源"汇集"（pool）到作为虚拟"全球基因池"的多边系统之中，以达到便利获取这些资源的目的。这是考虑到粮食和农业植物遗传资源具有的特殊性以及在获取上存在特殊的需要所采取的关键举措。对此可参见本书第三章第五节的相关分析和论述。

是提出了获取遗传资源所必须的取得提供方事先知情同意并与之订立共同商定条件的要求，而在这两项要求涉及的具体问题上未作进一步的规定。作为一个框架协定，《公约》的规定大多被表述为总体目标和政策，而非硬性的和明确的义务，这样就将其大多数规定的实施方式留待各缔约方来决定，换言之，《公约》中强调的是要把主要决策放在国家层面之上。①相比于《公约》对于事先知情同意和共同商定条件的原则性规定，《名古屋议定书》向前迈进了一大步，其明确列出了缔约方为规范获取遗传资源活动采取的立法、行政或政策措施应当符合的标准和最低要求。但是，这些措施的具体内容仍然要由各缔约方自行决定。

　　《国际条约》创制的关于便利获取粮食和农业植物遗传资源的法律规则显得更加详尽和充实。《国际条约》对多边系统涵盖的粮食和农业植物遗传资源进行了细致入微的界定，而且明确列出了提供便利获取应当遵照的八项条件。不仅如此，为了多边系统的实施和运作，《国际条约》管理机构（Governing Body）通过了作为提供便利获取的法律工具的《标准材料转让协议》（Standard Material Transfer Agreement）及其附属文件。②可以毫不夸张地说，各缔约方甚至无需制定在国内实施《国际条约》的法律，而直接依据《国际条约》的规定就能够在国内实施关于便利获取粮食和农业植物遗传资源的法律规则。

　　其次，分析遗传资源国际法确保在跨国性的利用遗传资源的活动中实现公正和公平的作用。

　　进入20世纪之后，包括生物学、遗传学、植物育种学、高通量筛选技术以及生物技术等在内的科学技术的发展和进步使得人类能够在品种和基因水平上利用遗传资源。科技上领先但生物和遗传资源相对贫乏的工业

---

① Lyle Glowka et al, *A Guide to the Convention on Biological Diversity*, International Union for Conservation of Nature and Natural Resources, 1994, p. 1.

② 《标准材料转让协议》将被用于多边系统中的粮食和农业植物遗传资源的所有转让（获取）行为，其作为一种法律工具用于确保各国在多边基础上商定的关于便利获取和分享商业化所产生的货币惠益的条件约束实际提供和接受资源的当事方。2006年6月召开的《国际条约》管理机构第一届会议通过了《标准材料转让协议》。《标准材料转让协议》在内容上包括10个条文和4个附件，其中每条下面又包括若干个段及分段，篇幅上有12页之多。此后的管理机构第三届和第四届会议又分别通过了服务于《标准材料转让协议》下的争端解决的《第三方受益人程序》和《调解规则》。对此可参见本书第三章第六节的相关解释和分析。

化国家为满足本国产业发展之需持续和广泛地从发展中国家收集和获取遗传资源，然后在它们国内进行研发利用，并借助知识产权制度保护研发成果和独占终端商业产品销售所获得的利润。而为受保护产品的研发提供了作为原材料的遗传资源的发展中国家及其土著和地方社区不仅没有被给予任何补偿或回报，而且要在取得这些产品时支付费用。这样一种利益格局对发展中国家是不公正和不公平的，发展中国家无法容忍其继续存在下去，必定要采取维护自身正当权益的措施。鉴于这是在跨国性利用遗传资源的活动中形成的利益格局，发展中国家需要寻找和选择一个对它们有利的国际论坛，以便发起纠正这一不公正和不公平的利益格局的行动。

如上所述，联合国环境规划署于20世纪80年代后期主导的保护全球生物多样性的国际环境合作适时地提供了这样的国际论坛，发展中国家为纠正以上利益格局提出了重新分配财富的要求，具体地说，就是要求与利用遗传资源的国家公正和公平地分享利用遗传资源所产生的惠益。通过发展中国家与发达国家在不同谈判议题上进行"交易"，公正和公平地分享利用遗传资源所产生的惠益最终被确立为《公约》的一大目标。这样一来，与遗传资源有关的公正和公平地分享惠益的要求经由《公约》历史上首次进入到国际法当中，这是发展中国家在国际法律规则的创制中取得的重大胜利。由于谈判和缔结《国际条约》的一个重要目的是与《公约》保持一致，《国际条约》也确立了公正和公平地分享利用粮食和农业植物遗传资源所产生的惠益的目标。作为进一步实施《公约》第三大目标和关于获取和惠益分享规定的国际法律文书，《名古屋议定书》将公正和公平地分享利用遗传资源所产生的惠益确立为自身的唯一目标。公正和公平的惠益分享被引入国际法并被提升至目标的高度进行规定意义重大，这使得遗传资源国际法具有了确保在跨国性的利用遗传资源的活动中实现公正和公平的作用。

发挥遗传资源国际法确保在跨国性的利用遗传资源的活动中实现公正和公平的作用要依托于一个治理框架，在这一方面，遗传资源国际法针对跨国性利用遗传资源活动的终端环节——处理和分配利用遗传资源所产生的惠益建立了相应的治理框架。

　　该框架涵盖了六个方面的法律规则。其一，根据《公约》及其《名古屋议定书》的规定，应当与提供遗传资源的缔约方——此种资源的原产国或根据《公约》已获得遗传资源的缔约方，以公正和公平的方式分享利用遗传资源以及嗣后应用和商业化所产生的惠益（sharing in a fair and equitable way the benefits arising from the utilization as well as subsequent applications and commercialization）。这种分享应当遵照共同商定条件。各缔约方为此应采取立法、行政或政策措施；其二，根据《公约》及其《名古屋议定书》和《国际条约》的规定，分享的惠益既包括货币惠益（monetary benefits），也包括非货币惠益（non-monetary benefits）。《名古屋议定书》附件一列出了关于货币和非货币惠益的各种实例；其三，根据《名古屋议定书》的规定，各缔约方应当采取措施，以便规定，在提供遗传资源的缔约方的获取和惠益分享国内立法和规范性要求规定的情况下，在其管辖范围内利用的遗传资源是已经遵照事先知情同意而获得的，并订立了共同商定条件。各缔约方应当酌情采取措施，以便确保遵守共同商定条件；①其四，根据《名古屋议定书》的规定，为了支持遵守，各缔约方应当采取措施，监测利用遗传资源情况和加强这种利用的透明度；②其五，根据《国际条约》的规定，各缔约方认识到便利获取多边系统中的粮食和农业植物遗传资源本身即为多边系统的一项主要惠益；其六，根据《国际条约》的规定，各缔约方同意多边系统中利用（包括商业利用）粮食和农业植物遗传资源所产生的惠益应当在管理机构的指导下并考虑到滚动式的《粮食和农业植物遗传资源保护和可持续利用全球行动计划》的优先重点活动领域，通过信息交流、技术获取和转让、

---

①《名古屋议定书》最有意义的创新是规定了遵守的问题（第15～16条和第18条），这包括遵守提供遗传资源的缔约方的获取和惠益分享国内立法或规范性要求（compliance with domestic legislation or regulatory requirements on access and benefit-sharing）以及遵守提供者和利用者订立的共同商定条件（compliance with mutually agreed terms）。之所以规定这个问题，是为了回应发展中国家的这样一种关切，即一旦遗传资源被带出提供国并在另一个国家被利用，作为提供国的发展中国就难以阻止对于遗传资源的不当利用（misappropriation）和违规利用（misuse），以及在国际层面上缺少处理违反提供国的获取和惠益分享国内立法或规范性要求及提供者和利用者之间的协议的措施。关于遵守问题的深入分析和讨论，可参见本书第二章第五节的内容。

②《名古屋议定书》关于监测利用遗传资源（monitoring the utilization of genetic resources）的问题（第17条）的规定也属于具有创新性的规定。这是为了进一步支持遵守要求事先知情同意和订立共同商定条件的国内获取和惠益分享立法以及缔约方根据第15条所采取的措施。对此可参见本书第二章第六节的相关解释和分析。

能力建设以及商业化所产生的货币惠益的分享四种机制公正和公平地予以分享。

如同遗传资源国际法在获取遗传资源的活动上建立的治理框架，这个框架涵盖的法律规则既包括《公约》及其《名古屋议定书》关于惠益分享的一般规则，也包括《国际条约》关于惠益分享的专门规则。需要强调的是，这两类法律规则都贯穿了一个总体的指导思想和要求，即公正和公平地分享利用遗传资源所产生的惠益。而且这两类法律规则都将有待分享的惠益区分为货币惠益和非货币惠益，这对于实现惠益分享的目标和要求是极为必要和有益的。然而，这两类法律规则在惠益分享的路径、适用范围等方面存在显著的不同。适用范围上的不同已在上文作了说明，这里主要阐述惠益分享路径上的不同。

《公约》及其《名古屋议定书》在惠益分享上采取的是"双边路径"。具体来说，提供遗传资源的缔约方应当与利用者在逐案基础上进行双边谈判，并达成关于惠益分享的共同商定条件。《名古屋议定书》提供了关于货币惠益和非货币惠益的各种实例，提供遗传资源的缔约方和利用者在谈判时可以视具体情况和各自需要将相关惠益特定化之后纳入它们达成的共同商定条件（或协议）之中。关于惠益分享的共同商定条件（或协议）在性质上属于私法上的国际性合同，这意味着，惠益分享能否实现将取决于合同的自愿履行或执行（enforcement）。特别需要指出的是，为了确保惠益分享的实现，《名古屋议定书》引入关于遵守和监测利用遗传资源问题的创新性规定。各缔约方应当在国内采取措施，以便落实《名古屋议定书》第15～18条的规定。

《国际条约》在惠益分享上采取的是"多边路径"，其建立了一个分享利用粮食和农业植物遗传资源所产生的惠益的多边系统。具体来说，各国事先在多边谈判基础上已经商定了多边系统中的惠益分享的具体问题，这就包括四种不同的惠益分享机制以及每种惠益分享机制的内容。就商业化所产生的货币惠益的分享这一机制而言，按照《国际条约》规定，从多边系统获取资源的接受方在满足相关条件的情况下，有义务向管理机构建立的机制支付含有从多边系统所获取资源的产品销售额的一定比例（管理机构将其确定为

0.77%)。①可见,《国际条约》在惠益分享上采取的"多边路径"排除了有关当事方自行商定惠益分享机制和内容的可能。值得注意的是,这四种机制所涉及的惠益分享并没有严格地限定在提供粮食和农业植物遗传资源的缔约方和接受方(或利用方)之间。就信息交流这一机制来说,所有缔约方都会经由一个全球信息系统获得关于多边系统中的粮食和农业植物遗传资源的信息。就技术获取和转让与能力建设这两种机制而言,发展中国家和经济转型国家的利益和需要将会得到更多的考虑和照顾,以便使这些国家可以取得相关的技术并加强它们保护和可持续利用粮食和农业植物遗传资源的能力。分享的商业化所产生的货币惠益将会首先直接或间接流向保护和可持续利用粮食和农业植物遗传资源的各国农民,尤其是发展中国家和经济转型国家的农民。②

最后,分析遗传资源国际法规范与保障保护和可持续利用遗传资源领域的国际合作的作用。

在过去的几十年中,由于人类活动的影响,上千个物种濒临灭绝,遗传多样性加速丧失,上百万的种群已经消失,整个生态系统正在遭受破坏。地球上的生物多样性,包括生物种类的多样性及其构成的复杂生态系统以及物种的遗传变异面临着来自不同方面的严重威胁。生物多样性的锐减和丧失将影响到我们每一个人并将威胁到未来世代的生存和发展。大肆砍伐和毁林所引起的热带雨林的消失不仅会使所在国和当地社区遭受无法估量的损失,而且会使其他国家失去农业、医药和工业的天然原材料。由于推广现代商业化

---

① 根据《国际条约》规定,接受方负担的这个义务被纳入《标准材料转让协议》中,从而成为《标准材料转让协议》中的一项义务。这意味着,分享商业化所产生的货币惠益将通过合同义务的履行或执行而得到实现,这与《公约》及其《名古屋议定书》的思路是一致的。但是,与《公约》及其《名古屋议定书》的规定不同的是,《标准材料转让协议》的内容,尤其是关于适用的法律(准据法)和争端解决方式已经在多边谈判的基础上得到了确定,当出现与《标准材料转让协议》有关的争端时,作为准据法的一般法律原则和一套统一的争端解决机制将适用于与《标准材料转让协议》有关的所有争端。而遵照《公约》及其《名古屋议定书》的要求所订立的共同商定条件将会由于当事方的选择出现多样化的准据法和争端解决方式,因共同商定条件发生的各种争端将会被提交到不同的拥有管辖权的国家适用不同的法律并以不同的方式加以解决。关于这个问题的进一步分析和讨论,可参见本书第三章第六节的相关内容。

② 《国际条约》多边系统中的惠益分享具有这样的特点,即顾及发展中国家和经济转型国家的利益和需要而让更多的欠缺信息、研发技术和能力的这两类国家参与分享利用粮食和农业植物遗传资源所产生的非货币惠益,以及为了人类社会的整体利益分享利用粮食和农业植物遗传资源所产生的货币惠益。

农业等原因导致的农业遗传多样性的丧失，尤其是粮食和农业植物遗传资源（各国在这些资源上拥有很高程度的相互依赖性）的丧失或受到侵蚀将会威胁世界粮食安全和可持续的农业生产。可见，生物多样性的丧失产生的影响具有国际性，这表明，仅仅依赖单个国家或某些国家（如生物多样性所在国）采取行动解决生物多样性的丧失问题是远远不够的，各国有必要在解决这一关乎人类社会前途命运的问题上开展国际合作。

国际合作是在认可保护生物多样性属于人类共同关注事项（common concern of humankind），以及各国在保护和可持续利用生物多样性及其遗传资源方面拥有共同利益的基础上展开的。这就明确了国际合作的内容和领域应当是生物多样性及其遗传资源的保护和可持续利用以及发展中国家履行保护和可持续利用义务所需资金的提供。国际合作首先要求各国就保护、可持续利用及资金的提供问题进行谈判，协调意志，以便达成为各国所共同接受的作为国际合作成果的合作方案。不仅如此，国际合作还要求各国在合作成果的表现形式上作出选择，以便有效达成合作的效果。在生物多样性及其遗传资源的保护和可持续利用领域，各国一致性地选择了多边条约作为表现合作成果的形式。而在粮食和农业植物遗传资源的保护和可持续利用领域，各国同时选择了不具法律约束力的国际文书和多边条约。①在合作方案被纳入多边条约中而成为具有法律约束力的规则之后，国际合作接着要求各国采取合作的行为实施合作方案，从而实现合作的效果。从国际合作的要求和阶段来看，遗传资源国际法具有规范与保障保护和可持续利用遗传资源领域的国际合作的作用。

发挥遗传资源国际法的这一作用要依托于一个治理框架，在这一方面，遗传资源国际法针对保护、可持续利用遗传资源和资金的提供等问题建立相应的治理框架。该框架涵盖了关于保护和可持续利用遗传资源以及资金提供的一般规则和专门规则。

关于保护和可持续利用生物多样性及其遗传资源的一般规则包括六大方面的规则。其一，根据《公约》规定，各缔约方应为保护和可持续利用生物多样性制定国家战略、计划或方案，并尽可能将生物多样性的保护和可

---

① 这里的"不具有法律约束力的国际文书"是指联合国粮农组织在1996年通过的《粮食和农业植物遗传资源保护和可持续利用全球行动计划》。

持续利用订入有关的部门或跨部门计划、方案和政策内；其二，根据《公约》规定，各缔约方应查明对保护和可持续利用生物多样性至关重要的生物多样性组成部分以及产生或可能产生重大不利影响的过程和活动种类，并监测已查明的这些组成部分以及这些过程和活动的影响；其三，根据《公约》规定，各缔约方应采取就地保护生物多样性的措施。《公约》规定了十二个方面的就地保护（in-situ conservation）措施；其四，根据《公约》规定，各缔约方应主要为辅助就地保护措施起见采取移地保护生物多样性的措施。《公约》规定了四个方面的移地保护（ex-situ conservation）措施；其五，根据《公约》规定，各缔约方应采取可持续利用生物多样性组成部分的措施。《公约》主要规定了三个方面的可持续利用生物多样性组成部分（sustainable use of components of biological diversity）的措施；其六，根据《公约》规定，发达国家缔约方应提供新的额外的资金，以使发展中国家缔约方能够支付它们因执行那些履行《公约》义务的措施而承担议定的全部增加费用（agreed full incremental costs），并使它们能够享受到《公约》条款产生的惠益。

关于保护和可持续利用粮食和农业植物遗传资源以及资金的提供的专门规则涉及五大方面的规则。其一，根据《国际条约》规定，各缔约方应当按照国家法律，并与其他缔约方合作，在粮食和农业植物遗传资源的考察、保护和可持续利用中加强综合措施的运用；其二，根据《国际条约》规定，各缔约方应当促进粮食和农业植物遗传资源的田间保存、就地保存和移地保存，调查、登记、收集和监测粮食和农业植物遗传资源，以及减少或消除对粮食和农业植物遗传资源的威胁；其三，根据《国际条约》规定，各缔约方应制定或保持促进粮食和农业植物遗传资源可持续利用的适当政策和法律措施。《国际条约》列出了七个方面的可持续利用粮食和农业植物遗传资源的措施；其四，根据《国际条约》规定，各缔约方应在粮食和农业植物遗传资源的保护和可持续利用方面直接或通过联合国粮农组织及其他有关国际组织与其他缔约方合作；其五，根据《国际条约》规定，各缔约方承诺执行一个实施《国际条约》的供资战略（funding strategy）。这一战略的目标应当是为实现《国际条约》的活动而增强财政资源的可获得性，以及提供财政资源供给的透明度、效率和有效性。

　　需要指出的是，以上两类规则都将保护遗传资源的方法划分为就地保护（原生境保护）和移地保护（非原生境保护），而且在就地保护方面规定的保护措施存在一些相同之处，例如促进保护区内的资源的保护。另外，这两类规则都强调了各国在保护遗传资源方面进行合作的重要性。然而，这两类规则在适用范围、保护和可持续利用措施的组成以及资金的提供等方面存在很大的不同。

　　在适用范围上，《公约》关于保护和可持续利用以及资金提供的一般规则适用于所有来源的遗传资源。实际上，这些规则主要适用的是生物资源，只不过在《公约》中遗传资源被生物资源的定义所涵盖。① 而《国际条约》关于保护和可持续利用以及资金提供的专门规则适用于粮食和农业植物遗传资源，也就是植物来源的对粮食和农业具有实际或潜在价值的遗传材料。特别需要说明的是，这些规则适用的粮食和农业植物遗传资源并不限于多边系统所适用的64种作物和饲草的遗传资源（《国际条约》附件一所列出的粮食和农业植物遗传资源），而是所有的粮食和农业植物遗传资源。

　　在保护和可持续利用措施的组成上，《公约》规定的保护措施繁多，涉及的面非常广泛，对遗传、物种和生态系统层面上的多样性都可以适用。但《公约》规定的可持续利用措施则偏少。不过，《公约》缔约方大会在2004年通过《关于生物多样性可持续利用的亚的斯亚贝巴原则和准则》，这份文件在生物多样性组成部分的可持续利用上提供了若干实用原则以及执行这些原则所需的实施准则，旨在为政府、资源管理者、土著和地方社区及私营部门等利益相关者提供建议，确保其对于生物多样性组成部分的利用不会导致生物多样性的长期衰落。而《国际条约》规定的保护和可持续利用措施比较全面和详细，而且两方面的措施比较均衡。缔约方可以依据《国际条约》的规定有针对性地单独或与其他缔约方合作实施保护和可持续利用粮食和农业植物遗传资源的措施。

　　在资金的提供上，《公约》明确要求发达国家缔约方提供新的额外的资金，以使发展中国家缔约方能够支付它们因执行那些履行《公约》义务的措施而

---

① 在《公约》中，生物资源是指对人类具有实际或潜在用途或价值的遗传资源、生物体或其部分、生物种群，或生态系统中任何其他生物组成部分。

承担议定的全部增加费用。这属于发达国家缔约方负担的法定义务。而《国际条约》并没有为发达国家缔约方设定提供新的额外的资金的义务，其要求各缔约方执行一个实施《国际条约》的供资战略。这个战略旨在从所有可能的来源为《国际条约》的实施筹集和提供资金，并按照国际商定的标准和程序对资金进行透明、高效和有效利用。①

---

① 关于供资战略的深入分析和讨论，可参见本书第三章第八节的相关内容。

遗传资源的获取和

惠益分享的

一般性国际法律文书

第一章 《生物多样性公约》

　　遗传资源，是对人类具有实际或潜在用途和价值的一类重要的生物资源。遗传资源所蕴含的基因和自然生成的生物化合物是开发和生产化学药品、植物品种及其繁殖材料、天然药物、农作物保护产品及个人护理产品等商业产品的原材料或基础性资源，其在与上述产品相关的经济部门中发挥着重要和不断增长的作用。20世纪70年代末至80年代，随着生物科技的飞速发展以及美欧国家植物育种者权和生命专利保护实践的不断推进，发展中国家和发达国家在如何控制和获取遗传资源以及如何分配因利用此种资源所产生惠益的问题上产生了激烈的冲突。借助于国际社会为应对全球生物多样性消失而开展国际合作的契机，遗传资源的获取和惠益分享议题被纳入旨在缔结一份新的关于保护全球生物多样性国际法律文书的谈判的范围。经过对不同利益的平衡和调和，1992年通过的《生物多样性公约》（Convention on Biological Diversity）正式确立了遗传资源的获取和惠益分享制度。

　　鉴于遗传资源的获取和惠益分享制度是被规定在《生物多样性公约》之中，本章首先对《生物多样性公约》的缔结背景和意义、主要内容进行梳理和分析，接着着重就《生物多样性公约》中的遗传资源的获取和惠益分享制度，以及2002年通过的关于遗传资源的获取和惠益分享的《波恩准则》作出解释、分析和评论。

第一节 《生物多样性公约》的缔结背景

19世纪兴起的自然和自然资源保护运动导致了最初有关保护野生动植物的公约的缔结。而随着保护运动的深入发展，国际上先后诞生了一批关于保护生境、物种和自然遗产以及管制野生生物国际贸易活动的国际条约。但这些国际条约无法实现对地球上的生物多样性进行全面保护的目标。相应地，制定一份保护生物多样性的全球性公约的倡议在20世纪80年代被提出并且得到联合国环境规划署的认同。在该机构的主持下，发展中国家和发达国家就各自关切的议题展开深入谈判，双方最终达成了一系列的"交易"。1992年5月22日，《生物多样性公约》获得通过，并在联合国环境和发展大会上开放供各国签署。本节将对促成《生物多样性公约》缔结的有关事实和因素进行梳理和考察。

一、自然和自然资源保护运动的兴起

《生物多样性公约》的起源最早可以追溯到19世纪欧洲和北美在回应物种大规模灭绝以及对大自然过度开发利用的过程中所产生的保护（conservation）运动。保护在从功利主义考虑转向一个更为平衡的人与自然关系的图景中发挥了一个日益具有决定性的作用。保护运动导致很多有意义的创举和措施的出现，如一大批保护学会和环境非政府组织的创立、某些国家共同缔结有关保护物种和自然的公约（如1933年的《保护非洲自然状态下的动植物公约》和1940年的《西半球自然保护和野生生物保护公约》）、设立保护区以达到保护的目标等。这些举措被反映在关于自然保护或野生生物保护的国家立法中，从而产生了重要的积极效果，而且确定地（尽管缓慢）会朝着更加全面的目标演进。[①]

在保护运动不断走向深入的背景下，1948年，在联合国教科文组织的主持下，一些确信有必要推进自然和自然资源保护的政府和非政府组织共同创立了国际自然保护联盟（IUCN）。在推动缔结一个关于生物多样性的公约的

---

① See Francoise Burhenne-Guilmin, *"Biodiversity and International Law: Historical Perspectives and Present Challenges: Where Do We Come From, Where Are We Going?"* in Michael L. Jeffery et al (eds), *Biodiversity, Conservation, Law + Livelihoods: Bridging the North-South Divide,* Cambridge University Press, 2008, p. 27.

过程中，IUCN发挥了非常重要的作用。在IUCN成立之时，其就确立了这样的目标：保存全世界的生物群落或人类的自然环境，其中包括了作为其组成部分的以及人类文明根基所依赖的地球可再生资源。而且，IUCN的《章程》确认了要筹备一份世界性公约，以作为其未来实现并为之努力的一项主要目标。

20世纪60～70年代末见证了关于保护自然环境和地球上生命的一些重大事件的发生以及有影响的国际立法成果的诞生。1968年，联合国教科文组织召开了"生物圈大会"（Conference on Biosphere），这次大会达成了一个有关有必要系统处理生物圈资源的合理利用和保护问题的国际科学共识。在联合国教科文组织和IUCN以及其他国际组织的倡议下，《拉姆萨尔湿地公约》和《保护世界文化和自然遗产公约》分别于1971年和1972年缔结。1972年还在瑞典的斯德哥尔摩召开了一次重要的全球性会议——联合国人类环境大会，会议认可了人类具有一个特别的维护并且合理地管理野生生物遗产及其栖息地的责任。这次会议还对IUCN自1963年以来持续谈判一个关于濒危物种的进出口和运输的全球公约的努力表达了正式支持，同时呼吁推出一个解决这些物种跨境迁徙的国际条约。根据这次会议的决议，联合国大会于1972年成立了一个专门致力于国际环境事务的机构——联合国环境规划署（UNEP）。1973年，经过多年的努力，21个国家在华盛顿签署《濒危野生动植物物种国际贸易公约》。1979年，《保护野生动物迁徙物种公约》在德国波恩获得通过。此外，在非洲、欧洲及南太平洋地区等区域都推出了一些保护各自区域的自然环境和自然资源的条约。

二、保护生物多样性的全球性路径：从理念到现实

当20世纪80年代到来之时，为回应物种灭绝和自然环境遭受严重破坏而进行的全球条约法的创制活动取得了显著的进展。然而，已有的立法成果却带有"碎片化"的特点，因为它们只涉及一种生态系统（湿地）、一类威胁（国际贸易）、一类物种（迁徙物种）以及具有特别的国际重要性的地点（世界遗产）。由此可见，以往的所有努力提供的只是一个拼凑式的规则组合，而非一个行动框架，这就将绝大多数物种和空间留在了法律真空当中。这种拼凑式路径所存在的不足成为采取更为全面的全球性路径的一个强有力的理由。[1]

---

[1] See Francoise Burhenne-Guilmin, *"Biodiversity and International Law: Historical Perspectives and Present Challenges: Where Do We Come From, Where Are We Going?"* in Michael L. Jeffery et al (eds), *Biodiversity, Conservation, Law + Livelihoods: Bridging the North-South Divide,* Cambridge University Press, 2008, p. 30.

在整个20世纪80年代，IUCN作出了持续和积极的努力，以便促使这样一个全球性路径变成现实。1980年，IUCN编制并公布了《世界自然保护战略》，其首次宣示："每个生命形式都是独一无二的，值得尊重，不论其对于人类的价值。"此外，《世界自然保护战略》呼吁为促进可持续发展除保持物种和生态多样性之外，亦应保持遗传多样性。在《世界自然保护战略》问世后不久，IUCN就开始推动新型条约的发展，使其统一已有的法律，弥补缺陷，并引导将物种和生态系统作为一个整体加以保护。

工作初期，IUCN将焦点放在遗传资源之上。1981年，IUCN大会通过决议并要求分析"与这些生物资源的保护、获得和利用有关的技术、法律、经济和财政问题，从而为一个国际安排和实施规则提供基础"。此后不久，在IUCN的国家公园和保护区第三世界大会上，IUCN环境法委员会的律师们发起了一个更全面的方式来看待遗传资源的管理，他们呼吁将保护区原则延伸至保护区之外的陆地，并提出了一个为未来保护野生遗传资源的世界性条约的建议。这次大会还请IUCN调查"规范野生遗传资源商业利用的国际文书可能的创制"。1985年，IUCN第16届大会再次通过一个有关"野生遗传资源和濒危物种栖息地保护"的决议，该决议列举了五项原则（主要涉及野生遗传资源），构成一个初步的全球性协定草案的基础。①

在这些决议和思路的指引下，IUCN环境法中心开始起草并预备了第一份公约草案。在内部协商和审查过程中，IUCN物种生存委员会主席建议用"生物的"多样性这一术语代替"遗传的"多样性，以更好地与公约的广泛保护目的相映照。这得到了普遍赞同，IUCN的工作草案名称也相应改为"生物多样性公约"。值得注意的是，当"生物多样性公约"的提法出现时，"生物多样性"一词尚未被正式使用（1987年世界环境与发展委员会的《我们共同的未来》报告是使用生物多样性概念的第一份国际文件）。1988～1989年，IUCN继续从事着公约草案的起草工作，并且形成定稿。该草案专注于在遗传、物种和生态系统层次上保护生物多样性所需的全球行动，以及在保护区之内和之外的就地保护（in situ conservation）。此外，它还包括一个资金机制的规定，以此缓和南北之间保护负担的不对等。

---

① M. McGraw, *"The Story of the Biodiversity Convention: From Negotiation to Implementation"*, in: Philippe G. Le Prestre (ed.), *Governing Global Biodiversity: The Evolution and Implementation of the Convention on Biological Diversity*, Ashgate Publishing Ltd, 2002, p. 10.

在此期间，IUCN环境法委员会主席利用以观察员的身份出席联合国环境规划署理事会会议的机会，进行着非正式的推动工作，从而寻求联合国环境规划署对IUCN倡议的支持。经过IUCN多年的努力，联合国环境规划署和某些国家逐步对一个全球生物多样性公约的设想产生了兴趣。1987年，在联合国环境规划署理事会会议上，一些成员提议规划署应当制定一个总括性公约——用以统一这个领域已生效的法律文书。考虑到该提议可能会使IUCN先前针对更加全面的框架公约所做的大量工作停止下来，IUCN环境法委员会主席采取与代表们进行集中的非正式协商的方式推动对上述提议的修改，以使IUCN的努力得到支持并且能与规划署将来的一些工作相互连接。①

根据相关决议，联合国环境规划署认识到需要增强和整合国际层面的保护生物多样性的努力，因此建立了一个特别专家工作组，目的是调查"形成一个总括性公约（umbrella convention）的愿望和可能形式，从而使该领域中的现有活动加以合理化，并处理属于该公约范围的其他领域"。在随后进行的讨论中，该工作组认为既有的关于生物多样性保护的国际、区域性条约只涉及生物多样性保护的特定方面。在全球层面上，已有的公约仅仅针对具有国际意义的重要自然遗址、濒危物种贸易的特定威胁、特定生态系统类型和一类物种。此外，还有各种各样的关于自然和自然资源保护的区域性公约，其中一些较其他公约更为全面。鉴于已有公约所具有的特定保护功能，它们并不能满足全球生物多样性保护的需要。

事实很快表明，制定一个吸收或整合已有公约的总括性公约的思路在法律和技术上并不具有可能。1990年年初，工作组达成共识，国际社会迫切需要制定一个新的全球性的生物多样性保护条约，该条约将采取框架公约（framework convention）的形式，并且建立在已有公约的基础之上。②在上述专

---

① ［英］巴巴拉·J·劳琄：《编织环境法之网：IUCN环境法项目的贡献》，王曦等译，法律出版社2012年版，第464-467页。

② 麦克劳（McGraw）指出，重要的是要将框架公约（framework convention）和总括性公约区分开来。尽管常常可以互换使用这两个术语，它们在两个重要的方面却存在不同。第一个不同是，虽然它们都列出了有待于通过随后的文件细化规定的基本原则和一般目标，但对总括性公约而言，这些随后的文件在范围上一般是区域性的，而对框架公约来说，这些文件是针对具体问题的次一级协定（或议定书）。第二个不同是，总括性公约（如《联合国海洋法公约》）对于处在其权限范围内的已存在协定具有法律上的含义，而框架公约则没有。正是这一"溯及力"（retroactivity）主要对总括性公约和框架公约作了区分。总括性公约吸收（或取代）了相关的条约，框架公约则建立在已有的协定之上（或补充了它们）。See M. McGraw, *"The Story of the Biodiversity Convention: From Negotiation to Implementation"*, in: Philippe G. Le Prestre (ed.), *Governing Global Biodiversity: The Evolution and Implementation of the Convention on Biological Diversity*, Ashgate Publishing Ltd, 2002, p. 20.

家工作组开展工作的同时，1989年5月，另一个生物多样性法律和技术专家特别工作组成立，意在预备一份生物多样性保护和可持续利用的国际法律文书，同时考虑到"在发达国家和发展中国家分配费用和惠益的需要以及支持当地居民创新的方式和途径"。①

然而，在谈判进程正式启动前，发达国家与发展中国家就在公约范围等问题上产生了严重的分歧。发达国家从自身产业发展的需要出发，严重关切全球生物多样性，尤其是热带雨林正在快速消失的事实，因而力主通过一个全球性公约保护生物多样性。面对来自发达国家的强烈呼吁，发展中国家深知这种主张背后所隐藏的真正意图。众所周知，拥有丰富生物多样性的国家绝大多数都是位于南半球的发展中国家。当美国在1987年6月向联合国环境规划署执行委员会提出制定一个保护生物多样性的条约后，发展中国家即发出质疑，谁应为这样一个条约所需的昂贵的保护项目支付费用？②显然，如果该条约获得通过，发展中国家将很有可能单方面承担保护全球生物多样性的责任和费用。在发达国家力主保护全球生物多样性的同时，发展中国家则提出了它们以往在植物遗传资源的获取和利用资源所产生惠益的分配上所遭遇的严重不公的问题。由于长期以来植物遗传资源被视为"公共物品"或"人类共同遗产"并奉行无限制获得的原则，发展中国家无法控制发达国家获取其植物遗传资源的行为。从历史上看，植物遗传资源的流动遵循的是"从南到北"的方向，即从发展中国家向发达国家流动。在获取后的开发利用上，发达国家的私营部门凭借其拥有的资金、技术等优势从事研发活动，并且通过知识产权的保护独占了商业化利用植物遗传资源所产生的各种惠益。

当这些问题在随同保护生物多样性的议题提出后，发展中国家无疑是作了充分的准备，必然借此机会力图扭转先前不公正的利益格局，而发达国家当然是从自身产业发展利益出发，竭力维护已有的原则和做法。可见，有关全球生物多样性国际合作的焦点不仅涉及严格意义上的保护问题，而且牵涉

---

① See Lyle Glowka et al, *A Guide to the Convention on Biological Diversity*, International Union for Conservation of Nature and Natural Resources, 1994, p. 1. Secretariat of the CBD, *Handbook of Convention on Biological Diversity*, 3rd edition, 2005, Introduction.

② Kerry Ten Kate and Sarah A Laird, *The Commercial Use of Biodiversity: Access to Genetic Resources and Benefit-Sharing*, Earthscan Publications Ltd, 1999, p. 4.

如何处理遗传资源的获取以及分配利用遗传资源所产生惠益的问题。[①]尽管南北之间的分歧相当之大，然而在共同利益面前，双方不得不作出让步。更重要的是，全球生物多样性的保护离不开其所在国，即发展中国家的全面参与。在1989年5月联合国环境规划署执行委员会的会议上，有一点已经很清楚，即如果该公约建立在国家对它自己的遗传资源拥有主权权利的基础上，以及促进更公正公平地分享因商业化利用遗传资源所产生的惠益，发展中国家将支持制定这样一个生物多样性公约的举措。[②]这就意味着，将遗传资源的获取和惠益分享的问题纳入公约的范围已不可避免。至此，遗传资源的获取和惠益分享问题正式成为公约的谈判议题之一。

不仅仅是遗传资源的获取和惠益分享问题，其他的一些重要问题，包括野生和驯化物种的就地保护（原生境保护）和移地保护（非原生境保护）、生物资源的可持续利用、技术的获取和转让、与转基因生物的活动有关的安全以及新的和额外的财政资源的提供等，都被纳入公约的谈判范围。显然，建议的生物多样性公约从一开始就不会是一个传统的保护条约，这些问题实际上在整个谈判过程中都是核心所在。此后，由IUCN所起草的公约草案、后来由联合国粮农组织起草的公约草案以及联合国环境规划署所委托进行的许多研究成果都提交到了联合国环境规划署的面前，成立于1989年的专家组预备和提出了许多可能纳入全球性生物多样性公约中的各个方面的组成部分。在该专家组的协助下，联合国环境规划署秘书处准备了一份基于所有已提出的公约"组成部分"的公约草案第一稿。1991年2月，成立于1989年的专家工作组更名为政府间谈判委员会，公约的谈判正式开始。

政府间谈判委员会将主要议题划归两个工作组以供逐条讨论：第一工作组负责解决一般性的问题，例如基本原则、一般性义务、就地保护和迁地保护措施以及与其他法律文件的关系；第二工作组负责解决遗传资源和相关技术的获取、技术转让、技术援助、财政机制和国际合作等问题。政府间谈判委员会为公约的谈判共计召开了七次会议。谈判进行得异常缓慢而且艰难，尤其是在最终的谈判会议中。随着时间的推移，自行设定的签署公约的截止

① G. Kristin Rosendal, *The Convention on Biological Diversity and Developing Countries,* Kluwer Academic Publishers, 2000, p. 69.

② Kerry Ten Kate and Sarah A Laird, *The Commercial Use of Biodiversity: Access to Genetic Resources and Benefit-Sharing,* Earthscan Publications Ltd, 1999, p. 4.

日期——1992年6月的联合国环境和贸易发展大会，正在以惊人的速度迫近。谈判常常接近于失败，甚至在5月22日，在内罗毕举行的最终谈判会议的最后一天，公约是否能够获得通过直到最后时刻也不明朗。假如联合国环境和发展大会的截止日期并不预先设定，《生物多样性公约》（以下简称《公约》）在那一天不可能获得通过。尽管事实如此，以及尽管在谈判中存在紧张关系，6月5日在里约热内卢召开的联合国环境和发展大会（里约地球峰会）上签署《公约》的国家的数量却是空前的。《公约》通过后仅仅18个月（1993年12月29日）即生效，这同样也让人感到惊讶。[①]

　　《公约》是在国际社会对可持续发展的承诺日益增长的情况下缔结的，在保护生物多样性、可持续利用其组成部分以及公正和公平地分享利用遗传资源所产生的惠益方面，这是一个巨大的进展。[②]《公约》是环境与发展领域中的里程碑，因为它第一次全面、综合地而非割裂地提出了地球生物多样性的保护和生物资源的可持续利用的议题。它认可了在《世界自然保护战略》（1980）、《关爱地球》（1991）、《全球生物多样性战略》（1992）以及许多其他国际文件中所提出的极其重要的观点，即为了道德、经济利益和事实上的人类生存，应当保护生物多样性和生物资源。不仅如此，《公约》通过建立生物多样性全面保护的目标超越了《濒危野生动植物物种国际贸易公约》等其他侧重保护特定物种或栖息地的国际条约。从《公约》所规范的议题来看，它已经超出了生物多样性保护和生物资源可持续利用的范畴，它还包括国家主权和人类共同关注、遗传资源的获取与惠益分享，包括生物技术在内的技术的获取、技术转让以及资金和财政机制等重要议题。《公约》作为环境和发展领域的里程碑，还因为它第一次明确地将遗传多样性纳入一个有约束力的全球条约之中，以及第一次将生物多样性的保护认可为人类的共同关注（common concern of humankind）。[③]

---

① See Lyle Glowka et al, *A Guide to the Convention on Biological Diversity,* International Union for Conservation of Nature and Natural Resources, 1994, p.1. Secretariat of the CBD, *Handbook of Convention on Biological Diversity,* 3rd edition, 2005, Introduction.

②《生物多样性公约》导言。

③ See Lyle Glowka et al, *A Guide to the Convention on Biological Diversity,* International Union for Conservation of Nature and Natural Resources, 1994, pp. 1, 3.

第二节 《生物多样性公约》的主要制度

从《公约》的缔结背景来看，《公约》被定位成一个框架公约，这是其最大的特点。此外，《公约》还具有全面性（comprehensiveness）、复杂性（complexity）和折中性（compromise）三个极为重要的特点。

《公约》由序言、42条规定和2个附件组成。不同于其他国际条约，例如《保护植物新品种国际公约》《与贸易有关的知识产权协定》《粮食和农业植物遗传资源国际条约》，《公约》中的条文并没有被区分为不同的章或部分。尽管如此，《公约》的规定还是可以被大致地分为六个部分：第一部分包括序言和一般性规定（第1~5条）；第二部分是关于生物多样性的保护和可持续利用的规定，包括第6~11条；第三部分可以看成是有关生物多样性的信息方面问题的规定，包括第12~13条、第17~18条；第四部分是关于获取和惠益分享问题的规定，包括第15~16条和第19条；第五部分是关于财政资源和机制问题的规定，包括第20~21条和第39条；第六部分是关于《公约》的机构安排和一些程序性的问题的规定，包括第22~42条（第39条除外）。

本节首先介绍和分析《公约》的特点，接着解释和分析《公约》的一般性规定、生物多样性的保护和可持续利用等实体性规定。《公约》的获取和惠益分享规定将在第三节进行重点解释和评论。考虑到《公约》关于生物多样性的信息方面问题的规定含义清楚明了，在此不予解释和分析。此外，《公约》的财政资源和机制也不在本章讨论的范围之内。

一、《生物多样性公约》的特点

尽管没有像《联合国气候变化框架公约》那样在标题中包含"框架"一词，《公约》仍被广泛视为一个框架协定或公约。而这一认识是基于三个方面的重要事实。首先，《公约》创设了一个促进持续国际合作和支持国家实施的全球结构。实际上，《公约》突出了国家管辖范围内与生物多样性有关的国家行动，从而建立起一个一般和可伸缩的义务框架，缔约方可通过国家立法和政策履行这些义务。其次,《公约》允许通过附件和议定书的谈判来对自身作进一步的发展。多边环境条约创制中采取的"框架—议定书"路径在将环境和可持续发展公约的模糊和"软法"内容转化为更准确和有约束力的规定中已经证明行之有效。截至目前,《公约》已经发展出了两个重要的议定书,它们是关于生物安全的《卡塔赫纳议定书》(2000年)和关于遗传资源的获取和惠益分享的《名古屋议定书》(2010年)。最后,《公约》建立在既有的协定或公约基础之上,或者补充了既有的协定或公约,这与总括性公约有所不同。相比于先前的指向特定物种、地点和活动的生物多样性法律文书,《公约》对于保护采取了一个广泛的生态系统路径,因此也就建立起保护生物多样性更加宽广的场景。[①]

除了框架公约这一最突出的特点外,《公约》还具有全面性、复杂性和折中性三个极为重要的特点。

首先看《公约》的全面性。上文指出,《公约》对于保护采取的全面而非分门别类的路径使其成为环境和发展领域的里程碑。《公约》超出了生物多样性保护的问题,其还涵盖诸如可持续利用、遗传资源的获取和惠益分享、技术的获取和转让此类的问题。通过纳入这些"非传统问题",《公约》成为一个颇具勇气的政治文件,但也成为一个相当庞杂和缺乏效率的法律文件。时至今日,在《公约》框架下设立的各种方案和进程的激增既反映了它的广度,也反映了它的深度。然而,全面性既使《公约》在全球生物多样性协定当中独一无二,也使其易于过度延伸。

接着看《公约》的复杂性。这里的复杂性也可以用模糊性(ambiguity)来替换。复杂性用来指《公约》文本,但更多地用来指生物多样性问题领域本身。与气候变化和臭氧层的消耗等问题不同,生物多样性问题的广度和深度使得定义一个明确的问题具有难度。从本质上说,生物多样性缺少"问题凸显性"(issue salience)。而这又拉大了《公约》和政策制定者以及公众之间的距离。实际上,生物多样性在生态学家当中形成了一个持续需要研究和讨论的主题。生物多样性消失的现实和潜在影响也仅仅能被科学界的专业人士,

---

① See M. McGraw, *"The Story of the Biodiversity Convention: From Negotiation to Implementation"*, in: Philippe G. Le Prestre (ed.), *Governing Global Biodiversity: The Evolution and Implementation of the Convention on Biological Diversity*, Ashgate Publishing Ltd, 2002, pp. 19-23.

如生态学家、分类学家以及生物学家所意识得到。虽然《公约》处理生物多样性问题领域所运用的全面性方式从一个实质性或科学的观点来看值得称赞，但这也加大了问题的复杂性，因此降低了《公约》的普遍吸引力和实施《公约》所必需的政治意愿。

《公约》的复杂性还与《公约》某些规定是在缺少必要信息的前提下谈判并达成的事实有关。实际上，谈判者们在谈判时欠缺有关生物多样性的商业价值的数据。谈判者们只是看到了生物技术的进步为利用遗传资源活动带来的广阔前景，并预计因利用遗传资源所产生的惠益极具价值，但并没有掌握一些能够作为谈判依据的信息。信息的欠缺导致《公约》某些规定所确立的义务或者更多地停留在道德层面上，或者具有很大的模糊性。但需要指出的是，信息的欠缺也为提升相关谈判者的地位以及促使谈判的完结提供了一些便利因素。

最后分析《公约》的折中性。从谈判一开始，为了确保一个成功的结果，南北之间在经济上存在的显著差异必须得到处理。谈判的任务要使发展中国家相信发达国家拯救不断消失的生物资源的决心反映的是诚意而非现状的维持，同样必须完成的任务是使发达国家承诺提供《公约》的实际实施所依赖的必要资金、技术和能力。《公约》在很大程度上成功地完成了这两个任务。通过一个复杂的交易过程，《公约》反映了由各种妥协所形成的网状系统。它的通过不能过多地归因于这样一种事实，即发达国家和发展中国家同时找到了许多共同主题领域。相反，它显示出每个谈判集团都使它们各自必不可少的一部分实质性需要在议定文本的框架中得到了满足。《公约》是一个分配性的而非综合性交易过程的成果。①

公约的谈判是一个平衡两种不同利益的过程，即生物技术先进而生物多样性匮乏的发达国家所代表的利益与生物多样性丰富而生物技术落后的发展中国家所代表的利益。发达国家和发展中国家通过谈判达成了一系列的折中安排。其中主要的安排包括：从公约的目标的看，发展中国家在生物多样性的保护及其组成部分的可持续利用上作出承诺，而发达国家在公正公平分享由利用遗传资源所产生的惠益上作出承诺；从《公约》的主要义务看，发展中国家在生物

---

① See M. McGraw, *"The Story of the Biodiversity Convention: From Negotiation to Implementation"*, in: Philippe G. Le Prestre (ed.), *Governing Global Biodiversity: The Evolution and Implementation of the Convention on Biological Diversity,* Ashgate Publishing Ltd, 2002, pp. 24-31.

多样性保护及其组成部分可持续利用的一般及具体措施上作出承诺，而发达国家则在自然资源永久主权的认可、信息交换与技术和科学合作上作出承诺；从获取和惠益分享的规定来看，发展中国家在便利缔约方的获取上作出承诺，发达国家则在惠益分享、生物技术的处理及其惠益分配上作出承诺。

二、《生物多样性公约》的一般性规定

《公约》第1~5条分别规定了"目标""用语""原则""管辖范围"和"合作"。

（一）目标

《公约》第1条"目标"规定："本公约的目标是按照本公约有关条款从事保护生物多样性、可持续利用其组成部分，以及公正公平地分享利用遗传资源而产生的惠益，包括通过适当获取遗传资源和适当转让相关技术，同时顾及对于这些资源和技术的所有权利，以及通过适当提供资金。"本条规定明确地提出了《公约》的三大目标：保护生物多样性、可持续利用其组成部分、公正公平地分享利用遗传资源而产生的惠益。

在《公约》提出的这三大目标中，前两个目标充分表达了各国为了应对人类活动对于全球生物多样性所造成的威胁而采取保护及可持续利用措施的态度和决心。第三个目标则是在缔结《公约》的谈判当中，发展中国家为改变已有的不公正的利益分配格局，推动"里约一揽子交易"（Rio package deal）并与发达国家达成这一交易所确立的。[①]为了更加准确和全面地理解这三大目标，有必要对这些目标中的一些关键术语和短语，以及三大目标相互之间的关系加以解释和说明。

首先来看保护、生物多样性和可持续利用这三个概念。值得注意的是，《公约》并未对"保护"（conservation）作出界定。两个非常有名的环境文件——《世界自然保护战略》（1980）和《全球生物多样性战略》（1992）提供

---

① "里约一揽子交易"是指发展中国家将更直接的以利用为导向的条款，以及关于三类获取义务和措施作为它们支持保护义务的条件，这三类获取分别是：遵照国家权力的遗传资源的获取、相关技术（包括生物技术）的获取以及提供国对于因在生物技术开发中利用遗传资源而最终产生的惠益的获取。Thomas Greiber et al, *An Explanatory Guide to the Nagoya Protocol on Access and Benefit-Sharing*, International Union for Conservation of Nature and Natural Resources, 2012, p. 4.

了一个正式的关于"保护"的定义："管理人类对于生物圈的利用，以使其为今世一代提供最大的可持续利益，同时维持其满足未来世代需要和期望的潜力，保护因而是积极的，包括自然环境的保存（preservation）、维持、可持续利用、恢复和增进。"有学者就此指出，"保护"换句话说就是以不掠夺、耗竭或灭绝环境或其包含的资源和价值的方式而管理环境的哲学。[1]毫无疑问，这个定义用作《公约》中的"保护"的定义不会产生什么问题。但是要指出的是，两者还是有略微的不同，那就是《公约》中的"保护"并不包含"可持续利用"的意思，《公约》将"可持续利用"与"保护"放在了同等重要的层面上。而这主要反映了想要强调以可持续的方式利用生物多样性组成部分的发展中国家的意愿。就"可持续利用"而言，《公约》将其界定为："以不会导致生物多样性长期衰落的方式和速度利用生物多样性的组成部分，从而保持其满足今世后代的需要和期望的潜力。"

"生物多样性"是《公约》的核心概念。这个概念在20世纪80年代初开始被专业人士提出和使用。"生物多样性"是人们对于自然保护运动拥有了相当深入的认识之后所提出的一个内涵丰富的概念。"生物多样性"概念揭示出了地球上生命的多样性及其所形成的自然样态，它使人们从整体和相互作用的意义上看待地球上的各种生命及其所赖以生存的生态环境。《公约》将"生物多样性"界定为，"所有来源的有生命生物体中的变异性（variability），这些来源除其他外包括陆地、海洋和其他水生生态系统及其构成的生态综合体；这包括物种内、物种间和生态系统的多样性。"

从《公约》对"生物多样性"所做的界定来看，"生物多样性"是所有形式、层次和组合中的生命的变异性，而非所有生态系统、物种和遗传材料的总和。因此，与生态系统的有形生物组成部分——"生物资源"相比，"生物多样性"是生命的属性。[2]在上述定义之下，"生物多样性"包括遗传多样性、物种多样性和生态多样性三个层次。遗传多样性，也称物种内多样性，是指同种生物的同一种群内不同个体之间，或地理上隔离的种群之间遗传信息的变异。物种多样性包括地球上所有物种，不仅包括细菌及原生生物，还包括

---

[1] See K.V. Krishnamurthy, *Textbook of Biodiversity*, Science Publishers, Inc. 2003, p. 106.

[2] See Lyle Glowka et al, *A Guide to the Convention on Biological Diversity*, International Union for Conservation of Nature and Natural Resources, 1994, p. 16.

多细胞的高等生物（植物、菌物及动物）。生态系统多样性是指不同的生物群落及其与化学和物理环境的相互作用的生态过程。

就目前所知，生物多样性的这三个层次是所有生命包括我们人类在内赖以生存和繁衍的必要条件。遗传多样性对于任何一个物种生殖活力的维持、抗病性及环境变化的适应都十分必要。对于栽培的植物和驯化的动物来说，基于遗传多样性可以培育出新的品种，获得对疾病的抵抗力。物种多样性反映了进化的幅度及物种对特定环境的适应，它为人们提供了多种资源及资源的替代品。生态系统多样性来源于全部物种对多种环境的响应。沙漠、草原、湿地及森林中的生物群落维系了相应生态系统功能的完整性，而这对人类来说是极为重要的，因为这些生态系统的安全为人们提供了饮用水及农业用水，降低了发生洪涝的风险，减少了水土流失，对空气和水也有过滤作用。[①]

尽管《公约》在科学意义上，即以生命的变异性及生命存在于其中的系统的多样化定义了"生物多样性"，然而不可避免的是，缔约方履行《公约》法定义务的努力将集中在生物多样性的有形表达形式上，例如遗传材料、物种种群和生态系统。作为生命的属性，生物多样性实际上只有通过保护和可持续利用生物资源和生态系统而得到保护。[②]

其次来看《公约》的第三大目标：公正公平地分享利用遗传资源而产生的惠益。发展中国家之所以提出要在《公约》中确立这一目标，是因为在发展中国家看来，它们国内拥有的丰富的遗传资源长期被视为人类共同遗产，发达国家的私营部门及其研究人员可以不受限制地获取，并借助技术和制度上的优势研发利用以及独占利益，而作为提供国的发展中国家为资源的开发和保存所作出的贡献没有得到认可，也无法取得因利用资源所产生的惠益，这是极其不公正的利益格局。通过与发达国家在不同议题谈判结果上进行"交易"，公正公平地分享利用遗传资源所产生的惠益这一目标最终被引入《公约》当中。

这一目标中提及的核心概念——"遗传资源"的含义将在本章第三节中加以详述，此处不赘。另外一个重要短语"利用遗传资源"（utilization of genetic

---

① ［美］理查德·B·普里马克：《保护生物学》，马克平，蒋志刚等编译，科学出版社2014年版，第22-23页。

② See Lyle Glowka et al, *A Guide to the Convention on Biological Diversity,* International Union for Conservation of Nature and Natural Resources, 1994, p. 16.

resources）并没有被《公约》所界定，但2010年10月29日通过的《名古屋议定书》对此下了明确的定义，这将在第二章中阐述，在此不论。

需要在这里分析的《公约》第1条提到的实现公正公平地分享利用遗传资源而产生惠益的目标所需的三种途径，即获取遗传资源、转让相关技术以及提供资金。值得注意的是，这三种途径均包含"适当"这样一个限定语。"获取遗传资源"由《公约》第15条加以规定。"适当"一词宣示《公约》第15条所陈述的获取条件，本条认可各国政府有权设定获取它们管辖范围内并处在野外、社区利用和非原生境收集品中的遗传资源的条件。[①] "技术转让"被规定在《公约》第16条之中。"适当"一词反映了《公约》第16条所具有的平衡，即转让技术必须考虑一系列的因素。"适当"也表明了进一步谈判的需要。[②] 事实上，技术转让是一个相当复杂的问题，涉及私营部门的参与、知识产权保护等方面的问题。"适当"转让技术不仅意味着遵照《公约》第16条行事，而且将更多地依赖于发达国家缔约方为此确立的框架和采取的具体措施。"提供资金"的问题由《公约》第20～21条处理。"适当"一词展望了某种程度的谈判，这是因为这些规定反映了发展中国家确保它们采取的实施《公约》措施的全部增加费用被发达国家缔约方资金转让所涵盖的愿望，后者对此则不会接受不加限制的承诺，因此仅仅愿意满足"商定"的全部增加费用并决定它们捐资的水平。[③]

最后简要来看一下《公约》前两个目标与第三个目标之间的关系。实际上，《公约》文本并没有就此作出阐述或规定。但在《公约》的实施过程中，《公约》缔约方大会通过的有关文件已经间接地提到了公正公平地分享利用遗传资源而产生的惠益能够对保护生物多样性及可持续利用其组成部分起到激励作用。2002年4月，《公约》缔约方大会第六届会议通过的《关于获取遗传资源与公正和公平分享其利用所产生惠益的波恩准则》某些段落的表述就认可了这样的激励作用。例如，该准则第22段指出，获取和惠益分享战略应以保护和可持续利用生物多样性为目的，并可以作为国家生物多样性战略和行动计划的一部分；第48段提到，分配惠益的方式应当能够促进保护和可持续利用生物多样性。相比于《公约》，《名古屋议定书》在这个问题上作出了明

---

①②③ Lyle Glowka et al, *A Guide to the Convention on Biological Diversity*, International Union for Conservation of Nature and Natural Resources, 1994, p. 15.

确的认可和规定，其序言第六段这样表述："认识到公众对生态系统和生物多样性经济价值的认识，以及与生物多样性的监管者公正和公平地分享这种经济价值，是保护生物多样性和可持续利用其组成部分的关键性激励因素"。

（二）用语

《公约》第2条"用语"界定了出现在《公约》文本中的17个关键术语（"保护"例外）。本节不会在此单独对这些术语及其定义进行进一步的澄清和解释，而会在分析和解释《公约》规定的过程中对涉及的术语作如此处理，就如同上文在分析《公约》目标时对"生物多样性""保护"和"可持续利用"作出的阐释那样。

（三）原则

《公约》第3条"原则"规定："依照联合国宪章和国际法原则，各国具有按照其环境政策开发其资源的主权权利，同时亦负有责任，确保在它管辖或控制范围内的活动，不致对其他国家的环境或国家管辖范围以外地区的环境造成损害。"

本条规定处理的是"原则"问题。与更为详尽和具体的权利义务不同，"原则"具有一般性或根本性，它们构成了一个在其中必须采取实现《公约》目标的措施的一般框架。本条规定认可了国家按照其环境政策对于其资源的开发所享有的主权权利。需要强调的是，本条规定同时又提到了对于这一权利的两个重要限制。首先，开发资源的权利是与确保跨境环境保护联系在一起的。国家必须确保其管辖或控制范围内的活动，例如在大陆架、捕鱼带或经济带的活动，不会损害其他国家或者国家管辖范围之外的地区（如公海、深海床和外层空间）。在国际法中，这一"不损害原则"被理解为要求各国尽力预防"重大的跨境损害"，以及与来自水和空气污染的环境损害典型地相互关联。其次，主权权利还必须遵照联合国宪章和国际法原则予以行使。各国必须考虑联合国宪章中各种各样合作的义务，这些义务包括但不限于，促进更高的生活水准和寻求对于国际经济、社会和卫生问题的解决方案。如果没有对环境保护给予应有的关注，是无法实现这些目标的。①

---

① Lyle Glowka et al, *A Guide to the Convention on Biological Diversity*, International Union for Conservation of Nature and Natural Resources, 1994, p. 26.

除了联合国宪章，本条规定还提到了国际法原则，这些原则无可争议地包括同时在国际和国家层面上维护和保护环境的原则，所有国家因此负有保护它们的环境、可持续利用自然资源以及预防环境损害的义务。在国际层面上，各国不仅要确保它们的活动不对其他国家的环境或国家管辖范围外的地区的环境造成损害，而且有义务就如某些可能导致跨境危险的活动相互通知和磋商，还要合作以保存共享的资源和国家管辖范围外的地区。[1]

（四）管辖范围与合作

《公约》第4条"管辖范围"规定："以不妨碍其他国家权利为限，除非本公约另有明文规定，本公约规定应按下列情形对每一缔约方适用：（a）生物多样性组成部分位于该国管辖范围的地区内；（b）在该国管辖或控制下开展的过程和活动，不论其影响发生在何处，此种过程和活动可位于该国管辖区内，也可在该国管辖区外。"

在《公约》的谈判过程中，一些国家担心《公约》可能被解释为要求一个缔约方采取措施保护另一个缔约方主权管辖领域内的生物多样性，还有一些国家对于缔约方在海洋环境中（特别与公海有关）所承担的义务的范围抱有疑问。本条和第5条规定就是为了处理这些突出的问题，这两条规定阐明缔约方在哪些场合以及在哪些地理区域有义务采取行动。但是也要指出，这两条规定并没有什么创新，只不过是将已有的国际法规则适用于《公约》的主题。

根据第4条的规定，对于国家管辖范围内的区域，《公约》缔约方能够决定适用于该区域以及在该区域所发现的资源（如生物多样性的组成部分）的规则，同时能够规范在上述区域内不论是由本国人还是外国人所开展的过程和活动。这些权力来自国家对其领土所拥有的主权权利，或来自国家对领海之外的国家管辖范围的区域所拥有的主权权利。但是需要注意，就国家管辖范围之外的区域而言，情况有所不同。这些区域有时被称为"全球公有物"（global commons），如公海和外层空间。国家对于这些区域并不拥有管辖权，因此根据本条规定，缔约方只能规范其国民在这些区域所从事的实现《公约》目标的活动。[2]

---

[1] Lyle Glowka et al, *A Guide to the Convention on Biological Diversity*, International Union for Conservation of Nature and Natural Resources, 1994, p. 26.

[2] Lyle Glowka et al, *A Guide to the Convention on Biological Diversity*, International Union for Conservation of Nature and Natural Resources, 1994, p. 27.

《公约》第5条"合作"规定："每一缔约方应尽可能并酌情与其他缔约方，或酌情通过有关国际组织为保护和可持续利用生物多样性在国家管辖范围以外的区域并就共同关心的其他事项进行合作。"

与第4条不同，第5条明显处理了缔约方在国家管辖范围以外的区域如何保护和可持续利用生物多样性的问题。本条规定要求缔约方进行合作，以便保护和可持续利用上述区域中的生物多样性，例如公海中的有生命资源。本条规定还提到就涉及生物多样性的共同关心的事项进行合作的问题，共同关心的事项可能包括与迁徙物种和共享资源有关的问题。此外，共同关心的事项可能涉及处理国家管辖范围的生物多样性组成部分的《公约》义务，某些缔约方就此通过双边或多边渠道商定进行合作。最后要指出的是，第5条提到的合作的义务也适用于在国家管辖范围以外的区域开展的过程和活动，以及其他共同关心的事项。由于第4条没有明确要求缔约方规范其国民在另一缔约方管辖范围内从事的活动，这也是一个符合第5条所要求的合作的领域，但要被相关缔约方认为是共同关心的事项。

三、生物多样性的保护和可持续利用

保护生物多样性及可持续利用其组成部分是《公约》的第一和第二大目标。为了实现这两大目标，《公约》第6～10条为缔约方设立了一系列意义深远的有关生物多样性的保护和可持续利用义务。这样一来就强调了国家行动在保护和可持续利用中的必要性和重要性。鉴于生物多样性的保护及其组成部分的可持续利用是如此复杂并且牵涉多方面的问题，具体的履行义务的措施和途径只能在缔约方国家和当地层面上加以决定及执行。此外，为了照顾到不同缔约方在履行能力方面的差异，这些规定包含一些常见于国际法律文件中的诸如"尽可能""酌情"此类的限定语。以下对这些义务分别加以解释和阐述。

（一）保护和可持续利用的一般措施

《公约》第6条规定："每一缔约方应按照其特殊情况和能力：（a）为保护和可持续利用生物多样性制定国家战略、计划或方案，或为此目的变通其现有战略、计划或方案；这些战略、计划或方案除其他外应体现本公约载明与该缔约方有关的措施；（b）尽可能并酌情将生物多样性的保护和可持续利用订入有关的部门或跨部门计划、方案和政策内。"

第6条向缔约方提出了两个方面的要求。首先，（a）段要求每一缔约方制定或变通国家战略、计划或方案，以便将《公约》所规定的有关生物多样性保护和可持续利用的措施反映出来。战略、计划和方案可以看作是不同层次的机制，缔约方由此安排和实施其保护和可持续利用生物多样性的路径。从内容上看，战略将罗列保护生物多样性和可持续利用其组成部分国家行动的具体建议和步骤，而计划将解释如何实现一项战略当中的具体的建议，方案则负责落实战略和计划。毫无疑问，制定国家战略、计划或方案是一个复杂并且牵涉多方面利益相关者的活动，为了确保在实施上富有成效，缔约方必须高度重视和精心规划制定工作，并且尽可能吸收不同方面的利益相关者参与。

其次，（b）段要求缔约方将生物多样性的保护和可持续利用纳入有关的部门或跨部门计划、方案和政策。本段规定中的义务构成了第10条（a）段中更为广泛义务的一个基础，该条要求每一缔约方将生物资源的保护和可持续利用的考虑纳入国家决策之中。本段规定和第10条（a）段反映了这样一种理解：只有通过一个综合的路径，即诸如卫生保健、开发、贸易和经济政策此类的多部门的计划、方案和政策对生物多样性的保护和可持续利用予以考虑，生物多样性的保护及其组成部分的可持续利用才能奏效。[①]

（二）查明和监测

《公约》第7条针对的是整理和利用关于生物多样性和生物资源的信息的问题。本条规定向缔约方提出了四个方面的查明和监测要求，而这些要求是为了第8条（就地保护）、第9条（移地保护）和第10条（生物多样性组成部分的可持续利用）的目的。查明和监测将是不同活动的组合，包括推出新的数据、将已有信息汇集在一起以及有必要存在的整理，从而确保所有信息可以为保护生物多样性和可持续利用其组成部分所获得和利用。

（a）段要求缔约方查明对保护和可持续利用生物多样性至关重要的生物多样性组成部分。根据本段规定，缔约方在履行上述义务时要考虑《公约》

---

① Lyle Glowka et al, *A Guide to the Convention on Biological Diversity,* International Union for Conservation of Nature and Natural Resources, 1994, p. 27.

附件一所载明的生物多样性组成部分的指示性清单。该清单按照三个层次进行分类，即生态系统和生境，物种和群落，已描述的、具有社会、科学或经济价值的基因组和基因。附件一还提供了有关待查明和监测的生物多样性组成部分属性的指南，它们是：独特性、丰富性、代表性、经济和文化上的重要性或潜力、受威胁的程度。联合国环境规划署召集的一个专家组指出，附件一中的清单反映了"既是当今又是未来世代的需要以及一系列价值，其中很多价值难以评估"。这些价值包括药用价值、农业价值、经济、社会、科学和文化价值、与主要的进化和生物过程有关的价值。

（b）段要求缔约方监测根据（a）段查明的生物多样性的组成部分，这是在行动的次序上向前迈进了一步。同时本段将监测的重点放在需要采取紧急保护措施的以及具有最大可持续利用潜力的生物多样性组成部分之上。需要注意的是，《公约》并没有对"监测"作出界定，但本段规定明确提到可以通过抽样调查和其他技术展开监测。

（c）段对缔约方提出了两个方面的要求：一方面，查明对保护和可持续利用生物多样性产生或可能产生重大不利影响的过程和活动种类；另一方面，通过抽样调查和其他技术监测它们的影响。尽管本段规定本身重要，然而第8条（1）段又对其特殊的重要性作了揭示。该段要求缔约方管制或管理已查明的过程和活动，条件是已经发现它们对生物多样性具有重大的不利影响。监测这些影响的附加义务意味着根据《公约》所采取行动的成败将更具决定性。将本段和第8条（1）段放在一起来看，它们在国际法中具有创新性，是《公约》极其重要的组成部分，这是因为监测有害的过程和活动以及随后施加控制是缔约方为减低生物多样性持续丧失所能够采取的最重要的一个步骤。

（d）段要求缔约方以各种机制维持和整理依照以上（a）、（b）和（c）段从事查明和监测活动所获得的数据。在这一方面，缔约方面临的一个重要的问题是，决策者、管理者以及从事教育活动的人员并不需要数据本身，而是需要来自于数据的信息，因此，缔约方不仅要维持、储存和整理数据，还要开发以方便使用的形式分析、评价和传播信息的能力。为了实现这个目标，可能要建立生物多样性信息和监测中心。①

---

① Lyle Glowka et al, *A Guide to the Convention on Biological Diversity*, International Union for Conservation of Nature and Natural Resources, 1994, pp. 33-38.

（三）生物多样性的就地保护

就地保护（in situ conservation），也称之为原生境保护。根据《公约》第2条的界定，是指生态系统和自然生境的保护，以及物种的有生存力种群在其自然环境中的保持和复原，对于驯化和栽培物种而言，则指在它们发展出独特特性的环境中的保持和复原。从这个界定来看，《公约》中的就地保护既提到了对物种（包括野生及驯化和栽培物种）自身的维持和复原，也提到了对生态系统和自然生境的保护。这是因为，如果缺少对于物种生存于其中的生态系统和自然生境的保护，就地保护就无法取得应有的成效。此外，该界定特别针对驯化和栽培物种的就地保护提到了"它们在其中发展出独特特性的环境"，这是指人类已创立了农业系统，并在其中此后开发出了可鉴别的植物品种（地方品种）和动物品种的那些区域。

实际上，《公约》将就地保护认定为生物多样性保护的首要途径。为此，《公约》第8条设立一组保护生物多样性的义务。这些义务有12项之多，涉及保护区的建立、生态系统、野生物种和遗传多样性的保护问题，还涵盖人类育成的植物品种和动物品种的保护、传统知识的保护等。需要指出的是，第8条对在保护区中和保护区外所设想的保护措施之间作出了平衡，这一点尤为重要。

（a）段和（b）段为缔约方设定有关保护区的义务。（a）段要求缔约方建立保护区系统或需要采取特殊措施以保护生物多样性的地区。（b）段要求缔约方制定有关选定、建立和管理保护区的准则。保护区构成任何国家保护生物多样性战略的主要内容。国家公园、自然保护区、可持续利用保护区、荒芜地以及遗址都属于保护区的不同类别。《公约》将"保护区"界定为一个划定了地理界限，为达到特定保护目标而指定或实行管制和管理的地区。[①]（a）段使用"系统"一词，这意味着缔约方应当以符合逻辑的方式选择保护区，并共同形成一个网状系统，从而使得该系统中的各种各样的保护区保护着生物多样性的不同部分。需要强调的是，实施（a）段和（b）段规定需要

---

① 该界定所使用的"指定或实行管制和管理"的表述不是很严谨，尤其是"指定"的意思不明，以及"或"的使用存在失误。但这并不影响人们对于保护区的类型、目的以及作用等问题的认识，实际的状况是，人们已经拥有很多关于如何建立和管理保护的经验，并已取得了很大的成效。

一个坚实的法律基础，政府主管部门据此可以建立和管理保护区。[①]

（c）段要求缔约方管制或管理保护区内外对保护生物多样性至关重要的生物资源，以确保这些资源得到保护和可持续利用。本段规定特别重要，这是因为它是《公约》中明确要求缔约方管制和管理生物资源的唯一规定。让人感到惊讶的是，第10条"生物多样性组成部分的可持续利用"并没有规定如此义务，不过，第10条的确要求采取与利用生物资源有关的措施，以避免或最大程度减少对于生物多样性的不利影响。相比较而言，本段规定则集中于资源本身。"管制和管理"是指控制所有可能影响相关生物资源的活动，因此这一义务的范围可能相当宽泛。[②]一个需要引起重视的问题是，有效的管制或管理行动将经常取决于一个有效的法律框架的建立，借此可以将这些行动固定下来，并在其中加以实施以及必要时使之得到执行。

（d）段要求缔约方促进生态系统和自然生境的保护以及物种有生存力的种群在自然环境中的维持。相比于（a）段要求缔约方建立保护区系统的义务，本段规定中的义务则指向所有地区，包括保护区之中和之外的地区，以及公共和私人土地上的地区。本段规定使用"促进"一词，这对缔约方而言意味着《公约》所设定的义务并非那么严格，但缔约方也要尽力为之。

（e）段要求缔约方在受保护区域的邻接地区促进无害环境和可持续的发展，以期增进这些地区的保护。本段规定默认了这样的事实：在与受保护区域邻接的地区发生的活动对于保护区的成功可能至为关键。其中的一个原因就是邻接的社区最终支配着保护区的命运。理论上讲，如果当地居民受到保护区的消极影响，那保护区可能注定失败，其原因就在于保护区的建立并没有惠及受影响的社区。基于这些考虑，本段规定要求缔约方促进邻接地区的发展，并要求缔约方确保这些地区的发展不会削弱保护区内的保护。为了实现这一点，邻接地区的发展必须是无害环境的和可持续的。

---

① Lyle Glowka et al, *A Guide to the Convention on Biological Diversity,* International Union for Conservation of Nature and Natural Resources, 1994, pp. 39-40.

② 缔约方能够实施的管制和管理生物资源措施的范例包括：将生物资源利用者置于承购和收割控制之下，适当时与提取控制一道实行贸易控制，控制空气和水污染，控制旅游业和相关产业。缔约方在绝大多数场合采取的管制或管理行动应当包括信息、管理规划、立法以及激励措施。See Lyle Glowka et al, *A Guide to the Convention on Biological Diversity*, International Union for Conservation of Nature and Natural Resources, 1994, p. 41.

（f）段要求缔约方通过制定和实施各项计划或其他管理战略，重建和恢复已退化的生态系统和促进受威胁物种的复原。本段规定反映出来的考虑是：保护生物多样性既需要针对尚未完全受到人类活动影响的地区采取积极的保护措施，也需要针对已经受到人类活动严重影响的生态系统和物种开展重建和恢复等方面的努力。本段规定将具有不同含义的词语"重建"和"恢复"放在一起使用，这似乎有些问题，应当将它们的联合使用解释为："尽可能使受到干扰和损害的系统向其自然条件恢复，或至少向其持续可生产性利用的条件恢复。"本段规定还要求缔约方促进受威胁物种的复原。这项义务具有创新性，它是《公约》的一个重要特征。因为其他的国际公约往往要求缔约方保护物种，并没有明确要求采取积极的复原措施。[①]

（g）段要求缔约方制定或采取办法，以便管制、管理或控制由生物技术改变的活生物体在使用和释放时可能产生的危险，即可能对环境产生不利影响，从而影响到生物多样性的保护和可持续利用，也要考虑到对人类健康的危险。本段规定中的核心概念——"由生物技术改变的活生物体"在《公约》中并未得到界定，它非常广泛，包括所有来自于生物技术并且活着的生物体。实际上，谈判中广为关注的是与"经遗传改变的生物体"（genetically modified organisms）有关的问题。但后来谈判者用"经改变的活生物体"（living modified organisms）取代了"经遗传改变的生物体"。这样一来就极大地增加了本段所规定中的义务的范围。该义务的意图是，缔约方在处理经改变的活生物体（不仅仅是经遗传改变的生物体）对环境和健康产生的潜在风险时，要采取一种合理的、防御性的方式，并且要基于对风险的评估和嗣后对于风险的管制、管理或控制。[②]

（h）段要求缔约方防止引进、控制或消除那些威胁到生态系统、生境或物种的外来物种。这一义务对于生物多样性的保护而言意义重大，为了促使缔约方更为有效地履行本段规定中的义务，《公约》缔约方大会第六届会议通过了一份极具可操作性的文件——《关于对生态系统、生境或物种构成威胁的

---

① Lyle Glowka et al, *A Guide to the Convention on Biological Diversity*, International Union for Conservation of Nature and Natural Resources, 1994, p. 44.

② Lyle Glowka et al, *A Guide to the Convention on Biological Diversity,* International Union for Conservation of Nature and Natural Resources, 1994, p. 45.

外来物种的预防、引进和减轻其影响的指导原则》。[①]

（i）段要求缔约方设法提供现时的利用与生物多样性的保护及其组成部分的可持续利用彼此相辅相成所需的条件。考虑到《公约》设定的义务面向未来，并且其难以改变目前的活动，尤其是正在进行的对于生物资源的利用（即使它们是不可持续的），本段规定因此要求缔约方设法或努力提供当前利用与期待的生物多样性的保护和可持续利用相互兼容所需的条件。

（j）段要求缔约方依照国家立法，尊重、保存和维持土著和地方社区体现了传统生活方式而与生物多样性的保护和可持续利用相关的知识、创新和做法并在此等知识、创新和做法的拥有者认可和参与下促进其广泛应用，鼓励公平地分享因利用此等知识、创新和做法而产生的惠益。本段规定处理了传统知识的保护和利用问题。这是《公约》中的一个重要规定。将传统知识确立为《公约》所规范的议题的主要原因在于，千百年来，土著居民和传统地方社区对其周围环境及其生态变化拥有相当深刻的认知和理解，他们掌握了大量野生动植物资源，例如粮食、药物和染料等的利用方法，并且针对大量的有用植物开发出了不同的栽培技术。这些方面的知识构成了保护和可持续利用全球生物多样性的重要基础。任何保护和可持续利用的努力都必须考虑到文化和生物资源之间相互影响的方式。

本段规定使用了一个较为繁琐的概念——"土著和地方社区体现了传统生活方式而与生物多样性的保护和可持续利用相关的知识、创新和实践"，且没有对其加以界定。[②]考虑到传统知识对于生物多样性保护和可持续利用以及现

---

① 该文件意在为各国政府和组织制订尽可能限制外来入侵物种的传播和影响的战略提供指导，其列出的指导原则通过为各国政府提供明确的指导和一套目标而为其指出具体的努力方向。该文件分总则、预防、物种的引进和减轻影响四部分，包括14项指导原则，这些原则所解决的问题是：预先防范方法、三阶段分级处理方法、生态系统方法、国家的作用、研究和监测、教育和提高公众意识、边界控制和检疫措施、信息交流、合作（包括能力建设）、有意引进、意外引进、减轻影响、根除、遏制。

② 可以将《公约》中的概念简称为"传统知识"，2010年通过的《名古屋议定书》则换成了"与遗传资源相关的传统知识"，不论是《公约》还是《名古屋议定书》中的概念，给它们下一个正式的定义的确比较困难，但可以通过一些特征把握其内涵。这些特征包括：与特定文化或人群有联系（它是在一个特定的文化背景下创造的知识）；由未指明的创造者通常通过口述传统长期发展；具有动态和不断变化的属性；以成文或不成文（口头）形式而存在；代代相传；性质上是当地的以及常常融合在当地语言中；独一无二的创造方式；可能难于确定原创者，属于整个社区。

代社会发展具有的重大价值，本段规定为缔约方设定了三个方面的义务：尊重、保存和维持传统知识的义务；在传统知识的拥有者的认可和参与下促进其广泛应用的义务；鼓励公平分享利用传统知识而产生的惠益的义务。根据本段规定，缔约方应当依照"国家立法"履行以上三项义务，这就要求缔约方在国家层面上拟定并推出有关传统知识保护和利用的立法举措。尽管如此，当地层面上的习惯法、社区协定等非正式规则或准则也将在传统知识的保护和利用中发挥重要的作用。

（k）段要求缔约方制定或维持必要的立法和（或）其他规范性规定，以保护受威胁物种和种群。本段规定特别强调了立法和其他规范性规定对保护受威胁物种和种群的必要性。为了履行本段中的义务，缔约方应当确保有关保护受威胁物种和种群的法律措施的存在和实施。

（1）段要求缔约方在依照第7条确定某些过程或活动已对生物多样性造成重大不利影响时，对有关过程和活动类别进行管制或管理。上文指出，监测有害的过程和活动以及随后施加控制是缔约方为减少生物多样性持续丧失所能够采取的最重要的一个步骤。本段规定因此必须和第7条联合起来由缔约方加以实施，通过联合实施必定会扭转生物多样性丧失的不利局面。

（m）段要求缔约方针对上述各段规定的就地保护措施，在特别向发展中国家提供财政和其他支持方面，进行合作。本段规定为缔约方设定了进行合作的义务，以便向发展中国家提供实施第8条（a）至（1）段规定所需的财政和其他支持。需要指出的是，本段规定将重点放在了一个缔约方向另一个缔约方所提供的直接双边支持上，而非根据《公约》财务机制（第20～21条）所进行的多边筹措资金活动。

（四）生物多样性的移地保护

移地保护，也称非原生境保护或迁地保护。根据《公约》第2条的界定，是指在生物多样性组成部分的自然生境之外对它们加以保护。移地保护也就是在基因库、动物和植物园、水族馆等人工创设的设施和环境中保护生物多样性的组成部分。《公约》第9条使用了"主要为辅助就地措施起见"这样的开头语，由此表明，移地保护是保护生物多样性的辅助性方法，其应当对就地保护提供支持。第9条为缔约方设定了四项有关移地保护的义务。

（a）段要求缔约方最好在生物多样性组成部分的原产国采取对于它们的移地保护措施。本段规定只是宽泛地提出了采取移地保护措施的义务，但并没有提供缔约方所要采取的这些措施的具体细节，这就给缔约方"酌情"选择并决定留下了很大的空间。本段规定还要求"最好在生物多样性组成部分的原产国"采取移地保护措施。①这无疑是充分考虑到了"就地（原生境）条件"在生物多样性组成部分的保护中所具有的不可替代的作用，这和《公约》将就地保护确定为生物多样性保护首要途径的思想是完全一致的。

（b）段要求缔约方最好在遗传资源的原产国建立和维持植物、动物及微生物的移地保护和研究设施。移地保护必须借助移地保护设施，如基因库（包括种质库、田间种质圃、离体试管苗基因库等）、动植物园等才能够实现，本段规定因此要求缔约方建立并维持此类设施。与（a）段有所不同，本段规定专门提到了"遗传资源的原产国"，这就突出了拥有处于就地条件下的那些遗传资源的国家在建立和维持移地保护设施中的关键作用。此外，移地保护设施往往是研究人员在可控条件下从事动植物及微生物研究的理想场所，本段通过使用"研究"一词对此予以了认可，并暗示了缔约方建立和维持的移地保护设施应当便利针对此类设施所持有的材料开展的研究活动。

（c）段要求缔约方采取措施以恢复和复原受威胁物种并在适当条件下将它们重新引入其自然生境当中。本段对第8条（f）段加以补充，其承认建立移地保护设施的一个理由就是便利受威胁物种的恢复和复原。本段规定还强化了这样一个观点：许多受威胁物种的有效恢复和复原需要一个牵涉就地和移地保护技术的综合路径。需要指出的是，本段通过增加一个新的元素，即"重新引入"超越了第8条（f）段规定，它暗示了一些针对野生物种，而非驯化和栽培物种的移地保护措施的最终目的是将它们重新引入到野生环境之中。②

---

① 《公约》第2条没有对"生物多样性组成部分的原产国"作出界定，但对"遗传资源的原产国"进行了界定，这当然可以用来理解本段规定的要求。"遗传资源的原产国"是指拥有处于就地条件下的那些遗传资源的国家，而"就地条件"是指遗传资源存在于生态系统和自然生境之中的条件，对于驯化或栽培物种而言，是指它们存在于其发展出明显特性的环境的条件。

② Lyle Glowka et al, *A Guide to the Convention on Biological Diversity,* International Union for Conservation of Nature and Natural Resources, 1994, p. 54.

（d）段要求缔约方管制和管理为了移地保护目的而从自然生境采集生物资源的行为，以便不威胁到生态系统和就地条件下的物种种群。从自然生境采集物种和遗传资源的行为有可能对物种和遗传资源以及它们存在于其中的生态系统带来不利的影响，因此需要对此类行为加以约束和规范。某些国际组织和专业性团体已经提供了很好的示范，例如联合国粮农组织1993年推出的《植物种质采集和转让行为守则》。本段规定要求缔约方通过一定的措施（例如颁发采集许可证）管制和管理采集行为，其目的在于最大限度地减少采集行为对于生态系统和物种种群造成的不利影响。通常情况下，缔约方应当依赖立法进行管制和管理。缔约方可以考虑将履行本段中的义务所采取的措施纳入为实施第8条（k）段所颁布的立法之中。

（e）段要求缔约方在为以上各段规定的移地保护提供财政和其他支持以及在发展中国家建立和维持移地保护设施方面，进行合作。与第8条（m）段一样，本段是关于财政和其他类型的合作的规定。本段中的合作仍然是双边意义上的，一方可以向另一方提供货币和实物，也可以介入另一方的研究和培训、意识提升以及能力建设等活动。值得注意的是，本段规定将合作的领域延伸到了发展中国家移地保护设施的建立和维持方面，这无疑是顾及了全球生物多样性主要分布在发展中国家，但这些国家的移地保护设施在数量和运营经费上又严重短缺的重要事实。

（五）生物多样性组成部分的可持续利用

依据《公约》第2条的界定，可持续利用是指以不会导致生物多样性长期衰落的方式和速度利用生物多样性的组成部分，从而保持其满足今世及后代需要和期望的潜力。从这一定义来看，只有满足两个条件，才可以称之为可持续利用，这两个条件是：利用能够无限期地持续下去，换言之，其不会引起资源任何显著的衰落；利用不会损害生物多样性的其他组成部分。除了第1条"目标"、第2条"术语"和第8条"就地保护"有关规定明确提及可持续利用外，《公约》第10条是专门关于生物多样性组成部分的可持续利用问题的规定，其为缔约方设定了五项有关可持续利用的义务。

（a）段要求缔约方将保护和可持续利用生物资源的考虑纳入国家决策当中。实际上，为缔约方所设定的本项义务与缔约方依据第6条（b）段所负担的义务是基于相同的考虑和理由。这两项义务的履行将促使缔约方：制定出前瞻性的保护生物多样性及可持续利用其组成部分的政策；在相关部门和各级政府之间建立起更好的协作关系；考虑到生物资源的耗竭问题而重估国家收入措施。制定前瞻性的环境政策经常面临一个棘手的问题，即自然系统往往以一体化的方式运作，而由不同部门构成的政府对于生物资源的管理采取的却是条块分割式的路径。因此，将保护和可持续利用的跨部门路径纳入国家决策当中就需要首先审查政府部门和立法是如何处理生物资源管理的问题。这样做可能导致建立起一个监督和协调直接或间接影响生物多样性的政府政策和行动的国家机制。[1]

（b）段要求缔约方采取有关利用生物资源的措施，以避免或最大限度减少对生物多样性的不利影响。本段规定的一个显著特点是没有对缔约方应当采取的措施作出进一步的限定和说明，这就为《公约》缔约方大会针对可持续利用问题展开"后协定谈判"提供了必要的空间。如同上文所指出的那样，本段规定与第8条（c）段存在较多的关联，但这两段规定的区别在于，本段集中在可能产生的对于生物多样性的损害之上，因为它要求缔约方采取必要措施确保生物资源的利用不会对生物多样性产生不利影响，而第8条（c）段集中在对资源本身的损害之上。从这个意义上说，本段规定可以被看作在生物资源的利用上采取了所谓的"生态系统方法"（ecosystem approach）。[2]

鉴于可持续利用是《公约》的三大目标之一以及对于实现更广泛的可持续发展目标发挥着关键的作用，《公约》缔约方大会将可持续利用问题确定为一个与《公约》所处理的所有专题问题和领域以及所有生物资源相关的跨领域问题（cross-cutting issue）。为了协助各国政府实施《公约》第10条规定，《公约》缔约方大会发起了为缔约方、资源管理者和其他利益相关者制定一套实用原则、实施准则和相关的协助性文书的工作。经过不同方面的努力，2004年召开的《公约》缔约方大会第七届会议通过了一份自愿性的文件——《关于生物多样性可持续利用的亚的斯亚贝巴原则和准则》。

---

① Lyle Glowka et al, *A Guide to the Convention on Biological Diversity*, International Union for Conservation of Nature and Natural Resources, 1994, pp. 58-59.

② 在《公约》框架下，"生态系统方法"是一种对土地、水和生命资源进行综合管理，并以公平方式促进保护和可持续利用的战略。该方法的应用将有助于实现《公约》三大目标的平衡。

该文件包括规范生物多样性组成部分的利用以确保其可持续性的14个相互依赖的实用原则，每一原则之下均有详尽解释并举例说明这一原则意图和意义的理由以及为执行该原则提供功能性建议的若干实施准则。这些原则提供了一个框架，据此建议政府、资源管理者、土著和地方社区、私营部门和其他利益相关者如何才能确保它们对于生物多样性组成部分的利用不会导致生物多样性的长期衰落。

（c）段要求缔约方保护和鼓励遵照传统文化惯例且符合保护或可持续利用要求的对于生物资源的习惯性利用。《公约》在序言和多个规定中认可了体现传统生活方式的土著和地方社区与生物资源之间存在的紧密和传统的依存关系，以及这些社区拥有的传统知识和技术在保护生物多样性及可持续利用其组成部分过程中扮演的极其重要的角色。事实上，传统知识和技术就是直接源自生物资源的习惯性利用。这种利用深深植根于传统文化实践之中，而且完全符合保护和可持续利用的内在要求。《公约》在第8条（j）段的基础上又进一步要求缔约方保护和鼓励生物资源的习惯性利用，这样一来就扩大了缔约方的义务和责任，从而能够更为深入地推动实现保护和可持续利用的目标。

（d）段要求缔约方在生物多样性已减少的退化地区支持当地居民规划和实施补救行动。本段规定突出了政府部门在阻止生物多样性衰落过程中的重要作用。政府部门应当运用多种方式，包括提供不同形式的资金和激励，支持当地居民规划和实施补救行动。由于当地居民是利用生物资源并且获益最多的群体，如果政府部门提供了适当的支持，那么当地居民就会受到最大程度的激励从而促使补救行动获得成功。

（e）段要求缔约方鼓励其政府部门和私营部门合作制定可持续利用生物资源的方法。本段规定认可政府和私营部门之间为实现生物资源的可持续利用而展开合作的必要性。合作的需要表明了各方共同认识到生物资源的可持续利用在社会、经济和环境意义上对于国家都是有利的。本段中的"私营部门"主要指商业和工业部门，它们扮演着特别重要的角色。由于生物资源是以很多种方式被商业和工业部门利用，以便生产供消费的产品，私营部门应当在这个过程中与政府合作制定可持续利用生物资源的方法。

第三节　遗传资源的获取和惠益分享

　　20世纪80年代，在诸多因素的共同影响和推动下，遗传资源的获取和惠益分享问题引发了发达国家和发展中国家间的尖锐对峙，并逐渐发展成为《公约》的一项重要谈判议题。经由南北双方在不同议题谈判结果上达成的一系列"交易"，遗传资源的获取和惠益分享制度在《公约》中得到正式确立，这样就第一次在具有法律约束力的国际公约中提出了解决遗传资源的控制或归属、获取及利用遗传资源所产生的惠益分配问题的一般性方案。《公约》的通过代表了国际社会在处理遗传资源的方式上的一个根本转变。一个新的基于公平的遗传资源提供者和利用者关系首次被建立起来：获取遗传资源与公正和公平地分享因利用遗传资源所产生之惠益进行了交换。这旨在重新引导惠益向提供遗传资源的国家回流，同时为保护和可持续利用生物多样性创设激励因素。[①]本节首先梳理和考察遗传资源的获取和惠益分享制度的发端和确立的有关背景，然后深入分析和讨论《公约》中的遗传资源定义问题，最后对《公约》框架下遗传资源的获取和惠益分享制度作出解释和评析。

一、遗传资源的获取和惠益分享制度的发端和确立

　　遗传资源，例如来源于植物的种子和其他繁殖材料，是地球上一种极其重要的自然财富。在人类经济和社会的发展中，遗传资源发挥了不可替代的重要作用。长久以来，人们公认遗传材料以及它们在活生物体中所产生的有价值的物质能够为了人类福利的多种目的而得到利用，尤其是通过农业中的改良以及人和动物营养与健康状况的改善。[②]在长期的农业生产实践中，农民不论是有意还是无意选择的种子都是以繁殖它们的植物拥有诸如高产、抗病

---

① Elisa Morgera et al (eds), *The 2010 Nagoya Protocol on Access and Benefit-Sharing in Perspectives: Implication for International Law and Implementation Challenges,* Martinus Nijhoff Publishers, 2012, p. 21.

② Organization for Economic Co-operation and Development, *Intellectual Property, Technology Transfer and Genetic Resources,* 1996, p. 24.

或抗旱或抗霜冻等合乎需要的性状为基础的，经过多代选择，这种做法产生了越来越多的适应当地条件的品种，也就是众所周知的"地方品种"或"农家品种"。①几个世纪以来，来自动物或植物的生物活性物质——"天然产物"（natural products）被视为众多有用药物的来源，"天然产物"连同有关其特性的传统医药知识极大地促进了药物的发现和开发。②

尽管遗传资源对于人类经济和社会发展是如此重要，然而在相当长的历史时期内，不同国家和社会并没有针对收集、交换和转让遗传资源的行为采取禁止或限制措施。事实上，人们可以通过各种方式自由、公开地收集、交换和转让遗传资源。许多世纪以来，用于粮食和农业目的的植物遗传资源不仅在某个特定地区的农民之间，而且在范围更广的世界各大洲和区域之间进行着自由和更加广泛的交流。③实际上，所有国家的农业体系高度依赖于引进作物物种的事实，就是对从农业最初期开始的整个历史上遗传材料广泛扩散的一个证明。④当今，欧美国家的植物园和基因库保存着从世界各地收集的极具开发利用价值的植物及其繁殖材料，这一事实在很大程度上归因于历史上各国对这些材料的采集和跨境转让所推行的不加限制的做法。总体上来说，遗传资源属于一种人人可得占有和利用的资源，它的获取是开放式的、不受限制的。这种状况一直延续到20世纪70年代末和80年代初，彼时工业化国家和发展中国家在遗传资源的控制或归属以及获取问题上的争论到达了顶点。

进入20世纪之后，随着孟德尔遗传定律被重新发现，欧美国家的植物育种活动开始接受科学理论的指导，拥有优异性状的植物新品种不断被培育出来。与此同时，这些国家的种子产业逐步兴起并深入发展。科学化的植物育种与商业化农业的结合最终导致植物品种保护法律制度在欧美国家相继被建立起来。⑤从20世纪50年代开始，生命科学领域的研究接连取得了很多重大成

① Geoff Tansey and Tasmin Rajotte (eds), *The Future Control of Food: A Guide to International Negotiations and Rules on Intellectual Property, Biodiversity and Food Security*, Earthscan, 2008, p. 27.

② Padmashree Gehl Sampath, *Regulating Bioprospecting: Institutions for Drug Research, Access and Benefit-Sharing*, United Nations University Press, 2005, p. 22.

③ Gerald Moore and Witold Tymowski, *Explanatory Guide to the International Treaty on Plant Genetic Resources for Food and Agriculture,* International Union for Conservation of Nature and Natural Resources, 2005, p. 4.

④ Food and Agriculture Organization of the United Nations, *The State of the World's Plant Genetic Resources for Food and Agriculture,* 1998, p. 280.

⑤ 欧美国家植物品种保护法律制度建立和发展过程的介绍可参见第三章第一节的相关内容。

果，生命科学的发展和进步日新月异。20世纪70年代又见证了生物技术突飞
猛进的发展，一个生物技术时代似乎即将到来。为了推动以应用生命科学为
基础的产业的发展，欧美国家专利保护的触角开始伸向生物和制药领域，授
予生命专利变成了现实。①以上发生于20世纪初期及中后期的科技进步和制度
革新为南北双方围绕遗传资源的控制或归属、获取等问题产生的激烈冲突铺
陈了重要的基础。

不论是植物新品种的培育，还是生物和制药等领域产品的研发，都需要
以遗传资源作为原材料或者基础性的投入。由于遗传资源在地域分布上的不
平衡，从总体趋势上看，遗传资源的基本流向是从资源富有的南半球国家到
资源贫乏的北半球国家，在这个过程中，遗传资源是被当作"公共物品"或
"公产"不受限制地离开其原产国而进入了工业化国家。然而问题的关键在
于，工业化国家通过培育和研发活动所推出的终端产品不仅利用了此前从发
展中国家免费获取的植物遗传资源，而且能够获得植物新品种权的保护，更
因此把它们作为私有财产而返销到发展中国家。发展中国家认为这对它们严
重不公平，并且意识到它们为其植物遗传资源的保存和开发所作出的贡献没
有得到应有的认可。工业化国家则认为，终端产品之所以拥有市场价值，是
因为它们投入了大量的资金、物力和智力劳动，通过知识产权保护收回投资
是正当和极其必要的。

这样一来，南北双方在植物遗传资源属于谁所有以及如何获取植物遗传
资源的问题上的分歧日渐加深，争论也愈加激烈。为了促成在国际层面上形
成对自身有利的制度安排，发展中国家在联合国粮农组织这一国际论坛上发
起了制定一份有关植物遗传资源的国际法律文书的行动。1983年，联合国粮
农组织大会通过的不具有法律约束力的《植物遗传资源国际约定》（以下简
称《国际约定》）是该行动取得的成果。《国际约定》将植物遗传资源确定为
"人类遗产"，"因此可以无限制获得"。需要指出的是，如此规定其实并不完
全符合发展中国家寻求对其拥有的植物遗传资源进行控制的意图，但这里面
包含了发展中国家抵制和弱化工业化国家的植物育种者权（植物新品种权）

---

① 1980年，美国最高法院在"Chakrabarty案"中裁定，经遗传改良的微生物是一种人造的产品，而
非自然存在的东西，因而属于专利保护的客体。本案判决在各种生命形式被授予专利的进程中迈出了
最重要的一步，其深刻地影响了美国生物技术产业的发展。

的考虑。《国际约定》代表了发展中国家的一种努力：防止植物遗传资源的获取受到不同形式的知识产权保护的限制。[①]在接下来的几年中，为了解决《国际约定》与知识产权之间存在的冲突，并吸引更多的国家签署《国际约定》，联合国粮农组织先后通过了三个旨在平衡各方利益的议定解释，其中就涉及：承认植物育种者权，提出了"农民权"的概念，认可国家对其植物遗传资源拥有主权权利。至此，发达国家和发展中国家在联合国粮农组织的论坛上针对植物遗传资源的归属和获取问题的争论渐趋缓和。

20世纪80年代，在农业之外，发达国家的制药产业在生物科学和生物技术快速发展的助推下，恢复了曾于70年代中断的对于"天然产物"的研究。作为一种新化合物的来源，天然产物研究是"合理的药物设计"——化学合成新药物的重要补充。高通量筛选技术（high-throughout screening）的发展使天然产物的研究复苏了，这种技术百倍地提高了化合物试验的速度。虽然在1万种化合物中，只有1种产生有潜在价值的"先导"（leads），但这些技术已使大型的天然产物的筛选计划能够实现。因此，研究人员正在回到像植物、昆虫、海洋无脊椎动物、真菌和细菌这些生物活性化合物的天然来源当中。[②]作为资本密集型企业，发达国家大多数制药公司都远离遗传和生物资源的原产地，为了推出具有市场竞争力的产品，一些实力雄厚的公司及其研究人员纷纷启动了在南半球生物多样性富集的国家和地区考察、筛选和采集携带有商业上价值的遗传和生物化学特性的生物材料的项目。[③]这一类项目或活动经常被称作"生物多样性开发利用或生物勘探"（biodiversity prospecting or bioprospecting）。

"生物勘探"活动的大量涌现反映了发达国家的私营部门对于发展中国家的遗传和生物资源的需求不断增长。与此同时，围绕"生物勘探"产生的争议也在逐渐加大。发达国家的私营部门依然像过去那样可以免费和不受限制

---

① Geoff Tansey and Tasmin Rajotte (eds), *The Future Control of Food: A Guide to International Negotiations and Rules on Intellectual Property, Biodiversity and Food Security*, Earthscan, 2008, p. 85.

② 据统计，美国大约25%的处方药的活性成分是从植物中提取或衍生的，这些源于植物的药品，其销售额在1985年达到了45亿美元左右，到1990年预估为155亿美元。参见［美］沃特·V·里德等：《生物多样性的开发利用：将遗传资源用于可持续发展》，柯金良等译，中国环境科学出版社1995年版，第7-11页。

③ ［美］沃特·V·里德等：《生物多样性的开发利用：将遗传资源用于可持续发展》，柯金良等译，中国环境科学出版社1995年版，第8-11页。

地在发展中国家搜寻和收集有价值的遗传和生物资源（包括与此相关的传统知识），然后返回它们所在国家运用先进的技术进行研发，并积极申请获得知识产权（特别是专利）的保护，从而独占因商业化利用这些资源所产生的各种惠益。反观发展中国家，由于其拥有的遗传和生物资源在国际间长久以来被视为"公共物品"或"人类共同遗产"，这就无力阻止发达国家的私营部门通过各种途径获取自身遗传和生物资源，更无法从利用其资源所产生的惠益中分得合理的份额。争议的焦点在于，发达国家的私营部门在研发利用了遗传和生物资源的产品的过程中作出的贡献能够得到现代知识产权制度的认可和"奖赏"，然而发展中国家及其土著和地方社区历史上为作为"原材料"的资源的开发和保存作出的贡献处于不受尊重和认可的境地。发展中国家强烈质疑发达国家产业实践和法律制度运作的正当性和公平性。[1]随着现代生物技术的飞速进步所带来的遗传资源价值的日益提升，以及发达国家生命专利保护范围和力度的不断扩大，发展中国家对于现有资源开发利用状况和法律制度安排的不公平感进一步加强。此时，对于发展中国家而言，寻求在国际层面上确立符合自身利益的制度安排就显得极为必要和迫切，就如同80年代初在联合国粮农组织所付诸的行动那样。接下来发展中国家面临的问题就是，选择哪一个国际论坛以便实现确立符合自身利益的制度安排的目标。

　　20世纪80年代见证了生物多样性加速消失这一全球性关注的逐步上升。公众的注意力集中到了造成生物多样性消失的各种威胁以及被称为"医药宝库"的热带雨林因过度砍伐所导致的日趋缩小之上。为了应对生物多样性加速消失的挑战，80年代末期，在联合国环境规划署的主持下，各国积极展开了国际合作，而谈判和缔结一份关于保护全球生物多样性的公约是保证国际合作取得成效的关键。此前实际上已有一些国际组织和专家提出了缔结这样一个有关生物多样性的全球性公约的设想，并为起草公约文本草案付出了努

---

[1] 由于许多从天然产物开发出来的药品，是由传统行医者第一次"发现"的，更多的人开始想知道，为什么这些知识贡献不能像给植物育种者和制药公司的贡献一样的知识产权保护？或者，如果这些贡献免费地供所有人的人利用，是不是相同的情况也应适用于由制药公司和种子公司开发出来的产品？发展中国家开始发问，为什么在基因贫乏的发达国家的个人和公司，免费地从基因富有的发展中国家取得资源，然后取得基因和化合物的专利，把专利产品返销给原产国。由于这些资源都是用于农业育种和药物开发中的原材料，为什么有关公司不应该像给煤炭和石油付费那样，也给这些原材料付费呢？参见［美］沃特·V·里德等：《生物多样性的开发利用：将遗传资源用于可持续发展》，柯金良等译，中国环境科学出版社1995年版，第21页。

力。在讨论公约的范围时，许多国家，尤其是发展中国家并不准备仅仅考虑严格意义上的保护问题。发展中国家在这个时候明确表达了要将其管辖范围内的遗传资源置于国家控制之下的主张，而且提出，为了准许发达国家的公司和研究人员获取其资源以及实际上表明在发展中国家保护在经济上重要的生物资源是合理的，技术上领先的发达国家应当转让技术并与发展中国家分享商业化利用遗传资源所产生的惠益。如此一来，发展中国家和发达国家针对遗传资源的控制和获取问题的争论，以及针对另外一个新提出的重要问题——是否应当和如何分享利用遗传资源所产生的惠益问题的争论，就转移到关于生物多样性的全球公约的谈判之中，发展中国家不仅找到了这样一个受到广泛关注的重要国际论坛，而且最终成功地将遗传资源的获取和惠益分享问题纳入了公约的谈判范围。

在遗传资源的获取和惠益分享议题的谈判中，以德国、法国和美国等为代表的发达国家试图维持目前的制度安排和做法，也就是让它们继续享受自由获取南半球国家的遗传资源的待遇。美国不仅反对将保护与发达国家承担的经济上的义务捆绑起来，而且对于在利用遗传资源和惠益分享之间建立起联系没有表达出任何兴趣，因为在其看来这不符合其本国生物技术产业部门的意愿。①发展中国家谈判的主要目标是要确保：它们对其遗传资源拥有主权权利；来自它们国家的原材料本身的价值和贡献得到适当的认可；它们能够收到因遗传资源利用所产生的合理的惠益份额。谈判进行得相当缓慢和艰难，但在预先设定的结束谈判的最后时间，发达国家和发展中国家完成了所谓的"大交易或大协议"（grand bargain）。就双方在获取和惠益分享问题上达成的"交易"而言，发展中国家要求认可遗传资源主权权利和分享利用遗传资源所产生的惠益的主张都得到了满足，与此同时，发达国家因为作出的让步而得到了有利于它们的承诺，这包括发展中国家应当担负起更大的保护和可持续利用生物多样性的责任、便利遗传资源的获取、尊重并保护知识产权等。伴随着《公约》的通过和生效，遗传资源的获取和惠益分享制度在具有法律约束力的国际公约中得以正式确立，同时开启了更为关键的实施进程。

① 由于美国在很大程度上担忧《公约》的措辞可能损害其强大的国内生物技术产业，以及对《公约》有关知识产权保护的规定不满，美国是时至今日极少数尚未批准《公约》的国家之一。

二、遗传资源的定义

　　术语"遗传资源"位于获取和惠益分享制度的核心，因为它限定了意图进行规范的对象，由此其确立了获取和惠益分享作为一项法律制度所涵盖的范围。因此，理解"遗传资源"的法律定义所指何意就是一个处在获取和惠益分享中心的问题。[①]《公约》第2条将"遗传资源"定义为具有实际或潜在价值的遗传材料，而"遗传材料"在《公约》中是指来自植物、动物、微生物或其他来源的任何含有遗传功能单位的材料。按理说，《公约》为"遗传资源"所下的定义具有很高的权威性，其应当被《公约》缔约方以及与获取和惠益分享有关的当事方所接受，并且作为实施《公约》获取和惠益分享制度的国家法律和政策的关键组成部分而发挥作用。然而，实际情况并非如此，《公约》中的"遗传资源"定义被认为缺少"定义清晰性"（definitional clarity）。[②]不同的国家和利益相关方针对《公约》中"遗传资源"的定义的争议相当大，而且基于各自立场提出了不同的解释。[③]可见，如果想更加准确地理解遗传资源的定义，仅仅对《公约》中的遗传资源的定义作出文义解释是不够的，还必须在一个更宽广的场景下考虑并分析其他相关的重要事实和因素，尤其是涉及该定义的谈判历史、科技的进步、不同国家期待遗传资源定义所承载的内容等，从而尽可能揭示出遗传资源定义的"全貌"。

　　为了准确地理解遗传资源的定义，首先要考虑当初《公约》谈判者们的设想以及涉及该定义的谈判过程。谈判者们实际上在谈判中达成了这样一种共识：在作为遗传信息载体利用的遗传资源与作为商品形式获得和利用的生物资源（如被砍伐的用作木材的树木，收获的用作人或动物食物的植物）之间作出区分，获取和惠益分享制度只适用于遗传资源和为了利用遗传资源中的遗传信息和属性的活动。需要指出的是，在《公约》谈判的1989至1992年，

① Sebastian Oberthur and G. Kristin Rosendal (eds), *Global Governance of Genetic Resources: Access and Benefit Sharing after the Nagoya Protocol,* Routledge, 2014, p. 18.

② Morten W. Tvedt and Tomme Young, *Beyond Access: Exploring Implementation of the Fair and Equitable Sharing Commitment in the CBD,* International Union for Conservation of Nature and Natural Resources, 2007, p. 53.

③ Elisa Morgera, Elsa Tsioumani and Matthias Buck, *Unraveling the Nagoya Protocol: A Commentary on the Nagoya Protocol on Access and Benefit-sharing to the Convention on Biological Diversity,* Brill Nijhoff Publishers, 2014, p. 64.

存在一种对于通过应用现代生物技术（尤其是重组DNA技术）实现遗传资源当中所蕴含的价值的普遍乐观主义感觉，这种感觉在一定程度上促成了专门指向遗传资源的《公约》第三项目标和第15条规定的确立。从以上背景事实来看，应当将遗传资源理解为一种具有双重属性的资源，也就是说，遗传资源既是有形的物质或材料，又包含无形的遗传信息。而正是遗传资源中所包含的信息使得其成为开发和生产一系列拥有极高市场价值的商业产品的来源。明确了上述问题，有助于理解遗传资源的定义以及获取和惠益分享制度的建构基础。

如上文所述，《公约》对"遗传资源"进行了界定，这当然是理解遗传资源内涵的重要依据，但是不能将《公约》中的定义当成一个已经过深入商讨并充分照顾了各方利益的完备定义。值得注意的是，《公约》第2条所包含的定义是20世纪90年代初长时间谈判的主题，由于预先确定的完成谈判的时间即将到来，在谈判的最后阶段很少讨论到"遗传资源"的定义。建议和通过一个定义的过程就是仅仅将其语言删减至任何谈判方都不予以反对的程度，这也就导致了一些定义具有法律上的模糊性。看起来在谈判的末尾并没有就"遗传资源"定义咨询过生物技术方面的科学家或专家，也没有就该术语可能的行政和政治解释进行过细致的分析。①由此可以看出，《公约》中遗传资源的定义存在一些"先天不足"，显然，理解遗传资源的定义不能忽略以上涉及《公约》中的定义的谈判过程。

尽管如此，考虑到《公约》作为具有法律约束力的国际公约的地位，其为"遗传资源"所下的定义在解释的过程中是不能被绕开的，由于该定义包含一定程度的"共识性"，其本来的意思首先应当被解释清楚，同时还要结合科技进步的事实对其可能具有的含义作出必要的分析。通过合并《公约》中的"遗传资源"和"遗传材料"的定义，《公约》中的"遗传资源"是指具有实际或潜在价值的来自植物、动物、微生物或其他来源的任何含有遗传功能单位的材料。可见，理解《公约》中的"遗传资源"的定义的关键是要弄清楚两个重要的表述："遗传功能单位"（functional units of heredity）和"实际或潜在价值"。

---

① Carlos Correa, *Implication for BioTrade of the Nagoya Protocol on Access to Genetic Resources and the Fair and Equitable Sharing of Benefit Arising from their Utilization*, United Nations Publication, 2011, p. 8.

　　"遗传功能单位"并没有被《公约》所界定。《公约》指南将其解释为包括含有DNA（脱氧核糖核酸），及在某些场合RNA（核糖核酸）的所有遗传物质。[1]来自生物学界的专业人士将"遗传功能单位"解释为包括活细胞、完整的染色体或其他大的遗传信息包、单一基因、小于基因的DNA片段以及可以被转译成DNA的RNA标本等。[2]还有学者认为"遗传功能单位"基本上与基因相关，在起草《公约》之时，基因被一般认为是生物体DNA的唯一功能单位，"功能的"主要被用于将基因或遗传材料与绝大多数高等生物体中并不编码蛋白质的更大的DNA部分区别开来。[3]以上三种解释在"遗传功能单位"等同于基因（编码蛋白质的DNA片段）这一点上具有一致性，它们实际上是符合缔结《公约》时代的科学认知的，值得接受和认同。而且要指出一点，《公约》使用的是"遗传功能单位"而非"基因"的表述，这为"遗传资源"的定义加入了必要的伸缩性，从而显示出了某种程度的动态性特点。

　　自《公约》生效以来，科学技术的发展不断取得新的成就，产生了一些全新研究领域（如基因组学、蛋白质组学、合成生物学），科学技术的发展和进步在很多时候改变了利用生物材料的方式。那么，如何在科技进步的背景下理解遗传单位的"功能性"？有学者提出了这样的问题并指出，"功能的"可被理解为涉及不同的维度或层次，其可以既涉及遗传结构本身，又涉及包含于DNA序列中的信息，此种信息能被甄别和转变成数字形式并且以新的数字形式变成有功能的。[4]根据这一观点，遗传资源不限于来自生物体并且遗传单位在其中正在运作或拥有某种功能的有形材料，还可以单独指生物来源的信息，只要这种信息拥有某种功能。[5]这实际上是一种广义上的理解，这种理

---

[1] Lyle Glowka et al, *A Guide to the Convention on Biological Diversity,* International Union for Conservation of Nature and Natural Resources, 1994, p. 21.

[2] Kerry Ten Kate and Sarah A Laird, *The Commercial Use of Biodiversity: Access to Genetic Resources and Benefit-Sharing,* Earthscan, p.18.

[3] Sebastian Oberthur and G. Kristin Rosendal (eds), *Global Governance of Genetic Resources: Access and Benefit Sharing after the Nagoya Protocol,* Routledge, 2014, p. 20.

[4] Sebastian Oberthur and G. Kristin Rosendal (eds), *Global Governance of Genetic Resources: Access and Benefit Sharing after the Nagoya Protocol,* Routledge, 2014. pp. 20-21.

[5] 在基因组学领域，DNA、RNA或蛋白质是研究的起点，但重点是资源的与知识有关的或信息的维度，基因组学中研究活动的焦点是更好地理解遗传材料的功能并开发这类信息以便对研发有用。See Sebastian Oberthur and G. Kristin Rosendal (eds), *Global Governance of Genetic Resources: Access and Benefit Sharing after the Nagoya Protocol,* Routledge, 2014, p. 28.

解特别强调从生物体中提取的并被存储在某种介质中的信息应当被遗传资源概念所涵盖，其旨在避免《公约》中的"遗传资源"定义随着科技的发展而变得过时。如果接受这种理解并考虑到"遗传功能单位"表述的动态性特点，就可得出这样的结论：《公约》中的"遗传资源"定义能够应对科学技术的发展所带来的变化。

接着讨论"实际或潜在价值"的含义。根据《公约》的规定，并非所有的遗传材料都能够成为遗传资源，只有具有"实际或潜在价值"的遗传材料才是《公约》框架下的"遗传资源"。这个定义试图实现和收获遗传材料的价值，包括实际的和潜在的价值。获取和惠益分享制度建构在一个预设的为大批量目的（for bulk purposes）利用生物资源和利用内在的遗传材料相互区隔的基础之上，"遗传资源"定义被如此拟定，就是为了区分遗传资源和生物资源，定义中的这条细微的界线与要实现的价值类型联系在了一起。收获生物的大批量价值的情形明显处在以上定义之外，而实现和收获遗传材料的价值则被该定义所涵盖，但在实践中要证明这一点并没有那么容易，某个基因或DNA分子的某部分的价值在从事研究前是难以评估和详述的。[①]

这里首先要强调的是"价值"并不限于经济价值，其还包括社会的、文化的和精神的等方面的价值，当决定某种事物应否被看作"遗传资源"时，任何价值类型可能都是相关的。《公约》定义在描述遗传资源的价值时同时使用了词语"实际的"和"潜在的"。考虑到实现和收获遗传材料价值的技术变得更加先进和复杂以及逐渐地基于数字DNA信息的利用，如此使用为遗传资源定义与科技进步保持同步性提供了必要的动力。

"实际价值"意味着其或多或少是明显的或清楚的，但其并不是静态的，因为当材料以一种特定方式被利用时具有某种价值，当以另一种方式被利用时则具有不同的价值。"潜在的"一语的使用则意味着更加广泛的含义，其延伸到了遗传资源定义的动态方面。材料的价值在获取之时是"潜在的"，因为人们不可能在实现之前就了解具体的价值。这可以被解读为包括一个对于当前科学状况的动态提及："实际价值"于是涉及的就是结合遗传材料被获取之时已知和已开发技术的遗传材料的价值。"潜在价值"可以被理解为涵盖了未

---

① Sebastian Oberthur and G. Kristin Rosendal (eds), *Global Governance of Genetic Resources: Access and Benefit Sharing after the Nagoya Protocol,* Routledge, 2014, pp. 21-22.

来能够释放遗传功能单位潜在价值的可能技术或者在较晚阶段发现的新的利用领域。由此来看，"潜在价值"包含一个对于科技进步的进一步提及，因为知识和技术的升级可以让来自材料的新价值得以收获。[①]

　　以上着重从科学意义上解释了"遗传功能单位"和"实际或潜在价值"的内涵，但获取和惠益分享制度并非是一项技术制度，而是法律制度，遗传资源的定义要在获取和惠益分享制度当中发挥其确定制度适用范围的作用，而且会对当事方的权利和义务构成实质性的影响。自从《公约》确立"遗传资源"的定义以来，不同国家围绕这一定义提出了一些关乎自身利益的关键问题，它们是：遗传资源仅指基因吗？是否还包括含有"遗传功能单位"的生物化学化合物？遗传资源是否包括不含有"遗传功能单位"的RNA、蛋白质和酶？遗传资源是否包括不含有"遗传功能单位"的由细胞新陈代谢产生的自然生成的生物化学化合物？对于这些问题的回答会产生关于"遗传资源"定义的不同解释结果。之所以会产生不同的解释，主要原因是不同国家，更具体说就是发达国家和发展中国家在控制遗传资源的获取和实现惠益分享的程度问题上存在相当大的争议。如上文所述，这些处在政治层面上的争议在当初谈判"遗传资源"的定义时就没有得到很好的解决。

　　在发达国家看来，遗传资源或含有"遗传功能单位"的材料应当被解释为仅指基因。发达国家的意图是避免它们的核心生物产业部门不致因发展中国家在其国内落实《公约》获取和惠益分享制度而承担繁重的义务。按照这种解释，发达国家的私营部门只有在以来自发展中国家的基因作为获取和研发利用的目标时，才有义务取得发展中国家的事先知情同意并与其订立有关惠益分享的共同商定条件。这是一种相当狭窄的解释，这种解释将会导致获取和惠益分享制度无法适用于发达国家某些拥有巨大市场价值的产业部门（如制药业）。从另外一个角度来看，这种解释可能导致发展中国家无法控制发达国家私营部门在前者管辖范围内获取极具产业利用价值的某些类别的生物资源（这些材料含有或不含有"遗传功能单位"），以及无法参与分享利用这些资源所产生的惠益。

　　与发达国家的解释不同的是，发展中国家对遗传资源定义作出了更为宽

---

① Sebastian Oberthur and G. Kristin Rosendal (eds), *Global Governance of Genetic Resources: Access and Benefit Sharing after the Nagoya Protocol,* Routledge, 2014, p. 22.

泛的解释。根据发展中国家的解释，遗传资源不仅包括作为"遗传功能单位"的基因，还包括含有"遗传功能单位"的生物化学化合物、不含有"遗传功能单位"（但保留了来自此种单位的信息）的RNA、蛋白质和酶、不含有"遗传功能单位"的由细胞新陈代谢产生的天然生成的生物化学化合物。在发展中国家看来，遗传资源的价值主要存在于因基因活动或细胞新陈代谢而产生的天然生成的化合物之中，此类化合物经常被称为"衍生物"（derivatives）。与此相呼应的一个看法是，从生物体中提取的基因并没有在两种最具市场价值的产品——生物技术药品和转基因种子的开发中发挥重要的作用。①实际上，获取和惠益分享制度是从维护发展中国家利益的角度出发确立的一项法律制度，发展中国家自然要寻求通过各种方式尽可能实现确立和实施该制度的目标，这就包括对遗传资源定义作宽泛的解释。其意图无疑在于，将更多的具有极高产业利用价值的遗传和生物资源纳入依据本国法律控制获取的范围之内，并为实质性地分享利用这些资源所产生的惠益确立坚实的法律基础。

显然，发达国家和发展中国家对于遗传资源定义的解释存在着很大的差距。但是，如果遵照《维也纳条约法公约》所确立的条约解释原则，《公约》中的"遗传资源"定义应当被解释为包括含有和不含有"遗传功能单位"的生物化学化合物。

首先，《公约》在界定"遗传材料"时使用的是"含有遗传功能单位"的表述。这意味着只要"含有""遗传功能单位"的材料就是遗传材料，并不是说只有当材料中的"遗传功能单位"被作为利用的对象时该材料才是遗传材料，当利用的对象为含有"遗传功能单位"的材料中的生物化学化合物时，该材料仍然是遗传材料。如此看来，某些材料中的"遗传功能单位"仅仅是被包含而已，其对开发利用活动并不具有任何价值。其次，如果将"遗传资源"解释为仅指基因，这将极大地缩小获取和惠益分享制度的适用范围，从而严重削弱国际社会对《公约》第三项目标——公正公平地分享利用遗传资源所产生的惠益的认可度，并阻碍该目标的实现。可见，对遗传资源定义作扩大解释能够促使获取和惠益分享制度在更大的范围内运作和实施，这必定会推动《公约》第三项目标的实现。最后，从获取和惠益分享制度的发端背

---

① Carlos Correa, *Implication for BioTrade of the Nagoya Protocol on Access to Genetic Resources and the Fair and Equitable Sharing of Benefit Arising from their Utilization,* United Nations Publication, 2011, p. 10.

景来看，发达国家制药公司和相关研究人员在发展中国家从事的"生物勘探"活动以及双方为此发生的争议，是获取和惠益分享问题被纳入国际谈判议程的关键推力。而"生物勘探"活动指向的目标不仅包括生物来源的材料所拥有的遗传特性，还包括这些材料拥有的生物化学特性。因此，只有将遗传资源定义解释为包括含有和不含有"遗传功能单位"的生物化学化合物，才是一种与《公约》缔约背景和过程相符的合理解释。

在《公约》生效之后，一些区域性组织和发展中国家缔约方以及个别发达国家缔约方制定了实施《公约》获取和惠益分享制度的国家法律。这些法律无一例外地规定了它们所适用的对象，值得注意的是，不同法律在规定自身的适用对象或范围时采取了不同的路径。有些法律使用与《公约》完全一致的遗传资源概念和定义。有些法律并没有将它们适用的对象限定于为遗传资源，而是扩大到生物资源或生物化学资源或衍生物。还有些法律就没有使用遗传资源这一概念，而使用生物资源概念或其他概念（如遗传遗产）。[1]由此可见，不同国家的获取和惠益分享法律在适用范围上的规定差异颇大，这些或窄或宽的规定既是不同国家行使遗传资源国家主权权利的体现，也是不同国家对于《公约》中的"遗传资源"定义所作解释的立法表达。

从以上分析来看，《公约》中的"遗传资源"定义存在较大的法律上的不确定性，这为《公约》第三项目标的实现及获取和惠益分享制度的实施制造了诸多障碍。所以，在《公约》生效后的相当长的时间内，不同国家和利益相关方不断寻求摆脱存在于"遗传资源"定义上的法律不确定性，从而能够获得一个对于"遗传资源"概念和定义的准确理解。2002年，当谈判和缔结一个关于获取和惠益分享的国际制度的行动被发起之后，有关国家和利益相关方终于拥有了更为清晰和深入地阐明"遗传资源"概念的含义的机会。事实上，《公约》缔约方大会、不同国家和有关方面的专家为此付出了艰苦的努力，这些努力的成果在2010年10月30日通过的关于获取和惠益分享的《名古屋议定书》中得到了体现。然而，必须指出的是，各方先前期待的一个全新的"遗传资源"定义并没有最终出现，担负了解决"遗传资源"定义的法

---

[1] Morten W. Tvedt and Tomme Young, *Beyond Access: Exploring Implementation of the Fair and Equitable Sharing Commitment in the CBD*, International Union for Conservation of Nature and Natural Resources, 2007, p. 57.

律不确定性问题功能的另外一个重要概念——"利用遗传资源"（utilization of genetic resources）及其定义被创新性地引入《名古屋议定书》之中。这一关键创新比较好地解决了各国在"遗传资源"定义、获取和惠益分享制度的适用范围等问题上存在的主要争议，其积极影响将会在未来实施《名古屋议定书》的过程中不断显现出来。

三、遗传资源的获取

根据《公约》第15条的规定，《公约》框架中的遗传资源的获取制度由五个方面的规定构成。

（一）遗传资源主权权利

《公约》第15.1条规定："确认各国对其自然资源拥有的主权权利，因而可否获取遗传资源的决定权属于国家政府，并依照国家法律行使。"

第15.1条首先确认各国对其自然资源拥有主权权利（sovereign rights），这是发展中国家通过谈判而取得一个重大胜利。事实上，在《公约》通过前，不论是联合国大会关于自然资源永久主权的决议，还是《植物遗传资源国际约定》的附件（联合国粮农组织第3/91号决议），都已明确认可国家对其自然资源（包括遗传资源）拥有主权权利，《公约》只是重申了这一点。自然资源主权权利是指属于独立主权国家的立法的权利，以及管理、开发和控制获取它们自己的自然资源的权利，包括决定这些资源所适用的财产制度、谁拥有它们、享有什么所有权权利以及如何设定所有权的权利。①

第15.1条同时确立了政府决定有形获取其管辖范围内的遗传资源的权力（authority），这种权力源自各国对其管辖范围内的自然资源所拥有的主权权利。需要注意的是，虽然《公约》重申了各国对其管辖范围内的遗传资源拥有主权权利，但是《公约》并未授予国家对于这些遗传资源的财产权或所有权。上文指出，遗传资源适用于何种财产权或所有权要由主权国家通过行使

---

① 主权和主权权利含有独立性和排他性的意思：此种权利只属于相关最高权力部门，而不属于任何域外权力部门。这并不是说主权和主权权利不受限制或约束。特别是，主权国家在行使其主权时可以同意以特定方式或遵照商定的并在此后对其产生约束的规则行使它们的主权权利。这本质上是"有约必守"原则，也即所有国际法建立于其上的原则。See Gerald Moore and Witold Tymowski, *Explanatory Guide to the International Treaty on Plant Genetic Resources for Food and Agriculture,* International Union for Conservation of Nature and Natural Resources, 2005, p. 102.

自然资源主权权利而加以决定。实际上,《公约》根本就没有解决遗传资源的财产权或所有权问题,它是国家法律或其下一级法律的职责。解决关于遗传资源的法律地位（legal status）的问题,即谁拥有遗传资源或谁对遗传资源享有财产权或所有权,特别与设计有效的获取和惠益分享立法有关。这一问题的解决将会消除关于谁有权利分享因利用遗传资源所产生的惠益的不确定性。①

这里有必要介绍一下不同国家解决遗传资源的法律地位问题的方式和法律方案选择。一般来说,一个国家的宪法应当对包括生物和遗传资源在内的自然资源的法律地位问题作出明确规定,然而事实上,至今还没有发现哪一个国家的宪法包含关于遗传资源法律地位问题的规定。这主要与遗传资源财产权或所有权属于一个产生时间稍晚的新概念及其并非构成一项基本财产权利紧密相关。在宪法没有对此作出规定的情况下,不同国家基于自身的法律传统和法律制度框架大体上采取了两种方式阐明和解决遗传资源的法律地位问题。一些国家明显依赖有形物质阐明遗传资源的法律地位,将遗传资源的财产权或所有权与有形的生物资源（其中包含或发现了遗传资源）的财产权或所有权予以等同,二者的权利主体因而完全一致。另一些国家在遗传资源的财产权或所有权与生物资源的财产权或所有权之间作出了明确区分,二者的权利主体发生了分离。

采取第一种方式的国家几乎没有专门制定关于获取和惠益分享的国家法律,这些国家援引既有的财产法、土地法以及野生物保护法等法律界定遗传资源的财产权或所有权,换言之,这些国家将土地和生物资源的财产权或所有权延伸适用于遗传资源。②采取第二种方式的国家往往为在国内实施《公约》制定了专门的获取和惠益分享法律,这些国家意识到遗传资源具有的不同于有形生物资源的特殊之处,也就是遗传资源包含具有实际或潜在利用价值的无形信息成分,明确区分了遗传资源的财产权或所有权与生物资源的财产权或所有权,遗传资源的财产权或所有权被授予给了国家（或政府）和全

---

① Lyle Glowka, A *Guide to Designing Legal Framework to Determine Access to Genetic Resources*, International Union for Conservation of Nature and Natural Resources, 1998, p. 4.

② 根据普通法的一般原则,在私人土地上的发现的所有动植物都归属于土地所有人。在大陆法系国家,动植物按不同情形可以成为国家财产、私人财产或无主财产。

体人民，而生物资源的财产权或所有权可以由私人享有。①

在行文上，《公约》第15.1条在确立国家政府决定获取遗传资源的权力之后，接着阐明该权力"并遵照国家法律行使"。短语"遵照国家法律"重申了一个国家对该问题进行立法的权力。②《公约》确立的仅仅是国家权力，需要制定国内立法以便实施它。③在《公约》通过后，许多国家已经制定了或正在制定关于遗传资源的获取的国家法律。这些国家的法律无一例外地建立在国家主权权利的基础之上。

（二）便利遗传资源的获取

《公约》第15.2条规定："每一缔约方应致力创造条件，便利其他缔约方获取遗传资源用于无害环境的用途，不对这种取得施加违背本公约目标的限制。"

第15.2条对政府决定获取遗传资源的权力进行了限定，要求缔约方：（1）致力创造条件便利其他缔约方获取遗传资源用于无害环境的用途以及（2）不对这种取得施加违背公约目标的限制。虽然该条要求缔约方致力创造条件便利其他缔约国获取遗传资源用于无害环境的用途，但是它并未创设或认可任何"自由"获取的权利。④第15.2条的规定在实践中的含义尚有待观察。然而，该规定暗示缔约方应给彼此提供特别的待遇。从该规定的解释看，它仅适用于在获取遗传资源用于无害环境的用途之时。决定某用途在何时是无害环境的问题留给了提供遗传资源的缔约方来判断。某个缔约方可以在立法的上下文中考虑它的实际含义。

便利获取和消除或最大程度减低限制的义务部分源自《公约》认可生物多样性的保护和可持续利用以及获取和分享遗传资源和遗传技术，对于满足

---

① 采取第二种方式的国家比较少，代表性的国家是哥斯达黎加、埃塞俄比亚和安第斯共同体国家。根据哥斯达黎加《生物多样性法》的规定，生物多样性组成部分（不论野生还是驯化的）的生物化学和遗传属性属于公共领域。这意味着遗传资源的所有权被授予给了国家。埃塞俄比亚实施《公约》的专门法律——"关于获取遗传资源和社区知识及社区权利第482/2006号公告"规定，遗传资源的所有权应当被授予国家和埃塞俄比亚人民。安第斯共同体的《关于获取遗传资源的共同制度》规定，原产于成员国的遗传资源或其衍生产品是属于每一成员国的国家或政府的物品或是它们的遗产。

② Lyle Glowka, *A Guide to Designing Legal Framework to Determine Access to Genetic Resources,* International Union for Conservation of Nature and Natural Resources, 1998, p. 5.

③ W. Lesser, *Sustainable Use of Genetic Resources under the Convention on Biological Diversity: Exploring Access and Benefit Sharing Issues,* CAB International, 1998, p. 13.

④ Catherine Redgwell and Michael Bowman (eds), *International Law and the Conservation of Biological Diversity,* Kluwer Law International, 1995, p. 39.

世界日益增长的人口对粮食、健康和其他需求至为重要（《公约》序言第20段）。这一点也可获得这样一种认识的支持，即如今没有一个国家在主要粮食作物，例如玉米、大米和小麦的遗传资源上是完全自足的。不论是就地保护来源还是移地保护来源的遗传资源，所有国家在获取粮食和农业植物遗传资源的需要上具有相互依赖性（interdependence）。因此，获取粮食和农业植物遗传资源需要给予便利以确保世界的粮食安全。[1]国际社会在这一重要问题上采取的行动已经收获了令人瞩目的法律成果，这就是2001年联合国粮农组织通过的《粮食和农业植物遗传资源国际条约》，该条约建立了便利获取粮食和农业植物遗传资源以及分享其利用所产生惠益的多边系统（multilateral system）。

从更广泛的意义上说，便利获取遗传资源和消除或最大程度减低对这种取得的限制意味着缔约方应考虑：阐明遗传资源的法律地位；制定统一的有关遗传资源的获取和惠益分享的政策；修改既有的立法和行政程序，或者适当的话，制定新的法律和程序以建立明确的司法和行政管辖权以及有效的获取程序。[2]除了粮食和农业植物遗传资源的便利获取的多边系统之外，双边协议能够在两个或更多的国家之间建立更加具体的获取和惠益分享关系。这些协议对于建立信任、合作和互惠的框架特别有用。例如，自然人和法人的权利和义务可以得到明确的界定，不论国家是遗传资源的"提供者"还是"利用者"。便利获取和消除或最大程度减低限制的最快的间接利益将是增加某个国家管辖范围的领域中的遗传资源被利用的可能性。这也增加了创造惠益以及接着分享惠益的可能性。换言之，仅在可持续利用遗传资源的条件下，惠益才能被创造出来。便利获取和最大程度减低限制应该便利它们的利用。关键的因素是找到一个平衡，该平衡确保了一个缔约方惠益分享的利益受到保护，并鼓励获取和随后的可持续利用。[3]

（三）《公约》框架中遗传资源的范围

《公约》第15.3条规定："为本公约目的，本条以及第16条和第19条所指缔

---

[1] Lyle Glowka, *A Guide to Designing Legal Framework to Determine Access to Genetic Resources*, International Union for Conservation of Nature and Natural Resources, 1998, p. 5.

[2][3] Lyle Glowka, *A Guide to Designing Legal Framework to Determine Access to Genetic Resources*, International Union for Conservation of Nature and Natural Resources, 1998, p. 8.

约方提供的遗传资源，仅限于这种资源原产国的缔约方或按照本公约取得该资源的缔约方所提供的遗传资源。"

第15.3条界定了第15～16条和第19条所涉及的遗传资源，它们仅限于：（1）作为资源原产国的缔约方所提供的遗传资源；（2）按照《公约》取得资源的缔约方所提供的遗传资源。仅仅这两类遗传资源的提供者有资格在《公约》的框架下分享惠益。

后一类的遗传资源需要作出解释，因为它排除了两种明显的情形：在《公约》生效之前从遗传资源的提供者那里所获得的资源；在《公约》生效后从原产国非法所获得的资源。第一种情形反映了国际协定通常不适用于过去的行为，即"不溯及既往"原则。《公约》生效前建立的非原生境保存设施所保存的植物遗传资源就属于这一类。[①]如果符合这种情形的话，那么其资源在《公约》生效前被获取的缔约方就无法依据《公约》拥有合法主张，以便针对过去和未来利用这些遗传资源的行为援用第15～16条和第19条的惠益分享规定。此外，缔约方也无义务遵照第15.2条便利获取这些遗传资源以及分享因利用这些资源所产生的惠益。第二种情形则发生在《公约》生效之后。某个缔约方从另一遗传资源原产国的缔约方非法获得了遗传资源，例如未经过事先知情同意（如果这种同意在立法上被要求），在这种情况下，如果其向第三方缔约方提供了该资源，非法获得该资源的缔约方根据《公约》不拥有分享因利用这些遗传资源所产生的惠益的合法主张。这是因为遗传资源并不是根据《公约》所取得的。[②]

（四）共同商定条件

《公约》第15.4条规定："获取经批准后，应按照共同商定的条件并遵照本条规定进行。"

第15.4条将在提供遗传资源的缔约方和潜在的利用者之间达成"共同商定条件"（mutually agreed terms）作为获取遗传资源的条件。"共同商定条件"

---

① 各国谈判代表在1992年5月召开的通过生物多样性公约议定文本会议上提出，"未依据《公约》所取得的非原生境收集品的获取问题"（access to ex situ collections not acquired in accordance with this Convention）应当在联合国粮农组织"粮食和农业植物遗传资源保护和可持续利用全球系统"内寻求解决对策。这实际上构成了在联合国粮农组织框架下修订《植物遗传资源国际约定》的开端。

② Lyle Glowka et al, *A Guide to the Convention on Biological Diversity*, International Union for Conservation of Nature and Natural Resources, 1994, p. 79.

包含在准予获取的遗传资源所有权人（谁将作为此种主体要取决于各国国内法）和打算利用遗传资源的自然人或法人实体之间进行谈判的意思。一场成功的谈判，换言之，达成共同商定条件，能够导致一个"获取协议"的产生。获取协议，有时被称为合同、材料转让协议或研究协议，将有可能成为授权获取遗传资源、控制随后利用以及确定来自随后利用的利益回报的主要方式。获取协议的谈判可以是为了获取原生境和非原生境遗传资源。实际上，获取协议可以简易地被附加于其他与获得生物资源或它们随后利用有关的许可证或授权文件。一个很好的例子就是研究、采集或出口所需的许可证。①

作为遗传资源的提供者，某个缔约方可能需要考虑建立一个国家联络点（national focal point）以与其他国家或私人实体协调和执行获取协议。②创建一个联络点具有三个方面的有利之处：其一，它能向潜在的利用者告知某个缔约方的遗传资源获取规则和实施细则；其二，使作出获取决定的效率更高，以避免迟延；其三，更大可能地避免作出任意决定。一个联络点，于是可能是某个缔约方所采取的确保便利和未受限制获取遗传资源的实际措施。

国家联络点可以是一个政府部门、一个与政府或大学有关的研究机构。它也可以是一个私人签约方，或是一个独立的私有非营利性组织，其中任何一方均可作为代表政府的中间人。决定联络点责任范围的机制取决于它所采取的形式。如果它是一个政府机构，它的责任范围可能由国家立法来决定以及通过行政条例或政策指南而加以实施。一个私人签约方或非营利性组织的责任范围可能由合同来决定。联络点可能被赋予了代表缔约国谈判获取条件，包括惠益回报的权力。它也可以跟踪遗传资源的利用，收集和分配潜在利用者应付的获取费、使用费、其他经济回报或其他补偿，以及寻求执行获取协议。联络点也可以执行或协调遗传资源的采集和特性鉴定活动，以便更好地鉴别它们潜在的用途或价值以及潜在的利用者。③

《公约》使用了专门与其国家和区域经济一体化组织缔约方有关的短语

---

① Lyle Glowka, *A Guide to Designing Legal Framework to Determine Access to Genetic Resources*, International Union for Conservation of Nature and Natural Resources, 1998, p. 8.

② 2010年通过的关于获取和惠益分享的《名古屋议定书》第13条明确要求缔约方指定一个关于获取和惠益分享的国家联络点。国家联络点的主要功能是向遗传资源以及与遗传资源相关的传统知识的利用者提供有关获得事先知情同意和订立共同商定条件的程序信息。

③ Lyle Glowka et al, *A Guide to the Convention on Biological Diversity*, International Union for Conservation of Nature and Natural Resources, 1994, p. 80.

"共同商定条件"。这一点，结合其他《公约》条款中的与提供遗传资源的缔约方分享惠益的要求，使得这样一个事实容易被忽略，即获取协议可以由提供者，例如社区、个人和私立机构，进行谈判，而非国家。这个公约所创设的微妙的模糊之处可能需要在所有遗传资源并非由国家自身拥有时加以澄清。几乎在所有场合，国家对其管辖范围的领域中的遗传资源拥有主权权利，即使国家并非总是所有者。在国家作为所有者的场合，国家可以就其管辖范围的领域中的遗传资源缔结获取协议。国家对其管辖范围的领域中的遗传资源的主权权利也允许它审查授予获取国家不享有所有权的遗传资源的私人或社区协议。此外，这也意味着除了一些私人或共同谈判的条件外，政府可以与潜在的利用者达成共同商定条件。这也可以反映在一个独立的国家与潜在的利用者之间达成的协议之中，或者在私人或社区提供者、潜在利用者和国家达成的三方协议中。①

（五）事先知情同意

《公约》第15.5条规定："遗传资源的获取须经提供这种资源的缔约方事先知情同意，除非该缔约方另有规定。"

根据第15.5条的规定，遗传资源的获取也应遵照提供遗传资源的缔约方的事先知情同意（prior informed consent）。②但是，《公约》并未界定事先知情同意的内涵。一般认为，事先知情同意包含三个方面的内容：作为遗传资源提供者的缔约方的明确同意；基于潜在的遗传资源利用者所提供的真实的并足以使提供者理解其含义的信息；在批准获取的同意之前（或在获取发生之前）。③换言之，事先知情同意是指在某个潜在的利用者被批准获取提供者管

---

① Lyle Glowka, *A Guide to Designing Legal Framework to Determine Access to Genetic Resources*, International Union for Conservation of Nature and Natural Resources, 1998, p. 9.

② 在《公约》之前，事先知情同意概念已被另外一个国际公约——《关于控制危险废物越境转移及其处置的巴塞尔公约》首次使用。根据该公约的要求，出口国应将危险废物或其他废物拟议的越境转移书面通知或要求生产者或出口者通过出口国主管当局的渠道以书面形式通知有关国家的主管当局，出口国在收到过境国的书面同意之前，不应准许开始越境转移。该公约提出的事先知情同意要求旨在保护过境国免于环境损害。

③ See Lyle Glowka et al, *A Guide to the Convention on Biological Diversity*, International Union for Conservation of Nature and Natural Resources, 1994, p. 81. Kerry Ten Kate and Sarah A Laird, *The Commercial Use of Biodiversity: Access to Genetic Resources and Benefit-Sharing*, Earthscan Publications Ltd, 1999, p. 27.

辖范围内的遗传资源之前，其必须获得提供者基于其所提供的信息而作出的同意。

事先知情同意使缔约国不仅有权要求某个潜在的遗传资源利用者，不论是另一缔约方，还是私营部门中的采集者或公司，在获取其管辖范围内的遗传资源之前获得授权，而且有权要求潜在的利用者通过详细描述如何及由谁随后利用遗传资源的方式概括获取的含义。这种信息的有无对于提供者决定是否以及在何种条件下批准获取是非常重要的。短语"除非缔约国另有规定"表明施加事先知情同意的要求是提供遗传资源的缔约方的一个选择，而非是一个义务。这一点具有一个重要的法律含义：如果提供方已经采取措施在其法律制度中建立了必要的程序，利用者仅仅被要求遵守事先知情同意。如果某个缔约方没有如此行事，其控制利用者的获取的能力就丧失了，除非利用者自愿选择要求该缔约方的同意。该短语还暗示某个缔约国可以自由决定事先知情同意将要适用的场合。例如，事先知情同意要求适用于提供者管辖范围内的所有遗传资源或仅适用于特定的遗传资源类别。①

在决定实施第15.5条的方式时，提供遗传资源的缔约方需要考虑以下四个方面的问题。

其一，这也是最重要的一点，《公约》将确立事先知情同意作为常规性的要求。然而，重要的是要考虑到，如果不调整既有的法律和行政程序，或者不制定新的规范遗传资源的获取的法律或行政程序，实现惠益分享将很困难。许多国家的立法已经颁布，自然人或法人可以遵照规范性程序以获得采集、从事研究或出口生物资源的许可证。一个主要的考虑就是这种立法以及实施立法的机制是否足以控制遗传资源的获取和确保通过一个获取协议而实现随后的惠益分享。

其二，所有对于生物资源的利用可以潜在地导致取得遗传材料。然而，不可能将所有的生物资源的利用都遵照事先知情同意的程序。因此，必须行使权力来决定事先知情同意所适用的材料、提供者和用途，例如，可在原生境和非原生境遗传资源、公共和私人或社区提供者、商业利用和非商业利用之间作出区分。

---

① Lyle Glowka et al, *A Guide to the Convention on Biological Diversity*, International Union for Conservation of Nature and Natural Resources, 1994, p. 81.

其三，仅仅对获取加以规范是不够的，这也并非是第15条的目的。实际上，《公约》并未对遗传资源的利用加以限制。相反，它仅仅申明国家政府拥有决定获取的权力。为了充分利用第15.5条的规定，提供遗传资源的缔约方必须把受到规范的获取与惠益分享联系起来。一个获取协议将确保这种联系，但是从潜在的利用者所寻求分享的直接和间接惠益需要加以确认。寻求分享的惠益可能是更大的、在规划过程期间所制定的惠益分享计划的一部分。

其四，程序的简易性对于成功地将获取和惠益分享进行连接极为关键。这一点不仅在第15.2条中间接载明，而且它使良好的交易产生意义。除了可能对于有价值的本地物种而言，潜在的利用者几乎总是能够找到其他来源（尽管并不必然具有同一特性）。未来的惠益可能容易地就被一个效率低下的官僚主义程序所制造的高昂交易费用所超过。此外，由于许多能够潜在地提供遗传资源的国家在创设新的规范性程序上拥有有限的能力，因此，对于它们而言，重要的是要考虑如何通过最富成本效益和最可能有效的方式确保实现惠益分享。①

为了使事先知情同意发挥其应有效果，仅仅由遗传资源提供国一方采取法律行动可能是不充分的，遗传资源利用者所在的国家也应当作出必要的法律安排。特别是，遗传资源利用者所在的国家可以要求向本国进口遗传资源的人员或机构证明遗传资源的进口和随后利用满足了提供国的事先知情同意要求。

四、惠益分享

根据《公约》第15.6条、第15.7条、第16.3条以及第19.1条和19.2条的规定，《公约》中的惠益分享制度包括以下两个方面的内容。

（一）遗传资源提供国参与基于遗传资源的开发和科研活动

《公约》第15.6条规定："每一缔约方使用其他缔约方提供的遗传资源从事开发和进行科学研究时，应力求这些缔约方充分参与，并于可能时在这些缔约方境内进行。"《公约》第19.1条规定："每一缔约方应酌情采取立法、行政

---

① Lyle Glowka, *A Guide to Designing Legal Framework to Determine Access to Genetic Resources*, International Union for Conservation of Nature and Natural Resources, 1998, p. 10.

和政策措施，让提供遗传资源用于生物技术研究的缔约方，特别是其中的发展中国家，切实参与此种研究活动，研究活动宜在这些缔约方进行。"

第15.6条和第19.1条专门针对一种重要的非货币惠益——参与开发和科研活动进行了规定。它们的目的都是使遗传资源的提供国能够参与遗传资源的利用者基于提供的遗传资源而从事的开发、研究等活动，以便增强提供国的科研能力。但是，这两段规定又有一些差别。第15.6条适用于所有的基于所提供的遗传资源而进行的开发、研究等活动，而第19.1条则适用于生物技术方面的研究。

此外，第19.1条所创设的义务比第15.6条中的义务更为强硬和集中。根据第15.6条的规定，每一缔约方应力求提供遗传资源的缔约国充分参与。根据第19.1条的规定，缔约方被要求建立立法、行政或政策框架，以使提供遗传资源的缔约方切实参与。词语"切实的"（effective）加强了实现实质性参与的必须性，例如共同或合作努力，在这种场合，研究者共同设定目标并且获得了对所有参与者均有益的结果。①这两段的规定是《公约》中惠益分享的一种具体表现。实际上，《公约》列举了一些可以分享的惠益的实例，提供国参与基于遗传资源的开发、研究等活动就是其中之一。

通过参与开发和科研等活动，遗传资源提供国的科研能力，包括生物技术研究能力可以得到显著的提高。不仅如此，遗传资源的利用者与提供者合作进行开发和研究还能鼓励研究向实际应用转变，这对于发展中国家提供者而言更具有现实意义。另外，在遗传资源提供国的境内从事开发和研究将增加更多的当地研究人员参与研究的可能性，并促使向发展中国家转让技术，这对于未来发展中国家深入、有效地利用其所拥有的遗传资源提供了实在的基础。最理想的是，这些义务将有助于所有交换遗传资源的缔约方开发出更为出众的利用这些遗传资源的科研能力。

为了实施第15.6条和第19.1条的规定，利用遗传资源的缔约方需要采取措施确保从事遗传资源科研活动的本国政府部门与遗传资源的提供国开发联合研究项目，并保证可能的话在提供国境内实施。不仅如此，考虑到很多从事科研活动的主体来自私营部门，缔约方需要采取适当的措施，例如向私立研

---

① Lyle Glowka et al, A Guide to the Convention on Biological Diversity, International Union for Conservation of Nature and Natural Resources, 1994, p. 96.

究机构或公司提供公共经费资助作为一项条件，便利私营部门不论在提供国之内还是之外为提供国提供切实的参与。最后，需要指出的是，为了实现切实的参与，遗传资源的提供国完全可以通过谈判将参与基于其提供的遗传资源的开发和研究活动纳入遗传资源获取协议之中。

（二）基于共同商定条件的惠益分享

在《公约》框架下，基于共同商定条件的惠益分享包括三种情形，即第15.7条、第16.3条和第19.2条。《公约》第15.7条规定："每一缔约方应按照第16条和第19条，并于必要时利用第20～21条设立的财务机制，酌情采取立法、行政或政策性措施，以期与提供遗传资源的缔约方公正公平地分享研究和开发此种资源的成果以及商业和其他方面利用此种资源所产生的惠益。这种分享应按照共同商定的条件。"《公约》第16.3条规定："每一缔约方应酌情采取立法、行政或政策措施，以期根据共同商定的条件向提供遗传资源的缔约方，特别是发展中国家，提供利用这些遗传资源的技术和转让此种技术，其中包括受到专利和其他知识产权保护的技术，必要时通过第20～21条的规定，遵照国际法，以符合以下第4段和第5段的规定的方式进行。"《公约》第19.2条规定："每一缔约方应采取一切可行措施，以赞助和促进那些提供遗传资源的缔约方，特别是其中的发展中国家，在公平基础上优先取得基于其提供资源的生物技术所产生成果和惠益，此种取得应按共同商定的条件进行。"

《公约》第15.7条以及其所参照的第16条和第19条要求每一缔约方，不论是发达国家还是发展中国家，采取立法、行政或政策措施，这些措施的目标是与提供遗传资源的缔约方公正公平地分享惠益，分享应按照共同商定的条件。这里要注意的是，缔约方，尤其是发达国家缔约方负担的是为了实现惠益分享而采取措施的间接义务，而非直接与提供遗传资源的缔约方分享惠益的义务。惠益分享涉及的问题包括：

1. 可分享的惠益或惠益类型

根据15.7条、第16.3条和第19.2条的规定，可分享的惠益包括：研究和开发成果（第15.7条）；商业和其他方面利用所提供的遗传资源所产生的惠益（第15.7条）；利用遗传资源的技术的获取和转让（第16.3条）；遗传资源的生物技术利用所产生的成果和惠益的优先获取（第19.2条）。在以上四类惠益当中，第一、三和四类惠益属于非货币惠益，第二类惠益同时包括货币和非货币惠益。

2. 共同商定条件的有关问题

根据第15.7条的规定，惠益分享应按照共同商定的条件。这意味着在每一个案中遗传资源的提供者与潜在的利用者之间进行的谈判。这种逐案进行的谈判产生了一些在《公约》的实施中需要着力加以解决的问题。

首先，由于《公约》所预计分享的惠益绝大多数都来自私营部门，因此，一般而言，共同商定条件的谈判当事人是提供遗传资源的缔约方与私营机构（大多数情况下来自发达国家），例如公司。但是，《公约》有关惠益分享的规定仅在它的缔约方（包括国家和区域经济一体化组织）之间适用，为了确保惠益分享的实现，发达国家缔约方需要通过采取必要的措施与其本国私营部门一道安排惠益分享的方式。这一点在《公约》第16.4条中也作了明确规定。

其次，在共同商定条件的谈判时，基于技术、产业发展水平等方面的差异，遗传资源的提供者与利用者的谈判地位存在不对等的问题。一般来说，作为遗传资源提供者的发展中国家处于弱势地位。这个问题将直接影响发展中国家能否实质性地分享到惠益。显然，发展中国家需要采取各种措施以提高和增强其谈判地位。例如，查明和监测生物多样性的组成部分、保存和整理相关的数据、建立和维持科技教育和培训项目等。对于利用者所在的缔约方而言，其也需要通过意识提升等活动促使不同的遗传资源利用者遵守提供国的获取和惠益分享法律和政策。如果双方能够通过对话建立起互信和善意的话，这对于惠益分享目标的实现大有裨益。

最后，由于围绕遗传资源的利用可能出现各种不同的情形和局面，这导致遗传资源的提供国在共同商定条件谈判时很难就诸如惠益类型、遗传资源未来的利用用途、利用遗传资源所开发的终端产品等方面提出相应的条件。这些问题应当引起提供国的重视，并考虑采取适当的对策加以克服。例如提供国在谈判中可以要求将惠益分为短期、中期和长期惠益。由于技术转让无须了解遗传资源如何利用等方面的信息，提供国也可以重点要求转让技术和参与研发。此外，提供国还可以在获取协议中要求增加未来调整和进一步谈判等方面的内容，尤其在从非商业利用变为商业利用以及向第三方转让遗传资源时。

3. "公正公平"的含义

第15.7条规定，每一缔约方应采取立法、行政和政策措施，以期与提供遗传资源的缔约方公正公平地分享研究和开发此种资源的成果以及商业和其他方面利用此种资源所产生的惠益。根据《公约》的目标和第15.7条的规定，分享惠益应遵循公正公平的原则。然而，"公正公平"应作何种理解？评估惠益是否是公正公平的标准有哪些？

有评论对此指出，"公正"与"公平"具有共通性的内涵成分，即"对两者中的一方或任何一方无偏袒"（free from favour toward either or any side）。"公正"与"公平"这两个词语细微的差异可以描述为："公正"意指为了实现相互冲突的需要、权利或要求的适当平衡而消除个人感情、利益或偏见；"公平"意指一个比"公正"在严格性上较弱的标准以及通常是公正与平等地对待相关的所有人。这些学者所提出的两个例子是："法官的决定是绝对公正的"与"一种规定了公平分配财富的社会形态"。

更重要的是，有学者还提出了评估惠益是否是公正公平的尝试性标准。这些标准是：惠益应当有助于在所有层面上强化分享关系中处于弱势状态下的缔约方的地位，包括通过信息的平等获取、所有利益相关者的切实参与、能力建设以及新技术和产品的优先获取；惠益应当有助于《公约》其他两个目标的实现，或作为最低要求，不阻碍其他两个目标的实现；惠益必须不干预已有的公正公平惠益分享的形式，包括习惯上的惠益分享机制；惠益必须尊重基本的人权；惠益必须尊重跨文化边界的价值和法律制度，包括习惯法和土著知识产权制度；惠益必须允许所有利益相关者，包括当地的利益相关者民主和富有意义地参与决策和合同谈判；惠益必须足够透明以使所有缔约方，尤其是当地和土著社区，同等地理解这个过程，并有时间和机会作出知情的决定；惠益必须不必要地限制非竞争性的商品和资源的获取；惠益必须，如果涉及合同关系，包括独立第三方审查的规定以确保所有交易都建立在共同商定条件的基础上以及在事先知情同意之前完成；惠益必须，如果涉及合同关系，规定遗传资源和相关知识来源的确认；惠益必须，如果涉及合同关系，使有关商定条件的信息可公开获得。[①]

[①] Graham Dutfield, *Intellectual Property, Biogenetic Resources and Traditional Knowledge,* Earthscan, 2004, pp. 46-47.

4. 其他一些特殊问题

第16.3条规定了利用遗传资源的技术的获取和转让问题。第16.3条本身较复杂，需注意四点。其一，该款所创设的义务并未要求每一缔约方向提供遗传资源的缔约方实际转让利用遗传资源的技术，相反，每一缔约方，不论是发达国家还是发展中国家，所承担的义务是采取适当的措施以期向提供遗传资源的缔约方提供利用遗传资源的技术和转让这种技术。这种差别微妙而又重要。这表明，每一缔约方所负担的义务并非是利用遗传资源的技术的无保留地转让，而是创建允许技术转让实际发生的框架。其二，该段认可每一缔约方都是遗传资源潜在的提供者和利用者。作为提供者，每一缔约方，至少在理论上，潜在地有权获得利用遗传资源的技术。然而，该段强调了特定的向提供遗传资源的发展中国家转让技术的义务。作为利用者，每一缔约方可自行决定为履行本段规定的义务所采取的措施，但是目标是向遗传资源的提供者实际转让技术。其三，在需要的情况下，可以利用《公约》第20~21条规定的财务机制，以方便在缔约方之间实际转让技术。其四，技术的提供和转让要根据"共同商定条件"，以及必须符合国际法的规定，其中包括适用于知识产权的国际法。①

根据第19.2条的规定，每一缔约方应采取一切可行措施，以赞助和促进那些提供遗传资源的缔约方，特别是其中的发展中国家，在公平基础上优先取得基于其提供资源的生物技术所产生成果和惠益。《公约》对"赞助与促进"并未进行界定，这两个词语是长期进行谈判的结果，而且经过仔细地选择以避免暗示任何强加于私营部门的承诺——一种对于大多数发达国家所不能接受的义务——尽管绝大多数生物技术研发活动无疑都在私营部门开展。因此，每一缔约方有义务在其实际能力范围内采取可行的措施，以便实现分享。另外，"在公平基础上优先取得"也留待共同商定。《公约》未对"优先取得"和"在公平基础上"进行界定。"优先取得"只被使用了一次，"优先取得"暗示了优先的待遇。然而，谈判与最终达成共同商定条件将使共同的和单独的利益都得到考虑。②

---

① See Lyle Glowka et al, *A Guide to the Convention on Biological Diversity*, International Union for Conservation of Nature and Natural Resources, 1994, pp. 89-90.

② See Lyle Glowka, et al, *A Guide to the Convention on Biological Diversity*, International Union for Conservation of Nature and Natural Resources, 1994, p. 97.

第四节 《波恩准则》

上文指出，《公约》是一个框架公约。不仅如此，《公约》还是一个处在动态和持续发展进程中的公约。有观点指出，《公约》建立在三项中心原则之上，它们是：国家层面上的实施、与其他国际协定的协调、对附件和具有法律约束力的议定书及不具约束力的工作方案的后续谈判。[①]在《公约》实施及其自身不断发展完善的过程中，《公约》的最高决策机构——缔约方大会，及其所属的专门机构和设立的技术专家组和工作组发挥着至关重要的作用。缔约方大会通过作出决定、设立技术专家组和工作组以及拟定关于获取和惠益分享的准则等方式积极推动《公约》第三项目标的实现以及第15条和相关规定的实施。

由于《公约》关于获取和惠益分享的规定存在过于原则和简略的问题，以及许多缔约方缺乏在国内实施这些规定的相关能力，缔约方大会及其下设的技术专家组和工作组试图制定出更为具体且能满足不同需求的指导性规则，以便为缔约方以及遗传资源的提供者和利用者实施《公约》获取和惠益分享制度提供指导和帮助。经过各方的协同努力，2002年4月，在海牙召开的缔约方大会第六届会议成功地通过了一份自愿性的文书——《关于获取遗传资源并公正和公平分享其利用所产生的惠益的波恩准则》（以下简称《波恩准则》）。这份文书的内容相当丰富和全面，其对于《公约》获取和惠益分享制度的实施而言非常实用和有益。尽管2010年10月缔约方大会第十届会议通过了旨在专门落实《公约》第三项目标及第15条和相关规定的《名古屋议定书》，然而《波恩准则》不仅不会被取代，而且还会在未来《名古屋议定书》的实施中发挥极其重要的作用。本节首先介绍谈判和通过《波恩准则》的相关背景，其次对《波恩准则》的主要内容进行阐述和评论。

---

① M. McGraw, *"The Story of the Biodiversity Convention: From Negotiation to Implementation"*, in: Philippe G. Le Prestre (ed.), *Governing Global Biodiversity: The Evolution and Implementation of the Convention on Biological Diversity,* Ashgate Publishing Ltd, 2002, pp. 24-31.

一、谈判和通过《波恩准则》的相关背景

从上一节关于遗传资源的获取和惠益分享制度内容的分析来看，获取遗传资源及公正公平分享其利用所产生的惠益问题被规定在第1条、第15条、第16.3条和第19.1~19.2条（共计十一段实质性规定）之中。这些关于遗传资源的获取和惠益分享的规定事实上过于原则和简略，它们只是提供一个一般性的关于获取和惠益分享问题的框架。之所以造成这样一种状况，一方面是因为从1991年2月正式启动《公约》谈判到1992年6月联合国环境和发展大会召开前完成谈判仅有一年多的时间，谈判时间上的紧迫性促使谈判者们不得不在获取和惠益分享问题上找到"快速的解决方案"（quick solution）。[①]另一方面是因为谈判者们设想了这样一种局面，即各国国内法律，例如财产法和合同法，将会解决获取和惠益分享制度在实施中出现的大多数问题。[②]

显然，谈判者们为了找到"快速的解决方案"，就需要大量删减在不同国家间存在较大争议的草案内容，这样所确立的法律制度必然带有原则和简略的显著特点。不仅如此，谈判者们设想的上述局面与现实状况存在非常大的偏差，因为在当时没有一个国家的法律就利用遗传资源的活动施加任何控制，或将遗传资源界定为一项权利或一类财产，或就它们行使着主权控制。[③]尽管《公约》通过前在实践中已经产生了利用合同机制解决采集生物样本并分享其利用所产生惠益问题的先例，例如，1991年9月哥斯达黎加的国家生物多样性研究所与美国制药巨头默克公司公布了一份有关生物勘探的协议，[④]但将公正和公平分享惠益的问题完全留给遗传资源提供国和利用者通过直接谈判并订

[①] Morten W. Tvedt and Tomme Young, *Beyond Access: Exploring Implementation of the Fair and Equitable Sharing Commitment in the CBD*, International Union for Conservation of Nature and Natural Resources, 2007, p. 15.

[②] 按照谈判者们的设想，各国的财产法将会对遗传资源的归属或所有权作出界定，遗传资源提供国和利用者之间订立的合同将成为分享利用遗传资源所产生的惠益的法律工具。

[③] Morten W. Tvedt and Tomme Young, *Beyond Access: Exploring Implementation of the Fair and Equitable Sharing Commitment in the CBD*, International Union for Conservation of Nature and Natural Resources, 2007, p. 15.

[④] 根据双方之间达成的协议，该研究所将为默克公司的药物筛选计划提供来自哥斯达黎加野生生物保护区的野生植物、昆虫和微生物中提取的化学物质，而该研究所则获得113.5万美元——两年研究和采样预算拨款以及由此产生的任何商品的使用费。该研究所同意将该预算拨款的10%和使用费的50%上交给政府的国家公园基金，用于保护哥斯达黎加的国家公园，而默克公司则同意提供技术援助和培训，以帮助在哥斯达黎加建立一支药物研究力量。

立合同的方式来解决很成问题，这主要因为存在诸如谈判成本高、谈判地位不对等以及合同难于执行等问题。

在《公约》生效后，缔约方，特别是发展中国家缔约方开始制定本国实施《公约》获取和惠益分享制度的法律，然而，由于《公约》中的获取和惠益分享规定带有原则和简略的特点，缔约方从《公约》所能够获得的立法指导相当有限。即使如此，仍有一小部分缔约方完成了国内立法进程。①大多数缔约方则发现国内获取和惠益分享法律制度的建立是一个非常复杂的任务，其要求法律、科学和商业领域的专家展开协作，而很多发展中国家缔约方缺乏将这些领域的专家召集在一起的能力，因而也就无法实施《公约》关于获取和惠益分享的规定。已经建立起国内法律制度的缔约方在制度实施中又面临着一些挑战。一个很大的挑战就是，在准许获取遗传资源后，这些资源被带出提供国的管辖范围，而遗传资源提供国几乎无力跟踪这些资源随后如何被付诸利用或监测经谈判而确立的获取和惠益分享合同中的条款是否正在被遗传资源的利用者所遵守。发展中国家还面临在谈判获取合同中缺乏能力和经验的问题，以及易于商定并不"公正和公平"的条件。对于绝大多数遗传资源的商业利用者所在的发达国家缔约方而言，它们鲜有兴趣创立为这些利用者设定义务以回应发展中国家关注的规则。它们倾向于将获取和惠益分享纯粹建立在提供者和利用者经谈判所确立的合同条款之上。②

由此可见，由于《公约》中的获取和惠益分享规定自身存在的不足以及缔约方实施能力的欠缺或不作为，获取和惠益分享制度并没有在国家层面上得到全面和充分的实施。为了改变这样一种状况，《公约》缔约方大会在其权限范围内着手采取了一些旨在推进实施的举措。考虑到《公约》关于获取和惠益分享的规定属于实质性规定，缔约方大会首先将其确定为一个需要进一步展开工作的"跨领域问题"（cross-cutting issue）。根据缔约方大会通过的有关决定，缔约方大会最初将推进有关获取和惠益分享规定的实施工作集中于收集国家和区域性组织层面上规范遗传资源的获取和惠益分享的做法以及散发这些信息方面。缔约方大会第四届会议第一次将公正和公平分享利用遗传

---

① 这些国家包括菲律宾、哥斯达黎加、巴西、印度、南非、澳大利亚、肯尼亚、埃塞俄比亚、玻利维亚、孟加拉国等。

② Geoff Tansey and Tasmin Rajotte (eds), *The Future Control of Food: A Guide to International Negotiations and Rules on Intellectual Property, Biodiversity and Food Security*, Earthscan, 2008, p. 100.

资源所产生的惠益问题作为一个独立的议事项目提出以供讨论和解决，本届会议还决定成立一个专家组，其授权是促使形成对于基本概念的共同理解，并探索关于共同商定条件的获取和惠益分享的各种选择，包括获取与惠益分享安排的指导原则、准则和最佳行为守则。

1999年10月，专家组召开第一次会议，专家们考虑了关于共同商定条件的获取和惠益分享的各种选择，并在事先知情同意、共同商定条件、信息需求和能力建设等问题上获得了广泛的结论。在2000年5月举行的缔约方大会第五届会议上，缔约方大会决定再次召集专家组对其第一次会议所提出的突出问题开展进一步的工作。在这届会议上，缔约方大会还决定成立获取和惠益分享不限成员名额特设工作组（the Ad Hoc Open-ended Working Group on Access and Benefit-sharing），其成员主要来自各国政府任命的代表，同时开放接纳土著和当地社区、非政府组织、产业、科技和学术机构以及政府间组织的代表参加。工作组的授权是拟定获取和惠益分享方面的准则和其他做法以提交缔约方大会第六届会议，并协助缔约方和利益相关者处理与获取和惠益分享有关的事项，包括事先知情同意和共同商定条件的条款、利益相关者的作用、责任和参与、惠益分享机制（例如通过技术转让和联合研究开发）等。在接下来将近两年的时间里，工作组积极展开了起草和拟定关于获取和惠益分享的准则的工作，并最终收获了相应的成果——《波恩准则》草案。①2002年4月，缔约方大会第六届会议对工作组提交的准则草案作了必要的增删后顺利地通过了《波恩准则》。

二、《波恩准则》的主要内容

《波恩准则》是一份自愿性文书，其对《公约》缔约方不具法律约束力。②尽管这样，《波恩准则》由大约180个国家一致性通过，其具有明确和无可争

---

① 之所以将其命名为《波恩准则》，是因为预备了准则第一稿的政府间会议于2001年10在德国波恩召开。

② 实际上，最初的准则草案使用的是更为严格的术语，如"要求"（requirements）与提供者和利用者"应当为"（shall do）。但后来多方面请求延长谈判以便消除任何强制性的语言，这样一来就将草案中的"shall"和"must"改成了"should""could"或"may"（consider），同时回避了任何对于"要求"（requirements）的提及。最终通过的文本也在一般规定中明确指出了准则的自愿性（voluntary nature）。See Shakeel Bhatti (eds), *Contracting for ABS: The Legal and Scientific Implications of Bioprospecting Contracts*, International Union for Conservation of Nature and Natural Resources, 2009, p. 25.

辩的权威。《波恩准则》被期望将协助缔约方、各国政府以及利益相关者制定总体的获取和惠益分享战略，以及确定在实现遗传资源的获取和惠益分享过程中所涉及的步骤。更具体地说，《波恩准则》的意图是帮助缔约方、各国政府和利益相关者制定关于获取和惠益分享的立法、行政或政策措施，和（或）谈判获取和惠益分享的合同安排。总之，《波恩准则》对于推进《公约》目标的实现以及获取和惠益分享制度的实施而言是完全有益的。

　　《波恩准则》的内容相当丰富和全面，其包括一般规定、根据《公约》第15条在获取和惠益分享中的作用和责任、利益相关者的参与、获取和惠益分享过程中的步骤、其他规定等五大部分；另外，包括两个附件：附件一列举建议纳入材料转让协议的基本内容，附件二提供了一个货币和非货币惠益清单。从内容上看，《波恩准则》对于《公约》获取和惠益分享制度实施的有益性主要体现在两个方面。首先，《波恩准则》创设了很多全新的规则，这些规则处理的是《公约》未提及和规定的有关获取和惠益分享的问题，例如机构安排、遗传资源提供者和利用者的责任、利益相关者的参与等。其次，《波恩准则》对《公约》中的事先知情同意和共同商定条件原则进行了具体化处理，从而推动了这两大原则在制度和实践层面上的充分运作。以下就《波恩准则》的主要内容进行阐述和评论。

（一）范围

　　根据《波恩准则》第9段规定，其应适用于《公约》所涵盖的所有遗传资源和相关传统知识、创新和做法，以及适用于商业和其他利用此种资源所产生的惠益，但排除人类遗传资源。

　　需要强调的是，《波恩准则》明确将与遗传资源相关的传统知识、创新和做法纳入了获取和惠益分享制度调整的范围。考虑到《公约》没有对相关传统知识、创新和做法的获取问题作出规定，这构成对《公约》获取和惠益分享制度的重大发展。2010年的《名古屋议定书》继受《波恩准则》的规定，将遗传资源和相关传统知识同时规定为其适用的对象。但是，相比较于《名古屋议定书》，《波恩准则》并未提及"商业或其他利用此种知识、创新和做法所产生的惠益"，这似乎是一个无意的遗漏。

（二）机构安排

　　获取和惠益分享制度的实施需要在国内层面上建立必要的机构，而《公约》对此并未作出规定。《波恩准则》则就应当建立的机构类型及其发挥的主要功能进行了规定。

《波恩准则》第13段是关于国家联络点（national focal point）的指定和功能问题的规定。每一缔约方应指定一个获取和惠益分享国家联络点，并通过信息交换所机制（clearing-house mechanism）提供这一方面的信息。国家联络点应通过信息交换所机制向遗传资源的获取的申请者告知获得事先知情同意和共同商定条件，包括惠益分享的程序，以及向其告知国家主管部门（competent national authority）、相关土著和地方社区及利益相关者。

《波恩准则》第14段是关于国家主管部门的建立和功能问题的规定。国家主管部门，在已被建立的情况下，可以根据适用的国家立法、行政或政策措施，负责准予获取，并就如下事项提供咨询：谈判程序；获得事先知情同意和达成共同商定条件的要求；获取和惠益分享协议的监测和评估；获取和惠益分享协议的实施或执行；申请的处理和协议的批准；所获取的遗传资源的保护和可持续利用；不同利益相关者，特别是土著和地方社区，酌情切实参与获取和惠益分享过程中不同步骤的机制；土著和地方社区有效参与的机制，同时促进实现将有关决定和进程用相关土著和地方社区能够理解的语言文字提供给此种社区的目标。

另外，根据第14段的规定，享有颁发事先知情同意的法定权力的国家主管部门可以酌情将此种权力下放给其他实体。

（三）遗传资源的提供国（者）和利用者及其所在的缔约方的责任

实践表明，获取和惠益分享问题具有跨国性，也就是至少有两类国家，即提供国和利用者所在的国家，牵涉到遗传资源的获取和惠益分享问题之中。为了确保获取和惠益分享制度能够得到切实的实施，一方面，提供国必须采取立法等措施，以便落实遗传资源国家主权权利和决定获取遗传资源的权力；另一方面，当遗传资源离开提供国而进入利用者所在的国家并被利用时，利用者所在的国家必须采取措施确保利用者遵守了提供国的获取和惠益分享立法。还要指出的是，提供国（大多数为发展中国家）和利用者所在的国家（大多数为发达国家）的划分并非泾渭分明，事实上很多发展中国家也是利用者所在的国家，一些发达国家在利用他国遗传资源的同时也在提供本国的遗传资源。这就意味着，某个国家既要针对获取问题采取"提供国或来源国措施"，也要为了实现惠益分享的目标而采取"利用者国家措施"。

《波恩准则》一个突出的特点就是同时关注到以上两方面的措施在获取和惠益分享制度实施中的作用。基于此，《波恩准则》就遗传资源的提供国（者）和利用者及其所在的缔约方的责任作出了规定。

根据《波恩准则》第16段规定，作为遗传资源的原产国或根据《公约》获得了遗传资源的缔约方应当：争取审查其政策、行政和立法措施以确保其完全遵守《公约》第15条；争取通过信息交换所机制和《公约》其他报告渠道报告获取申请；争取确保遗传资源的商业化和其他利用不能阻止遗传资源的传统利用；确保其以清楚、客观和透明的方式履行其作用和职责；确保所有利益相关者将获取活动的环境后果考虑在内；建立机制以确保相关土著和地方社区及利益相关者，尤其是土著和地方社区获悉其决定；酌情支持提高土著和地方社区在谈判中充分代表其利益的能力的措施。

根据《波恩准则》第16段规定，利用者在落实共同商定条件的过程中应当：根据《公约》第15.5条在获取遗传资源前寻求得到事先知情同意；尊重土著和地方社区的风俗、传统、价值和习惯性做法；回应土著和地方社区关于提供信息的请求；只为了与获得遗传资源时的条款和条件相一致的目的利用遗传资源；为了不同于获得遗传资源时的目的而利用遗传资源时，确保这只发生在获得了新的事先知情同意和共同商定条件之后；保持所有有关遗传资源的数据，特别是事先知情同意的文献证据和关于遗传资源来源和利用以及由此种利用所产生的惠益的信息；尽一切努力在提供国并在其参与下从事利用遗传资源的活动；在向第三方提供遗传资源时遵守有关已获得材料的所有条款和条件，他们应向第三方提供有关其获得的所有数据，包括事先知情同意和利用条件，以及记录和保持有关其向第三方提供的数据，特别的条款和条件应在共同商定条件下确立起来，以方便为了非商业目的的分类学研究；确保公正和公平地分享商业化和其他利用遗传资源所产生的惠益，包括根据第16条向提供国转让技术，同时符合与土著和地方社区或所涉及的利益相关者订立的共同商定条件。

根据《波恩准则》第16段规定，提供者应：只在其有权如此行事时提供遗传资源和（或）传统知识；力求避免对遗传资源的获取施加任意性的限制。

《波恩准则》第16段下面的分段（d）处理了一个非常重要的问题——"利用者国家措施"。在谈判《波恩准则》之时，很多专业人士已经充分意识到，遗传资源利用者所在的国家采取的措施是实现惠益分享目标所必需的另外一个方面的要素，此类措施旨在促使其管辖范围内的利用者遵守提供国的获取和惠益分享立法。基于此，《波恩准则》建议遗传资源利用者所在的缔约方采取六个方面的"利用者国家措施"。这在很大程度上行为缔约方履行《公约》第15.7条所设定的义务指明了方向。有评论指出，尽管《波恩准则》第19段之分段（d）所占的篇幅很少，但这些相对较少的建议或方案对于大量利用者所在的缔约方最为重要，并且连同《公约》第15.7条一起实际上是整个获取和惠益分享框架的关键所在。[①]

根据《波恩准则》第19段之分段（d）的规定，管辖范围内拥有遗传资源利用者的缔约方应当酌情采取适当的立法、行政或政策措施，以支持遵守提供此种资源的缔约方的事先知情同意以及准予获取所依据的共同商定条件，这些国家，除其他外可以考虑以下措施：向潜在的利用者提供其负担的有关遗传资源的获取义务的信息的机制；鼓励在知识产权申请中披露遗传资源原产国及土著和地方社区传统知识、创新和做法来源的措施；旨在阻止利用未经提供遗传资源的国家事先知情同意所获得的资源的措施；在缔约方之间开展合作以处理被控违反获取和惠益分享协议的情形；机构遵守获取和惠益分享规则的自愿性认证制度；制止不公平贸易做法的措施；鼓励利用者遵守第16段之分段（b）中的规定的其他措施。

（四）事先知情同意

对于获取遗传资源的行为而言，《公约》向获取者（利用者）提出了取得提供这些资源的缔约方事先知情同意的要求。然而，《公约》并没有针对取得事先知情同意过程中所涉及的具体问题作出规定，例如，授予事先知情同意的主管部门、取得事先知情同意的程序、申请获取者需要满足的具体要求等。显然，为了推进《公约》中的获取和惠益分享制度的充分和有效实施，缔约方必须考虑如何处理这些问题，并设计出具体的方案和规则。《波恩准则》基

[①] Morten W. Tvedt and Tomme Young, *Beyond Access: Exploring Implementation of the Fair and Equitable Sharing Commitment in the CBD*, International Union for Conservation of Nature and Natural Resources, 2007, p. 22.

于协助缔约方落实事先知情同意要求的考虑，不仅提出了建立事先知情同意制度应当遵循的基本原则，而且为缔约方在国内建立事先知情同意制度提供了具体的规则指导。

首先来看《波恩准则》提出的事先知情同意制度的基本原则。这些原则包括：法律上的确定性和明晰性；应当以最低成本便利遗传资源的获取；对于遗传资源的获取的限制应当是透明的，且基于合法理由，并不得违反《公约》的目标；应当取得提供者所在国家的相关国家主管部门的同意，也应当酌情根据情况和遵照国内法取得所涉利益相关者，如土著和地方社区的同意。

再来看《波恩准则》建议的事先知情同意制度的组成部分，以及针对各个组成部分提出的内容上的具体要求和建议。

《波恩准则》建议的事先知情同意制度包括六个组成部分：给予事先知情同意或提供此种同意证据的主管部门；时间安排和截止日期；对利用活动的具体说明；取得事先知情同意的程序；同所涉利益相关者进行协商的机制；程序。

就授予事先知情同意的主管部门而言，《波恩准则》提出了四个方面的要求和建议。其一，获取原生境中的遗传资源的事先知情同意应当从提供此种资源的缔约方并通过其国家主管部门而取得，除非其另有规定。其二，根据国家立法，不同级别的政府部门可以要求事先知情同意，因此，应具体说明在提供者所在国家取得事先知情同意的要求（国家的、省级或地方的）。国家程序应当便利所有从社区到政府层面上所涉及的利益相关者的参与，并力求简明和清晰。其三，在尊重土著和地方社区与正在获取的遗传资源相关的既定合法权利的情况下，或当正在获取与这些遗传资源相关的传统知识时，应当根据这些社区的传统做法、国家获取政策并遵照国内法，取得土著和地方社区的事先知情同意，以及得到传统知识、创新和做法的持有者的批准和参与。其四，对于非原生境收集品而言，应当酌情从国家主管部门和（或）管理非原生境收集品的机构取得事先知情同意。

就时间安排和截止日期而言，《波恩准则》提出的要求和建议是：要预先寻求取得事先知情同意，以便对那些寻求获取和准予获取者都具有意义，也应在合理期间内就获取遗传资源的申请作出决定。

就对利用活动的具体说明而言，《波恩准则》提出的要求和建议是：事先知情同意应当基于对之授予同意的具体利用活动。尽管事先知情同意最初针对具体的利用活动而被授予时，然而任何对利用的改变，包括转让给第三方，可要求新的事先知情同意申请。应当清楚地规定经许可的利用活动，应当对改变和未预见的利用活动要求进一步的事先知情同意。应当考虑《全球分类学倡议》（the Global Taxonomy Initiative）所阐明的分类学和系统学研究的具体需要。

就取得事先知情同意的程序而言，《波恩准则》并未就这一程序的内容提出要求和建议，而是列举了申请获取者需要向国家主管部门提供的，以便其据此决定是否准予获取的各个方面的信息。这些信息包括：申请者和（或）采集者所属的法律实体及与其存在的法律关系，与申请者作为一个机构时的联络人；寻求获取的遗传资源的类型和数量；活动开始的日期和持续时间；地理勘探区域；获取活动将如何影响生物多样性的保护和可持续利用的评估，以便决定相应的准予获取的成本和收益；有关拟议利用活动的准确信息（如生物分类、采集、研究、商业化）；对研究和开发将在何处进行所作出的确认；有关将如何进行研究和开发的信息；第三方可能的参与；采集和研究的目的以及预计的结果；因实现了遗传资源的获取而产生的惠益种类或类型，包括因商业和其他利用遗传资源所产生的衍生物和产品的惠益；惠益分享安排的说明；预算；机密性信息的处理。《波恩准则》还指出，上述信息清单是指示性的，应根据各国的具体情况予以调整。

就同所涉利益相关者进行协商的机制而言，《波恩准则》则没有提及。

就程序性的安排而言，《波恩准则》提出的要求和建议是：通过事先知情同意获取遗传资源的申请，以及主管部门准予或不准与获取遗传资源的决定均应作成书面形式；主管部门可以通过颁发许可证或特许令或遵照其他适当的程序准予获取。可以利用一个国家登记制度记录以按时完成的申请表格为基础的所有许可证或特许令的颁发情况；取得一个获取许可证或特许令的程序应当是透明的，及对于任何利害关系人是可及的。

（五）共同商定条件

共同商定条件是《公约》中的获取和惠益分享制度运作的核心所在，《公约》在获取和惠益分享两个方面都提出了按照共同商定条件进行的要求。然而,《公约》没有就如何订立共同商定条件、共同商定条件的有关内容以及如何按照共同商定条件分享惠益等关键问题作出进一步的规定。为了协助缔约方和利益相关者制订共同商定条件,《波恩准则》提出制订共同商定条件应当遵循的原则或基本要求,并提供了一份有关典型共同商定条件的指示性清单。另外,为了推动实现公正和公平的惠益分享,《波恩准则》进一步发展了《公约》中基于共同商定条件的惠益分享规定。

首先,《波恩准则》提出的制订共同商定条件的原则或基本要求。这些原则或基本要求是:法律上的确定性和明晰性;交易成本的最低化(例如采取如下方式:确立和提升政府和所涉利益相关者要求事先知情同意和合同安排的意识;确保了解已有的申请获取、达成安排和保证惠益分享的机制;开发框架协议并在这种协议下根据快速安排实现重复获取;开发针对类似资源和利用活动的标准化材料转让协议和惠益分享安排);纳入利用者和提供者义务的条款;开发针对不同资源和利用活动的不同合同安排和开发示范协议;不同的利用活动除其他外,可以包括生物分类、采集、研究和商业化;应当高效地和在合理期间内谈判共同商定条件;应当在一份书面协议中列明共同商定条件。

除了以上基本要求,《波恩准则》又提出了既可以被考虑作为合同式协议中的指导性参数,又可以被考虑作为共同商定条件基本要求的若干要点。它们是:规范资源的利用活动以便考虑到特定缔约方和利益相关者,尤其是相关土著和地方社区道德方面的关注;确立规定以保证遗传资源和相关知识的继续习惯性利用;利用知识产权的规定包括联合研究、实施所获得的发明权利的义务及经由共同同意提供许可利用的义务;根据贡献程度共同拥有知识产权的可能性。

其次,《波恩准则》提供的典型共同商定条件的指示性清单。这份清单上的条件或条款包括:遗传资源的类型和数量,以及活动的地理或生态区域;对材料的可能利用作出的任何限制;对原产国的主权权利作出的认可;在协议中确认的各个领域的能力建设;关于在某些情形(如改变利用)是否可以重新谈判协议条款的约定;遗传资源能否被转让给第三方以及在此种场合施加的条件(例如在没有确保第三方签订了类似协议的情况下可否向其转让遗传资源转让,但与商业化无关的生物分类和系统研究不在此限);是否已尊重、保护和维持了土著和地方社区的知识、创新和做法,以及是否根据传统做法保护和鼓励了生物资源的习惯性利用；机密性信息的处理；关于分享因商业或其他利用遗传资源及其衍生物和产品所产生的惠益的规定。

最后，《波恩准则》对于《公约》中基于共同商定条件的惠益分享规定的进一步发展。《波恩准则》明确指出：共同商定条件可以涵盖拟议分享的惠益的条件、义务、程序、类型、时间性、分配和机制。

《波恩准则》对应于基于共同商定条件的惠益分享的一个重要发展是将惠益明确分为货币惠益和非货币惠益，并且在附件中列举了货币和非货币惠益实例。

货币惠益可以包括但不限于：获取费或对采集的或用其他方法获得的每一样本收费；预付费；阶段性付费；使用费；对商业化收取的许可证费；向资助保护和可持续利用生物多样性的信托基金支付的特别费用；薪金和共同商定的优惠条件；研究资助；合资企业；有关知识产权的共同所有权。

非货币惠益可以包括但不限于：分享研究和开发成果；在科研和开发项目，特别是在生物技术研究活动中进行协调、合作和捐资，可能的情况下在提供遗传资源的缔约方国内开展；参与产品开发；在教育和培训方面进行协调、合作和捐资；允许利用遗传资源移地设施和数据库；根据公正和最有利的条件，包括按照商定的减让和优惠条件向遗传资源的提供者转让知识和技术，特别是利用遗传资源的知识和技术，包括生物技术，或与保护和可持续利用生物多样性有关的知识和技术；加强向利用遗传资源的发展中国家缔约方和经济转型国家缔约方转让技术的能力，以及加强在提供遗传资源的原产国开发技术的能力，还促进土著和地方社区保护和可持续利用其遗传资源的能力；机构能力建设；人力和物力资源，以加强获取法规的管理和执行能力；由提供遗传资源的国家充分参与的与遗传资源有关的培训，在可能的情况下在这些国家国内举办培训；获得与保护和可持续利用生物多样性，包括生物名录和分类研究有关的科学信息；对当地经济的贡献；针对优先需要开展研究，例如健康和粮食安全，考虑到提供遗传资源的缔约方国内遗传资源的利用情况；可以通过获取和惠益分享协定以及随后的协作活动建立的机构和业务关系；粮食和生计保障惠益；社会认可；相关知识产权的共同所有权。

《波恩准则》不仅将惠益分为货币和非货币惠益，而且从时间性上对惠益作出进一步的区分。《波恩准则》指出：应考虑近期、中期和长期的惠益，例如预付费、阶段性付费和使用费。应当明确地规定惠益分享的时间表。此外，应当在逐案的基础上考虑近期、中期和长期的惠益平衡。

作为对《公约》惠益分享规定的重要发展，《波恩准则》针对有资格分享惠益的主体和惠益的用途提出明确建议：应当根据在事先知情同意之后订立的共同商定条件，公正和公平地与那些已被确定对资源管理、科学和（或）商业过程作出了贡献的全部主体分享惠益。这些主体可以包括政府部门、非政府或科研机构以及土著和地方社区。惠益应当以促进生物多样性的保护和可持续利用的方式而加以利用。

《波恩准则》还处理了惠益分享机制的问题，其指出：取决于惠益的类型、国家的具体条件以及所牵涉的利益相关者，惠益分享机制可能有所不同。惠益分享机制应当是灵活的，应当由参与惠益分享的合作伙伴决定，并在逐案的基础上有所不同。惠益分享机制应当包括在科学研究和技术开发当中的充分合作，并包括来自于商业产品那些惠益，这就包括信托基金、合资企业以及带有优惠条件的许可利用。

第二章 《名古屋议定书》

2010年10月30日，经过6年艰难的谈判后，《生物多样性公约》缔约方大会第十届会议在日本名古屋通过《〈生物多样性公约〉关于获取遗传资源与公正和公平分享其利用所产生惠益的名古屋议定书》（以下简称《名古屋议定书》）。《名古屋议定书》是一份具有法律约束力的国际条约，它以遗传资源（包括与遗传资源相关的传统知识）的获取和惠益分享问题作为其规范的对象，旨在进一步推动《公约》三项目标及相关规定的落实，它的达成和通过是遗传资源国际立法的一个里程碑事件。

《名古屋议定书》不仅继受和扩展了《公约》中关于遗传资源的获取和惠益分享的原则与规范，而且引入和确立了若干具有创新性的原则与规范。《名古屋议定书》为缔约方设定了获取、惠益分享和遵守等方面的实质性义务，期望通过具有更大程度确定性和透明度的措施确保公正和公平分享利用遗传资源所产生的惠益目标的实现。在《名古屋议定书》获得通过之后，国际社会就其在保护全球生物多样性和实现可持续发展进程中扮演的重要角色表达了很高的期待。本章首先梳理和揭示《名古屋议定书》的缔结背景，然后对《名古屋议定书》的一般性规定、遗传资源的获取、惠益分享、与遗传资源相关的传统知识、遵守、监测利用遗传资源等规定和问题进行解释和评论，最后分析和探讨了《名古屋议定书》中的三个其他重要问题。

第一节 《名古屋议定书》的缔结背景

《名古屋议定书》是一个专门针对遗传资源（包括与遗传资源有关的传统知识）的获取和惠益分享问题而缔结的国际条约。同时，遗传资源的获取和惠益分享问题也是1992年《公约》规范的重要对象。那么，为什么还要在《公约》之外就该议题发起旨在缔结专门制度的国际谈判呢？这就牵涉到《公约》关于遗传资源的获取和惠益分享原则和规范的国内实施状况以及为改变这种状况而采取的行动。本节着重分析和阐明发起谈判并最终缔结《名古屋议定书》的关键事实和因素。

一、《生物多样性公约》的实施面临的主要挑战

为了应对全球生物多样性消失的挑战，1992年5月，《公约》经各国政府间谈判而最终获得通过。《公约》确立了三项目标，即保护生物多样性、可持续利用其组成部分以及公正和公平地分享利用遗传资源所产生的惠益。在这三项目标中，第三项目标被认为是实现前两项目标所必需措施的关键所在，这是因为确保惠益分享能够对保护和可持续利用遗传资源产生激励作用。除了将公正和公平分享利用遗传资源所产生的惠益确立为自身的目标外，《公约》第15条对遗传资源的获取和惠益分享问题进行了具体的规定。实际上，《公约》第三项目标和第15条规定被视为是发达国家和发展中国家之间进行利益交换的结果：一方面，分享遗传资源利用所产生的惠益的目标和义务是发达国家向发展中国家作出的让步；另一方面，便利获取遗传资源以及不对这种获取施加违背《公约》目标的限制是后者向前者作出的让步。

根据《公约》第15.1条和第15.7条的规定，国家法律或立法措施在遗传资源的获取和惠益分享规定的实施过程中扮演着极为关键的角色。伴随着《公约》的生效，一些缔约方启动了制定国家法律以便实施《公约》第15条的进程。以1995年菲律宾颁布的世界上第一部关于遗传资源的获取和惠益分享法律制度为开端，至2007年之时，仅仅39个缔约方（《公约》此时共拥有189个

缔约方）已经建立了本国法律制度或者尚处于这一进程之中。[①]值得注意的是，这39个缔约方几乎都是作为遗传资源提供国的发展中国家。这些国家期望通过立法措施落实遗传资源的国家主权权利以及规范获取本国遗传资源的活动，并与发达国家及其产业集团分享利用资源而产生的惠益。

　　与发展中国家积极开展立法活动形成鲜明对照的是，拥有先进生物技术并且主要作为遗传资源利用方的发达国家，则在《公约》生效后的10余年间迟迟不采取立法措施履行《公约》第15.7条确立的义务。从《公约》第15条规定的措辞来看，它实际上并没有要求遗传资源的提供国采取立法措施以便规范获取遗传资源的活动，但明确要求缔约方（主要是发达国家缔约方）采取立法、行政或政策等措施以期与提供遗传资源的缔约方分享惠益。一个值得重视的事实是，已推出的立法措施基本上来自不负有义务的发展中国家，反倒是负担了采取立法措施义务的发达国家集体保持了沉默。

　　上述事实充分反映了《公约》第三个目标以及第15条规定的国家实施处于一个非常低的水平之上。[②]在发展中国家方面，已推出的立法招致了来自不同方面的批评，包括立法缺乏明确性和清晰性、对于获取活动限制严格、交易成本过高以及决策过程不透明等。[③]这种立法现状与《公约》中关于遗传资源的规定的简陋和模糊存在着一定的关系，同时与发展中国家为防止针对其资源的"不当利用"行为的发生，而对获取遗传资源活动采取的限制性路径有着很大的关系。这种限制性路径或做法在很大程度上违背了《公约》第15.2条提出的便利获取遗传资源的要求。在发达国家方面，由于普遍性地没有采取立法措施落实与遗传资源提供国分享惠益的义务，发达国家明显违背了在《公约》谈判和缔结过程中作出的承诺，致使《公约》第三个目标和第15条规定无法在其国内获得充分的实施。由此可见，发展中国家和发达国家当初在《公约》谈判中针对遗传资源议题所达成的利益上的"权衡"和交换事实上面

① See Overview of Recent Developments at National and Regional Levels Relating to Access and Benefit-sharing, UNEP/CBD/WG-ABS/5/4.

② Matthias Buck and Clare Hamilton, The Nagoya Protocol on Access to Genetic Resources and the Fair and Equitable Sharing of Benefits Arising from their Utilization to the Convention on Biological Diversity, *Review of European Community & International Environmental Law,* Vol. 20, Issue 1, 2011.

③ Evanson Chege Kamau, Bevis Fedder and Gerd Winter, The Nagoya Protocol on Access to Genetic Resources and Benefit Sharing: What is New and What are the Implications for Provider and User Countries and the Scientific Community? *Law, Environment and Development Journal,* Vol. 6/3, 2010.

临着无法实现的窘境。

在《公约》实施过程中，有关缔约方和专业人士已经认识到了这一问题。为了寻求改变这样一种局面，以及帮助缔约方和利益相关方制定一种更加平衡的、能够兼顾不同需求的解决方案，2002年4月，《公约》缔约方大会第六届会议通过《波恩准则》。《波恩准则》是一个自愿性的文件，其意在为缔约方制定获取和惠益分享立法和其他措施提供指导。它是缔约方在推进《公约》第三项目标和第15条规定实施过程中取得的一个有益成果。但是，《波恩准则》存在一些明显的不足，例如内容不完整、不具法律约束力、给予利用方过多的关注、未充分考虑提供方的重大关切（例如遵守和执行提供国的获取和惠益分享制度）。更重要的是，它无法满足缔约方对于具有可实施性的解决方案的集中需要，也没有提供解决《公约》第三项目标和第15条规定实施中面临的内在障碍的机制。[①]就此而言，发展中国家缔约方必然会针对遗传资源议题提出进一步谈判的要求，从而解决《公约》第三项目标和第15条规定的全面和有效实施问题。[②]

二、推进《生物多样性公约》实施的行动和法律成果

2002年9月，可持续发展世界首脑会议在南非召开，这次会议为发展中国家再度发起遗传资源议题的谈判适时地提供了国际论坛。基于对《公约》一些主要制度实施状况的不满，15个生物多样性大国组成了一个统一的联盟，期待就有关生物多样性的议题展开磋商和合作。在商定会议文件的过程中，该联盟呼吁谈判并缔结一个具有法律约束力的关于获取和惠益分享的国际制度。一些发达国家为了避免增加其本国生物技术产业和制药产业的管制负担，主张通过不具法律约束力的框架、安排和准则解决获取和惠益分享问题。需要指出的是，该联盟将涉及获取和惠益分享段落的谈判与另一尚未解决的问题，即在减少生物多样性消失方面一个受时间制约的实际目标联系起来。这

---

① Shakeel Bhatti et al (eds), *Contracting for ABS: The Legal and Scientific Implications of Bioprospecting Contracts*, International Union for Conservation of Nature and Natural Resources, 2009, p. 29.

② 遗传资源的获取和惠益分享问题具有一个关键属性，即跨国性。这意味着，至少两个国家，即提供国和利用方所在的国家，牵涉到遗传资源的获取和惠益分享问题之中，仅有提供国的立法措施并不足以确保遗传资源的获取和惠益分享规范的实施。当遗传资源离开提供国而进入利用方所在的国家并被利用时，利用方所在的国家必须采取措施确保利用者遵守了提供国的立法以及与提供国分享有关的惠益。从这个意义上说，只有提供国和利用方所在国同时采取措施，才能使遗传资源的获取和惠益分享规范成为一项具有功能性（functionality）的法律制度。

是该联盟采取的使这两个争议问题捆绑在一起并且力推出一个结果的战略性举动。①经过双方的利益权衡，一个至2010年时减少生物多样性消失的全球目标得以设定，并且意识到发展中国家为此需要新的和额外的财政和技术资源。相应地，"具有法律约束力的国际制度"的提法消失了，《可持续发展世界首脑会议执行计划》要求采取行动经谈判而建立一个"国际制度"，以促进和保障公正和公平的惠益分享。

南非会议作出的承诺得到了2004年召开的《公约》缔约方大会第七届会议的响应。这届会议授权"获取和惠益分享不限成员名额特设工作组"（以下简称特设工作组）详细拟定和谈判一个关于遗传资源的获取和惠益分享的国际制度，以期使该国际制度的文本得以通过，从而有效实施《公约》第15条和第8（j）条以及《公约》三项目标。②本届会议还确定了特设工作组的职责范围，特设工作组第二次会议（2003年）对此进行了讨论。实际的谈判进程从特设工作组第三次会议（2005年）和第四次会议（2006年）开始，在这两次会议上产生了作为未来谈判基础的文本草案汇编。2006年召开的《公约》缔约方大会第八届会议指示特设工作组继续详细拟订和谈判国际制度，特设工作组并被要求在《公约》缔约方大会第十届会议召开之前尽早完成它的工作。

缔约方大会第八届会议之后，关于获取和惠益分享国际制度的协商和谈判进入到实质性阶段，特设工作组为此召开了多次会议，这包括三次特设工作组会议以及至少三次非正式的磋商会议和跨区域磋商会议。经过持续的努力，在《公约》缔约方大会第十届会议开幕前两天，特设工作组第九次会议通过了一份议定书文本草案，该文本仍然没有定稿，但已准备好递交给缔约方大会供其考虑。在日本名古屋举行的为期两周的缔约方大会第十届会议继续就议定书文本草案展开谈判。为了便利谈判，一个"获取和惠益分享不限成员名额非正式磋商小组"成立了。这个磋商小组由特设工作组联合主席主持，任务是将议定书文本定稿。需要达成妥协的关键问题包括：利用遗传资

---

① W. Bradnee Chambers, WSSD and an International Regime on Access and Benefit Sharing: Is a Protocol the Appropriate Legal Instrument? *Review of European Community & International Environmental Law*, Vol. 12, Issue 3, 2003.

② "获取和惠益分享不限成员名额特设工作组"是《公约》缔约方大会第五届会议（2000年）决定成立的，其权限是拟定遗传资源的获取和惠益分享方面的准则及其他做法以提交缔约方大会第六届会议，并协助缔约方和利益相关者解决事先知情同意和共同商定条件、利用相关者的作用、责任和参与等方面的问题。

源、衍生物、适用范围、紧急情况下的遗传资源的获取、与其他国际文书的关系、检查点、强制性披露要求以及传统知识相关的问题。在一番艰苦的谈判之后，很明显的是这个非正式磋商小组商定一个最终文本的努力宣告失败。[①]

但是紧接着，为了打破谈判僵局，结束这一马拉松式的谈判，担任缔约方大会第十届会议主席的日本环境大臣就关于获取和惠益分享的议定书提交了一份全面的折中文本，表明了对于全部未决问题的解决方案，以此作为部长非正式磋商的基础。所有缔约方最终作出了重大妥协并接受了日本方面建议的议定书文本，作为"名古屋一揽子交易"的组成部分，《名古屋议定书》成功地于2010年10月30日凌晨获得通过。

第二节　《名古屋议定书》的制度构成和一般性规定

《名古屋议定书》是一份具有法律约束力的《公约》补充协定（supplementary agreement），其旨在进一步发展《公约》确立的关于获取和惠益分享的法律框架。《公约》第28条已经明确预见了通过制定议定书的方式对《公约》予以进一步发展。《名古屋议定书》与《公约》的关系由《公约》第32条调整。[②]

本节首先对《名古屋议定书》的制度构成进行简要介绍和说明，然后解释和评析《名古屋议定书的》的目标、术语、范围以及与国际协定和文书的关系等一般性规定及问题。

一、《名古屋议定书》的制度构成

《名古屋议定书》由正文和附件组成。正文包括27个序言段落和36个条文，附件是一个关于货币和非货币惠益的清单。与《公约》相同，《名古屋议

---

① Thomas Greiber et al, *An Explanatory Guide to the Nagoya Protocol on Access and Benefit-Sharing*, International Union for Conservation of Nature and Natural Resources, 2012, pp. 20-23.

② Thomas Greiber et al, *An Explanatory Guide to the Nagoya Protocol on Access and Benefit-Sharing*, International Union for Conservation of Nature and Natural Resources, 2012, p. 25.

定书》中的条文也没有被区分为不同的章或部分。但《名古屋议定书》的规定大体可以被归入五个部分。

《名古屋议定书》第一部分是序言和一般性规定，其中关于"目标（第1条）""术语（第2条）""范围（第3条）"和"与国际协定和文书的关系（第4条）"的规定属于一般性规定。

《名古屋议定书》第二部分是遗传资源以及与遗传资源相关的传统知识的获取和惠益分享问题的规定，包括关于"公正和公平的惠益分享（第5条）""遗传资源的获取（第6条）""与遗传资源相关的传统知识的获取（第7条）""特殊考虑（第8条）""对保护和可持续利用的贡献（第9条）""全球多边惠益分享机制（第10条）""与遗传资源相关的传统知识（第12条）""遵守获取和惠益分享的国内立法和规范性要求（第15条）""遵守与遗传资源相关的传统知识的获取和惠益分享的国内立法和规范性要求（第16条）""监测利用遗传资源（第17条）"以及"遵守共同商定条件（第18条）"的规定。这些规定建立起了关于遗传资源以及与遗传资源相关的传统知识的获取和惠益分享的一般性规范框架，它们构成《名古屋议定书》中最为重要的实体性规定。本章将在第三至第七节对这些规定进行深入解释、评论和分析。

《名古屋议定书》的第三部分是支持议定书实施的工具和机制的规定，包括关于"国家联络点和国家主管当局（第13条）""获取和惠益分享信息交换所和信息分享（第14条）""示范合同条款（第19条）""行为守则、准则和最佳做法和（或）标准（第20条）""提高认识（第21条）""能力（第22条）"以及"财务机制和资源（第25条）"的规定。

《名古屋议定书》第13条要求各缔约方指定一个关于获取和惠益分享的国家联络点，以及一个或一个以上关于获取和惠益分享的国家主管当局，其还规定了国家联络点和国家主管当局担负的职责。第14条规定了作为《公约》第18.3条下的信息交换所机制一部分的获取与惠益分享信息交换所的建立。信息交换所是分享获取和惠益分享信息的一种手段，特别是，其应提供各缔约方所提交的与执行本议定书有关的信息。第19条要求各缔约方鼓励就共同商定条件制定、更新和使用部门和跨部门的示范合同条款。第20条要求各缔约方鼓励制定、更新和使用获取和惠益分享方面的自愿行为守则、准则以及最佳做法和（或）标准。第21条要求各缔约方采取措施提高对于遗传资源和与遗传资源相关的传统知识的重要性以及相关的获取和惠益分享问题的认识，第21条同时提供了一个缔约方采取的措施清单。第22条处理了为有效实施本议定书而在发展中国家缔约方、经济转型国家缔约方和小岛屿发展中国家缔约方进行能力建设、能力发展以及加强人力资源和机构能力建设的问题。第25条确定了本议定书的财务机制，并规定了财政资源的提供问题。

《名古屋议定书》第四部分是其他一些实体问题的规定，包括"跨境合作（第11条）"和"技术转让、协作和合作（第23条）"的规定。第11条针对两种特殊情况，即在不止一个缔约方的领土内就地发现存在相同遗传资源，以及在与遗传资源相同的同一传统知识由几个缔约方的一个或一个以上土著和地方社区共同拥有，向相关缔约方提出了合作以期执行本议定书的要求。第23条一方面要求缔约方在技术和科学研究和开发方案上进行协作和合作，另一方面引入了一个缔约方所作出的承诺（而非负担的义务），这就是促进和鼓励发展中国家缔约方，特别是其中的最不发达和小岛屿发展中国家以及经济转型国家缔约方获取技术和向它们转让技术。

《名古屋议定书》第五部分是机构安排和程序性方面的规定，包括关于"作为本议定书缔约方惠益的缔约方大会（第26条）""附属机构（第27条）""秘书处（第28条）""监测与汇报（第29条）""促进遵守本议定书的程序和机制（第30条）""评价和审查（第31条）""签署（第32条）""生效（第33条）""保留（第34条）""退出（第35条）"以及"作准文本（第36条）"的规定。

需要说明的是，以上关于支持议定书实施的工具和机制以及其他一些实体问题的规定并不是《名古屋议定书》谈判中的焦点，谈判各方没有针对这些规定产生实质性的分歧，而是相对容易地商定了这些规定的内容，因此本章对这些规定不作解释和评析。此外，《名古屋议定书》关于机构安排和程序性方面的规定也不在本章讨论的范围之内。

二、《名古屋议定书》的目标

《名古屋议定书》第1条"目标"规定："本议定书的目标是，公正和公平地分享利用遗传资源所产生的惠益，包括通过适当获取遗传资源和适当转让相关技术，同时顾及对于这些资源和技术的所有权利，以及通过适当提供资金，从而促进生物多样性的保护及其组成部分的可持续利用。"本条规定将公正和公平分享利用遗传资源所产生的惠益确定为《名古屋议定书》的目标。这一目标与《公约》第三项目标完全保持一致，而且实现该目标所依赖的途径也与《公约》的规定相同。

本条规定指明实现本议定书的目标所需的三种途径，即获取遗传资源、转让相关技术以及提供资金。值得注意的是，这三种途径均包含"适当"这样一个限定语。"获取遗传资源"由《公约》第15条和《名古屋议定书》第6条加以规定。"适当"一词宣示《公约》第15条所陈述的获取条件，本条认可各国政府有权利设定获取它们管辖范围内并处在野外、社区利用和非原生境收集品中的遗传资源的条件。①在《名古屋议定书》诞生后，"适当"一词还体现了《名古屋议定书》第6条规定的获取条件。"技术转让"被规定在《公约》第16条和《名古屋议定书》第23条之中。"适当"一词反映了《公约》第16条所具有的平衡，即转让技术必须考虑一系列的因素。"适当"也表明了进一步谈判的需要。②事实上，技术转让是一个相当复杂的问题，涉及私营部门的参与、知识产权保护等方面的问题。"适当"转让技术不仅意味着遵照《公约》第16条和《名古屋议定书》第23条的规定行事，而且将更多地依赖于发达国家缔约方为此确立的框架和采取的具体措施。"提供资金"的问题由《公约》第20～21条和《名古屋议定书》第25条加以处理。"适当"一词展望了某种程度的谈判，这是因为这些规定反映了发展中国家确保它们采取的实施《公约》措施的全部增加费用被发达国家缔约方资金转让所涵盖的愿望，后者对此则不会接受不加限制的承诺，因此仅仅愿意满足"商定"的全部增加费用并决定它们捐资的水平。③

与《公约》关于"目标"的规定相比，《名古屋议定书》第1条增加了"促进生物多样性的保护及其组成部分的可持续利用"的规定。这是一个创新之处，即在公平和公平地分享利用遗传资源所产生的惠益与保护生物多样性和可持续利用其组成部分之间建立起了明确的联系。实际上，《公约》的三个目标往往被视为一个整体，获取遗传资源并分享其利用所产生的惠益

---

① ② ③ Lyle Glowka et al, *A Guide to the Convention on Biological Diversity,* International Union for Conservation of Nature and Natural Resources, 1994, p. 15.

一直被期望回馈保护和可持续利用的目标。然而，这种联系并没有在《公约》的文本中体现出来，在这一点上，《名古屋议定书》则给予了明确的认可。

三、两个关键术语的界定

《名古屋议定书》第2条"术语"规定了《公约》第2条界定的术语对于本议定书的适用性，同时对"缔约方大会""公约""利用遗传资源"（utilization of genetic resources）"生物技术"以及"衍生物"（derivative）进行界定。其中，"利用遗传资源"和"衍生物"是《名古屋议定书》界定的两个新的关键术语，它们与《名古屋议定书》实质性规定的运作有着紧密的关系。此外，《名古屋议定书》将《公约》第2条界定的"生物技术"未作任何改变移入其第2条中，这是因为它与上面两个关键术语有关。

在谈判关于获取和惠益分享国际制度的过程中，一些谈判方要求明确界定《公约》第15.7条使用的词语"利用"的含义。"利用"是遗传资源的获取和惠益分享中的一个核心问题，在《公约》中，"利用"发挥着将遗传资源的获取与惠益分享连接在一起的作用。"利用"实际上是惠益产生的前提，并由此构成了实现惠益分享的必要基础。就此而言，厘清它的含义对于确保惠益分享具有重要的意义。经过商讨，一个关于"利用"活动的非穷尽式清单被提出并作为进一步谈判的基础，清单上的"利用"活动包括遗传改进、生物合成、育种和选择、繁殖和培养、保存、鉴定和评价、遗传材料中自然生成的化合物的生产。[1]商讨"利用"含义背后的一个原因是，基于天然生成的材料的研究和开发，而非仅仅是遗传材料本身，是否也需要遵照未来达成的议定书。这就涉及另外一个很有争议的问题，即未来达成的议定书是否适用于衍生物。

鉴于衍生物或生物化学物质对于某些产业，尤其是现代制药业具有极大的价值，关于议定书是否适用于衍生物的问题可以说是谈判过程中的一个焦点。工业化国家坚持认为，《公约》第15条关注的是获取《公约》第

---

[1] Evanson Chege Kamau, Bevis Fedder and Gerd Winter, The Nagoya Protocol on Access to Genetic Resources and Benefit Sharing: What is New and What are the Implications for Provider and User Countries and the Scientific Community? *Law, Environment and Development Journal*, 6(3), 2010.

2条所界定的遗传材料（含有遗传功能单位的材料），也就是基因。发展中国家则认为，遗传资源的实际或潜在价值主要在于因基因活动而产生的天然生成的化合物（例如芳香、细胞中的生化物质、树脂等），不论是在遗传资源之中还是之外发现了它们。[①]可见，前者基于严格解释的立场反对将不含有遗传功能单位的生物化学物质或衍生物纳入议定书的适用范围之中，从而避免就此类物质承受来自发展中国家的管制负担。后者则力主将衍生物或生物化学物质确立为议定书适用的对象，以便获得更多的参与分享惠益的机会。

　　事实上，在议定书的谈判开始之前，《波恩准则》已经部分地解决了衍生物在获取和惠益分享框架中的适用问题。[②]某些发展中国家遗传资源立法明确将衍生物作为法律适用的物质。[③]此外实践中，许多关于获取和惠益分享的协议和安排涵盖了针对遗传或生物资源的生物化学成分而进行的研究和开发。这些先例和做法有助于促使谈判各方在衍生物的定义以及议定书是否适用衍生物的问题上达成共识。为了推进议定书的谈判进程，一个专门解决概念、术语和定义等问题的法律和技术专家小组提出了十个关于衍生物的定义，这反映了各方立场存在较大的分歧。2008年12月，针对衍生物的商讨和谈判取得重大进展，不断增多的核心谈判者们认为，《公约》第15.7条中的词语"利用遗传资源"具备解决衍生物问题的潜力。2010年9月，各方同意在议定书草案第2条以方括号的形式加入一个新的界定术语"利用遗传资源"的分段落，而且尝试性地达成三个方面的折中：接受"利用遗传资源"定义草案需要删除议定书草案中所有提及"衍生物"术语的地方；该定义的范围仅仅是关于遗传资源的"研究和开发"，而与其"嗣后的应用或商业化"无关；术语"利用"或其可替换形式（如"utilized""use"）指明议定书草案主要运作性规定

---

① Matthias Buck and Clare Hamilton, The Nagoya Protocol on Access to Genetic Resources and the Fair and Equitable Sharing of Benefits Arising from their Utilization to the Convention on Biological Diversity, *Review of European Community & International Environmental Law,* Vol. 20, Issue 1, 2011.

②《波恩准则》第36段列举了在事先知情同意程序中可能被请求提供的各类信息，其中包括因获取资源可能产生的惠益的类型（包括来自商业化和其他利用遗传资源而产生的衍生物和产品的惠益）；第44段提供了一份典型的共同商定条件的指示性清单，其中包括关于分享商业化和其他利用遗传资源及其衍生物和产品而产生的惠益的规定。

③ 这些国家包括安第斯共同体国家、哥斯达黎加、印度和菲律宾等。

的范围。[①]

尽管在技术层面的谈判中各方对于以上折中未能达成一致，然而作为更广泛的折中建议的组成部分，最终所有谈判方接受了2010年9月商定的方案。相应地，一个新的关于"利用遗传资源"的定义产生了。根据《名古屋议定书》第2条的规定，"利用遗传资源"是指对遗传资源的遗传和（或）生物化学组成进行研究和开发，包括通过使用《公约》第2条界定的生物技术。在《名古屋议定书》第2条加入术语"利用遗传资源"的定义意味着，决定针对获取其遗传资源而要求事先知情同意的缔约方，将预期在该场合同时规范对于基因和天然生成的生物化学化合物的研究和开发，不论是基因还是化学物都应包含在根据它们本国获取和惠益分享框架取得的材料之中。《名古屋议定书》关注于其第2条界定的"利用"遗传资源之获取和惠益分享，对于提供国而言，遗传资源的经济价值得到至少20倍的提升。这种关注不仅将对于基因序列的研究和开发，而且将对于制药产业中的生物化学成分或基于采集自野外的天然生成芳香的香水的研究和开发，纳入《名古屋议定书》的范围。[②]从上述分析看，较之于《公约》有关规定的模糊和概括，《名古屋议定书》通过界定术语"利用遗传资源"确立了更为明确和具体的规范。

根据上述解释，发展中国家在谈判中就衍生物问题表达的观点部分地得到采纳。[③]换言之，"利用遗传资源"定义中的"遗传资源的生物化学组成"与发展中国家在谈判中不断强调的衍生物对产业具有重要价值的实质性成分——生物化学成分具有契合性。就此而言，衍生物的问题通过"利用遗传资源"定义获得了一定程度的解决，这也就是"利用遗传资源"具有解决衍生物问题的潜力的体现。需要指出的是，《名古屋议定书》第2条又包含一个"衍生物"定义。"衍生物"是指由生物或遗传资源的遗传表达或新陈代谢所产生的天然生成之生物化学化合物，即使其不含有遗传功能单位。然而，一个值得关注的问题是，除了该定义以及本条"生物技术"定义中提及"衍

---

①② Matthias Buck and Clare Hamilton, The Nagoya Protocol on Access to Genetic Resources and the Fair and Equitable Sharing of Benefits Arising from their Utilization to the Convention on Biological Diversity, *Review of European Community & International Environmental Law*, Vol. 20, Issue 1, 2011.

③ "部分地"得到采纳意味着，"利用遗传资源"定义并没有完全满足发展中国家在衍生物问题上提出的要求，例如，获取已分离的或并不包含在遗传资源中的生物化学物质是否也需要获得事先知情同意，发展中国家无疑倾向于肯定的回答，但《名古屋议定书》的规定无法对此给予确定的支持。

生物"之外，术语"衍生物"并未出现在《名古屋议定书》的任何其他规定之中。

这种规定方式反映了谈判各方在2010年9月所达成的折中，即"利用遗传资源"定义的确立，是与议定书的实质性规定中不出现术语"衍生物"进行交换而得到的结果。实际上，《名古屋议定书》以一种间接迂回的方式认可发展中国家针对衍生物问题提出的某些关键诉求。《名古屋议定书》中的"衍生物"定义较好地兼顾了发达国家和发展中国家的利益，但遗憾的是，它没有作为《名古屋议定书》的一个核心术语而在实质性规定中发挥作用。

尽管"衍生物"没有出现在《名古屋议定书》的实质性规定中，然而"生物技术"定义中出现了"其衍生物"一词。如前所述，"生物技术"定义并非一个新的定义，《公约》已对其进行了界定。议定书的谈判者将一个既有的定义放进《名古屋议定书》文本中，意在通过术语"生物技术"及其定义与"利用遗传资源"定义发生关联。[1]"利用遗传资源"定义中含有这样的表述，"包括通过使用《公约》第2条界定的生物技术"，而"生物技术"定义中又提到"使用生物体或其衍生物的任何技术应用"。在"利用遗传资源"定义中同时提及"生物化学组成"以及"使用生物技术"将该定义与作为天然生成之生物化学化合物的"衍生物"联系在一起。因此，"利用衍生物"也在《名古屋议定书》规范的范围之内。在这一点上，遗传资源的提供国成功地将分享的惠益延伸至来自由生物或遗传资源的遗传表达或新陈代谢产生的生物化学化合物的惠益。[2]

四、《名古屋议定书》的范围

关于《名古屋议定书》的范围问题是谈判中最具争议的问题之一。范围问题与谈判各方的切身利益密切相关，谈判各方通过商讨和谈判范围问题寻求确立符合自身利益的规定。为了避免推出一个"空洞"的议定书，谈判各

---

[1]《名古屋议定书》第2条规定了《公约》第2条界定的术语对于本议定书的适用性。既然如此，《名古屋议定书》本无必要规定"生物技术"定义，因为《公约》对其已作了界定。"生物技术"定义再次出现在《名古屋议定书》之中，显然是谈判者们有意为之。

[2] Evanson Chege Kamau, Bevis Fedder and Gerd Winter, The Nagoya Protocol on Access to Genetic Resources and Benefit Sharing: What is New and What are the Implications for Provider and User Countries and the Scientific Community? *Law, Environment and Development Journal,* Vol. 6/3, 2010.

方不仅就议定书适用的物质或对象问题展开商讨和谈判，而且将议定书在时间上和地域上适用的问题纳入到商讨和谈判中来。这样在议定书的谈判中就产生了三个相互联系但又各不相同的范围，即物质、时间和地域范围。

就物质范围而言，一个重要的争议是，除了遗传资源，《名古屋议定书》是否适用于生物资源、衍生物和传统知识？在时间范围方面，《名古屋议定书》是否适用于《公约》或本议定书生效之前获取的遗传资源或传统知识？《名古屋议定书》是否适用于《公约》生效前已获取遗传资源的持续和新的利用？就地域范围而言，《名古屋议定书》是否仅适用于缔约方管辖范围内的区域，其是否适用于从国家管辖范围之外的区域或南极地区所获得的材料？

对于上述问题的回答并非易事，因为它们反映了发展中国家和工业化国家在涉及切身利益的问题上存在的严重对峙。事实上，发展中国家意图谈判和缔结一个规模宏大并且涵盖面广泛的议定书，工业化国家则寻求谈判和缔结一个适用范围狭窄的，同时明确包含若干排除事项的议定书。最终经谈判而形成的《名古屋议定书》第3条"范围"在某种意义上可以说是一个"作为不大"的规定，这是因为，它没有针对上述问题中的一些关键问题提供直接和明确的回答。鉴于这种规定方式，只有将第3条和其他有关规定，必要时和国际法一般原则结合起来加以考虑和解释，才能回答上述问题以及明确《名古屋议定书》的适用范围。

第3条"范围"规定："本议定书适用于《公约》第15条范围内的遗传资源和利用此种资源所产生的惠益。本议定书还适用于与《公约》范围内的遗传资源相关的传统知识以及利用此种知识所产生的惠益。"本条规定首先指出本议定书适用的物质——遗传资源，并将其限定为《公约》第15条范围内的遗传资源。[①]本条规定紧接着明确了本议定书对于利用此种资源所产生的惠益的适用。除了遗传资源及利用所产生的惠益，本条规定指出本议定书适用的另外一类对象——与《公约》范围内的遗传资源相关的传统知识。[②]此外，利用此种知识所产生的惠益也是本议定书适用的对象。从第3条规定的内容看，

①《公约》第15条范围内的遗传资源是指作为此种资源原产国的缔约方或根据《公约》取得该资源的缔约方所提供的遗传资源。参见《公约》第15条第3款规定。

②《公约》范围内与遗传资源相关的传统知识是指《公约》第8（j）条提到的"土著和地方社区体现了传统生活方式而与生物多样性的保护和可持续利用相关的知识、创新和实践"。参见《公约》第8（j）条规定。

遗传资源（限于《公约》第15条范围内的遗传资源）和传统知识（限于《公约》范围内与遗传资源相关的传统知识）确定无疑地落入《名古屋议定书》适用的物质范围之内。这就明确地回答了《名古屋议定书》对于遗传资源和传统知识的适用问题，但是第3条规定并不能直接回答《名古屋议定书》是否适用于生物资源和衍生物的问题。

需要指出的是，"生物资源"曾经出现在议定书草案对术语"利用遗传资源"所作的界定之中，但最终提出的折中文本删除了"利用遗传资源"定义以及其他实质性规定中的"生物资源"一语。①考虑到"生物资源"一语并没有被《公约》第三项目标以及第15条规定所提及，将其排除在议定书适用的物质范围之外就具有了充足的理由，即使某些发展中国家在国内立法中已将其纳入适用范围，并呼吁确立为议定书适用的对象。不过，"生物资源"一语出现在《名古屋议定书》就"衍生物"所作的界定之中，它构成了"衍生物"的一个物质上的来源，即"衍生物"作为一种天然生成之生物化学化合物，是由"生物资源"的遗传表现形式或新陈代谢所产生的。②就此而言，"生物资源"经由"衍生物"和"生物技术"的定义而与《名古屋议定书》中的关键术语"利用遗传资源"，并进而与《名古屋议定书》的实质性规定发生了关联。

对于"衍生物"而言，《名古屋议定书》是否对其适用？第3条规定根本就没有提及"衍生物"，但本条规定中出现了短语"利用此种资源"（utilization of such resources），而该短语在第2条中有着明确的界定。上文已指出，"利用遗传资源"定义涵盖"利用衍生物"。这就意味着，"利用衍生物"所产生的惠益也是《名古屋议定书》适用的对象。结合第3条规定及以上分析可以得出，"衍生物"与获取无关，而与惠益分享有关。换言之，获取"遗传资源"确定的是《名古屋议定书》规范的活动，而获取"衍生物"则不属于《名古屋议定书》规范的活动，但是，《名古屋议定书》适用于涵盖"利用衍生物"的"利用遗传资源"所产生的惠益，而公正和公平地分享"利用遗传资源"所产生的惠益是《名古屋议定书》规范的另一类重要活动。

---

① Evanson Chege Kamau, Bevis Fedder and Gerd Winter, *The Nagoya Protocol on Access to Genetic Resources and Benefit Sharing: What is New and What are the Implications for Provider and User Countries and the Scientific Community? Law, Environment and Development Journal*, Vol. 6/3, 2010.

② "衍生物"也包括由"遗传资源"的遗传表现形式或新陈代谢所产生的天然生成之生物化学化合物。

在回答了《名古屋议定书》适用于何种物质的问题后，接下来需要解决时间范围问题。时间范围问题在谈判中引起了很大的争议，发展中国家意图使《名古屋议定书》适用于《公约》或《名古屋议定书》生效之前已获取的遗传资源和传统知识。[①]具体而言，发展中国家提出《名古屋议定书》应当适用的四种情形：来自《公约》生效前已获取遗传资源的惠益；来自《名古屋议定书》生效前已获取遗传资源的惠益（未遵照《公约》而确立惠益分享协议）；来自《公约》生效前已获取遗传资源或传统知识的持续或新的利用活动的惠益；来自《名古屋议定书》生效前已获取传统知识的惠益。工业化国家对于以上主张表达了明确的反对意见。[②]最终的结果是，《名古屋议定书》对极具争议的时间范围问题采取了回避的态度，发展中国家提出的主张都没有在《名古屋议定书》的规定中体现出来。

由于《名古屋议定书》没有包含直接和明确的有关时间范围的规定，这就需要遵照国际法的一般原则澄清和解决《名古屋议定书》在时间上的适用问题。所谓国际法的一般原则，是指1969年《维也纳条约法公约》第28条确立的"不溯及既往"原则。[③]根据这一原则，《名古屋议定书》不能被适用于其生效之前已获得的遗传资源和传统知识。这就意味着，提供了遗传资源或传统知识的国家或社区不能针对这些已获得的遗传资源和传统知识要求经过其事先知情同意，也不能要求分享利用这些资源和知识所产生的惠益。由此可见，不仅《公约》生效之前[④]，而且《名古屋议定书》生效之前已获得的遗传资源和传统知识，《名古屋议定书》均无法对之适用。

---

① 从历史上的情况来看，遗传资源总体上是"从南向北"而流动，即从发展中国家流向工业化国家。很多位于工业化国家的植物园、基因库及农业研究机构收集和保存了大量来自于发展中国家的遗传资源就是这种"从南向北"流动的明证。考虑到这一事实，发展中国家强烈要求能够分享过去"自由获取"时代（《公约》生效前）流入工业化国家的遗传资源的利用和商业化开发所获得的惠益。

② Evanson Chege Kamau, Bevis Fedder and Gerd Winter, The Nagoya Protocol on Access to Genetic Resources and Benefit Sharing: What is New and What are the Implications for Provider and User Countries and the Scientific Community? *Law, Environment and Development Journal,* Vol. 6/3, 2010.

③《维也纳条约法公约》第28条规定："除条约表示不同意思，或另经确定外，关于条约对一当事国生效之日以前所发生之任何行为或事实或已不存在之任何情势，条约之规定不对该当事国发生拘束力。"

④《名古屋议定书》不适用于《公约》生效之前已获得的遗传资源的结论也可以通过解释《名古屋议定书》适用的遗传资源而得出。如上所述，《名古屋议定书》适用的遗传资源包括根据《公约》取得资源的缔约方提供的遗传资源。而这一类遗传资源排除了《公约》生效之前获得的遗传资源以及《公约》生效之后从原产国非法获得的遗传资源。See Lyle Glowka et al, *A Guide to the Convention on Biological Diversity,* International Union for Conservation of Nature and Natural Resources, 1994, pp. 78-79.

这里有一个问题需要单独加以讨论，即《名古屋议定书》是否适用于《公约》生效前已获得遗传资源或传统知识的持续和新的利用所产生的惠益？按照《维也纳条约法公约》的"不溯及既往"原则，条约不适用于其生效以前已不存在的任何情形。然而，问题在于，《公约》生效前已获得遗传资源或传统知识在《名古屋议定书》生效之后被继续利用或被投入新的利用。那么，应当如何看待这些持续和新的利用活动？显然，它们不属于已不存在的情形，而是在《名古屋议定书》生效之后存在的情形。就此而言，《名古屋议定书》可以适用于这些利用活动所产生惠益，同时没有违反国际法中的"不溯及既往"原则。[1]发展中国家完全可以基于这一解释使其实施《名古屋议定书》的国家立法适用于《公约》生效之前已获得的遗传资源或传统知识。

最后分析地域范围的问题。在谈判中，一些发展中国家提出，《名古屋议定书》应当适用于从国家管辖范围以外的区域（例如公海）以及南极地区取得的材料。这种主张背后的原因是发展中国家不满"生物勘探"技术先进的工业化国家独享利用来自以上区域的材料所产生的惠益。尽管发展中国家和工业化国家在这一问题上存在争议，《名古屋议定书》第3条的态度实际上却相当明确，即《名古屋议定书》并不适用于从国家管辖范围以外的区域以及南极区域取得的材料。

根据第3条的规定，《名古屋议定书》适用于"《公约》第15条范围内"的遗传资源。《公约》第15条适用于各国对之行使主权权利的遗传资源，而这仅仅是针对在国家管辖范围内发现的遗传资源的情形。明确提到"《公约》第15条范围内"，而非"《公约》范围内（还在谈判中）"表明，谈判各方不希望将《名古屋议定书》的地域范围与《公约》第4（b）条联系在一起，因为这可能引发《名古屋议定书》是否适用于公海中的生物勘探活动的问题。《名古屋议定书》也不适用于在南极条约区域采集的材料。《南极条约》（1959年缔结）缔约方已经商定，它们之间不对南极条约地区提出领土要求。这意味着，对于《南极条约》的缔约方而言，来自该区域的材料类似于从国家管辖范围之外的区域得到的材料。此类材料也超出了既非权利主张者，也非《南极条

---

① Gurdial Singh Nijar, The *Nagoya Protocol on Access and Benefit Sharing of Genetic Resources: Analysis and Implementation Options for Developing Countries,* Research Paper of South Centre, March 2011, p. 20.

约》缔约方的国家管辖范围。[①]

五、与国际协定和文书的关系

自从1992年《公约》生效和实施以来，遗传资源议题吸引了世界上许多国家的关注，一些相关国际组织也将遗传资源议题纳入各自主导的国际谈判的范围。从实际的谈判情况看，《公约》框架之外的国际谈判主要针对某种具体类别的遗传资源或特定的遗传资源问题而展开。[②]经过若干年的努力，遗传资源议题的国际谈判取得了一定的成就，但是依然面临着极大的挑战。

在谈判关于获取和惠益分享国际制度的过程中，一个相当棘手的问题呈现在谈判者们的面前，即如何处理与已有的有关遗传资源的国际协定以及正在其他国际论坛上针对遗传资源进行的商讨和谈判进程之间的关系问题。需要指出的是，与国际协定和文书的关系问题也与未来议定书适用的范围紧密联系在一起，换言之，处理与国际协定和文书的关系问题将需要考虑，哪些资源或活动或地理区域将被纳入议定书之中或被排除在议定书之外。谈判者们对此产生了很大的分歧：一些谈判者认为议定书应当是一个综合与全面性的文书；还有一些谈判者认为，议定书只是一个更广意义上的关于获取和惠益分享国际制度的组成部分，其作为默认的文书，由其他专门性制度予以强

[①] Matthias Buck and Clare Hamilton, The Nagoya Protocol on Access to Genetic Resources and the Fair and Equitable Sharing of Benefits Arising from their Utilization to the Convention on Biological Diversity, *Review of European Community & International Environmental Law,* Vol. 20, Issue 1, 2011.

[②] 联合国粮农组织的粮食和农业遗传资源委员会（The Committee on Genetic Resources for Food and Agriculture）长期以来负责商讨和谈判粮食和农业遗传资源的保护、获取和利用等方面的问题，并于2001年成功地通过《粮食和农业植物遗传资源国际条约》。《南极条约》磋商会议（The Antarctic Treaty Consultative Meeting）已经将南极条约地区的"生物勘探"活动纳入其审查和讨论的范围，以期解决获取南极条约地区的遗传资源和分享其利用所产生的惠益的问题。联合国大会建立的海洋事务和海洋法不限成员名额非正式磋商进程（The Open-ended Informal Process on Oceans and the Law of the Sea）和工作组以及《联合国海洋法公约》国家缔约方会议（The Meeting of States Parties to UNCLOS）正在考虑和商讨关于国家管辖范围之外的海洋遗传资源的保护和利用所涉及的法律问题。世界知识产权组织下设的知识产权与遗传资源、传统知识和民间文艺政府间委员会（The Intergovernmental Committee on Intellectual Property and Genetic Resources, Traditional Knowledge and folklore）不断寻求解决与遗传资源的获取和惠益分享有关的知识产权问题。世界贸易组织的与贸易有关的知识产权理事会（The TRIPS Council）根据其成员的请求，致力于审查TRIPS协定与《公约》之间的关系，以及商讨发展中国家成员提出的在TRIPS协定中为专利申请人确立披露其所利用的遗传资源和传统知识来源义务的问题。

化。①前者意味着议定书应当将其他国际协定和文书规范的遗传资源或有关活动纳入进来，并考虑为其他国际论坛上尚未完成谈判的遗传资源议题提供解决方案；后者意味着议定书应当尊重而不试图干预已有国际协定和文书对于某一类具体遗传资源或某类活动或地理区域的适用性，以及其他国际论坛上针对遗传资源议题正在开展的工作和取得的成果。

考虑到遗传资源的获取和惠益分享制度牵涉不同类别的遗传资源、不同的领域以及不同的利用活动等方面的复杂因素，谈判一个综合与全面性的或"一站式"的文书，以便将相关国际协定和文书适用的资源或活动或地理区域，以及其他国际论坛正在商讨和谈判的遗传资源议题一并纳入进来并为它们提供解决方案，事实上很难或根本无法实现。比较实际的路径应当是，在议定书中对不同类别的遗传资源、不同的领域以及不同的利用活动不加区分，只建立关于获取和惠益分享的最低要求，当不存在特殊的获取和惠益分享制度时，这些默认的或最低的要求将予以适用。②从这一路径出发，议定书与其他相关国际协定和文书的关系问题就比较容易得到处理。

最终经谈判形成的第4条"与国际协定和文书的关系"主要反映了是以上路径的内容。第4.1条规定："本议定书的规定不得影响任何缔约方产生于任何现有国际协定的权利和义务，除非行使这些权利和义务将会给生物多样性造成严重的损害或威胁。本款无意在本议定书和其他国际文书之间划分等级。"本段规定前一部分重复了《公约》第22.1条规定。如此规定是国际公约具有的一个典型的特征，它阐明了新的公约是否以及在多大程度上影响产生于已有公约的义务，其有助于避免事后讨论缔约方的意图。③第4.1条同时规定了一种例外情形，即如果行使其他国际协定中的权利和义务将会对生物多样性造成严重的损害或威胁时，也就是在议定书与其他国际协定发生冲突时，议定书将优先适用。另外，第4.1条第二部分规定指出，本款无意在本议定书和其他国际文书之间划分等级。尽管如此，有人认为议定书事实上划分了一个支持

① Matthias Buck and Clare Hamilton, The Nagoya Protocol on Access to Genetic Resources and the Fair and Equitable Sharing of Benefits Arising from their Utilization to the Convention on Biological Diversity, *Review of European Community & International Environmental Law,* Vol. 20, Issue 1, 2011.

② The Report of the Meeting of the Group of Legal and Technical Experts on Concepts, Terms, Working Definitions and Sectoral Approaches, UNEP/CBD/WG-ABS/7/2, 12 December, 2008.

③ Lyle Glowka et al, *A Guide to the Convention on Biological Diversity*, International Union for Conservation of Nature and Natural Resources, 1994, p. 109.

生物多样性保护的等级。①

第4.2条规定："本议定书的任何规定都不妨碍缔约方制定和实施其他相关国际协定，包括其他专门性获取和惠益分享协定，但条件是这些协定必须支持并且不违背《公约》和本议定书的目标。"本段规定认可了这样一个事实，即在议定书谈判中以及通过之时，与议定书规范的活动密切相关的议题正在其他国际论坛上进行商讨和谈判。鉴于国家拥有缔结条约的能力和权利，这些商讨和谈判将有可能导致缔结一个新的国际文书或一个新的关于获取和惠益分享的协定。作为实施《公约》目标和关于获取和惠益分享规定的文书，《名古屋议定书》仅能解决《公约》框架下的获取和惠益分享问题，而不适宜处理拥有某方面专长的其他国际论坛正在商讨和谈判的遗传资源议题。显然，本段规定体现了一种更加务实和易于达成目标的谈判路径。值得注意的是，一个方面的关注是，新的国际协定及其实施有可能违背《公约》和《名古屋议定书》的目标，以至于产生漏洞并且使满足惠益分享的要求变得困难。本段规定为此强调，缔约方可以在满足了新的国际协定支持并不违背《公约》和《名古屋议定书》目标的条件下，谈判和执行这些协定。

第4.3条规定："本议定书应以同其他相关国际文书相互支持的方式予以实施。应适当注意在这些国际文书和相关国际组织下开展的有益和相关的连续性工作或做法，但条件是这些工作和做法应支持而不应违背《公约》和本议定书的目标。"本段规定第一部分在前两段规定的基础上进一步为缔约方确立了以同其他相关国际文书"相互支持"的方式实施本议定书的义务。需要指出的是，本段规定第二部分提到了国际法中一个具有很大争议的问题，即在这些国际文书和相关国际机构下开展的有益和相关的连续性"工作"或"做法"。②鉴于连续性"工作"或"做法"在国际法中并不拥有法律上的地位，它们出现在本段规定之中的确不同寻常。它从一定程度上反映了议定书规范的对象涉及问题的多面性和复杂性，这就需要议定书与其他国际文书相互支持和互为补充，

---

① Matthias Buck and Clare Hamilton, The Nagoya Protocol on Access to Genetic Resources and the Fair and Equitable Sharing of Benefits Arising from their Utilization to the Convention on Biological Diversity, *Review of European Community & International Environmental Law*, Vol. 20, Issue 1, 2011.

② 本段规定没有指出缔约方应当注意哪些国际文书和相关国际机构下开展的有益和相关的工作或做法。从过去涉及遗传资源的获取和惠益分享议题的国际谈判情况看，相关国际文书包括《与贸易有关的知识产权协定》《保护植物新品种国际公约》《联合国海洋法公约》《南极条约》及相关协定，相关国际机构则主要包括世界贸易组织、保护植物新品种国际联盟、世界知识产权组织、联合国粮食和农业组织等。

从而达到全面和有效规范的目标。然而，本段规定并未为缔约方建立一个以相互支持的方式实施议定书和这些"工作"或"做法"的义务，它仅要求缔约方"适当注意"这些连续性"工作"或"做法"。不仅如此，并非所有的"工作"或"做法"需要由缔约方注意，只是注意"有益的"和"相关的"的工作或做法。最后，如同第4.2条规定，本段规定也强调了注意这些"工作"或"做法"的条件是它们应支持而不违背《公约》和本议定书的目标。

第4.4条规定："本议定书是实施《公约》的获取和惠益分享规定的文书。在符合并不违背《公约》和本议定书目标的专门性国际获取和惠益分享文书适用时，就该专门性文书所适用的特定遗传资源以及为该专门性文书的目的而言，本议定书对该专门性文书的某一或多个缔约方并不适用。"本段规定第一部分明确地揭示了《名古屋议定书》在国际法中的角色——实施《公约》获取和惠益分享规定的文书。这意味着，议定书只是关于获取和惠益分享的国际法律制度的组成部分，而非这一制度的总和。本段规定第二部分处理了议定书与专门性国际获取和惠益分享文书的关系。根据本段规定，专门性国际文书在满足了一定条件的情况下将优先于《名古屋议定书》而适用。这些一定条件包括，专门性文书符合并且不违背《公约》和本议定书的目标；专门性文书所适用的特定遗传资源；为了专门性文书的目的；作为专门性文书的缔约方。[①]

第三节　遗传资源的获取和惠益分享

如上所述，《名古屋议定书》是实施《公约》关于遗传资源的获取和惠益分享规定的国际文书。《名古屋议定书》为此扩展和丰富了《公约》第15条及相关规定，从而建立了关于遗传资源的获取和惠益分享的一般性规范框架。这一框架由第6条"遗传资源的获取"和第5条"公正和公平的惠益分享"等规定构成，它们是《名古屋议定书》的核心所在。

[①] 截至目前，《粮食和农业植物遗传资源国际条约》是唯一关于获取和惠益分享的专门性国际文书。

一、遗传资源的获取

第6条"遗传资源的获取"是《名古屋议定书》中规范遗传资源的获取问题的关键规定，它对提供遗传资源的缔约方在规范获取活动中拥有的权利和负担的义务进行了规定。本条包括三段规定，其中第三段规定含有七个分段规定。

第6.1条规定："在行使对自然资源的主权权利时，并遵照国内获取和惠益分享立法或规范性要求，为了利用而获取遗传资源，应经过作为此种资源原产国的提供资源的缔约方或根据《公约》已获得了遗传资源的缔约方事先知情同意，除非缔约方另有决定。"本段规定是关于提供遗传资源的缔约方针对获取遗传资源而要求事先知情同意的权利的规定。本段规定首先确认了国家对其自然资源享有的主权权利，这在《公约》第15.1条中已有明确的规定。不仅如此，本段规定将缔约方针对获取遗传资源而要求事先知情同意的权利放到了行使遗传资源主权权利的情境之中。本段规定接着提到了"遵照国内获取和惠益分享立法或规范性要求（regulatory requirements）"的问题。[①]从这一表述看，本段规定似乎要求制定国内获取和惠益分享立法，以作为提供国给予事先知情同意的前提条件。但一些发展中国家试图排除这样一个条件，这是因为，该解释意味着如果提供国没有确立获取和惠益分享立法或规范性要求，未经事先知情同意的获取也可以合法地存在下去。[②]值得注意的是，根据与本段规定有着呼应关系的第15.1条规定，[③]如果提供国不存在获取和惠益分享立法或规范性要求，其就无法要求利用国制定和实施遵守提供国关于获取和惠益分享的国内立法或规范性要求。从这个意义上说，遗传资源的提供国确立的国内获取和惠益分享立法或规范性要求对于《名古屋议定书》的有效实施而言是必不可少的。

在对以上与遗传资源的获取具有密切关系的两个问题进行确认和规定后，

---

① 《名古屋议定书》的中文官方译文将"regulatory requirements"翻译为"管制要求"，还有的译文将其翻译为"监管要求"或"规制要求"。本书认为，该术语所要表达的意思是"对一类活动或事项予以规范或调整的要求"，因此将其翻译为"规范性要求"。

② Gurdial Singh Nijar, The *Nagoya Protocol on Access and Benefit Sharing of Genetic Resources: Analysis and Implementation Options for Developing Countries,* Research Paper of South Centre, March 2011, p. 20.

③ 第15.1条规定："每一缔约方应当采取适合、有效和相称的立法、行政或政策措施，以便规定，如其他缔约方的国内获取和惠益分享立法或规范性要求所规定，其管辖范围内利用的遗传资源已经遵照事先知情同意而获取并且订立了共同商定条件。"

本段规定指出，"为了利用而获取遗传资源，应经过作为此种资源原产国的提供资源的缔约方或根据《公约》已获得了遗传资源的缔约方事先知情同意，除非缔约方另有决定。"这里有四个重要问题需要加以解释和说明。

第一个问题涉及获取遗传资源的目的，根据上面的规定，这一目的是"利用"（utilization），即为了"利用"而获取遗传资源应当经过有关缔约方的事先知情同意。至于"利用"的含义，《名古屋议定书》第2条包含了对它所作的界定。实际上，只有针对遗传资源的遗传和生物化学组成进行研究和开发的活动，才会落入遗传资源的获取和惠益分享法律制度的规范范围之内。

第二个问题是关于《名古屋议定书》框架下的有权要求事先知情同意的缔约方的范围，其包括作为遗传资源原产国的提供此种资源的缔约方或根据《公约》已获得了遗传资源的缔约方。①这里的规定同时也再次明确了《名古屋议定书》适用的遗传资源的范围，这和第3条关于本议定书所适用的遗传资源的规定完全一致。本段规定就有权要求事先知情同意的缔约方所作的限制对许多国家而言有其重要性，因为它避免了如下情况，《名古屋议定书》被解释为将要求事先知情同意的权利延伸至以非原生境收集品（ex situ collections）的形式而持有的材料，并且费用由这些材料的原产国负担。与《名古屋议定书》的时间范围结合在一起，然而，这种限制也意味着，《公约》生效之前所收集的非原生境收集品形式的材料并不在基于第5.1条的惠益分享主张所及的范围之内。每一个实施《名古屋议定书》的缔约方将需要审慎考虑如何最佳地处理非原生境收集品形式的材料。不可避免的是，这个问题将出现在未来《名古屋议定书》的决策当中，包括有关第10条规定的全球性多边惠益分享机制的讨论。②

第三个问题是关于事先知情同意。事先知情同意是指遗传资源提供方在获取之前给予某个利用者的同意。该概念基于这样一个原则：在一个有风险的活动开展之前，应当向受其影响者和被授权决定的机构或个人详细告知该活动潜在的风险，以便其能够作出一个充分的知情决定。不论《公约》还是

---

① 《公约》第2条规定："遗传资源的原产国是指拥有处于就地条件（in-situ conditions）下的遗传资源的国家。"

② Matthias Buck and Clare Hamilton, The Nagoya Protocol on Access to Genetic Resources and the Fair and Equitable Sharing of Benefits Arising from their Utilization to the Convention on Biological Diversity, *Review of European Community & International Environmental Law*, Vol. 20, Issue 1, 2011.

《名古屋议定书》，都没有对事先知情同意进行界定。一般认为，事先知情同意包括三个方面的要素：遗传资源提供方的明确同意；遗传资源利用者提供的真实的、并足以使提供方理解其含义的信息；在获取活动发生之前。[①]需要指出的是，《波恩准则》为《公约》缔约方建立本国的事先知情同意制度提供了若干有用和具体的规则，它列举了事先知情同意制度的基本原则和组成部分。这些关于事先知情同意的原则和组成部分在未来《名古屋议定书》的缔约方确立本国获取和惠益分享立法或规范性要求的过程中依然会发挥重要的指导作用。[②]

最后一个问题涉及对"除非缔约方另有决定"的理解。该短语意味着，本段规定并未强制性地要求缔约方一律使获取经过事先知情同意，提供遗传资源的缔约方可以放弃要求事先知情同意的权利，从而推行一种自由的或不受限制的获取的原则。值得注意的是，即使某个国家对于获取其遗传资源的活动不要求事先知情同意，但这并不代表这个国家放弃或背离了主权权利的观念，相反，这种做法仍然符合主权权利观念。

第6.2条规定："每一缔约方应根据国内法酌情采取措施，以期确保在土著和地方社区拥有准予获取遗传资源的既定权利的情况下，获取此种资源得到了土著和地方社区的事先知情同意或批准和参与。"本段规定为缔约方确立了采取措施以确保获取遗传资源得到了土著和地方社区事先知情同意的义务。针对获取遗传资源而得到土著和地方社区的事先知情同意或批准和参与（只要这些社区对于遗传资源拥有准予获取的既定权利），这是关于遗传资源的获取和惠益分享国际法中的一个新的要求和规范。《公约》第8（j）条就土著和地方社区的传统知识的有关问题进行了规定，但没有涉及获取遗传资源时取得土著和地方社区的事先知情同意或批准和参与的问题。[③]《名古屋议定书》

---

① Lyle Glowka et al, *A Guide to the Convention on Biological Diversity,* International Union for Conservation of Nature and Natural Resources, 1994, p. 81.

② 根据《波恩准则》，事先知情同意制度的组成部分可以包括，给予或提供事先知情同意的主管部门；时间规定和截止日期；关于利用的具体说明；获得事先知情同意的程序；与利益相关者磋商的机制；步骤。其中，"获得事先知情同意的程序"非常值得缔约方参考，因为它提供了一份详尽的关于申请获取遗传资源时可能需要提供的信息的非指示性清单。

③《公约》第8（j）条规定："遵照国家立法，尊重、保存和维持土著和地方社区体现传统生活方式而与生物多样性的保护和可持续利用相关的知识、创新和实践并在此等知识、创新和实践的拥有者批准和参与下促进其广泛利用，以及鼓励公平地分享因利用此等知识、创新和实践而产生的惠益。"这一规定提到了两个方面的要求，它们是获取传统知识时取得此等知识拥有者的批准和参与以及分享利用此等知识所产生的惠益。

向前迈进了一大步，将土著和地方社区的权利延伸至遗传资源，它反映了自《公约》，特别是2007年《联合国土著居民权利宣言》通过以来国际社会对于土著居民权利的日益强调和关注。

根据本段规定，只有在土著和地方社区拥有准予获取的既定权利（established right）的情况下，缔约方才有义务采取措施确保事先知情同意或批准和参与的获得。这里有一个关键的问题，准予获取的"既定权利"是通过什么方式确立的？首先需要说明，本段规定没有要求缔约方在其国内法中向土著和地方社区授予这样的权利。同样，也不能假定这样的权利是缔约方或缔约方通过立法而确立的。实际的情况是，土著和地方社区的权利可以通过一系列的方式确立。土著人民的习惯或天赋权利并没有通过立法而确立，实际上常常存在于立法之前。普通法系国家的司法裁决已经例行宣告了此类权利的存在，尽管经常面临着国家的反对。这些权利还有可能通过国际习惯法而确立。需要指出的是，规范惠益分享问题的第5.2条却使用了"根据关于土著和地方社区对于遗传资源拥有既定权利的国内立法"的表述，这一表述似乎意味着国内立法确立了这些社区对于遗传资源的权利。然而，本段规定中并没有出现以上表述，其中的含义是，不存在一个通过某个特定立法而确立的权利的前提条件。①

此外，本段规定既提到了"事先知情同意"，又使用了"批准和参与"的表述。那么，这两个表述之间有差别吗？在《公约》实施过程中，《公约》的缔约方一直认为后者表述指的就是事先知情同意，它们之间不存在明显的差别。②考虑到《名古屋议定书》是实施《公约》有关规定的文书，《公约》缔约方就这两个表述所作出的具有相同含义的结论可以用于理解本段规定中相同表述之间的关系。本段规定还包含了两个短语——"根据国内法"和"酌情"。这两个短语从不同方面对缔约方采取措施的义务作出了限定。这就意味着，本段规定为缔约方履行采取措施的义务提供了一定的伸缩性，缔约方有权决定采取何种措施实施本段规定。

第6.3条是关于要求事先知情同意的缔约方所负担的采取措施义务的规

① Gurdial Singh Nijar, *The Nagoya Protocol on Access and Benefit Sharing of Genetic Resources: Analysis and Implementation Options for Developing Countries*, Research Paper of South Centre, March 2011, pp. 23-24.

② Gurdial Singh Nijar, *The Nagoya Protocol on Access and Benefit Sharing of Genetic Resources: Analysis and Implementation Options for Developing Countries,* Research Paper of South Centre, March 2011, p. 25.

定。本段规定指出，"根据上述第1段，每一个要求事先知情同意的缔约方，应酌情采取必要的立法、行政或政策措施，以便……"需要指出的是，本段规定不仅明确了缔约方应当采取的措施的属性，即"立法、行政或政策措施"，而且在分段（a）至（g）中列出了缔约方应当采取的与获取有关的一系列具体措施，这些措施旨在实现不同方面的目的。

本段规定是对《公约》第15条中有关获取规定的重大发展。与这些规定相比，本段规定为缔约方制定国内获取和惠益分享立法或规范性要求中的获取规则提出了具体的要求。事实上，由于《公约》第15条仅仅是关于获取和惠益分享的一般性原则和要求的规定，这就使得作为遗传资源提供国的缔约方制定的实施《公约》第15条规定的国内立法带有一些普遍性的缺陷，包括对获取设定了严格的条件、规则缺少明确性和清晰度、法律实施不透明且官僚化严重等等。这些缺陷的存在为遗传资源的利用方获取遗传资源设置了诸多法律和实际方面的障碍，并因此在实践中导致了拒绝获取和非法获取情形的出现。发起本段规定的谈判就是针对以上事实而提出的解决方案，本段规定的确立能够避免上述缺陷在未来遗传资源提供国实施《名古屋议定书》的过程中再次出现，不仅如此，遗传资源利用方对于提供国获取规则的合理期待能够通过本段规定的实施而得到满足。下面逐一分析（a）至（g）分段提出的各项具体措施。

（a）分段要求缔约方采取的立法、行政或政策措施应当对本国的获取和惠益分享立法和规范性要求的法律上的确定性（certainty）、明晰性（clarity）和透明性（transparency）作出规定。法律上的确定性是一个国内法及国际法的原则，其主张法律必须向受其约束的人提供确定地管控其行为的能力以及保护他们免受国家权力的恣意行使。就此来说，法律上的确定性要求法律不得朝令夕改，并要求决定依照法律规则，即合法地作出。它还经常作为确立据以制定、解释和适用法律的法律方法的中心原则。[①]法律上的明晰性是另外一个法治的中心原则，它要求所有的法律足够的确切明白以及不存在相互矛盾之处，从而使人们在所处情势合理的程度上预判某个特定行为可能产生的结果。[②]法律上的透明性指向的是清晰的决策过程，即它指出了存在一套所有

①② James R. Maxeiner, Some Realism about Legal Certainty in Globalization of the Rule of Law, *Houston Journal of International Law*, Vol. 31:1, 2008.

人可以自由和毫不费力获得的明确法律、强有力的执法架构以及一个能够提供保护以免受权力恣意行使的司法制度。法律上的确定性、明晰性和透明性对于获取遗传资源和分享其利用所产生的惠益而言至关重要，因为这些原则具有便利遗传资源的获取和利用以及遵照《公约》的目标而促成共同商定条件的能力。[①]

（b）分段要求缔约方采取的措施对有关获取遗传资源的公平和非任意性的规则和程序作出规定。根据（b）分段的规定，提供方有关获取遗传资源的规则和程序必须是"公平的"和"非任意性的"。就有关获取的规则和程序提出这样两个方面的要求主要与提供方给予申请获取遗传资源的当事人的待遇有关。"公平"在这里指的就是非歧视，它意味着提供方应当给予本国和外国申请人以及来自不同缔约方的外国申请人相同的待遇。"非任意性"是指不依赖于任意性的（即个别或片面的）决断，其还意味着受到约束的权力行使。值得注意的是，（b）分段规定体现了某些工业化国家将国际贸易法中的有关原则引入遗传资源的获取和惠益分享领域的意图，但发展中国家曾质疑国际贸易法的原则与获取和惠益分享问题的相关性，以及对于决定获取条件的国家主权权利的侵犯。不过，根据在谈判阶段欧盟最终确认的意见，（b）分段规定只是一个对于程序正义的提及。[②]这同时也意味着，为了国家利益或某些方面的重大考虑，提供遗传资源的缔约方可以确立一些区别性、个别决断式的有关获取的规则和程序。

（c）分段要求采取措施的缔约方提供如何申请事先知情同意的信息。（c）分段规定连同（a）分段规定寻求向遗传资源的利用方提供关于可适用的获取要求的透明度和可预测性。[③]如何申请事先知情同意的信息主要包括：有关授予事先知情同意的国家主管当局的信息；有关申请人必须满足的具体要求（例如应当提交的申请和特定信息）的信息；有关申请人必须遵循的具体程序的信息。

---

① The Report of the Panel of Experts on Access and Benefit-Sharing, UNEP/CBD/COP/5/8, 2 November, 1999.

② Gurdial Singh Nijar, *The Nagoya Protocol on Access and Benefit Sharing of Genetic Resources: Analysis and Implementation Options for Developing Countries,* Research Paper of South Centre, March 2011, p. 4.

③ Matthias Buck and Clare Hamilton, The Nagoya Protocol on Access to Genetic Resources and the Fair and Equitable Sharing of Benefits Arising from their Utilization to the Convention on Biological Diversity, *Review of European Community & International Environmental Law*, Vol. 20, Issue 1, 2011.

（d）分段要求采取措施的缔约方就国家主管当局在合理期间内并以具成本效益（cost-effective）的方式作出明确和透明的书面决定进行规定。（d）分段规定旨在解决遗传资源的利用方经常面对的某些问题，包括提供方的措施缺少应有的信赖、提供方在作出决定时出现延误以及利用方不得不付出高昂的交易费用等。根据（d）分段的规定，缔约方的国家主管当局发布的决定必须满足四个方面的条件，它们是：书面而非口头；明确和透明；以具成本效益的方式作出；在合理的期间内作出。有一个问题是，（d）分段规定并没有指出国家主管当局针对什么对象作出必须满足以上条件的决定。不过，结合（c）和（e）分段的规定内容来看，（d）分段显然指的是授予事先知情同意的决定。此外，"以具成本效益的方式"和"合理的期间"需要留待缔约方自主地加以决定，（d）分段规定难以用精确的货币数字和时间跨度进行界定。

（e）分段要求采取措施的缔约方确立如下内容的规定：在获取时颁发许可证或其等同文件，以作为授予事先知情同意的决定和订立了共同商定条件（mutually agreed terms）的证据，并相应地通告获取和惠益分享信息交换所（Access and Benefit-Sharing Clearing-House）。（e）分段规定将支持第15和17条所规定的"利用者国家措施"（user country measures）的有效实施，而这有益于要求事先知情同意和共同商定条件的缔约方国内获取和惠益分享框架的完整运作。[1]根据（e）分段的规定，缔约方国家主管当局颁发的许可证将发挥两个方面的功能，一是证明国家主管当局作出了授予事先知情同意的决定；二是证明在申请人与国家主管当局或国家联络点之间拟定了共同商定条件。共同商定条件是《公约》第15条除事先知情同意外提出的另一个与获取遗传资源有关的重要条件。[2]共同商定条件意味着在提供方和请求获取方之间会就获取（包括惠益分享）发生一场谈判。一场成功的谈判，换言之双方最终达成共同商定的条件，则会推出一份包含了这些条件的合同或协议。

基于《公约》缔约方实施《公约》的立法实践，（e）分段提到的许可证一般包括如下方面的内容，对于拟获取的遗传资源的说明；对于许可采集的地点的说明；许可采集的样本的数量和份数；准予获取的期间；所涉团体或

---

[1] Matthias Buck and Clare Hamilton, The Nagoya Protocol on Access to Genetic Resources and the Fair and Equitable Sharing of Benefits Arising from their Utilization to the Convention on Biological Diversity, *Review of European Community & International Environmental Law*, Vol. 20, Issue 1, 2011.

[2]《公约》第15.4条规定："获取经批准后，应按照共同商定条件并遵照本条规定进行。"

社区的同意；对于第三方利用遗传资源的限制；分享因利用遗传资源所产生惠益的要求；担保提供方人员或机构参与针对遗传资源所开展的研究的规定；转让技术的要求；报告的要求；国家主管当局认为适合的任何其他条件。（e）分段规定还涉及一个重要的问题，即颁发许可证的时间是"在获取时"，这是工业化国家针对遗传资源的获取问题提出的一个额外要求。其中的理由是，第15条规定的"利用者国家措施"的可预见性和实施性取决于提供方国家采取的在获取时将信息链固定于其管辖范围内的措施，这在如此条件下尤其重要：事先知情同意不仅适用于基因序列，而且适用于包含在根据第6条所获取的材料中的任何生物化学物质。[1]

最后，根据（e）分段的规定，一旦颁发了许可证，提供方应当就此通告根据第14条建立的获取和惠益分享信息交换所。按照第17条的有关规定，向获取和惠益分享信息交换所通告了的许可证应当构成一个国际公认的遵守证明书，它将证明遗传资源是依照提供方要求的事先知情同意而获取，并且与其订立了共同商定条件。

（f）分段要求采取措施的缔约方，在适用的情况下并遵照国内立法，就获得土著和地方社区针对获取遗传资源的事先知情同意或批准和参与，制定标准和（或）程序。（f）分段规定与上面第6.2条规定直接相关。第6.2条要求缔约方采取措施，以期确保在土著和地方社区拥有准予获取遗传资源的既定权利的情况下，获取此种资源得到了土著和地方社区的事先知情同意或批准和参与。（f）分段规定则要求缔约方为了获得土著和地方社区对于获取遗传资源的事先知情同意或批准和参与而制定标准和（或）程序。（f）分段规定中包含的两个短语值得说明一下，"在适用的情况下"（where applicable）意味着并非每一个缔约方有义务遵照本分段规定行事。结合第6.2条规定的内容来看，"在适用的情况下"表明了这样一个事实，即（f）分段规定中的义务仅仅适用于其管辖范围内土著和地方社区拥有准予获取遗传资源的既定权利的缔约方。短语"遵照国内立法"意味着每一个缔约方拥有决定其国内立法当中哪些标准和程序具有可行性的权利，它同时也意味着，由于各不相同的

---

[1] Matthias Buck and Clare Hamilton, The Nagoya Protocol on Access to Genetic Resources and the Fair and Equitable Sharing of Benefits Arising from their Utilization to the Convention on Biological Diversity, *Review of European Community & International Environmental Law*, Vol. 20, Issue 1, 2011.

国家立法，这样的标准和程序也将有所不同。

（g）分段要求采取措施的缔约方就要求和订立共同商定条件确立明确的规则和程序。如上文所述，共同商定条件是《公约》第15条针对获取遗传资源的活动提出的一个必须满足的条件。如同事先知情同意，提供遗传资源的缔约方应当在其国内立法、行政或政策措施中就如何实现这一条件作出具体的规定。根据（g）分段的规定，缔约方应当就要求和订立共同商定条件两个方面的事项确立规则和程序。（g）分段规定还要求缔约方确立的规则和程序必须是明确的。

（g）分段接着规定："这些条件应当以书面形式拟定，以及除其他外，可以包括：（i）争议解决条款；（ii）关于惠益分享，包括与知识产权有关的条件；（iii）关于嗣后第三方使用的条件（如果有第三方的话）；以及（iv）在适用的情况下关于意向变更的条件。"以上规定指明了共同商定条件的形式和某些方面的内容，它们为缔约方推进共同商定条件的实际运作提供了必要的指南。"书面"形式的条件无疑有助于增加确定性和透明度，因为它们可以保护双方当事人免于某一方随意改变条件或无根据的权利要求。除了共同商定条件的形式，（g）分段规定列举了提供遗传资源的缔约方可能要求的以及双方当事人之间订立的四个方面的条件。考虑到（g）分段规定使用了词语"可以"（may），缔约方有权选择是否将以上条件纳入其国内措施之中。尽管如此，对于一个注重规范获取其本国遗传资源并且意图分享利用这些资源所产生惠益的缔约方而言，（g）分段规定列出的这些条件是极为关键和不可或缺的。"除其他外"（inter alia）则意味着（g）分段列出的这些条件构成了一个指示性的而非穷尽性的清单。

争议解决条款是遵照私法原则和规范而运作的合同通常包含的一类条款，此类条款旨在解决与私人之间缔结的合同有关的争议。在合同含有国际性或涉外因素的情况下，合同中的争议解决条款对于确保实现合同所确定的权利义务至关重要。在《公约》关于获取和惠益分享规则的实施中，共同商定条件通常是被拟定在一份合同或协议之中。由于获取和利用遗传资源的一方往往来自于提供国管辖范围之外的国家，包含了共同商定条件的合同或协议不可避免地带有了涉外因素。为了能够跨不同的管辖区域而实现合同中的权利和义务，提供方和利用方商定的争议解决条款就显得相当关键。

值得注意的是，（g）分段提到的争议解决条款必须与第18.1条放在一起进行解读。相比于（g）分段对于争议解决条款的一般性提及，第18.1条具体处理了争议解决所牵涉的国际私法问题。[①]根据第18.1条的规定，缔约方有义务鼓励遗传资源的提供方和利用方在共同商定条件中纳入涵盖争议解决的有关司法管辖权、适用的法律以及非诉讼争议解决方式的选择的规定。本章将在"遵守"部分对第18.1条进行解释和分析。

（g）分段列举的关于惠益分享（包括与知识产权有关）的条件与第5.1条第二句规定存在一个呼应关系。该规定提到，"这种分享应按照共同商定的条件"。第5.1条实际上确认了惠益分享应当通过共同商定条件，也就是基于一个合同而获得实现。（g）分段为此将关于惠益分享的条件作为共同商定条件的一个方面的内容而明确地加以了列举。关于第三方使用和意向变更的条件对于提供方而言具有相当的重要性，这是因为，如果利用方有向第三方转让资源的意向，或有将最初获取时所准许的资源用途加以变更的意向，这两个方面的条件可以就要求新的事先知情同意和共同商定条件的需要作出规定。[②]

二、公正和公平的惠益分享

公正和公平的惠益分享是《公约》三个互相紧密关联的目标之一，也是《名古屋议定书》的唯一目标。惠益分享被认为是认可各国和有关社区对遗传资源以及相关传统知识拥有权利的一个逻辑上的结果，它也是要求惠益应与所有为惠益产生作出贡献者予以分享的公平原则适用的结果。通过惠益分享，《名古屋议定书》寻求确保来自于生物多样性的惠益，不论货币惠益还是非货币惠益，能够向生物多样性丰富的国家和社区提供保护以及可持续利用生物多样性所需要的激励机制和资金支持。为了从制度上保障这一目标的实现，《名古屋议定书》第5条具体规定了缔约方担负的惠益分享义务及其范围、惠益分

---

① 由于包含了共同商定条件的合同或协议含有涉外因素，产生于此种合同或协议的争议由哪个国家的法院管辖以及适用哪个国家法律的问题就产生了，而这些问题要依照一个国家的国际私法规则解决。作为国际公法的组成部分，《名古屋议定书》只调整国家之间的关系，但是它又处理了某些方面的国际私法问题，这主要源自于某些国家表达的如下关切，即它们欠缺处置违反共同商定条件的情形的能力。

② Gurdial Singh Nijar, *The Nagoya Protocol on Access and Benefit Sharing of Genetic Resources: Analysis and Implementation Options for Developing Countries*, Research Paper of South Centre, March 2011, p. 4.

享的实现途径、惠益的类别等问题。本条由五段规定组成，其中第五段规定处理了与遗传资源相关的传统知识的惠益分享问题，这一规定将在下一节关于传统知识部分进行解释。

第5.1条规定："根据《公约》第15条第3和7段，应当与作为遗传资源原产国的提供此种资源的缔约方或根据《公约》已取得遗传资源的缔约方以公正和公平的方式分享利用遗传资源以及嗣后的应用和商业化所产生的惠益。这种分享应当按照共同商定的条件。"本段规定着重确认了分享惠益的义务。分享惠益的义务在《公约》第15.7条有着明确的规定，本段规定再次对其进行了确认。然而，与《公约》第15.7条所使用的语言相比，本段明显使用了更加强有力的语言来规定分享惠益的义务。①这种规定方式反映了国际社会对于惠益分享要求的重视以及实现该要求的期待。第5.1条不仅确认了惠益分享义务，而且阐明了惠益分享义务所涉及的一些关键问题，包括这一义务的范围、惠益分享的方式、相对方以及惠益分享的实现途径。

首先来看惠益分享义务的范围。根据本段规定，应予分享的惠益包括，利用遗传资源以及嗣后的应用和商业化（subsequent application and commercialization）所产生的惠益。这里区分了两种不同的产生惠益的活动，它们是：利用遗传资源以及嗣后的应用和商业化。需要指出的是，《名古屋议定书》在获取方面规范的是为了利用遗传资源而获取此种资源的活动，但在惠益分享方面扩展了分享惠益义务的范围，它不仅规范分享利用遗传资源而产生的惠益的活动，还规范分享嗣后的应用和商业化所产生的惠益的活动。"嗣后的应用和商业化"之所以被纳入到分享惠益义务涵盖的范围中来，是为了回应许多国家表达的这样一种关切，即只有惠益分享延伸至沿着价值链所开发的产品和方法，惠益分享才是有效的。②根据第2条的规定，"利用遗

---

① 第5.1条直接使用了"应当分享惠益"（benefits shall be shared）的措辞，而《公约》第15.7条指出，"缔约方应酌情采取立法、行政或政策措施，以期分享惠益（with the aim of sharing the benefits）"。第5.1条使用的措辞无疑与以下事实有关，在以往实施《公约》的过程中，惠益分享尽管作为《公约》的一项目标，但在很大程度上被忽略了，大多数有关获取和惠益分享的立法、政策和做法只是围绕获取一个方面进行调整和规范，包括确认国家对于遗传资源享有的主权权利，建立获取的程序和要求等。然而，考虑到第5.3条又提到了缔约方"为实施第1段规定而应酌情采取立法、行政或政策措施"，第5.1条使用的与《公约》第15.7条不同的措辞是否会对惠益分享产生积极的影响，值得在未来实施《名古屋议定书》的过程中加以观察。

② Gurdial Singh Nijar, *The Nagoya Protocol on Access and Benefit Sharing of Genetic Resources: Analysis and Implementation Options for Developing Countries,* Research Paper of South Centre, March 2011, p. 6.

传资源"指的是针对遗传资源的遗传和（或）生物化学组成进行研究和开发（R&D）。而"研究和开发"是一个非常宽泛的概念，"利用遗传资源"的定义并没有就"研究和开发"与"嗣后的应用和商业化"的关系以及后者是否被前者所覆盖的问题提供确定的答案。这种局面不利于惠益分享充分发挥其具有的激励保护和可持续利用生物多样性的作用。第5.1条则通过明确提及"嗣后的应用和商业化"并将其与"研究和开发"并列，扩展了分享惠益义务的范围。这样一种处理既满足了生物多样性丰富的国家的愿望，也是实现《名古屋议定书》目标的内在要求。

上述处理不仅对惠益分享产生了重要的影响，而且引起了对于缔约方根据第15条和第17条规定所承担的义务的不同解释。对此有两种不同的观点。一种观点认为，在"利用（即研究和开发）"与"嗣后的应用和商业化"之间所作的区分有其重要性，因为缔约方根据《名古屋议定书》第15条和第17条承担的采取"利用者国家措施"的义务仅仅适用于第2条所界定的"利用遗传资源"，而"嗣后的应用和商业化"的惠益分享需要在合同权利的基础上加以实现。①另一种观点认为，在"研究和开发"与"嗣后的应用和商业化"之间使用"以及"（as well as）的表述不应被解释为显示了它们之间的不同。虽然"利用遗传资源"指"研究和开发"，但其应当被解释为包括到达所开发产品的商业化阶段的全部研究和开发阶段（尽管有人承认这一解释超出了"研究和开发"的通常含义）。另外，第17条明确提到的"研究、开发、创新、商业化之前和商业化的任何阶段"解释了术语"利用"及其扩展开来的"研究和开发"所涵盖的方面。根据第5.1条的规定，应当分享利用遗传资源以及嗣后的应用和商业化所产生的惠益，而嗣后的应用和商业化被利用遗传资源所涵

---

① Matthias Buck and Clare Hamilton, The Nagoya Protocol on Access to Genetic Resources and the Fair and Equitable Sharing of Benefits Arising from their Utilization to the Convention on Biological Diversity, *Review of European Community & International Environmental Law*, Vol. 20, Issue 1, 2011. 第15条和第17条中提到的措施被称之为"利用者国家措施"或"利用者措施"，这些措施旨在促使利用者遵守其他缔约方国内获取和惠益分享立法或规范性要求，下文对此设有专门部分进行解释和分析。由于第15条和第17条都是针对"利用遗传资源"要求缔约方采取措施，所以该观点认为这两条规定中的义务仅适用于"利用遗传资源"，而"嗣后的应用和商业化"所产生的惠益的分享只能通过提供方和利用方共同商定的条件，即合同而实现，换言之，缔约方没有义务采取措施支持遵守就"嗣后的应用和商业化"的惠益分享而达成的共同商定条件。

盖，利用方国家措施必须延伸到这样的应用和商业化。①以上两种不同的观点反映了有关方面对于《名古屋议定书》中某些重要术语和规定的理解依然存在较大的分歧。更重要的是，就第15条和第17条规定中的义务所作的不同解释将会对惠益分享要求和目标的实现产生实质性的影响，这一点必定在实施《名古屋议定书》的过程中显现出来。

接下来分析惠益分享的方式问题。第5.1条指出，应当"以公正和公平的方式"分享惠益。"公正和公平"的概念同样也出现在《公约》相关规定中，但《名古屋议定书》和《公约》都没有对其进行界定。这是因为，考虑到"公正和公平"概念的实质内容取决于特定的情形或具体的案件，不可能存在一个关于"公正和公平"的唯一定义。事实上，"公正和公平"可以通过不同方面的标准加以评估和衡量。在遗传资源的获取和惠益分享领域，有人尝试性地提出了评估惠益分享是否"公正和公平"的若干标准。②《波恩准则》也提供了一些评估惠益分享是否"公正和公平"的标准和因素。例如其第48段指出，惠益应与那些经确定的对于资源管理、科研和商业化过程作出贡献的人（包括政府、非政府或学术机构以及土著和地方社区）予以分享。这里就包含了一个评估"公正和公平"的标准，即只有对惠益的产生作出贡献的人参与了惠益分享，它才是"公正和公平的"。

再来看惠益分享的相对方。根据第5.1条的规定，应当与"作为遗传资源原产国的提供此种资源的缔约方或根据《公约》已取得遗传资源的缔约方"分享惠益。这里提到的"缔约方"就是与担负惠益分享义务的一方相对应的缔约方，它们实际上就是遗传资源的"提供方"。需要说明的是，第5.1条从惠益分享方面对"提供方"进行了规定，它与第3条和第6.1条分别从范围和获取方面对"提供方"所作的规定保持了一致。基于上文对第3条的解释，"根据《公约》已取得遗传资源的缔约方"排除了《公约》生效前取得遗传资源的缔约方和在《公约》生效后非法取得遗传资源的缔约方。这也就意味着，担负惠益分享义务的一方没有义务与这两类缔约方分享惠益。

---

① Gurdial Singh Nijar, *The Nagoya Protocol on Access and Benefit Sharing of Genetic Resources: Analysis and Implementation Options for Developing Countries,* Research Paper of South Centre, March 2011, p. 15.

② Graham Dutfield, *Intellectual Property, Biogenetic Resources and Traditional Knowledge,* Earthscan, 2004, pp. 46-47.

最后讨论惠益分享的实现途径。第5.1条第二句就此作出规定：惠益分享应当按照共同商定的条件。《公约》第15.7条已有如此规定，第5.1条只是加以了复制。"惠益分享应当按照共同商定条件"意味着，遗传资源的提供方和获取方或利用方应当就惠益分享的安排展开谈判，并达成一份合同或者协议。这份合同或者协议一般包含有关拟分享的惠益类型、惠益的时间性、惠益在不同主体间分配方法等方面的条件和条款。通过执行（包括必要时以诉讼、调解或仲裁的方式）这份合同或者协议，惠益分享将最终得以实现。还有一个问题值得在此说明一下，第5.1条要求惠益分享应当遵照共同商定条件，第6.3条分段（g）和《公约》第15.4条就获取也提出了共同商定条件的要求，而且第6.3条分段（g）将关于惠益分享的条件规定为共同商定条件的一项内容。这里出现了两个不同的共同商定条件，那么，该如何看待它们之间的关系？实际上，在某些情形中可以一同谈判这样两个不同的共同商定条件，但这在所有情形中并非全然如此。考虑到不同的惠益类型会出现在不同的利用阶段以及许多惠益产生于获取之外，在获取之后的某个阶段单独就惠益分享安排达成共同商定条件就有完全的必要。①

在解释和阐明了第5.1条规定的内容之后，有必要提出一个具体规定之外的问题予以讨论。与《公约》第15条规定不同，《名古屋议定书》针对惠益分享问题专门设置了法律规定，并且将关于惠益分享的规定（第5条）放在了关于遗传资源的获取的规定（第6条）之前。②那么，《名古屋议定书》的这种处理是否意味着惠益分享被确立为一项独立的要求（其可能与或不与获取程序发生联系）？通过分析《名古屋议定书》中的有关要求和规定，可以对这一问题作出肯定的回答。

首先需要提到的是第5.1条规定中分享嗣后的应用和商业化所产生的惠益的要求。事实上，由于嗣后的应用和商业化可能在获取遗传资源之后的很长时间发生，而最初与获取发生联系的惠益分享针对的只是利用遗传资源，因此就产生了针对嗣后的应用和商业化而达成新的惠益分享安排的需要。显然，

---

① Morten W. Tvedt and Tomme Young, *Beyond Access: Exploring Implementation of the Fair and Equitable Sharing Commitment in the CBD*, International Union for Conservation of Nature and Natural Resources, 2007, p. 71.

②《公约》第15条第1至5段规定了遗传资源的获取的问题，而第6段和第7段规定了惠益分享的问题。由于惠益分享规定被置于获取规定之后，这表明在惠益分享与获取之间存在着一个明确的联系。

嗣后的应用和商业化的惠益分享与获取活动不再发生直接的联系，这是一个独立的惠益分享要求。第二个相关规定是《名古屋议定书》第10条，其提出了所谓的全球性多边惠益分享机制的概念。该机制针对的是无法准予或获得事先知情同意的利用遗传资源和与遗传资源相关的传统知识，例如《公约》和《名古屋议定书》生效前获得的遗传资源和传统知识。尽管《名古屋议定书》关于获取的规定并不适用于这些资源和知识，但《名古屋议定书》就分享利用这些资源和知识所产生的惠益提出了明确的要求。这也构成了与获取不发生联系的独立惠益分享要求。

值得注意的是，不能因为惠益分享被确定为一项独立的要求，就认为只要分享了惠益，《名古屋议定书》便得到了遵守，即使利用方没有满足获取方面的要求。这种解释明显是不可以接受的，因为这将豁免"生物剽窃"行为，并且使提供方处在一个相当困难的地位上，以至于不得不谈判基于违反了其准予或拒绝获取的国家主权权利的条件。[1]《名古屋议定书》将惠益分享确定为一项独立的要求，但这并不意味着它与获取就不会发生一个明确的联系。根据《公约》和《名古屋议定书》关于目标的规定，适当获取遗传资源是实现惠益分享目标的一种途径。而适当获取就包括遵照《名古屋议定书》的条件而进行的获取，这实际上是在惠益分享与获取之间建立起了直接的联系。《名古屋议定书》第5条和第6条也明确认可了与获取具有联系的惠益分享，即发生在准予获取之后的惠益分享。总而言之，《名古屋议定书》对惠益分享所作的"独立化"处理，有助于强化惠益分享在保护和可持续利用生物多样性中扮演的角色。

第5.2条规定："每一缔约方应酌情采取立法、行政或政策措施，以期确保根据关于土著和地方社区对遗传资源拥有的既定权利的国内立法，利用土著和地方社区持有的遗传资源所产生的惠益，与有关社区按照共同商定条件，以公正和公平的方式予以分享。"本段规定处理了分享利用土著和地方社区持有的遗传资源所产生的惠益的问题。从本段规定的内容看，土著和地方社区针对遗传资源所拥有的权利获得明确的认可。这可以说是有关生物多样性

---

① Gurdial Singh Nijar, *The Nagoya Protocol on Access and Benefit Sharing of Genetic Resources: Analysis and Implementation Options for Developing Countries,* Research Paper of South Centre, March 2011, p. 23.

保护的国际立法取得的一个重大进展。^①这种认可反映了国际层面上自《公约》通过以来，以及最重要的是在2007年通过的《联合国土著人民权利宣言》中对于土著人民权利的日益强调。^②

本段规定使用了一个较长的短语，"根据关于土著和地方社区对遗传资源拥有的既定权利的国内立法"。该短语的使用引出了一些问题，值得在此作出解释和说明。首先来看"既定权利"的问题。这里只是提到了"关于土著和地方社区对遗传资源拥有的既定权利"，但没有指出这是一种什么样的权利。这与第6.2条提到的"准予获取的既定权利"有所不同，第6.2条对权利作出了必要的限定。考虑到这些社区对遗传资源拥有的权利在产生依据上的多样性和内容上的复杂性，本段规定显然无法就这个问题提供统一的答案，其只能留待缔约方结合自身的具体情况进行解释。另外一个问题涉及"既定权利"和"国内立法"的关系。上文曾指出，土著和地方社区的权利可以通过一系列的方式确立。国内法、国际法以及习惯法都有可能确立这样的权利。这里不能因为该短语的表述方式而认定这些社区对遗传资源拥有的"既定权利"必须通过国内立法而确立。"根据国内立法"可被解释为聚焦于国家扮演的促进性角色之上，而非其可能的对于这些权利的决定之上。^③

需要指出的是，本段规定运用的语言与第5.1条相比没有那么有力。第5.1条直接要求与提供方分享利用遗传资源所产生的惠益，而本段规定提到，"缔约方应酌情采取立法、行政或政策措施，以期确保分享利用土著和地方社区持有的遗传资源所产生的惠益"。本段规定在语言表述上的这种特点在《公约》和《名古屋议定书》的若干规定中都可以发现，它实际上强调了缔约方在相关问题上发挥的一种间接的保障性作用，即缔约方有义务采取措施，从而"确保"某种要求的实现。

第5.3条规定："为实施上述第1段，每一缔约方应酌情采取立法、行政或

---

① 《公约》只是认可了国家对于自然资源（包括生物和遗传资源）拥有的主权权利，而没有提及了土著社区和居民对于此类资源所拥有的私有权利。《波恩准则》则提到了"尊重土著和地方社区的与正在获取的遗传资源有关的既定合法权利"。

② Matthias Buck and Clare Hamilton, The Nagoya Protocol on Access to Genetic Resources and the Fair and Equitable Sharing of Benefits Arising from their Utilization to the Convention on Biological Diversity, *Review of European Community & International Environmental Law*, Vol. 20, Issue 1, 2011.

③ K. Bavikatte and D. F. Robinson, Towards a People's History of the Law: Biocultural Jurisprudence and the Nagoya Protocol on Access and Benefit-Sharing, *Law, Environment and Development Journal*, 7(1), 2011.

政策措施。"本段规定可以被看作是附属于第5.1条的规定，其要求缔约方采取立法、行政或政策措施，以便作为实施第5.1条确立的分享惠益义务的途径。需要特别说明的是，本段规定中提到的是"每一缔约方"，这就意味着不仅遗传资源利用方所在的国家，而且提供遗传资源的国家（即使是与此类国家分享惠益），都应当为实施第5.1条而采取立法、行政或政策措施。相比较而言，遗传资源利用方所在的国家采取的措施对于惠益分享要求的实现至关重要。此外，本段规定中的"酌情"一词表明，缔约方有权自主决定其所采取措施的性质和内容。

　　第5.4条规定："惠益可以包括货币和非货币惠益，包括但不限于附件所列出的惠益。"本段规定指出了《名古屋议定书》中利用遗传资源所产生的两类不同的惠益，即货币和非货币惠益。本段规定还提到了《名古屋议定书》的附件。该附件照搬了《波恩准则》附件二，它包含了一个货币和非货币惠益的指示性清单。本段规定对货币和非货币惠益所作的区分，以及《名古屋议定书》附件对具体的货币和非货币惠益的详细列举，实际上强调了为公正和公平的惠益分享而谈判和组织有关遗传资源的研究和开发以及商业化活动的不同方式。不但如此，附件列出的许多非货币惠益，能够在保护生物多样性的过程中发挥重要的作用，这样一来，惠益分享就与保护生物多样性及可持续利用其组成部分具有了紧密的联系，而这种联系在《名古屋议定书》第9条中有着明确的规定。[①]最后需要指出的是，本段规定可以为缔约方遵照第6条制定和实施国内获取和惠益分享框架提供补充性的指南。

第四节　与遗传资源相关的传统知识

　　与生物和遗传资源有关的传统知识持续为管理、保护和改良种类繁多的资源提供了内在依据，这已经成为人们的共识。《公约》认可了土著和地方社区持有的与遗传资源相关的传统知识对于其保护和发展目标，尤其是生物多

---

① 第9条规定："缔约方应鼓励利用方和提供方将利用遗传资源所产生的惠益引向生物多样性的保护及其组成部分的可持续利用。"

样性的保护和可持续利用具有的极其重要的促进作用，并且呼吁保存和维持此类知识以及提高它们的价值。①事实上，在大多数情况下传统知识与遗传资源本质上是联系在一起的，它们无法被分割开来。②

基于以上事实，关于获取和惠益分享国际制度的谈判动因不仅仅是为了有效实施《公约》第15条"遗传资源的获取"，而且牵涉第8（j）条（传统知识、创新和做法）的有效实施问题。③不仅如此，由于第8（j）条提到了利用传统知识、创新和做法以及分享惠益的问题并因此建立起与第15条的联系，与遗传资源相关的传统知识被纳入关于获取和惠益分享国际制度谈判的范围就具有了相应的基础。④经谈判而最终形成的《名古屋议定书》中关于与遗传资源相关的传统知识的规定包括第7条"与遗传资源相关的传统知识的获取"、第5.5条以及第12条"与遗传资源相关的传统知识"。第5.5条是关于分享利用传统知识所产生的惠益的规定，第12条则针对传统知识的获取和惠益分享以外的一些其他问题进行了规定。这些规定远远超出了《公约》第8（j）条的范围，它们显著地扩展了《公约》关于传统知识以及获取和惠益分享的规定。更为重要的是，《名古屋议定书》经由这些规定促使国际社会推进了与遗传资源相关的传统知识议题的商讨和解决工作，以及提升了保护此种知识持有人的机制和工具。

本节首先对《名古屋议定书》中与遗传资源相关的传统知识的获取和惠益分享的规定进行了解释和评论，其次分析和阐明了《名古屋议定书》第12条规定的与遗传资源相关的传统知识其他方面的问题。

---

① Gurdial Singh Nijar, Incorporating Traditional Knowledge in an International Regime on Access to Genetic Resources and Benefit Sharing: Problems and Prospects, *The European Journal of International Law,* Vol. 21 No. 2, 2010.《公约》第8（j）条规定："遵照国家立法，尊重、保存和维持土著和地方社区体现了传统生活方式而与生物多样性的保护和可持续利用相关的知识、创新和做法并在此种知识、创新和做法持有者的批准和参与下促进其广泛应用，以及鼓励公平地分享利用此种知识、创新和做法而产生的惠益。"

② The Report of the Meeting of the Group of Technical and Legal Experts on Traditional Knowledge Associated with Genetic Resources in the Context of the International Regime on Access and Benefit-Sharing, UNEP/CBD/WG-ABS/8/2, 2009.

③《公约》缔约方大会第七届会议决定授权其获取和惠益分享不限成员名额特设工作组详细拟订和谈判一个关于遗传资源的获取和惠益分享的国际制度，以便有效实施《公约》第15条和第8（j）条及其三项目标。

④ Thomas Greiber et al, *An Explanatory Guide to the Nagoya Protocol on Access and Benefit-Sharing,* International Union for Conservation of Nature and Natural Resources, 2012, p. 109.

一、与遗传资源相关的传统知识的获取

第7条规定："每一缔约方应根据国内法，酌情采取措施，以期确保土著和地方社区持有的与遗传资源相关的传统知识是在这些土著和地方社区事先知情同意或批准和参与之下所获取，并且订立了共同商定条件。"本条规定是关于缔约方就获取与遗传资源相关的传统知识所负担的采取措施义务的规定。根据本条规定，缔约方采取的措施必须确保在作为与遗传资源相关的传统知识持有者的土著和地方社区的事先知情同意或批准和参与之下，以及按照订立的共同商定条件获取此类知识。本条规定主要涉及三个方面的问题，以下逐一解释和分析。

首先来看本条规定的中心概念——与遗传资源相关的传统知识（以下简称相关传统知识）。上文指出，相关传统知识是除遗传资源以外《名古屋议定书》适用的另一类客体。值得注意的是，《公约》第8（j）条使用的概念"体现了传统生活方式而与生物多样性的保护和可持续利用相关的知识、创新和做法"，而《名古屋议定书》使用的是"相关传统知识"。显然，后者是前者所包含的一个类别。《名古屋议定书》将《公约》第8（j）条提到的知识、创新和做法限缩为相关传统知识是其适用的首要客体——遗传资源所施加的一个影响。尽管作为一个关键术语，但相关传统知识并没有被《名古屋议定书》加以界定。实际上，在《名古屋议定书》的谈判过程中，专家们承认相关传统知识具有多面性，其代表了一类处于变化之中的、具有活力并且与当代相关的知识。专家们因此放弃了界定相关传统知识的努力，转而通过提及相关传统知识特有的核心特征而对其作出描述。①然而，这些核心特征也没有被表达在《名古屋议定书》之中，但它们有助于人们对于相关传统知识内涵的理解和把握。

《名古屋议定书》选择使用"相关传统知识"概念以及回避对于这一概念的界定，构成了谈判者们解决《公约》第8（j）条有效实施问题的一部分方

---

① 这些特征包括：与特定文化或人群有联系（它是在一个特定的文化背景下创造的知识）；由未指明的创造者通常通过口述传统长期发展；具有动态和不断变化的属性；以成文或不成文（口头）形式而存在；代代相传（本质上是世际的）；性质上是当地的以及常常融合在当地语言中；独一无二的创造方式；可能难于确定原创者。See The Report of the Meeting of the Group of Technical and Legal Experts on Traditional Knowledge Associated with Genetic Resources in the Context of the International Regime on Access and Benefit-Sharing, UNEP/CBD/WG-ABS/8/2, 2009.

案。另一部分，也是最具实质意义的解决方案涉及《名古屋议定书》针对相关传统知识所规范的具体活动问题。根据本条和第5.5条的规定，获取相关传统知识和分享利用此种知识所产生的惠益是受《名古屋议定书》规范的活动。需要指出的是，《公约》第8（j）条规范的是"尊重、保存和维持传统知识、创新和做法、促进其应用以及鼓励分享其利用所产生的惠益"的活动。《名古屋议定书》并没有重复《公约》的规定，而是确立了与遗传资源问题相同的解决方案。造成这种状况的原因是，在《名古屋议定书》的谈判中，遗传资源是谈判的焦点所在，给予相关传统知识的关注比较少，谈判者们首先常常就如何处理遗传资源情景下的特定问题寻求达成一致，在这之后，同样的解决方案也被用于相关传统知识的问题之上。不仅如此，很少的关注给予了使得相关传统知识与遗传资源问题实质性不同的问题。在大多数场合，以基本上与遗传资源相同的方式处理相关传统知识不成为问题，甚或是有益的，因为它促成了《名古屋议定书》的一致性。[①]

本条规定处理了一个重要的问题——土著和地方社区对于相关传统知识的权利。按照本条规定，土著和地方社区"持有"相关传统知识。"持有"意味着相关传统知识归属于土著和地方社区，这些社区对于相关传统知识拥有一定的权利，即使本条规定中没有出现权利的字眼。本条规定中的用语与《公约》第8（j）条中的表述"土著和地方社区的知识、创新和做法"所要表达的旨意基本相同。在这个问题上，《名古屋议定书》并没有一体化地处理遗传资源和相关传统知识的权利问题，土著和地方社区对于相关传统知识的权利因此未能被清楚地规定出来。[②]尽管如此，似乎可以公平地说，《名古屋议定书》非常重要地推进了国际公法中对于传统知识持有者的保护。[③]

其次分析土著和地方社区的事先知情同意或批准和参与问题。根据本条规定，缔约方有义务确保在土著和地方社区"事先知情同意或批准和参与"下获取相关传统知识。上文在解释第6.2条时曾指出，"事先知情同意"与"批

---

① Thomas Greiber et al, *An Explanatory Guide to the Nagoya Protocol on Access and Benefit-Sharing*, International Union for Conservation of Nature and Natural Resources, 2012, p. 109.

②《名古屋议定书》第6.2条和第5.2条都提到了土著和地方社区对于遗传资源的既定权利问题。

③ Matthias Buck and Clare Hamilton, The Nagoya Protocol on Access to Genetic Resources and the Fair and Equitable Sharing of Benefits Arising from their Utilization to the Convention on Biological Diversity, *Review of European Community & International Environmental Law,* Vol. 20, Issue 1, 2011.

准和参与"在含义上相近，它们之间不存在显著的差别。尽管如此，但细究起来，这两个术语之间还会有某种细微的差异。作为一个专门术语，"事先知情同意"已经被包括《公约》和《联合国土著人民权利宣言》在内的许多国际法律文件所采用。这意味着其在国际法中获得了一个特定的地位，从而使得某些要素自动地与其联系起来，例如"事先"和"知情"指什么的定义。反观"批准（事实上包含了参与的意思）"，尽管出现在《公约》第8（j）条中，但其很少被国际法律文件所使用，也几乎没有被作为一个带有自动与其相联系的要素的专门术语而提及。①由于以上差异的存在，不同的缔约方在实施本条规定时就拥有了必要的伸缩性。具体来说，缔约方可以选择在其国内法中确立一个正式的"事先知情同意"的定义，并且为落实这一概念所包含的要素而提供各方面的支撑。缔约方也可以选择直接使用"批准和参与"的概念，这样就能够避免将一个正式被界定的"事先知情同意"概念及其有关要素纳入其国内法中。

最后来看本条规定中包含的一些对于缔约方负担的采取措施义务的限制性条件。本条规定针对缔约方采取措施的义务同时提到了三个限制性条件，它们是："根据国内法""酌情"和"以期确保"。一般认为，引入这三个条件的目的是为缔约方实施本条规定提供伸缩性。还有观点认为，本条规定中的一些关键概念没有得到界定，从而导致本条规定缺少明确性，而这种明确性的缺失可以解释一些谈判方对于"根据国内法"和"酌情"等限制性条件的坚持。②"根据国内法"指出了缔约方应当采取措施的方式，即根据或通过国内法采取措施。尽管在大多数国家可能都是以如此的方式采取措施，但《名古屋议定书》在此进行了明确的强调。实际上，提及"根据国内法"并没有对缔约方采取措施的实质性义务加以限定。"酌情"则意味着国家并不处于一般性的采取措施的义务之下，它们仅仅需要在有一个已认定的需求时采取措施。此时国家不能选择不采取措施，因为本条规定使用的词语是"应当"（shall）。同时提及"酌情"和"根据国内法"明确了国家可自由决定何种措施最适合

① Thomas Greiber et al, *An Explanatory Guide to the Nagoya Protocol on Access and Benefit-Sharing*, International Union for Conservation of Nature and Natural Resources, 2012, p. 110.

② Matthias Buck and Clare Hamilton, The Nagoya Protocol on Access to Genetic Resources and the Fair and Equitable Sharing of Benefits Arising from their Utilization to the Convention on Biological Diversity, *Review of European Community & International Environmental Law,* Vol. 20, Issue 1, 2011.

满足已认定的需求。国家决定采取的措施必须"旨在"（aim to）确保相关传统知识是在土著和地方社区事先知情同意或批准和参与下，并基于共同商定条件所获取。①

二、与遗传资源相关的传统知识的惠益分享

第5.5条规定："每一缔约方应酌情采取立法、行政或政策措施，以便利用与遗传资源相关的传统知识所产生的惠益以公平和公正的方式与持有此种知识的土著和地方社区予以分享。这种分享应当按照共同商定的条件。"本段规定处理了分享利用相关传统知识所产生的惠益的问题。根据本段规定，缔约方有义务采取措施，以便按照共同商定条件，与土著和地方社区分享利用相关传统知识所产生的惠益。本段规定与《公约》第8（j）条的模糊和非义务性相比更为具体，而且在语言上更加直截了当。②值得指出的是，本段规定使用了"以便"（in order that）这样的短语来强调分享利用相关传统知识所产生的惠益的问题，而非出现在第5.2条、第6.2条和第7条中的短语"以期确保"（with the aim of ensuring），这可以看作是对缔约方在相关传统知识的惠益分享问题上所负担义务的一种强化。

这种强化反映了国际社会对于土著和地方社区管理、控制以及开发其相关传统知识权利的不断认可，以及各国采取措施以便认可和保护这些权利行使的义务的日益强调。在相关传统知识的权利问题上，本段规定提到了"与持有此种知识的土著和地方社区"分享惠益的要求。这一要求连同第7条中的有关表述事实上确认了在《名古屋议定书》的框架下相关传统知识归属于创造了此种知识的土著和地方社区，以及这些社区对相关传统知识拥有权利。最后说明一下"利用与遗传资源相关的相关传统知识"的问题。本段规定中提到了术语"利用与遗传资源相关的传统知识"，但在《名古屋议定书》中其没有拥有一个定义。一般来说，利用相关传统知识是与利用遗传资源紧密地联系在一起的，就遗传资源的遗传和生物化学组成进行研究和开发需要依赖

---

① Thomas Greiber et al, *An Explanatory Guide to the Nagoya Protocol on Access and Benefit-Sharing*, International Union for Conservation of Nature and Natural Resources, 2012, p. 112.
②《公约》第8（j）条仅仅要求缔约方遵照国内立法，"鼓励"公平地分享利用相关传统知识所产生的惠益。

相关传统知识提供有用的线索，并且有可能导致商业产品的推出，这构成了利用相关传统知识。但是，在某些情况下利用相关传统知识会与更为一般的生物多样性组成部分的研究和开发联系起来，相关传统知识能够提供有关生物多样性组成部分的特性和如何管理它们的有用信息。

三、与遗传资源相关的传统知识其他方面的问题

除了以上关于相关传统知识的获取和惠益分享的规定外，《名古屋议定书》中还有一个以"与遗传资源相关的传统知识"为题的规定，这就是第12条规定。从第12条规定的标题看，其应当包含相关传统知识所涉及的各个方面的规定。但是，第12条规定了一些次要性的问题，看上去有些"名实不符"。

实际上，在《名古屋议定书》谈判的最后阶段，针对是否应当将议定书中相关传统知识的规定限定为一个条文，或与之相反是否应当将其作为一个跨领域问题（cross-cutting issue）而加以处理，[①]各方的观点并不一致。当哪种立场将会胜出仍未确定的时候，第12条被支持前一种观点的人看作是《名古屋议定书》中的传统知识规定。在最后谈判代表们选择将相关传统知识作为一个跨领域问题而处理时，关于相关传统知识的主要规定最终出现在第5.5条、第7条和第16条中。但是，第12条的标题并没有被修改以便反映这种变化，并因此造成了误导。[②]第12条对相关传统知识的获取和惠益分享之外的一些其他问题进行了规定，它是对第5.5条和第7条等规定的补充。

第12.1条规定："在履行本议定书的义务时，缔约方应根据国内法考虑在与遗传资源相关的传统知识方面适用的土著和地方社区的习惯法、社区议定书和程序。"本段规定要求缔约方在履行本议定书的义务时考虑土著和地方社区的习惯法、社区议定书和程序的作用。这里有必要解释一下这三种不同的规则或准则。习惯法属于不成文法或者非法典化的规则，它随着时间的推

---

① 在《公约》框架下，"跨领域问题"是指与所有"专题工作方案"（thematic programmes of work）相关的问题。《公约》缔约方大会确立了农业生物多样性、森林生物多样性及海洋和沿海生物多样性等七个专题工作方案。在跨领域问题方面，缔约方大会已经在生物安全、遗传资源的获取和惠益分享、传统知识、创新和做法、可持续利用、环境影响评估等问题上已经发起了有关的工作，并取得了有益的成果。See Secretariat of CBD, *Handbook of Convention on Biological Diversity*, introduction.

② Thomas Greiber et al, *An Explanatory Guide to the Nagoya Protocol on Access and Benefit-Sharing*, International Union for Conservation of Nature and Natural Resources, 2012, p. 137.

移不断地发展演进，以便回应社区的变化和周围的环境。习惯法的非法典化属性为其适应社区已经改变了的需要和利益提供了必要的前提。社区议定书则是新近提出的一个概念，其相对较晚地被引入到谈判之中，并最终被《名古屋议定书》所采纳。一般而言，社区议定书可以被描述为，在社区内部拟定了其将同意获取与遗传资源相关的传统知识的条件的情况下，由持有传统知识的社区通过的书面文件。在这一方式上社区议定书因此可以与国家的议会制定的正式立法文件作比较，尽管它们行动的来源影响着各自的法律地位。值得指出的是，社区议定书可能，以及很可能常常基于或至少尊重了土著和地方社区的习惯法。[1]程序是指土著和地方社区处理相关传统知识的事务所遵循的有关准则，其与社区议定书相比没有那么系统和正式。最后，本段规定中包含了"根据国内法""考虑"及"适用的"这样三个限定语，缔约方可以依据它们决定在何种程度上落实本段规定提出的要求。

第12.2条规定："缔约方应在相关土著和地方社区的有效参与下建立机制，以向与遗传资源相关的传统知识的潜在使用者通报其获取以及公正与公平分享利用此种知识所产生惠益的义务，包括通过获取和惠益分享信息交换所提供的措施。"本段规定要求缔约方在相关土著和地方社区的有效参与下建立向相关传统知识的潜在利用者通告其获取和惠益分享义务的机制。"有效参与"强调了缔约方和相关社区之间展开紧密合作的需要。根据本段规定，缔约方还有义务通告通过获取和惠益分享信息交换所提供的关于获取和惠益分享的措施，这是对获取和惠益分享信息交换所具有的作用的认可。

第12.3条规定："缔约方应酌情努力支持土著和地方社区，包括这些社区内的妇女制定：（a）有关获取与遗传资源相关的传统知识以及公正和公平分享利用此种知识所产生惠益的社区议定书；（b）实现公正和公平分享利用与遗传资源相关的传统知识所产生惠益的共同商定条件的最低要求；以及（c）分享利用与遗传资源相关的传统知识所产生的惠益的示范合同条款。"本段规定要求缔约方努力支持土著和地方社区制定三种不同的规范性文书或要求。它们有助于加强土著和地方社区规范获取其相关传统知识以及分享利用此种知识所产生惠益的活动的能力。需要指出的是，这三种文书或要求尽管在性

---

[1] Thomas Greiber et al, *An Explanatory Guide to the Nagoya Protocol on Access and Benefit-Sharing*, International Union for Conservation of Nature and Natural Resources, 2012, p. 137.

质上有所不同，但它们拥有相似的功能。社区议定书是由土著和地方社区通过的内部准则，其规范如土著和地方社区在何种情形下和基于何种条件将同意获取社区持有的相关传统知识的问题。共同商定条件的最低要求很可能具有同样的内容，两者的不同之处可能是社区议定书更加经常，但并不必然采取一个整体的路径（holistic approach），以此详述传统知识在社区中的作用等，以及因此提供不经常在共同商定条件的最低要求中发现的信息。示范合同条款则将社区议定书和共同商定条件的最低要求中所表达的土著和地方社区的立场翻译为明确的合同语言。①

本段规定特别提到社区内的妇女。毫无疑问，相关传统知识的创造、维持和管理也离不开她们的贡献，将她们作为主体纳入到制定有关文书或要求的过程当中是对其已经和正在作出的贡献的认可。与以上第12.2条规定不同的是，本段规定含有一些对缔约方的义务进行限定的词语。根据本段规定，缔约方仅仅有义务"努力""支持"土著和地方社区制定有关的文书或要求，而且是"酌情"努力支持。本段规定在此使用"酌情"有其实际意义。在《名古屋议定书》谈判中，一些谈判代表指出，不同的土著和地方社区处理获取其传统知识事务的能力存在较大差别。这意味着并非所有的土著和地方社区都希望缔约方帮助其制定有关的文书或要求，如果某些社区能够或希望独立处理此类事务时，缔约方就不适宜介入。此外，并非所有的土著和地方社区都希望制定社区议定书、共同商定条件的最低要求和示范合同条款，如果某些社区选择不制定这些文书或要求的话，缔约方也不适宜干预。本段规定中提到的"酌情"一词为缔约方基于不同的需求而采取相应的行动提供了必要的依据。

第12.4条规定："缔约方在其实施本议定书时应根据《公约》的目标，尽可能不限制土著和地方社区内及相互间对于遗传资源及其相关传统知识的习惯性使用和交流。"本段规定向缔约方施加了一个不作为的义务——不限制遗传资源及其相关传统知识的习惯性使用和交流。事实上，土著和地方社区在漫长的生产生活实践中持续地利用、保存和改进着遗传资源及其相关传统知识，而且社区内及相互间经常地交流这些资源和知识。在《名古屋议定书》谈判中存在这样一种关注，《名古屋议定书》的实施可能导致土著和地方社区

---

① Thomas Greiber et al, *An Explanatory Guide to the Nagoya Protocol on Access and Benefit-Sharing*, International Union for Conservation of Nature and Natural Resources, 2012, p. 137.

内及相互间对于遗传资源以及相关传统知识的交流正式化，并因而限制此类交流活动。[1]本段规定则是为了回应以上关注而确立的规则。

根据本段规定，缔约方不得限制的使用必须是"习惯性的"使用，这也就意味着在《名古屋议定书》生效前，有关的使用已经持续了相当长的时间。本段规定还提到了缔约方应"尽可能"不限制的问题，也就是说本段规定仅仅"尽可能"地适用。不过，很难想象当有关使用和交流已经持续了相当长的时间，会出现什么情形，突然使得不限制习惯性使用和交流变得不可能。但是，如果发生了这样一种情形，缔约方就有权利限制使用和交流。[2]

第五节　遵守问题

上文指出，一些发展中国家为了实施《公约》第15条规定推出了规范获取遗传资源以及分享其利用所产生惠益活动的立法措施。然而，作为利用遗传资源活动主要发生地的发达国家则没有遵照《公约》第15.7条的要求采取旨在实现惠益分享的立法措施。不仅如此，国际层面上一段时期内关于获取和惠益分享问题的讨论主要集中在发展中国家的获取和惠益分享立法之上。这些事实反映出在较长的时间内遗传资源提供国的立法支撑着《公约》第15条的国内实施。

然而，考虑到获取和惠益分享问题具有的跨国属性，至少两类国家牵涉到获取和惠益分享活动之中，仅仅通过提供国一方的立法措施规范获取和惠益分享要么在法律上不可能，要么在成本上极为昂贵。[3]随着《波恩准则》的

---

[1] Matthias Buck and Clare Hamilton, The Nagoya Protocol on Access to Genetic Resources and the Fair and Equitable Sharing of Benefits Arising from their Utilization to the Convention on Biological Diversity, *Review of European Community & International Environmental Law,* Vol. 20, Issue 1, 2011.

[2] Thomas Greiber et al, *An Explanatory Guide to the Nagoya Protocol on Access and Benefit-Sharing,* International Union for Conservation of Nature and Natural Resources, 2012, p. 141.

[3] 提供国的立法措施规范获取其本国遗传资源的活动，但提供国之外的利用者有时无需亲自到提供国管辖的范围内获取资源，其可以通过某种方式从已经获取了相关资源的人（中间人）那里得到资源，从而逃避履行根据提供国立法所承担的义务。在惠益分享方面，提供国立法一般要求在共同商定条件（合同）中达成惠益分享的安排，这样一来就将惠益分享的最终实现归结为合同条款的执行（enforcement）问题。当利用者违反合同条款时，提供方就需要前往利用方所在的国家要求有管辖权的法院执行合同条款，但这会产生费时费力以及花费高额诉讼成本的问题。

通过，这种局面发生了一定的改变。共同的理解逐步扩大，从而认识到或许提供国的获取立法并非是实现公正和公平惠益分享所需的唯一要素。[①]实际上，利用者所在的国家采取的措施是实现惠益分享所需的另外一个方面的要素，此类措施旨在促使其管辖范围内的利用者遵守提供国的获取和惠益分享立法。为了进一步推动《公约》三项目标的落实，这两个方面要素应当同时被包含在关于获取和惠益分享的国际制度之中。只有如此，这才是一个兼具平衡性和功能性的国际制度。

在发展中国家看来，利用者遵守提供国的获取和惠益分享立法的问题构成这一国际制度的"核心的核心"。[②]事实上，一个处在《名古屋议定书》谈判背后的推力来自于以下看法：当利用者身处来源国的管辖范围之外时，他们并不受到获取和惠益分享法律制度的约束。[③]因此，生物多样性大国高度关注利用者没有遵守它们国内获取和惠益分享立法（特别是关于事先知情同意和共同商定条件的规定）的问题，也就是所谓的"不当利用（misappropriation）"问题，并且强烈要求在《名古屋议定书》中建立具有法律约束力的义务，以使提供国的获取和惠益分享立法得到遵守。各方经过谈判并在作出重大妥协后确立了包括第15～18条在内的解决遵守问题的一套规定。

第15条是关于遵守有关获取和惠益分享的国内立法或规范性要求（compliance with domestic legislation or regulatory requirements on ABS）的规定。第16条规定了遵守有关与遗传资源相关的传统知识的获取和惠益分享国内立法或规范性要求的问题。第17条处理了一个与遵守紧密相关的问题——监测利用遗传资源。第18条规定了另外一种遵守，即遵守共同商定条件的问题。考虑到第17条涉及的问题较多，本章将在第六节对其展开论述。本节就第15条、第16条和第18条规定进行解释、分析和评论。

---

① Morten W. Tvedt and Tomme Young, *Beyond Access: Exploring Implementation of the Fair and Equitable Sharing Commitment in the CBD,* International Union for Conservation of Nature and Natural Resources, 2007, p. 18.

② Gurdial Singh Nijar, *The Nagoya Protocol on Access and Benefit Sharing of Genetic Resources: Analysis and Implementation Options for Developing Countries,* Research Paper of South Centre, March 2011, p. 5.

③ Morten W. Tvedt and Tomme Young, *Beyond Access: Exploring Implementation of the Fair and Equitable Sharing Commitment in the CBD,* International Union for Conservation of Nature and Natural Resources, 2007, p. 3.

一、遵守有关获取和惠益分享的国内立法或规范性要求

第15.1条规定："每一缔约方应采取适当、有效和相称的立法、行政或政策措施，以便规定，如其他缔约方国内获取和惠益分享立法或规范性要求所规定，其管辖范围内利用的遗传资源已经遵照事先知情同意而获取，并且订立了共同商定条件。"本段规定为缔约方设定了采取当初谈判者们称之为"利用者国家措施"或"利用者措施"的义务。这是一个具有创新性的义务，它第一次满足了提供者国家（主要是发展中国家）对利用者国家（主要是发达国家）提出的建立此种强制性遵守措施的要求。[①]这一义务的确立在很大程度上能够预防和阻止遗传资源的利用者对提供国资源的"不当利用"或"盗用"行为，并且有力地推动提供国获取和惠益分享立法目标的实现。本段规定首先要求缔约方采取在属性和条件方面已经有所限定的措施，其次指明了缔约方采取的措施所要达到的效果。下面就本段规定涉及的各个方面的问题进行解释和说明。

第一个需要解释的问题是本段规定开头就提到的采取措施的缔约方。根据本段规定，"每一缔约方"有义务采取措施。这表明，不仅仅利用者所在的发达国家（当初发展中国家发起遵守问题谈判时指向的国家）有义务采取措施，而且遗传资源提供国（主要是发展中国家）也有义务采取措施，只要其管辖范围内发生着利用来自于其他国家遗传资源的活动。[②]就此而言，谈判中针对发达国家提出的采取遵守措施的要求最终扩展到了发达国家缔约方和发展中国家缔约方，这是一个值得注意的变化。另外，不管缔约方决定是否就获取其遗传资源要求事先知情同意，每一缔约方都有采取措施的义务。换言之，如果某个缔约方准予所有利用者自由获取其遗传资源，但它仍将被《名古屋议定书》所要求支持另一个国家（也就是提供遗传资源的国家）采取的

---

① Gurdial Singh Nijar, *The Nagoya Protocol on Access and Benefit Sharing of Genetic Resources: Analysis and Implementation Options for Developing Countries,* Research Paper of South Centre, March 2011, p. 6.

② 日益增多的发展中国家在遗传调控和生物化合物的合成上已经具备了技术能力，这使得这些国家经由甚至是最专门的定义而成为"利用者"。同样，很多新近的例子已经记录了涉及从某个发达国家来源所提取的遗传资源的获得和利用。当然，最复杂和可能最有价值的利用遗传资源的形式通常发生在发达国家，而大多数发展中国家主要或专门为了农业品种开发而利用遗传资源。See Morten W. Tvedt and Tomme Young, *Beyond Access: Exploring Implementation of the Fair and Equitable Sharing Commitment in the CBD*, International Union for Conservation of Nature and Natural Resources, 2007, pp. 5, 10.

措施，并不顾及它并未参与此种措施制定的事实。①

　　接着来看缔约方有义务采取的措施问题。根据本段规定，缔约方有义务采取"适当、有效和相称的立法、行政或政策"措施。这一表述从属性和条件两个方面对缔约方采取的措施进行了限定。实际上，在商讨和谈判第15条规定的过程中，一些谈判者认为"利用者措施"应当被详细地加以描述，其他谈判者则想要保留各国采取它们认为适当的措施的主权权利。最终的第15条文本并没有包含具体的措施，相反，它向缔约方提供了与所采取措施的属性有关的相当大的伸缩性。②因此，每个缔约方单独需要决定是否制定法律，或采取行政措施（例如颁布行政条例）或政策措施（例如通过一个战略或行动计划）。

　　除了属性方面的限定，本段规定还使用了"适当、有效和相称的"三个词语对缔约方采取的措施所需要满足的条件作出了限定。"适当的"意味着缔约方采取的措施必须与其法律、政治、社会和经济状况相契合，而且意味着缔约方应当考虑避免确立可能到头来过于官僚化的复杂制度。就"有效的"来说，应当从其通常的含义上去理解，它在这里指的是缔约方采取的措施拥有成功地实现预期的效果的潜力。"有效的"还被理解为与可能的惩罚联系在一起，条件是没有遵守有关的措施。在《名古屋议定书》中，"相称的"第一次出现在这里。从该词语的标准含义来看，明显谈判者们指向的是充分的以及不应是不必要地超出其负担的措施，也就是其在性质和程度上与需要完成的事情是相符合的。在这个场合，考虑到《名古屋议定书》给了缔约方最大程度的伸缩性，措施相称与否的决定可以只在逐案的基础上作出。③

　　再来看缔约方采取的措施所要达到的效果问题。本段规定指出，每一缔约方必须"规定"，其管辖范围内利用的遗传资源已经遵照事先知情同意而获取，并且订立了共同商定条件。换言之，每一缔约方必须规定其管辖范围内利用的遗传资源在获取和惠益分享方面处于良好的法律状况。上文在解释第

---

① Thomas Greiber et al, *An Explanatory Guide to the Nagoya Protocol on Access and Benefit-Sharing*, International Union for Conservation of Nature and Natural Resources, 2012, p. 160.

② 本段规定为缔约方提供的伸缩性是相当重要的，这是因为《名古屋议定书》适用于不同产业部门中的各种利用遗传资源活动，而且这些不同的产业部门拥有截然不同的商业和创新模式以及遗传材料和相关信息的交易类型。

③ Thomas Greiber et al, *An Explanatory Guide to the Nagoya Protocol on Access and Benefit-Sharing*, International Union for Conservation of Nature and Natural Resources, 2012, p. 161.

6.3条分段（e）时提到一个时间点——在获取时，这个时间点对于本段规定来说具有重要的意义，进一步来说，缔约方只需要规定其管辖范围内利用的遗传资源"在获取时"处于良好的法律状况。这样一来就把本段规定与第6.3条分段（e）联系在一起，这种联系的具体表现是，只有提供遗传资源的缔约方在获取时颁发了获取许可证或等同文件（作为授予事先知情同意的决定和订立了共同商定条件的证据），缔约方采取的"利用者国家措施"才会具备可预见性以及可实施性。

根据本段规定，缔约方的义务是当遗传资源在其管辖范围内被利用（utilized）时采取措施。就此而言，本段规定提到的"利用"将对缔约方履行采取措施的义务产生重要的影响。有观点对此指出，《名古屋议定书》第2条中的"利用遗传资源"定义通告了缔约方义务的范围，第15.1条中的措施因此必须特别集中在创新链条的研究和开发部分之上，包括某个创新从开发转入商业化的阶段。[①]值得注意的是，本段规定没有提到第5.1条列举的另一类产生惠益的活动——"嗣后的应用和商业化"，这意味着缔约方为实施本段规定而采取的措施不需要延伸至这样的活动。但是，另有观点认为，研究和开发并未被界定，国家法律可以将它们界定得宽泛一些，从而涵盖整个创新链条，包括研究、开发、创新、商业化之前和商业化等的任何阶段。相应地，缔约方为实施本段规定而采取的措施必须延伸至以上任何阶段。[②]实际上，前一种观点主要是运用文义解释方法对《名古屋议定书》有关规定进行解释所得出的，其合理性值得肯定。而后一种观点是从发展中国家实施《名古屋议定书》的角度提出的，其可以作为未来实施《名古屋议定书》的一个选择而加以考虑。

最后需要解释的是"如其他缔约方国内获取和惠益分享立法或规范性要求所规定"的问题。这一表述中提到"其他缔约方国内获取和惠益分享立法或规范性要求"明确说明了，缔约方义务的范围并没有延伸至其他缔约方的国内立法或规范性要求的整体，而仅仅是关于获取和惠益分享的立法或规范

---

① Matthias Buck and Clare Hamilton, The Nagoya Protocol on Access to Genetic Resources and the Fair and Equitable Sharing of Benefits Arising from their Utilization to the Convention on Biological Diversity, *Review of European Community & International Environmental Law*, Vol. 20, Issue 1, 2011.

② Gurdial Singh Nijar, *The Nagoya Protocol on Access and Benefit Sharing of Genetic Resources: Analysis and Implementation Options for Developing Countries*, Research Paper of South Centre, March 2011, p. 6.

性要求，也就是规定在获取遗传资源时取得事先知情同意以及订立共同商定条件的立法或要求。其意图因此就是，不给利用者国家施加一个额外的负担，即要求它们开展一个正式的检查以决定与事先知情同意和共同商定条件相关联的具体条件是否已得到满足。换言之，缔约方采取的措施必须支持证实事先知情同意和共同商定条件的存在，而不是证实它们的实际内容或者执行。需要指出的是，违反包含在共同商定条件中的合同条款的情形由第18条予以处理。①

将上面的表述与本段规定其他内容结合在一起来看，缔约方采取措施的义务只在以下条件下启动，即其他缔约方国内获取和惠益分享立法或规范性要求规定了获取遗传资源必须取得事先知情同意和订立共同商定条件。这就意味着，为了促使利用者国家采取措施，缔约方必须制定获取和惠益分享立法或规范性要求，并就取得事先知情同意和订立共同商定条件的问题作出规定。这个理解是基于在"国内获取和惠益分享立法或规范性要求"之前出现的措辞"如……所规定"（as required by），该措辞无疑表明，事先知情同意和共同商定条件必须被纳入了其他缔约方的法律制度或有关措施之中。

值得注意的是，上面的表述提到了一个不同寻常的概念——"其他缔约方"。这个概念并没有出现在除本段规定和第16.1条以外的其他重要规定之中。第5.1条和第6.1条提到的是"作为此种资源原产国的提供此种资源的缔约方或根据《公约》已取得遗传资源的缔约方"。按理说，本段规定应当使用与第5.1条和第6.1条相同的措辞，因为利用者国家采取的措施旨在遵守提供遗传资源的缔约方的国内立法或规范性要求。那么，这里为什么要使用"其他缔约方"呢？对此有两种不同的解释。一种解释认为，如果使用与第5.1条和第6.1条相同的措辞（包含"原产国"概念），就会给缔约方施加一个额外的负担，也就是检查提供国的主权要求是否被很好地建立了起来，而使用"其他缔约方"可以避免这个问题。②另一种解释认为，本段规定和第5.1条及第6.1条使用的措辞的不同实际上确认了根据第17条建立的"国际公认的遵守证明书"具有的约束

---

① Thomas Greiber et al, *An Explanatory Guide to the Nagoya Protocol on Access and Benefit-Sharing*, International Union for Conservation of Nature and Natural Resources, 2012, p. 163.

② Thomas Greiber et al, *An Explanatory Guide to the Nagoya Protocol on Access and Benefit-Sharing*, International Union for Conservation of Nature and Natural Resources, 2012, p. 164.

力属性。[①]

第15.2条规定：“缔约方应采取适当、有效和相称的措施，以便处理不遵守根据上述第1段通过的措施的情事。”本段规定要求缔约方采取措施处理其管辖范围内的利用者不遵守根据第1段规定所采取的措施的情事。这实际上是有关“执法”问题的规定，而“执法”指的是缔约方为处理潜在的不遵守根据第15.1条采取的措施而应当利用的一类程序和行动。与第1段规定一样，本段规定没有提及具体的措施，缔约方因此被给予了必要的伸缩性，以决定最适合它们自身法律制度以及相关社会、文化和经济状况的措施。作为一个对于此种措施性质的指示，值得提到一些在谈判中指出的范例，它们包括罚款、某些行为的犯罪化以及在违反义务时禁止利用遗传资源。还需指出的是，限定词“相称的”这既意味着提高了将要采取的措施的门槛，也意味着旨在阻止比所必需的更严格或难于负担的罚款或制裁的适用。[②]

第15.3条规定：“缔约方应尽可能并酌情在被控违反上述第1段所指的国内获取和惠益分享立法或规范性要求的情形开展合作。”本段规定为缔约方设定了一个在被控违反国内获取和惠益分享立法或规范性要求的情形开展合作的义务。合作包括了分担调查、交流信息等，但不能被解读为包括了承认外国判决的问题，考虑到本段规定提到的是仍然处在“被控”（alleged）违反阶段的情形。实际上，术语“被控的”表明，不存在为了缔约方开展合作而证明有一个实际违反的要求。[③]本段规定一方面为缔约方设定合作的义务，但同时又使用了表述“尽可能并且酌情”，这一义务因而遭到了弱化，相应地，缔约方在履行义务的过程中拥有充分的自主决定的权利。例如，当缔约方认为在一个特定的情形不可能或不适合开展合作时，其拒绝合作就具有正当的理由。另外，本段规定并没有提到如何启动合作以及在哪些缔约方之间开展合作的

---

① 从第17.3条规定的内容来看，只要“其他缔约方”颁发的证明书证明了遗传资源是合法地获取，利用者国家就没有权利或义务证实利用的遗传资源的原产地，这似乎相当富有逻辑，因为确定某个遗传资源在某个具体国家合法获取恰恰是一个遵守证明书的目标所在。要求一个缔约方跟踪遗传资源至它的原产国事实上将使一个遵守证明书的目的遭到挫败，并因而给利用者国家施加一个不必要的负担。See R. Paternostre, The *Nagoya Protocol ABS Protocol: A Legally Sound Framework for An Effective Regime?* Thesis for the attainment of the Master's Degree, Utrecht University, 2011, pp. 77-78.

②③ Thomas Greiber et al, *An Explanatory Guide to the Nagoya Protocol on Access and Benefit-Sharing,* International Union for Conservation of Nature and Natural Resources, 2012, p. 164.

问题，这要留待缔约方决定要求或提供它们认为适当的合作。最后，缔约方依据本段规定而展开的合作将在很大程度上有益于核查不遵守根据第15.1条所采取措施的情事，因为有关不合法的获取活动的信息一般存在于获得遗传资源的国家，而非它们被利用的管辖区域。①

二、遵守有关与遗传资源相关的传统知识的获取和惠益分享国内立法或规范性要求

第16.1条规定："每一缔约方应酌情采取适当、有效和相称的立法、行政或政策措施，以便规定，如土著和地方社区所在的其他缔约方国内获取和惠益分享立法或规范性要求所规定，其管辖范围内利用的与遗传资源相关的传统知识已经遵照此种土著和地方社区的事先知情同意或批准和参与而获取，并且订立了共同商定条件。"从表述方式和使用的措辞来看，本段规定连同第16条第2和3段规定几乎"重复"了第15条规定，只不过本段规定特别集中在遵守有关与遗传资源相关的传统知识（以下简称相关传统知识）的获取和惠益分享国内立法或规范性要求之上。与第15.1条相同，本段规定也为缔约方设定了采取"利用者国家措施"的义务。但不同于第15.1条的是，缔约方采取的此类措施将支持遵守对相关传统知识的获取和惠益分享问题作出了规定的获取和惠益分享国内立法或规范性要求。

考虑到本段规定的表述方式及使用的一些措辞与第15.1条规定完全相同，上文就第15.1条规定所作的解释同样也适用于本段规定。但是，相比于第15.1条规定，本段规定包含了三个重要差别，值得在此提出并加以说明。

首先，本段规定不仅提到了事先知情同意，而且增加了土著和地方社区的"批准和参与"的表述。这是由于第7条规定要求缔约方确保在土著和地方社区的事先知情同意或"批准和参与"下获取相关传统知识，本段规定在涉及获取相关传统知识的部分自然地将这一表述纳入其中。就此来说，必须结合第7条规定而对本段规定进行解释。其次，本段规定额外地加入了一个在《名古屋议定书》其他规定中多次出现的限定词——"酌情"。加入这个限定词

---

① Matthias Buck and Clare Hamilton, The Nagoya Protocol on Access to Genetic Resources and the Fair and Equitable Sharing of Benefits Arising from their Utilization to the Convention on Biological Diversity, *Review of European Community & International Environmental Law*, Vol. 20, Issue 1, 2011.

的目的无疑是给缔约方实施本段规定提供伸缩性。之所以这样做主要是考虑到相关传统知识在一些方面具有不同于遗传资源的属性和特点，以及《名古屋议定书》中缺少某些关键术语的定义。[①]而且，缔约方根据第16条所负担的义务在《公约》中不存在先例，实际上进入到一个未知的法律领域。在发生获取相关传统知识活动的国家存在着不同的用语和相异的规则，这将给所有缔约方证明其管辖范围内利用的相关传统知识具有良好的法律状况带来一个艰巨的实施挑战。因此，一个人应该预料到不同缔约方间在国内实施上出现较大的差异。[②]再者，本段规定提到的获取和惠益分享立法或规范性要求是指"土著和地方社区所在的"其他缔约方的国内获取和惠益分享立法或规范性要求。这里对"其他缔约方"作出了进一步的限定，这当然也是考虑到了相关传统知识与土著和地方社区之间具有的密不可分的属性。

另外，尽管上文对第15.1条中的"如其他缔约方国内获取和惠益分享立法或规范性要求所规定"作出的解释可以适用于本段规定中的类似表述，但是仍有必要就本段规定涉及的问题在此给予说明。从本段规定的内容看，缔约方采取遵守措施的前提是，土著和地方社区就获取相关传统知识要求事先知情同意或批准和参与以及订立共同商定条件必须被规定在此种社区所在的缔约方的国内获取和惠益分享立法或规范性要求之中。《名古屋议定书》没有规定有关这样一类相关传统知识的遵守措施，也就是来自于尚未制定关于传统知识的获取和惠益分享法律或规范性要求的缔约方的相关传统知识。显而易见，利用者国家根本不可能采取遵守尚不存在的立法或规范性要求的措施。本段规定也没有明确提到第12条所规定的土著和地方社区的习惯法、社区议定书和程序，这表明，缔约方的义务不会延伸到这些规则或做法，除非它们已被纳入到缔约方的获取和惠益分享立法或规范性要求之中。

[①] 这些属性和特点包括，相关传统知识被土著和地方社区所持有或拥有，而且情形极为多样；国家只是相关传统知识的监管者，而非持有者；在某些场合，获取相关传统知识需要遵照土著和地方社区的习惯法、社区议定书和程序行事。《名古屋议定书》没有作出界定的关键术语是："与遗传资源相关的传统知识""利用与遗传资源相关的传统知识"及"土著和地方社区"。See Thomas Greiber et al, *An Explanatory Guide to the Nagoya Protocol on Access and Benefit-Sharing*, International Union for Conservation of Nature and Natural Resources, 2012，pp. 169-170.

[②] Matthias Buck and Clare Hamilton, The Nagoya Protocol on Access to Genetic Resources and the Fair and Equitable Sharing of Benefits Arising from their Utilization to the Convention on Biological Diversity, *Review of European Community & International Environmental Law,* Vol. 20, Issue 1, 2011.

第16.2条和第16.3条规定与第15.2条和第15.3条规定的内容相同，上文就第15.2和15.3条规定所做的解释完全适用于这两段规定，此处不再重复解释。

三、遵守共同商定条件

不同于第15条和第16条所规定的"遵守获取和惠益分享国内立法或规范性要求"，第18条规定的则是"遵守共同商定条件"的问题。第15条和第16条旨在阻止"不当利用"（misappropriation）行为的发生，关注的问题是利用者有没有依照提供国获取和惠益分享立法或规范性要求订立了共同商定条件，而第18条关注的是如何处理违反已经订立的共同商定条件的情况，这种情况在谈判中被称之为"违规利用"（misuse）。

如上文所述，由于获取和利用遗传资源的一方往往来自于提供国管辖范围之外的国家，包含了共同商定条件的合同不可避免地含有涉外因素。利用者和提供者之间的合同关系因此是跨越国境的。考虑到不同国家私法制度因内容差异而在法律适用上产生的冲突，一国的国际私法规则（也称冲突规则）需要就此发挥规范作用，以便确定当事人之间的涉外私法关系应当适用哪个国家的法律。①在违反包含了共同商定条件的合同的情况下，解决涉外合同争议所牵涉的国际私法问题随之产生。按理说，这些问题不应当由作为国际公法的《名古屋议定书》加以处理，因为它们通常落入了一国的国际私法范围之中。然而，一些国家在谈判过程中表达了这样的关切：它们缺少处置违反共同商定条件的情事的能力。第18.1条和第18.3条的部分规定通过处理解决共同商定条件争议牵涉的国际私法问题对这一关切进行了回应。另外，共同商定条件争议的解决无疑以受理争议的国家为当事人提供了可得利用的救济途径和机制为前提条件。第18.2条和第18.3条的另一部分规定处理了与此有关的寻求追索权（recourse）的机会和诉诸司法（access to justice）的问题。

第18.1条规定："在实施第6.3条分段（g）之（一）和第7条时，每一缔约方应当鼓励遗传资源和（或）与遗传资源相关的传统知识的提供者和利用

---

① 国际私法，又称冲突法，是一个国家的国内法中关于处理涉外民商事案件时所适用的原则和规则的总和，其旨在确定哪个国家的法律应当适用于涉外民商事案件。这一般称称之为严格意义上的国际私法，但有些国家的国际私法立法还规定了涉外民商事案件的司法管辖权、外国判决的承认和执行等问题。需要指出的是，这三个方面的问题在《名古屋议定书》第18条中都有提及。

者在共同商定条件中适当纳入涵盖争议解决的条款,包括(a)提供者和利用者将任何争议解决过程提交的司法管辖权;(b)适用的法律;以及(或)(c)非诉讼争议解决方式的选择,例如调解或仲裁。"本段规定处理了解决共同商定条件争议牵涉的最重要的国际私法问题(以何种方式以及适用何种法律解决争议)。处理的方式则是,要求缔约方"鼓励"遗传资源和(或)相关传统知识的提供者和利用者在共同商定条件中"适当"纳入已列举的涵盖争议解决的条款。然而,必须指出的是,即使本段规定没有采取这种处理方式,涉外合同的当事人一般都会在合同中纳入他们已经商定的关于如何解决争议的条款,尤其是关于双方协议选择的管辖法院和适用的法律的条款,这可以说是一个普遍性的做法。从这个意义上说,本段规定能够发挥的作用似乎有限,何况缔约方负担的只是"鼓励"提供者和利用者"适当"(where appropriate)纳入涵盖争议解决条款的义务,这里使用的词语"鼓励"和"适当"明显缓和了本段规定中的义务对于缔约方的约束力。

本段规定还明确列举了涵盖争议解决的三类条款,这就指出了解决共同商定条件争议所牵涉的国际私法问题。首先来看提供者和利用者将任何争议解决过程提交的司法管辖权(jurisdiction)。这里的司法管辖权是指某个国家的特定法院主持和指挥争议解决过程的权力。从解决争议的角度来看,哪个法院对争议拥有司法管辖权可能是第一位的问题,这个问题则要由一国的国际私法规则(有些国家是涉外民事诉讼规则)解决。就涉外合同争议而言,各国的一般规则是当事人可以协议选择管辖的法院。本段规定实际上体现了这一规则,因为在缔约方的鼓励下,提供者和利用者要在共同商定条件中纳入一个明确的司法管辖权条款。应当说明的是,双方可能希望在利用者所在的管辖区域就违反合同提起诉讼,以便回避判决在其他国家被承认和执行的问题。[①]

其次来看适用的法律(applicable law)。适用的法律,也称准据法,是指作为解决当事人之间争议所依据的法律。严格意义上的国际私法规则就是关于确定涉外私法关系应当适用的法律的规则。对于涉外合同来说,得到最广泛承认和运用的规则是合同当事人有权选择合同所适用的法律。如果当事人

---

① Gurdial Singh Nijar, *The Nagoya Protocol on Access and Benefit Sharing of Genetic Resources: Analysis and Implementation Options for Developing Countries,* Research Paper of South Centre, March 2011, p. 12.

没有作出选择，有管辖权的法院将适用与合同有最密切联系的国家的法律。本段规定依然遵循了在确定涉外合同的准据法方面所采取的普遍性原则，也就是由合同当事人选择准据法，不过本段规定给缔约方施加了一个"鼓励"当事人这么做的义务。

本段规定最后提到的是非诉讼争议解决方式（alternative dispute resolution）的选择。非诉讼争议解决方式指的是司法（即正式诉讼）程序以外解决争议的程序和方法。为了给当事人选择争议解决方式提供更明确的指导，本段规定具体指出了两种可能的非诉讼争议解决方式的选择，即调解和仲裁。尽管如此，但这并不意味着它们就是仅有的非诉讼争议解决方式选择，这里使用的词语"例如"也说明了这一点。相比于司法程序，调解和仲裁具有快速、耗时和需费相对较少的特点，这使它们在解决涉外合同争议的过程中被经常使用。

第18.2条规定："每一缔约方应确保当共同商定条件产生争议时，在其法律体系内按照适用的司法管辖权要求有寻求追索权的机会。"本段规定为每一缔约方设定了一个义务，这就是确保在其法律体系内具有当事人可得利用的解决违反共同商定条件问题的途径和机制。这个规定出自于一些国家的愿望——从议定书得到某种不考虑原告国籍就可以在所有管辖区域寻求救济（如民事和商事的）的确信。本段规定并没有提到寻求追索权的机会是否应授予给外国公民。但其明确了，这种追索权必须符合相关缔约方适用的司法管辖权要求。追索权对于法院的有效性因此在实践中取决于已选择的司法管辖权和适用的法律，而它们已被订立在共同商定条件之中以及被选择的法院所接受。在缺少此类合同条款时，寻求追索权的机会将由应当采取法律行动的国家的非合同国际私法规则所决定。①

即使本段规定为缔约方设定了以上义务，但应当指出的是，世界上绝大多数国家都不会在拥有管辖权的前提下拒绝就违约问题为当事人提供寻求追索权的机会。就此来说，第18.2条的价值并不大。然而，第18.2条也可以被理解为其显示了一个强化创设于第18条之中有关司法管辖权和诉诸司法的义务

---

① Claudio Chiarolla, *Biopiracy and the Role of Private International Law under the Nagoya Protocol*, Working Papers No. 02/12, IDDRI, Paris, France, p. 9.

的更宽路径，因为这两者是提供寻求追索权机会的要求的必要组成部分。①第18.2条的确为缔约方确立了一个规定司法救济的责任，包括使其他缔约方的国民诉诸其法院和特别法庭。因此，《名古屋议定书》确立的基本原则是，当法院受理某个共同商定条件产生的争议时，其应当主张有权管辖，除非诉讼明显基于有疑问的管辖理由（例如在共同商定条件的任何一方与法院没有实际联系的情况下）。②

第18.3条规定："每一缔约方应酌情采取有效的措施，它们有关：（a）诉诸司法；以及（b）利用关于相互承认和执行外国判决和仲裁裁决的机制。"本段规定为缔约方确立了采取与（a）和（b）分段所列问题有关的措施的义务。如上文所述，诉诸司法与寻求追索权的机会具有紧密的关系，而承认和执行外国判决和仲裁裁决与第18.1条提到的司法管辖权和适用的法律同属解决共同商定条件争议所牵涉的国际私法问题。由于这两个问题关乎非违约方的权利能否获得实现，本段规定因此为每一缔约方设定了采取"有效"措施的义务。但需要指出的是，本段规定通过添加词语"酌情"和"有关"又对这一义务作出了限定。词语"有关"的使用意味着采取的措施无需指向特定的事物，只要措施与上述问题有关即可，这对缔约方而言是一种相对宽松的要求。

首先分析诉诸司法的问题。③诉诸司法问题被引入到第18条之中是发展中国家建议和要求的结果。④不过发达国家表达了它们并不理解诉诸司法概念的含义的意见，有些国家还认为使用这个概念意味着授予了提供国的诉讼当事

---

① Thomas Greiber et al, *An Explanatory Guide to the Nagoya Protocol on Access and Benefit-Sharing,* International Union for Conservation of Nature and Natural Resources, 2012, p. 187.

② Claudio Chiarolla, *Biopiracy and the Role of Private International Law under the Nagoya Protocol,* Working Papers No. 02/12, IDDRI, Paris, France, p. 8.

③《名古屋议定书》中文官方译文将"access to justice"翻译为"诉诸司法"，本书认可这种译法。但在该词的中文翻译上，还有"诉诸法律""获得司法正义的权利""诉诸法律（司法）的权利""接近正义"等译法。这些不尽一致的译法反映出对于该词存在着不同的理解，这一点在《名古屋议定书》谈判中也得到了体现。

④ 上文提到，当事人希望在利用者所在的管辖区域就违反合同提起诉讼，以便回避判决在其他国家被承认和执行的问题。发展中国家据此建议，利用者所在管辖区域的缔约方应当授予诉诸司法的机会，这包括，基于公平和提供了有效救济的程序授予诉诸管辖区域内的法院或其他公正裁断机构的机会，以及在可能的情况下提供消除或减少对于诉诸司法的财政或其他障碍的适当援助机制。而且，发展中国家寻求通过在诉诸司法之前添加词语"方便地"反映这些建议。Gurdial Singh Nijar, *The Nagoya Protocol on Access and Benefit Sharing of Genetic Resources: Analysis and Implementation Options for Developing Countries*, Research Paper of South Centre, March 2011, p. 12.

人优于其国民的差别待遇。当发展中国家解释说这个概念来源于《在环境事项上获得信息、公众参与决策和诉诸司法的奥胡斯公约》（1998年）①，以及其他几个欧盟和发达国家作为缔约方的国际条约时，欧盟则声称这个概念具有它们尚未达成一致的含义。②最后的结果是，在发展中国家和发达国家就诉诸司法概念的含义没有达成一致理解的情况下，诉诸司法就被规定在了第18条之中，只不过删去了发展中国家建议在诉诸司法之前添加的词语"方便地"。

从《名古屋议定书》谈判情况及其通过后的有关解读来看，既有对诉诸司法作广义理解的，也有作狭义理解的。一些国家指出，社会公平问题形成诉诸司法观念的基础，而这超出了纯粹的程序问题，显然，这种理解是为了回应有关国家就发达国家诉讼费用昂贵的问题所表达的关注。③广义的诉诸司法不仅要求国家为当事人提供将争议诉诸其国内法院或其他公正裁断机构的权利或机会，而且要求国家确保提起一个救济行动的费用不是昂贵得负担不起。狭义的诉诸司法仅指当事人有权利或机会将争议诉诸国内法院或其他公正裁断机构，狭义的理解实际上被第18.2条提到的寻求追索权的机会的含义所涵盖。

再来看承认和执行外国判决和仲裁裁决以及利用关于相互承认和执行的机制的问题。在解决涉外民商事争议的过程中，某个国家的法院或仲裁机构作出的判决或仲裁裁决可能需要在该国以外的管辖区域（如败诉一方住所地或财产所在地）得到承认和执行。解决共同商定条件产生的争议也会涉及承认和执行外国判决和仲裁裁决的问题。④是否以及如何承认和执行外国判决和仲裁裁决通常由一国的国际私法规则决定。就此来说，《名古屋议定书》并非

①《奥胡斯公约》是在联合国欧洲经济委员会（the United Nations Economic Commission for Europe）的框架下通过的一个国际法律文件，其于2001年10月30日生效，目前拥有44个缔约方。《奥胡斯公约》创设了公众享有的一系列与环境有关的权利。根据第9条"诉诸司法"第1段的规定，每一缔约方应在其国内立法的框架内确保，认为自己根据第4条索取信息的请求被忽视、全部或部分不当驳回、没有得到充分答复或没有根据该条得到处理的任何人，都能诉诸法庭或依法设立的另一独立公正机构的复审程序；在缔约方规定了可由法庭进行这种复审的情况下，应确保该人也可以诉诸由公共当局重新考虑或法庭以外的独立公正机构进行复审的快速程序，这一程序应由法律确立，且免费或是不昂贵的。

② Gurdial Singh Nijar, *The Nagoya Protocol on Access and Benefit Sharing of Genetic Resources: Analysis and Implementation Options for Developing Countries,* Research Paper of South Centre, March 2011, p. 12.

③ Claudio Chiarolla, *Biopiracy and the Role of Private International Law under the Nagoya Protocol,* Working Papers No. 02/12, IDDRI, Paris, France, p. 9.

④ 例如，遗传资源的提供者和利用者协议选择了提供者国家（或第三方国家）的某个法院作为对共同商定条件争议拥有司法管辖权的法院，如果提供者获得胜诉判决，这个判决需要在利用者所在的国家或其财产所在地国家得到承认和执行。

是规定此类问题的适合国际文书。然而,这并不妨碍《名古屋议定书》运用某种方式对此作出处理。发展中国家在谈判中表达了确保《名古屋议定书》的缔约方承认和执行外国判决的希望,但这也被很多人认为不合实际,这是因为各国不愿接受判决的相互承认。为了回应发展中国家表达的以上希望,《名古屋议定书》采取了一种间接的方式对以上国际私法问题进行了处理,其要求缔约方采取有关"利用关于相互承认和执行外国判决和仲裁裁决的机制"的措施。这意味着,缔约方有积极参加此类机制的明确责任,以及当它们没有被建立起来时,有责任去建立此类机制。无疑,缔约方为此采取的措施有利于促进承认和执行外国判决和仲裁裁决。

从国际上的做法来看,"关于相互承认和执行外国判决的机制"主要是双边协议,也就是在判决被寻求承认和执行的国家与作出判决的国家之间签订的有关司法互助的双边协议。在多边机制方面,国际上建立一个承认和执行外国判决的机制的努力并不是十分成功。①与此相关的一个机制是2005年在海牙国际私法会议框架下通过的《法院选择协议公约》。②由于该公约目前尚未生效,其还无法在相互承认和执行外国判决方面发挥作用。"关于相互承认和执行外国仲裁裁决的机制"主要是多边机制,也就是1958年的《承认和执行外国仲裁裁决纽约公约》。该公约拥有146个缔约方,这使得外国仲裁裁决比起外国判决来可以比较容易地得到承认和执行。

第六节 监测利用遗传资源

《名古屋议定书》谈判中一个极具争议性的问题是,缔约方根据第15条负担的采取措施的一般义务是否应当被监测其管辖范围内的遗传资源利

---

① The Report of the Meeting of the Group of Legal and Technical Experts on Compliance in the Context of the International Regime on Access and Benefit-Sharing, UNEP/CBD/WG-ABS/7/3, 10 February 2009.

②《法院选择协议公约》规定了在当事人签订了排他性法院选择协议的情况下,法院何时必须实施管辖或拒绝管辖的问题,其还规定了由此所作出判决的承认和执行问题,并允许国家选择在互惠基础上商定承认基于非排他性法院选择协议的判决。The Report of the Meeting of the Group of Legal and Technical Experts on Compliance in the Context of the International Regime on Access and Benefit-Sharing, UNEP/CBD/WG-ABS/7/3, 10 February 2009.

用者或利用遗传资源活动的具体义务所补充。发展中国家认为，遗传资源的交易和利用情况需要受到利用遗传资源活动所在的国家有关部门的监测和检查，否则利用者没有足够的动力遵守提供遗传资源的国家确立的有关获取和惠益分享的义务。发展中国家因此强烈建议强制性地建立事先确定的"检查点"（checkpoints），例如专利局。[1]而且，为了展示遗传资源的良好法律状况，利用者需要提供一个涵盖具体遗传资源的国际公认的遵守证明书（internationally recognized certificate of compliance）。该证明书将带有使其获得国际认可的标准特征，从而证明遗传资源系遵照事先知情同意而获取以及订立了共同商定条件。

发达国家反对发展中国家提出的强制性地建立检查点、确立有法律约束力的披露义务以及提供国际公认的遵守证明书等建议。在发达国家看来，这些建议在应对和阻止针对遗传资源的"不当利用"行为方面不具有伸缩性、成本昂贵以及无法奏效，而且会在专利制度中增加新的不确定性并引发抑制创新活动的危险。个别国家甚至明确反对在谈判文本中对于专利申请中披露义务和专利局作为检查点的任何提及。[2]显然，这一立场与它们在世界贸易组织谈判中反对通过引入强制性的披露义务而修改TRIPS协定第29条的立场是一致的。

在实际谈判中，发展中国家和发达国家相互争执的焦点主要集中在是否应当详述和罗列检查点以及是否应当确立构成"有效"检查点的标准等问题上。需要强调的是，双方的立场差距之大几无调和的可能。但在通过《名古屋议定书》之前的最后时刻，一个微妙的政治妥协方案形成并最终被各方所

---

[1] 这里的"检查点"是指当利用者从事遗传资源研发活动，或就来自研发活动的创新成果主张权利，或对终端产品进行商业化时，其需要前往的地方。利用者会被要求在检查点提供有关信息，以供检查点考虑和评估。发展中国家提议将专利局确定为监测利用遗传资源活动的一个检查点是与它们在世界贸易组织框架下的相关谈判立场紧密地联系在一起的。世界贸易组织多哈回合谈判涉及的一个议题就是TRIPS协定和《公约》的关系问题，发展中国家认为TRIPS协定与《公约》存在冲突。为了解决冲突以及确保两者相互给予支持，必须对TRIPS协定第29条进行修改，修改的具体建议是，专利申请人应当披露其在要求保护的发明中所利用的遗传资源的原产地或来源以及取得的事先知情同意和达成的惠益分享安排的证据。对于许多发展中国家来说，在国际法律文书中寻求确立有约束力的披露遗传资源来源（以及其他有关信息）义务是它们积极参与《公约》框架下关于获取和惠益分享国际制度谈判的主要原因。

[2] Matthias Buck and Clare Hamilton, The Nagoya Protocol on Access to Genetic Resources and the Fair and Equitable Sharing of Benefits Arising from their Utilization to the Convention on Biological Diversity, *Review of European Community & International Environmental Law,* Vol. 20, Issue 1, 2011.

接受，而第17条规定就是这一方案的体现。一方面，检查点和国际公认的遵守证明书这两个概念出现在了第17条之中；另一方面，第17条没有提到任何具体的检查点和专利申请中"披露义务或要求"的字眼，也没有明确提出判定是否构成"有效"检查点的标准。第17条规定可以分成两个部分，第1段为要求缔约方酌情采取措施以监测利用遗传资源和加强这种利用透明度，第2~4段则处理了国际公认的遵守证明书的问题。本节首先对第17.1条进行解释和评论，然后就国际公认的遵守证明书的规定和问题作出解析和说明。

一、监测利用遗传资源情况和加强这种利用透明度的措施

第17.1条第一句规定："为了支持遵守，每一缔约方应酌情采取措施，以便监测利用遗传资源情况和加强这种利用的透明度。"这一规定为缔约方设定了采取措施以监测利用遗传资源情况以及加强这种利用透明度的义务。这个规定中有三个问题需要作出说明。第一个是关于"为了支持遵守"的问题。本规定以"为了支持遵守"而开头，指出第17条规定的目标所在，但没有进一步规定"遵守"的对象。问题因此就产生了，"遵守"的是《名古屋议定书》的某个具体规定，还是事先知情同意和共同商定条件，还是整体上的《名古屋议定书》，抑或缔约方的国内获取和惠益分享立法或规范性要求？从第15条、第16条和第18条规定的内容来看，可以断定第17条属于一个补充性的规定，其旨在支持遵守要求事先知情同意和订立共同商定条件的国内获取和惠益分享立法以及"利用者国家措施"。[1]接下来的问题是关于缔约方义务的范围。根据上述规定，缔约方的义务仅仅延伸到"利用遗传资源"。换言之，缔约方有义务采取的措施只需要指向"利用遗传资源"活动。最后来看对缔约方义务的限定问题。上述规定要求缔约方"酌情"采取措施，"酌情"一词依然是向缔约方赋予了一定程度的自主决定权利，但是，它不可避免地增加了缔约方履行采取措施义务的不确定性。

第17.1条第二句连同（a）、（b）和（c）分段为缔约方实施前一句规定提供了一个措施清单。需要指出的是，这是一个非穷尽式的措施清单，这就意味着缔约方可以采取除（a）、（b）和（c）分段规定的措施之外的措施。以下

---

[1] Thomas Greiber et al, *An Explanatory Guide to the Nagoya Protocol on Access and Benefit-Sharing*, International Union for Conservation of Nature and Natural Resources, 2012, p. 176.

依次解释（a）、（b）和（c）分段所规定的措施。

（a）分段规定的措施是指定一个或多个检查点。如上文所述，（a）分段只是提到了指定检查点，但并未详述和罗列特定的检查点。[①]尽管如此，缔约方可以利用（a）分段提供的伸缩性决定其必须指定的一个或多个检查点的形式。此外，为了使监测可以发生，缔约方必须至少指定一个机构。根据（a）分段规定，缔约方虽然可以决定检查点的形式，但指定的检查点必须具备某些必要的功能和特征。（a）分段之下的（i）至（iv）对这些功能和特征进行了描述和规定。

第17.1条（a）分段之（i）规定："指定的检查点将酌情收集或接收酌情关于事先知情同意、遗传资源的来源、共同商定条件的订立和（或）利用遗传资源情况的相关信息。"这一规定指出了指定的检查点的功能——收集或接收相关信息。"收集"一词表明检查点所具有的积极作用，而"接收"则暗示一个被动的作用。由于附加了限定词"酌情"，缔约方被授予了决定支持一种功能还是另外一种的权利。连接词"或"（or）而非"和"的使用意味着同时赋予同一检查点这两种作用也是一种选择，当然最低要求是缔约方必须赋予一种。另外，检查点收集或接收的信息必须是"相关的"，作出这样限定的一个意图是避免某个检查点陷入与《名古屋议定书》的目标和范围没有任何关系的信息之中的局面。除了"相关的"，上述规定还提供一个信息清单，从而表明信息必须与事先知情同意程序、遗传资源的来源、共同商定条件的订立以及利用遗传资源情况紧密联系在一起。最后，使用"和（或）"（and/or）以及在上述规定末尾附加"酌情"指出一个事实，即每一缔约方必须决定这些要素每个的适当性，换言之，以上罗列的所有信息并不是必然地都要予以展示。[②]

第17.1条（a）分段之（ii）规定："每一缔约方应酌情并依照某一指定检查点的具体特征，要求遗传资源的利用者在指定的检查点提供上段所述信

---

① 在《名古屋议定书》谈判中，发展中国家建议的检查点包括海关当局、专利局、上市许可（market approval）部门、研究资助机构以及土著和当地社区代表。由于工业化国家并不接受在《名古屋议定书》中提及检查点的具体名称，发展中国家一度建议每个缔约方在一定时期内有义务通知秘书处其所指定的检查点，以及建议已将专利局作为检查点纳入其国内法中的缔约方必须指定此类机构作为它们在《名古屋议定书》之下的检查点。然而，这些折中建议也遭到了工业化国家的抵制，没有被最终的谈判文本所接受。

② Thomas Greiber et al, *An Explanatory Guide to the Nagoya Protocol on Access and Benefit-Sharing*, International Union for Conservation of Nature and Natural Resources, 2012, p. 176.

息。每一缔约方应采取适当、有效和相称的措施，以便处理不遵守情事。"本规定前一句基于使指定的检查点发挥功能的需要而为缔约方设定要求遗传资源利用者在检查点提供信息的义务。显然，这个义务的"原形"可以对应于发展中国家在谈判中建议的披露义务，但如今已被改造成一个一般性的义务，从而不再包含一些具体的要素。有观点就此指出，文本有意地避免使用词语"披露"或"披露要求"，并且相当间接地表明了在指定检查点的披露要求可以在第17.1条（a）分段的实施中发挥某种作用。然而，考虑到"酌情"和"依照某一指定检查点的具体特征"的使用，这要留待缔约方来决定。[①]本规定提到的"要求利用者在指定的检查点提供信息"意味着缔约方指定的检查点将发挥一种被动的作用，而这种作用可由缔约方遵照（a）分段之（i）的规定赋予指定的检查点。

根据（a）分段之（ii）的规定，缔约方有义务要求遗传资源"利用者"提供信息。这里将提供信息的主体限定为"利用者"可被解释为具有一种效果，也就是减低了（a）分段之（i）所规定的与接收信息的来源相关的伸缩性。（a）分段之（ii）第二句要求缔约方采取措施，处理遗传资源利用者不遵守要求提供信息措施的情事。但是，这里并没有为缔约方提供可能采取的措施的范例，因此要由缔约方来决定，只要采取的措施符合"适当、有效和相称的"的条件。[②]

第17.1条（a）分段之（iii）规定："此种信息，包括来自于可以获得的国际公认的遵守证明书，在不损害保护机密性信息的情况下，将酌情被提供给相关国家当局、授予事先知情同意的缔约方以及获取和惠益分享信息交换所。"这个规定提到指定检查点的另一项功能——提供信息。按照这一规定，指定检查点收集或接收的信息将被提供给二类实体和一种机制，它们是相关国家当局、授予事先知情同意的缔约方以及根据第14条建立的获取和惠益分享信息交换所。这里有一个问题，"相关国家当局"是指什么实体？这个问题可能需要指定检查点所在的缔约方来回答，关键是要决定国家当局在这个场

---

① Matthias Buck and Clare Hamilton, The Nagoya Protocol on Access to Genetic Resources and the Fair and Equitable Sharing of Benefits Arising from their Utilization to the Convention on Biological Diversity, *Review of European Community & International Environmental Law*, Vol. 20, Issue 1, 2011.

② Thomas Greiber et al, *An Explanatory Guide to the Nagoya Protocol on Access and Benefit-Sharing*, International Union for Conservation of Nature and Natural Resources, 2012, p. 177.

合的"相关性"。而这个"相关性"将由某个公立机构就与获取和惠益分享或特定交易有关的问题的法定权限而决定。"授予事先知情同意的缔约方"无疑是指第6.1条中所提到的缔约方。

根据上述规定，信息将在不损害保护机密性信息的情况下提供。换言之，检查点有权利拒绝提供其所接收到的机密性信息。这是一个来自发达国家的关切，因为机密性信息能够给产业活动的运营者带来竞争优势，并被视为受知识产权保护的客体。然而，哪些信息属于机密性信息，以及谁来作出这样的决定将作为未决问题留待有关缔约方解决。值得注意的是，（a）分段之（iii）规定在《名古屋议定书》中首次提到术语"国际公认的遵守证明书"，而且指出"可以获得的"国际公认的遵守证明书能够提供相关信息。这里使用的措辞"包括"确认了证明书只是一个其中可能的信息来源。表述"可以获得的（where they are available）"传递出一个信息：证明书在所有的情况下并非都是强制性的（如某个缔约方并未就获取遗传资源而要求事先知情同意）。①

第17.1条（a）分段之（iv）规定："检查点必须有效，并且应拥有与实施（a）分段相关的功能。它们应与利用遗传资源相关，或与在除了其他以外的研究、开发、创新、商业化之前和商业化任何阶段相关信息的收集相关。"这个规定指出检查点必须具备的一些特征。首先，检查点必须有效。但这里并没有列出界定有效性的标准，这将由缔约方决定一个指定的检查点是否实现了期待的监测利用遗传资源和加强利用透明度的效果。其次，检查点应该拥有与实施（a）分段相关的功能。这似乎是多余的，考虑到（a）分段都是关于检查点及其功能的规定。再者，检查点应与利用遗传资源相关。但这同样是多余的，因为第17.1条已经明确了这一点。②最后，检查点应与在研究、开发、创新、商业化之前和商业化任何阶段相关信息的收集相关。这里对收集相关信息的阶段进行了一个非穷尽式的列举。但是，这样的列举存在着一定的问题，它似乎超出了第17条"利用遗传资源"的范围，因为"利用遗传资

---

① 根据第6.3条（e）分段，要求事先知情同意的缔约方有义务颁发许可证或其等同文件，并通告获取和惠益分享信息交换所。另据第17.2条，这一通告接着将许可证或其等同文件转变为一个国际公认的遵守证明书。可见，在缔约方要求事先知情同意的情况下，颁发许可证或其等同文件（后转化为国际公认的遵守证明书）才是强制性的。

② Thomas Greiber et al, *An Explanatory Guide to the Nagoya Protocol on Access and Benefit-Sharing*, International Union for Conservation of Nature and Natural Resources, 2012, p. 179.

源"指的是研究和开发，并没有明确提到诸如创新、商业化之前和商业化之类的活动。由此可见，某些已收集的信息可能实际上与实施第17条无关，并且（a）分段之（iv）的规定可能与第17.1条的其他规定不一致。

（b）分段规定："鼓励遗传资源的利用者和提供者在共同商定条件中纳入分享关于执行此种条件的信息的条款，包括通过报告要求。"本段以及接下来的（b）分段规定不具有多大的争议性，谈判者们比较容易商定，况且这两段规定的开头使用的词语是"鼓励"。（b）分段规定为缔约方监测利用遗传资源和加强利用透明度而确立的措施是，鼓励利用者和提供者在共同商定条件中纳入分享有关其实施的信息的条款（此类条款可以包括报告要求）。考虑到共同商定条件一般在获取时订立，（b）分段规定的实施将需要提供遗传资源的缔约方采取行动。另外，提供方可以考虑在拟定共同商定条件所包含的条款时，将（b）分段规定提到的条款添加到第6.3条分段（e）列举的条款之后。

（c）分段规定："鼓励使用具成本效益的交流工具和系统。"本段规定要求使用具成本效益的交流工具和系统，以监测利用遗传资源和加强利用的透明度。实施本段规定的可能的工具和系统包括互联网、数字文献库和网页登记等。此类工具和系统必须满足"具成本效益"（cost-effective）的要求，这意味着要在它们所涉及的成本和有效性之间保持一个平衡。

二、国际公认的遵守证明书

第17.2条规定："依照第6.3条（e）分段颁发并提供给获取和惠益分享信息交换所的许可证或其等同文件应成为国际公认的遵守证明书。"本段规定对国际公认的遵守证明书进行了必要的说明和界定。尽管它最先被第17.1条（a）分段之（iii）作为可能的信息来源而引入，但没有被第2条和第17.1条所界定。按照本段及第6.3条（e）分段规定，国际公认的遵守证明书是作为授予事先知情同意的决定和订立了共同商定条件的证据所颁发的，并且提供给获取和惠益分享信息交换所的许可证或其等同文件。就此而言，颁发许可证或其等同文件并提供给获取和惠益分享信息交换所的事实导致许可证或其等同文件拥有了国际公认的遵守证明书的地位。在《名古屋议定书》中，国际公认的遵守证明书被确定为一个具体的监测工具，其价值就在于监测利用遗传资源的情况。

然而，本段规定使用的措辞留下了一个疑问，即是否在获取和惠益分享信息交换所作出的简单的登记行为就将某个"国内"许可证或其等同文件提升到一个国际公认的遵守证明书的地位，或者是否已登记的信息（第17.4条列出的信息）本身构成国际公认的遵守证明书。在后一种情形，国际公认的遵守证明书将区别于国内许可证或其等同文件。①这个疑问将会对国际公认的遵守证明书发挥其作用产生消极的影响，需要在《名古屋议定书》生效后经由相关机制考虑予以澄清。

第17.3条规定："国际公认的遵守证明书应作为证据证明，如授予事先知情同意的缔约方的国内获取和惠益分享立法或规范性要求所规定，其所涵盖的遗传资源已经遵照事先知情同意而获取并且订立了共同商定条件。"本段规定指明了国际公认的遵守证明书所具有的法律效果。这一效果是：证明遵守了要求事先知情同意和订立共同商定条件的国内获取和惠益分享立法或规范性要求。本段规定的措辞与第15.1条所使用的措辞部分地相同，其表明，提供一份国际公认的遵守证明书的遗传资源利用者拥有充分的证据，以证明他们是以遵守提供遗传资源缔约方的获取和惠益分享立法或规范性要求的方式获取了资源。缔约方因此有义务在其国内获取和惠益分享立法或规范性要求中承认那一事实。需要指出的是，《名古屋议定书》在如何处理无法获得国际公认的遵守证明书的情事方面保持了沉默，这也要留待缔约方考虑和解决。②

第17.4条规定："国际公认的遵守证明书在不涉及机密时应包括下列最低限量的信息：（a）颁发当局；（b）颁发日期；（c）提供者；（d）证明书的独特标识；（e）被授予事先知情同意的人或实体；（f）证明书所涵盖的对象或遗传资源；（g）确认订立了共同商定条件；（h）确认获得了事先知情同意；（i）商业和（或）非商业用途。"本段规定提供了一份国际公认的遵守证明书应当包含的最低限量信息清单。"最低限量信息"（minimum information）强调了国际公认的遵守证明书起码应当包括本段规定所列举的这些信息。根据第17.3条规定，国际公

---

① Matthias Buck and Clare Hamilton, The Nagoya Protocol on Access to Genetic Resources and the Fair and Equitable Sharing of Benefits Arising from their Utilization to the Convention on Biological Diversity, *Review of European Community & International Environmental Law*, Vol. 20, Issue 1, 2011.

② 无法获得国际公认的遵守证明书的情事是指处于《名古屋议定书》获取和惠益分享要求之外的利用遗传资源的情事，包括与《公约》前获得的材料、国家管辖范围以外的材料有关的利用，以及与来自不要求事先知情同意的国家的遗传资源有关的利用。See Thomas Greiber et al, *An Explanatory Guide to the Nagoya Protocol on Access and Benefit-Sharing*, International Union for Conservation of Nature and Natural Resources, 2012, p. 180.

认的遵守证明书就是依照第6.3条（e）分段颁发并提供给获取和惠益分享信息交换所的许可证或其等同文件。如果第17.3条被解释成意味着，在获取和惠益分享分享交换所的登记行为将一个国内获取许可证转变为国际公认的遵守证明书，那么本段规定中的清单将导致国内许可证一个全球最低限度的协调。①另外，本段规定所列举的信息仅仅在其非属于机密性信息时才予以提供。至于机密性信息的问题，这要留给每个缔约方决定。再有就是尽管本段规定列举的信息是最低限量的信息，但这并不妨碍某个缔约方增加某些信息种类。

第七节 其他重要问题

除了以上一般性和核心问题，《名古屋议定书》还就某些在谈判中具有很大争议的问题提出了相应的解决方案，并且付诸具体的规定。这些问题涉及非商业研究、病原体以及分享在某些特殊情况下利用遗传资源和相关传统知识的惠益问题。本节分别对这三个方面的问题和规定进行分析和解释。

一、非商业研究

研究性团体据称是受《公约》和《名古屋议定书》关于获取和惠益分享规定影响最大的团体。在几乎所有场合，研究人员将寻求原生境条件下的获取，而他们在获取时经常带着非商业意图。在谈判《名古屋议定书》的整个过程中，研究性团体的代表因此关注未来的议定书可能设置对于开展生物多样性相关研究的额外负担和障碍。这一关注得到了跨区域的支持。②研究性团体呼吁针对非商业研究（non-commercial research）建立一个特殊的获取和惠益分享制度。与此同时，遗传资源的提供者关注对非商业研究给予的特殊待遇可能在获取和惠益分享制度的运作中造成有损于提供者的漏洞，这种漏洞

---

① Thomas Greiber et al, *An Explanatory Guide to the Nagoya Protocol on Access and Benefit-Sharing*, International Union for Conservation of Nature and Natural Resources, 2012, p. 181.

② Matthias Buck and Clare Hamilton, The Nagoya Protocol on Access to Genetic Resources and the Fair and Equitable Sharing of Benefits Arising from their Utilization to the Convention on Biological Diversity, *Review of European Community & International Environmental Law,* Vol. 20, Issue 1, 2011.

会出现在将非商业研究变更为商业研究以及将已获取的遗传资源和研究成果交给第三方或商业性机构利用的情形。

尽管双方在非商业研究问题上各执一词，但双方的立场都值得给予支持，谈判者们需要在《名古屋议定书》中确立能够同时顾及和反映双方关注的规定。最后经谈判就非商业研究问题商定的解决方案体现在第8（a）条之中。第8条是关于"特殊考虑"的规定，其处理了有关非商业研究等三个重要问题的获取和惠益分享要求。

第8（a）条规定："每一缔约方在制定和实施其获取和惠益分享立法或规范性要求时，应当创造条件以促进和鼓励有助于保存和可持续利用生物多样性的研究，特别是在发展中国家，包括通过关于为了非商业研究目的获取的简化措施，并考虑到有必要处理此类研究意向的变更。"首先要说明的是，虽然非商业研究问题被作为一个方面的"特殊考虑"而进行了规定，但这并不表明《名古屋议定书》为非商业研究建立了一个特殊的制度，第8（a）条事实上兼顾了研究性团体和遗传资源提供者两方的利益。第8（a）条要求缔约方创造促进和鼓励有助于保存和可持续利用生物多样性的研究的条件。不过，该规定并没有明确说明这里的"条件"指的是什么样的条件，它只是规定了缔约方所创造的条件的目标。需要指出的是，第8（a）条又直接提出一个条件：关于为了非商业研究目的获取的简化措施（simplified measures）。这意味着，缔约方应在其国内法中就为了非商业研究目的获取遗传资源规定简化的要求和程序。这样的要求显然体现了研究性团体的主张和诉求。

第8（a）条最后提到了"考虑到有必要处理此类研究意向的变更"。"研究意向的变更"指的就是从非商业研究变更为商业研究。①这种变更会对遗传资源提供者权利的实现产生很大的影响，提供者很可能需要重新考虑授予

---

① 事实上，要在非商业研究和商业研究之间划出一个清晰的界限往往比较困难。这是因为：私营部门和研究机构可能同时牵涉到商业和非商业研究之中；相似的研究方法和程序一般被用于商业和非商业研究中；商业和非商业研究通常需要获取相同的生物材料和遗传资源；它们对于保存和可持续利用生物多样性都是有益的。尽管这样，但有关专家还是提出了一些区分商业和非商业研究的参考因素。商业研究正常情况下被设计为至少推出具有实际或潜在商业价值的某些成果和产品，其创造的是私人持有而非进入公共领域的成果，而且以不同的形式（如知识产权）加以限制。非商业研究大多愿意将研究成果推入公共领域，其经常由公立或慈善机构所资助，关于商业研究的某些管制措施与其不相干。Thomas Greiber et al, *An Explanatory Guide to the Nagoya Protocol on Access and Benefit-Sharing*, International Union for Conservation of Nature and Natural Resources, 2012, p. 120.

事先知情同意的问题，以及与利用者就惠益分享问题商定新的安排。根据第8（a）条规定，缔约方在就非商业研究创造条件时，其要考虑在立法或规范性措施中处理非商业研究变更为商业研究的问题，处理的方式应当是，将意向的变更确定为共同商定条件的一项内容，从而为提供者在发生意向变更的情况下向利用者要求事先知情同意以及与其重新谈判共同商定条件提供法律基础。①

二、病原体问题

上文指出，发展中国家意图谈判和缔结一个涵盖面广泛的议定书。按照发展中国家的提议，对人类、动物和植物健康具有特别公共关切的病原体（pathogens）应当在议定书的适用范围之内。②这个建议的提出与发展中国家认为它们所面临的一种不公平的局面紧密相关。

发展中国家一直在向世界卫生组织位于发达国家的五个收集品中心提供病原体。世界卫生组织接着准予包括产业部门在内的其他人或机构获取这些病原体，而产业部门就病毒、其组成部分或因利用病毒所开发的疫苗申请并获得了专利，并且将疫苗提供给发达国家能够负担起高价的那些人。2008年，当印度尼西亚抱怨说其对于禽流感病毒的供应并没有带来惠益分享、疫苗的获得以及未来开发疫苗技术的转让时，这种不公平的局面到了非解决不可的地步。③

为了纠正这一不公平局面而进行的谈判随之在世界卫生组织展开，谈判的目标是制定一个新的有关共享流感病毒以及获得疫苗的全球性机制。④发展

---

① 这种处理方式在第5.3条（g）分段中已有明确的规定。然而，一个实际的问题是，遗传资源提供者很多时候难以监测到意向何时发生了变更。为了解决这个问题，有些提供者不得不在共同商定条件中纳入关于定期报告研究状况的条件，还有些提供者要求对方宣誓对意向依法作出声明以及保证通知意向的变更。

② 病原体指任何致病的微生物，例如流感病毒。

③ Gurdial Singh Nijar, *The Nagoya Protocol on Access and Benefit Sharing of Genetic Resources: Analysis and Implementation Options for Developing Countries,* Research Paper of South Centre, March 2011, p. 16.

④ 这一谈判的最终成果是第64届世界卫生大会于2011年5月24日通过的《共享流感病毒和获得疫苗和其他利益的大流行性流感防范框架》(the Pandemic Influenza Preparedness Framework of the Sharing of Influenza Viruses and Access to Vaccines and Other Benefits)。《框架》的目标是改进大流行性流感的防范和应对，并加强抵御大流行性流感，为此采取的方式是改善和加强世界卫生组织全球流感监测和应对系统，旨在使其成为一个在同等基础上公正、透明、公平、高效和有效的（i）共享H5N1病毒及其他可能引起人间大流行的流感病毒；和（ii）获取疫苗并共享其他利益的系统。《框架》适用于共享H5N1及其他可能引起人间大流行的流感病毒，以及共享利益，但其不适用于季节性流感病毒或依据本框架共享的临床标本中可能包含的其他非流感病原体或生物物质。

中国家不仅积极参与了世界卫生组织中的谈判，而且在《公约》框架下关于获取和惠益分享国际制度的谈判过程中寻求将病原体确立为该国际制度适用的一类客体，进而言之，发展中国家意图通过《公约》建立的双边路径（即提供者和利用者一对一谈判和商定关于获取和惠益分享的安排）解决带有病原体属性的遗传资源的获取和惠益分享问题。发达国家则认为双边路径可能削弱国际社会有效回应与带有病原体属性的遗传资源有关的公共健康关切的能力，尤其是在流行性威胁（如禽流感）的情形，并且主张遵照其他国际机构现有或未来商定的规则解决病原体的获取以及相关的惠益分享问题。

不同的选择，包括不适用、全面适用以及有差别地适用都被提了出来，但直至谈判的最后时刻并没有达成一致。但作为由《公约》缔约方大会第十届会议主席提出的全面折中建议的组成部分，关于病原体问题的解决方案被所有谈判方所接受，并被规定在了第8（b）条之中。第8（b）条包含了在最后谈判中商讨的许多要素，其基于所谓的"不干预"思路，也就是《名古屋议定书》不干预处理公共健康关注的专门性国际组织和文书的工作，例如世界卫生组织、《国际植物保护公约》、世界动物卫生组织。①

第8（b）条规定："每一缔约方在制定和实施其获取和惠益分享立法或规范性要求时，应适当注意由国家或在国际上所确定的威胁或损害人类、动物或植物健康的当前或迫在眉睫的紧急情况。缔约方可考虑迅速获取遗传资源和迅速公正公平地分享利用此种遗传资源所产生惠益的需要，包括让有需要的那些人，尤其是发展中国家的人获得负担得起的治疗。"这条规定第一句为缔约方设立了适当注意威胁或损害人类、动物或植物健康的紧急情况的义务。那么，该如何理解缔约方负担的"适当注意"义务？它是指采取具体措施的义务，还是指考虑以上紧急情况的义务？有观点指出"适当注意"义务是一个结果义务，第8（b）条并没有规定缔约方如何实现这个结果，其留下了确认最有效措施的决定权。明显的是，缔约方采取的履行其根据第8（b）条第一句所负担义务的措施可以不同于在第5、6、15、17和18条中所确立的有关

① Matthias Buck and Clare Hamilton, The Nagoya Protocol on Access to Genetic Resources and the Fair and Equitable Sharing of Benefits Arising from their Utilization to the Convention on Biological Diversity, *Review of European Community & International Environmental Law*, Vol. 20 Issue 1, 2011.

获取和惠益分享的一般框架。[1]从缔约方必须回应上述紧急情况的角度来看，缔约方负担的"适当注意"义务应当指的是采取一定措施的义务，而非单单考虑此类情况的义务。

此外，根据第8（b）条，缔约方有义务适当注意的"紧急情况"进一步受到"当前或迫在眉睫的"以及"由国家或在国际上所确定的"的限定。"当前的"紧急情况指已经存在或发生并要求即时回应的情况。"迫在眉睫的"情况指尚未发生但很有可能或即将发生的情况，此类情况要求防范有可能出现或再次出现的对于健康的威胁，或者要求采取缓解或预防措施。"由国家所确定的"强调了国家对于确定某个紧急情况何时存在或需要予以宣布所拥有的重大利益，而"在国际上所确定的"意味着给予了专门性国际机构所通过决定的明确支持，如世界卫生组织针对流行性威胁和相关的国家和国际应对建立的不同级别的决定。

第8（b）条第二句为缔约方履行其根据第一句规定所负担的义务提供一项行动上的选择，这就是缔约方可以考虑迅速获取遗传资源和迅速分享其利用所产生惠益的需要。这里首先要讨论一个问题：第8（b）条第二句是否为《名古屋议定书》适用于病原体或带有病原体属性的遗传资源创设了法律上的空间？回答是肯定的。这是因为：其一，《名古屋议定书》序言指出，"意识到为了公共健康防范和应对的目的确保获取人类病原体的重要性"，这意味着人类病原体落入《名古屋议定书》的范围；其二，第8（b）条第二句在获取和分享惠益之前使用的修饰语"迅速"表明，这个规定是为带有病原体属性的遗传资源的获取和惠益分享问题作出的安排；其三，第8（b）条第二句同时提到了"迅速"获取和"迅速"惠益分享（包括让有需要的人获得负担得起的治疗），结合病原体问题的缘起和谈判情况来看，这显然是为解决病原体问题提出的解决方案。

然而，第8（b）条第二句使用了词语"可以"，缔约方因此并没有被强制性地要求考虑迅速获取遗传资源和迅速分享其利用所产生惠益的需要。而且，第8条的标题以及第8（b）条第二句的措辞澄清了，第5、6、15、17和18条建

---

[1] Matthias Buck and Clare Hamilton, The Nagoya Protocol on Access to Genetic Resources and the Fair and Equitable Sharing of Benefits Arising from their Utilization to the Convention on Biological Diversity, *Review of European Community & International Environmental Law*, Vol. 20, Issue 1, 2011.

立的获取和惠益分享一般框架不会以其适用于其他遗传资源的相同方式，适用于与第8（b）条第一句所提到的情况有关的遗传资源。[①]第8（b）条实际上允许缔约方就病原体的获取和惠益分享问题建立不同的要求和程序。总体上来看，《名古屋议定书》适用于带有病原体属性的遗传资源，但这种适用存在着一些不确定性，因为缔约方拥有很大的决定如何在国内实施第8（b）条的权力。

上文提到，第64届世界卫生大会在2011年5月通过了一份新的框架协议——《共享流感病毒和获得疫苗和其他利益的大流行性流感病毒防范框架》（以下简称《框架》）。[②]由于《框架》建立了一个共享特定病原体和有关利益的多边机制，第4.4条因而变得相关起来，问题也就随之产生：《框架》是否是第4.4条所指的专门性国际获取和惠益分享文书（如果是的话，《框架》将会优先于《名古屋议定书》而适用）。有观点认为，第4.4条中提到的专门性国际获取和惠益分享文书应当指的是关于获取和惠益分享的条约，例如联合国粮农组织的《粮食和农业植物遗传资源国际条约》，而非指的是与条约不处在同一法律地位上的决议或框架。[③]还有观点指出，尚不清楚根据第4.4条《框架》是否有资格作为一个专门性文书。然而，在履行第8（b）条中的义务时，缔约方可以考虑特别处理在《框架》下开展的获取和惠益分享情况的需要，以便使世界卫生组织可以执行根据《国际卫生条例》（2005）所作出的授权。[④]

---

① Matthias Buck and Clare Hamilton, The Nagoya Protocol on Access to Genetic Resources and the Fair and Equitable Sharing of Benefits Arising from their Utilization to the Convention on Biological Diversity, *Review of European Community & International Environmental Law*, Vol. 20, Issue 1, 2011.

② 根据《框架》第5和6条规定，成员国通过其国家流感中心和其他获准实验室，在可行时，应以迅速、系统和及时的方式将来自于H5N1病毒及其他可能引起人间大流行的流感病毒所有病例的大流行性流感防范生物材料提供给来源成员国选定的世界卫生组织流感合作中心或世界卫生组织H5N1参考实验室。成员国应与世界卫生组织秘书处合作，促进建立一个大流行性流感利益共享系统，并呼吁有关机构、组织和实体、流感疫苗、诊断试剂和药品生产商以及公共卫生研究人员也对此系统作出适当捐助。《框架》提供了两种类型的《标准材料转让协议》（附件一和二），《标准材料转让协议1》确立了适用于在世界卫生组织全球流感监测和应对系统成员间转让大流行性流感防范生物材料的条件，《标准材料转让协议2》确立了适用于从世界卫生组织全球流感监测和应对系统实验室向该系统以外的第三方转让大流行性流感防范生物材料的条件。需要指出的是，尽管《框架》为共享流感病毒和其他利益建立了规则和程序，但其并没有创设出具有法律约束力的义务。

③ Gurdial Singh Nijar, *The Nagoya Protocol on Access and Benefit Sharing of Genetic Resources: Analysis and Implementation Options for Developing Countries*, Research Paper of South Centre, March 2011, p. 18.

④ Thomas Greiber et al, *An Explanatory Guide to the Nagoya Protocol on Access and Benefit-Sharing*, International Union for Conservation of Nature and Natural Resources, 2012, p. 123.

三、分享在某些特殊情况下利用遗传资源和相关传统知识的惠益问题

如上文所述，关于《名古屋议定书》的范围问题是谈判中最具争议的问题之一。有关谈判方在时间和地域范围问题上存在着严重的分歧，以非洲集团为代表的一些谈判方建议未来的议定书应当适用于在《公约》生效前获取的遗传资源和传统知识，以及从国家管辖范围以外的区域（如公海）获取的材料。按照这一建议，分享利用这些特殊的遗传资源和传统知识所产生的惠益应当在《名古屋议定书》的适用范围之内。

谈判过程显示，要在预定的时间完成时间和地域范围问题的谈判根本没有可能。2010年，非洲集团提出了一个"全球多边惠益分享机制"的思路。来自于非洲的谈判代表表示愿意放弃有关议定书适用于《公约》生效前取得的或从国家管辖范围以外的区域取得的材料的建议，以便交换一个与发展中国家分享因利用此类材料所产生惠益的多边机制的建立。①其他区域的谈判代表起先对此反应冷淡，但在谈判的最后时刻，"全球多边惠益分享机制"被作为一种折中方案用以平衡各方的关切。在未经谈判但又被所有谈判方接受的情况下，第10条"全球多边惠益分享机制"出现在了《名古屋议定书》之中。第10条是在《名古屋议定书》最终折中语言的背景下出现，就此来说，除了其所处理的问题的重要性，它的引入必须被理解为搁置议定书完结谈判中一些难题的调适策略的组成部分。第10条被构建成一个"收纳箱"（catch-all）规定，其还会推迟或绕过界定根本的但存有争议的主题，如议定书的时间和地域范围。②

第10条规定："缔约方应考虑一个全球多边惠益分享机制的需要和模式，以便处理公正和公平分享在跨界情况下发生或无法准予或获得事先知情同意的利用遗传资源和与遗传资源相关的传统知识所获得的惠益。遗传资源和与遗传资源相关的传统知识的利用者通过这一机制分享的惠益应当用于在全球

---

① Matthias Buck and Clare Hamilton, The Nagoya Protocol on Access to Genetic Resources and the Fair and Equitable Sharing of Benefits Arising from their Utilization to the Convention on Biological Diversity, *Review of European Community & International Environmental Law*, Vol. 20, Issue 1, 2011.

② Thomas Greiber et al, *An Explanatory Guide to the Nagoya Protocol on Access and Benefit-Sharing*, International Union for Conservation of Nature and Natural Resources, 2012, p. 127.

保护生物多样性和可持续利用其组成部分。"这个规定为缔约方设立了"考虑一个全球多边惠益分享机制的需要和模式"程序性义务。由此来看,《名古屋议定书》并没有创设出一个全球多边惠益分享机制,它只是要求缔约方考虑是否需要这样一个机制,以及如果需要的话,它该如何运作。

在一个全球多边惠益分享机制的"需要"方面,第10条指出了全球多边惠益分享机制可能适用的两种情形:在跨界情况下发生的和无法准予或获得事先知情同意的利用遗传资源和相关传统知识。首先来看在跨界情况下发生的利用遗传资源和相关传统知识。经常的情况是,植物和其他物种跨多个国家和区域而分布,相关传统知识也有此特点。基于《公约》所建立的双边路径,为了利用而获取遗传资源应当遵照事实上是提供遗传资源的原产国的事先知情同意,而非在原生境条件下拥有相同遗传资源的所有国家。可见,双边路径无法满足拥有相同遗传资源或相关传统知识的所有国家提出的有关获取和惠益分享的要求。实际上,第11条为缔约方处理在跨界情况下发生的利用遗传资源和相关传统知识提供了一种路径。[①]而根据第10条的规定,缔约方必须决定,它们是否需要一个作为一种互补性路径的全球多边惠益分享机制。

第10条提到的第二种情形是无法准予或获得事先知情同意的利用遗传资源和相关传统知识。那么,该如何解释"无法准予或获得事先知情同意"?它又指的是哪些情况?有些人倾向对其作广义的解释,而其他人愿意从更为狭窄的角度作出解释。广义的解释可能被看作是重开关于《名古屋议定书》时间或地域范围的商讨(这样会制造出一个明显的与第3条的紧张关系)。狭义的解释可能在解决利用者所在管辖范围内遗传资源的起源或法律地位不明确的情况中有所帮助,或者可能也有助于解决非原生境收集品中的材料的惠益分享问题。[②]从先前有关时间范围问题的谈判情况来看,无法准予或获得事先知情同意将主要与非原生境收集品发生联系。就《公约》生效前获取并被保存在非原生境条件下的遗传资源而言,当利用的资源不拥有关于原产国的信

---

① 第11条要求缔约方在跨界情况下尽力合作,以期实施本议定书。这意味着,这些缔约方有义务为实现惠益分享的目标而展开合作,相应地,有关的惠益只由这些缔约方获得。第11条规定了两种跨界情况,即在不止一个缔约方领土内在原生境发现相同的遗传资源,以及相同的相关传统知识有几个缔约方的一个或多个土著和地方社区分享。

② Matthias Buck and Clare Hamilton, The Nagoya Protocol on Access to Genetic Resources and the Fair and Equitable Sharing of Benefits Arising from their Utilization to the Convention on Biological Diversity, *Review of European Community & International Environmental Law*, Vol. 20, Issue 1, 2011.

息时，或当它们在《名古屋议定书》生效后继续被利用或投入新的利用时，未来建立的一个全球多边惠益分享机制将会要求利用者履行惠益分享的义务。

第10条还要求缔约方考虑一个全球多边惠益分享机制的"模式"，并且指出，通过这一机制分享的惠益应当用于在全球保护生物多样性和可持续利用其组成部分。实际上，可以将全球多边惠益分享机制的模式与世界范围内保护和可持续利用生物多样性的最终目标联系起来加以考虑。推进保护和可持续利用的需要提供了一个界定全球多边惠益分享机制的运作、治理和责任的重要参考因素。有关可能的模式的讨论也可以考虑已有的多边层次上的惠益分享机制。这方面最重要的先例就是《粮食和农业植物遗传资源国际条约》建立的获取和惠益分享多边系统。[①]另外，考虑一个全球多边惠益分享机制的模式需要在《名古屋议定书》的场景中看待诸如这一机制的具体属性、目标和范围的问题。就属性而言，第10条提到的是惠益分享"机制"而非"基金"，"机制"强调了同时对货币惠益和非货币惠益加以收取和分配的意向。[②]

[①] 获取和惠益分享多边系统运用了一种"多边路径"解决粮食和农业植物遗传资源的获取和惠益分享问题，它突出了"多边谈判"的意义，即多边系统是建立在各个国家通过多边谈判所商定的条件的基础之上，这样就排除了国家与国家之间一对一谈判的问题。提供者和利用者只需遵守这些条件并依其行事，而无需在每次获取的场合寻求获得提供者的事先知情同意并与其订立共同商定条件。

[②] Thomas Greiber et al, *An Explanatory Guide to the Nagoya Protocol on Access and Benefit-Sharing*, International Union for Conservation of Nature and Natural Resources, 2012, p. 130.

下篇

遗传资源的获取和惠益分享的专门性国际法律文书

第三章 《粮食和农业植物遗传资源国际条约》

粮食和农业植物遗传资源，作为一类遗传资源，其具有不同于其他类型的遗传资源的特殊性（special nature）和独特的特征（distinctive features）。《生物多样性公约》框架下的遗传资源的获取和惠益分享制度不是解决粮食和农业植物遗传资源的获取和惠益分享问题的妥当和可行方案。在通过《生物多样性公约》之时，谈判各方已经明确意识到了这一点，并要求在"粮食和农业植物遗传资源保护和可持续利用全球系统"内针对未依据《生物多样性公约》所获得的非原生境收集品的获取问题寻求解决对策。这就为缔结一个新的专门针对粮食和农业植物遗传资源的国际条约创设了必要的前提条件。

2001年11月3日，联合国粮农组织第31届大会以116票赞成、0票反对和2票弃权的投票结果通过了《粮食和农业植物遗传资源国际条约》（International Treaty on Plant Genetic Resources for Food and Agriculture），从而结束了长达七年的修订1983年《植物遗传资源国际约定》的谈判。《粮食和农业植物遗传资源国际条约》（以下简称《国际条约》）是国际社会就粮食和农业植物遗传资源（以下简称粮农植物遗传资源）的保护、可持续利用、获取和惠益分享等问题达成的第一个具有法律约束力的国际条约。《国际条约》开启了国际社会协同努力保护粮农植物遗传资源的新篇章，《国际条约》的通过对于确保全球粮食安全和促进可持续的农业发展具有里程碑式的意义。本章首先梳理和介绍《国际条约》的缔结背景，接下来依次对《国际条约》确立的目标和范围、粮农植物遗传资源的保护和可持续利用、"农民权"、获取和惠益分享多边系统、支持成分及供资战略等规定和问题进行解释、分析和评论。

第一节 《粮食和农业植物遗传资源国际条约》的缔结背景

《国际条约》是在联合国粮农组织主持下，为了与《生物多样性公约》（以下简称《公约》）保持协调而修订《植物遗传资源国际约定》的最终成果。因此，《国际条约》的缔结背景必然与上述两个国际协定产生和发展的过程有着极为紧密的关系。鉴于《国际条约》是专门针对粮农植物遗传资源而推出的一份国际法律文书，《国际条约》的缔结背景必然牵涉植物遗传资源问题国际化的缘起以及相应的努力和成果。本节将通过回顾植物遗传资源问题国际化的发展过程，分析和阐明影响并且推动《国际条约》缔结的重要事实和因素。

一、植物遗传资源问题国际化的缘起

长久以来，植物遗传资源不仅是世界各地农民从事农业生产活动最基本的投入，而且是农民通过选择和培育对作物进行遗传改良的原材料。在农业文明时期，伴随着人员的往来和文明的传播，植物遗传资源在不同区域、国家和大洲之间进行着自由、广泛的交换和流动。由于植物遗传资源在地域分布上的不平衡，从总体趋势上看，植物遗传资源的基本流向是从资源富有的南半球到资源匮乏的北半球。在殖民时期，欧洲的殖民国家从其管辖的殖民地（包括美洲、非洲和亚洲国家）搜集了许多重要植物物种及其遗传资源并将它们输送回国内种植和开发利用。从19世纪20年代开始，为了配合西进运动以及促进国内农业的发展，美国要求其驻外人员或派遣专门人员大量收集位于原产地和多样化中心的国家的植物遗传资源。到20世纪之初，美国已经输入了来自世界各地的数量巨大的遗传材料。[1]美国的作物与其人口一样本质

_____

① Cary Fowler, *Unnatural Selection: Technology, Politics, and Plant Evolution,* Gordon and Breach Science Publishers S.A, 1994, p. 21.

上都是外来的，而欧洲作物的来源也基本如此，只是程度略低一些。[①]欧洲国家和美国从国外引进植物物种及其遗传资源的事实充分证明了历史上植物遗传资源从南到北的流动方向。

不论是历史上植物遗传资源的自由交换，还是欧洲国家和美国的收集和开发利用，都明确传递了这样一个重要信息，即在20世纪之前，植物遗传资源是一种人人可得占有和利用的资源，有人称其为"全球遗传公有物"（global genetic commons），[②]它的获取是开放式的、不受限制的。值得注意的是，随着植物利用水平的提升以及商业利益的增加，一些重要植物物种的规模种植和交易能够带来可观的经济利益，某些国家和利益集团在不同时期曾经尝试通过禁止出境、物理意义上的占有以及隔离生产场所等方式对某些植物物种施加控制。不过，这些控制措施发挥的作用极其有限，这不仅因为植物可以通过极少的繁殖材料大量繁殖和再现，而且植物遗传资源的盗窃和走私易于得手。事实上，在物种层次上对植物进行的控制和独占显得非常脆弱，很难长期维持下去。由此可见，20世纪之前尽管已经出现了对植物物种及其遗传资源施加控制并对其主张某种权利的意图，但是，鉴于当时还未产生对植物及其遗传资源施加有效控制的社会经济和科技条件，这些意图以及相应的举措难以奏效。

当美国完成了所谓的植物遗传资源的"原始积累"后，美国的农业跨入了新的发展阶段。自19世纪下半叶以来，一种以市场为导向的、商业化的农业在诸多有利因素的推动下开始在美国兴起。商业化农业的出现和深入发展使得农民与种子的关系发生了根本的改变，农民长期以来沿用的自己繁殖和保留种子的做法受到了严重的冲击，种子商品化的趋势日渐加强。1900年，孟德尔遗传定律被重新发现。这意味着，未来的植物育种活动将逐步接受一种科学理论的指导。随后，美国专业育种人员完成了一个重要的育种成果，这就是杂交玉米。由于杂交玉米的种子在生产中只能被利用一次，这进一步削弱了农民作为植物育种者和留种者的地位。私人育种者通过控制杂交玉米的近交系（即杂交育种所使用的亲本）事实上控制和拥有了品种本身，而以

① Jack Ralph Kloppenburg, JR. *First the Seed: The Political Economy of Plant Biotechnology, 1492-2000*, 2nd Edition, The University of Wisconsin Press, 2004, p. 15.

② Sabrina Safin, Hyperownership in a Time of Biotechnology Promise: The International Conflict to Control the Building Blocks of Life, *The American Journal of International Law*, Vol. 98.

往农民仅能拥有种子的所有权，无法对品种拥有所有权。拥有植物品种而非物种的所有权标志着人类社会在寻求对植物进行控制的努力中迈出实质性的步伐。随着科学家对遗传学和育种规律掌握和运用程度的不断深入，以及科学领域的进步与商业化农业的紧密结合，到1930年之时，美国农业结构已经发生了剧烈的改变，自给自足的农业已经退出了历史舞台，一种更为鼓励规划、专业化和规则的农业结构得到确立。最重要的是，农民与植物材料的关系以最为深刻的方式发生了改变，即农民与作物品种的归属和控制相互分隔开来，农民不再经常从事选择和保留种子的活动，往往购买他们所需要的种子。这些发展为创建一个针对植物品种所有权的正式法律结构的斗争做好了准备。①

随着商业化农业和科技支撑的植物育种活动的深入发展，美国种子产业和苗圃产业（nursery industry）的规模逐步扩大，产业利益也在不断增加。在这样一种背景下，苗圃产业先于种子产业提出了法律保护的要求。由于独一无二的"无性繁殖"果树和许多观赏树木的能力，苗圃公司在提供区别的、稳定的品种方面拥有一个明确的优势。一旦得到鉴定，某个优质品种能够被不受限制地繁殖。因此，苗圃公司可以基于统一和稳定的品种的声誉以及已经证明的可靠性而建立一类生意。②然而，由于果树和观赏树木品种易于通过繁殖材料大量繁殖，发现并育成了新品种的苗圃公司无法阻止竞争者繁殖和销售自己的品种。为了寻求对于品种的排他性控制以及确保获取稳定的经济利益，苗圃公司积极、持续地推动立法朝着实现自身利益的方向迈进。在经历了利益整合、游说以及谈判等方面的努力之后，1930年，世界上首部专门保护植物品种的专利法诞生了，这就是美国《植物专利法》（Plant Patent Act）。③《植物专利法》的出台标志着人类社会实现了通过法律途径对植物品种行使控制的目标，其对日后就植物遗传资源所采取的国际法律行动具有相当

---

① Cary Fowler, *Unnatural Selection: Technology, Politics, and Plant Evolution,* Gordon and Breach Science Publishers S.A, 1994, p. 63.

② Cary Fowler, *Unnatural Selection: Technology, Politics, and Plant Evolution,* Gordon and Breach Science Publishers S.A, 1994, p. 74.

③《植物专利法》的保护对象是无性繁殖的植物品种，即通过嫁接和切片繁殖的植物（主要是果树和花卉），但不包括块茎繁殖植物，如马铃薯。而有性繁殖的植物品种，即通过种子繁殖的植物不在该法的保护范围之内。《植物专利法》关于植物专利授权要件和书面描述要求的规定与发明专利有所不同。植物专利的授权要件是新颖性和特异性，并不包括非显而易见性。只要申请人的描述是尽可能合情合理地完整，就满足了书面描述要求。

重要的影响。

在欧洲，针对植物的研究和开发利用活动伴随着外来植物物种的输入不断走向深入，由此产生了许多与植物有关的发明（plant-related inventions）。20世纪初，欧洲一些主要国家尝试通过某种形式的法律制度为这些发明提供保护。1922年，法国认可了植物可以受到私人财产权的保护，德国最高法院允许专利被授予一种育种方法。[1]随着孟德尔遗传定律在植物育种活动中的普及和应用，欧洲的农业植物育种活动推出了许多重要的具有社会和商业意义的成果，这些成果大多表现为作物品种。相应地，如何在法律上为这些成果提供保护成为当时欧洲一些主要国家面对的突出问题。从20世纪30年代至40年代，法国、德国、奥地利以及荷兰等欧洲国家先后确立了保护植物育种成果的法律制度。[2]然而，这些国家的法律制度采取了不同的保护形式，而且彼此之间差异较大。在欧洲种子产业日益壮大和步入国际化发展道路的背景下，欧洲国家采取的不同保护形式显然不利于种子产业未来的发展，因此，协调不同国家在植物育种成果上的保护制度就显得相当迫切和必要。

考虑到植物育种活动对于遗传规律的过度依赖，专利法框架内关于何为发明的传统观念以及植物材料无法满足专利法中的某些实质要求等方面的因素，经过国际工业产权保护协会和国际植物育种者协会的大力协调，有关国家放弃通过专利制度保护植物品种的思路，转而通过一种专门设计的特殊权利（sui generis right）保护植物品种。上述两个组织共同认为，欧洲国家在保护植物品种的问题上存在的复杂和不确定的局面需要在国际层面上加以解决。[3]1957年，国际植物育种者协会请求法国政府针对植物新品种的保护问题召开了由欧洲12个国家以及相关国际和欧洲区域性组织参加的外交会议。1961年12月，《保护植物新品种国际公约》（以下简称UPOV公约）在该外交会议第二届全会上获得通过，比利时、法国、联邦德国、荷兰和意大利作为第

---

[1] Margatet Llewelyn and Mike Adcock, *European Plant Intellectual Property*, Hart Publishing, 2006, p. 137.

[2] Margatet Llewelyn and Mike Adcock, *European Plant Intellectual Property*, Hart Publishing, 2006, pp. 139-141.

[3] Graham Dutfield, *Intellectual Property Rights and The Life Sciences: A Twentieth Century History*, Ashgate Publishing Company, 2003, p. 185.

一批国家签署了UPOV公约。[①]1968年8月10日，UPOV公约正式生效。作为世界上唯一的专门保护植物新品种的国际公约，UPOV公约开创了通过特殊权利保护植物品种的先河，它的缔结标志着人类社会建立了有别于专利制度的对植物品种行使控制的法律制度。

如上所述，1930年的美国《植物专利法》是苗圃产业在寻求实现自身利益的过程中赢得的一个法律成果。然而，《植物专利法》保护的对象并不包括种子产业的育种成果——有性繁殖植物品种。事实上，无性和有性繁殖植物之间具有的生物差异影响了苗圃和种子产业从事的植物材料商业化活动。无性繁殖植物拥有内在的一致性以及易于名称鉴别和保护的潜力。但在20世纪30年代，种子作物的一致性（uniformity）育种仍然是一个冗长和昂贵的过程。种子产业内要求获得专利保护的愿望和满足专利法所要求的一致性标准的能力都不是很高。[②]这些事实可以解释美国种子产业为何不如苗圃产业那样积极推动植物专利立法的原因。

在《植物专利法》通过之后的20年间，尽管美国农业商业化和种子商品化的趋势进一步加强，然而，美国种子公司面临的并非是缺少品种保护的问题，而是更大的严重影响种子市场竞争秩序的问题。作为对这些问题部分回应与育种技术不断开发和应用的结果，以及对适于机器收获的蔬菜新品种的需要，美国种子公司纷纷加大了包括杂交育种在内的育种项目的开发力度。随着育种活动深入开展，植物育种逐渐成为一项理性的、有规划和明确目标的并且具有科学基础的活动。私有领域中的育种活动随之增多起来，种子公司开发并向市场投放的"私有品种"的数量也在不断增加。种子公司已经明确看到了通过研究活动所生产的私有品种在回应竞争、低价和日益增长的对适于机器收获的品种市场方面具有的优势。但是，当时并不存在认可这些"私有品种"专有地位的法律。[③]尽管如此，制定新的法律的共识并未立即表现出来。在UPOV公约于1961年获得通过后，美国种子产业无疑受到了直接的影

① UPOV公约在缔结后经历了三次修改，目前有1961年、1978年和1991年三个文本。不同国家批准或加入的文本有所不同，主要是1978年和1991年文本。与美国《植物专利法》相比，UPOV公约保护所有的植物品种，包括有性繁殖植物品种。

② Cary Fowler, *Unnatural Selection: Technology, Politics, and Plant Evolution,* Gordon and Breach Science Publishers S.A. 1994, p. 100.

③ Cary Fowler, *Unnatural Selection: Technology, Politics, and Plant Evolution,* Gordon and Breach Science Publishers S.A. 1994, p. 103.

响。种子公司在保护其开发的品种的问题上开始表示出很高的兴趣，并且尝试通过不同的方式保护其私有品种。

进入20世纪60年代后，美国种子贸易协会（American Seed Trade Association）在协调和解决因保护有性繁殖品种所引发的各个方面的问题上发挥了极为关键的角色。在其提出的修改《植物专利法》以便将保护对象扩展至有性繁殖品种的建议遭到各方抵制后，该协会于1969年起草了《植物品种保护法》（Plant Variety Protection Act）草案。此后，协会在全国范围内与种子贸易和农民团体举行了多次会谈，以便唤起对于品种保护的支持。经过与农业部的深入商谈以及对种子产业内部不同利益的协调，有关方面提出的《植物品种保护法》应当顾及公共利益和避免阻碍某些作物育种活动等方面的要求获得了一定的实现，1970年12月24日，《植物品种保护法》成为正式法律，美国种子产业经过漫长的等待之后终于拥有了保护其育种成果的特殊法律制度。[1]

20世纪70年代见证了生物技术突飞猛进的发展。1976年，美国科学家Stanley Cohen和Herbert Boyer建立了DNA重组技术，基因工程从此诞生。1978年，世界上第一家生物技术公司Genentech成立。1980年，该公司在美国上市后股价大幅上涨，并且募集到了巨额资本。无疑，生物技术及其产业发展已经展示出了光明的前景。也就在同一时期，涉及生物材料的专利申请已经摆在了专利局的面前。1974年，供职于通用电器公司的微生物学家Chakrabarty向美国专利局提出了一份关于细菌发明的专利申请。专利局以该微生物属于自然产品以及生命物质不属于美国专利法规定的可专利性主题为由驳回了针对该细菌本身的权利要求。美国最高法院最终判定，国会的立法意图是以发明专利（utility patent）保护"阳光下人所制造的一切东西"，专利法没有将有生命的物质排除在发明专利保护的范围之外，本案中请求保护的细菌是一种人造的产品，而非自然存在的东西，因而可以作为"产品"或"物质合成"受到保护。"Chakrabarty案"判决在两个方面具有重要意义。一方面，该案从提出到最终判决的经过表明，生物产业利益相关者已经基于务实的考虑放弃了通过立法途径寻求实现自身利益的企图，从而转向更为便捷的司法途径以

---

[1]《植物品种保护法》保护的对象是有性繁殖和块茎繁殖的植物品种。植物品种保护的条件是必须具备新颖性、特异性、一致性和稳定性的要求。在满足了这些要求后，品种持有人将获得由农业部植物品种保护办公室颁发的保护证书，品种保护期限为自颁发证书之日起17年。

期确立符合自身产业利益需要的法律规则；另一方面，该案判决为日后针对植物材料所提出的发明专利保护要求建立法律解释上的先例，植物品种能够获得除《植物专利法》和《植物品种保护法》之外的发明专利法的保护已经指日可待。

通过以上对欧洲主要国家和美国控制植物材料的不同机制及其发展演变过程的考察和分析，可以发现，随着商业化农业和科技化植物育种活动的不断发展，产业利益集团控制植物遗传资源的机制已经从有形财产权转变为无形财产权；专业育种者以已有的植物遗传资源为原材料培育的植物品种已经不被视为"全球遗传公有物"，它们转变为受主要发达国家的私人所有权所保护的对象，品种的繁殖材料（即种子）因此成为一种商品。上述无形财产权和私人所有权采取的形式主要是植物专利、植物品种特殊权利（或称为植物育种者权）以及植物品种发明专利，它们构成了所谓的植物知识产权保护制度的核心。从20世纪20年代至70年代，美国和欧洲主要国家相继完成了植物专利和植物品种保护的立法进程。20世纪80年代初，美国最高法院对专利法所作出的解释为包括植物品种在内的植物材料获得发明专利保护扫除了关键的障碍。

随着植物知识产权保护制度在美欧国家的确立，美欧种子产业在经历了一轮兼并重组浪潮后，其发展的国际化程度日益加深，相应地，这些国家种子公司生产的拥有高产和抗病等性状的种子开始大量出口至发展中国家，并为商业目的进行销售。由于以推广高产品种和提高谷物产量为目标的"绿色革命"运动所引起的连带效应，来自发达国家的种子在发展中国家市场的保有量和价值预期会不断增长。[1]这一现实状况与历史上植物遗传资源由南向北大量流动的事实何其相似。然而，有评论家就此指出，历史上的植物遗传资源由南向北大量的流动反映了一种"量"上的不对称性，即从南半球国家流出的资源远远超过了流入的资源，而此时的商业种子由北向南的大量出口则为已建立的不对称性引入关键的"质"的一面，即北半球国家在殖民和其他时期从南半球国家无偿带走的是作为全球公有物的植物遗传资源，而目前由北半球国家进入南半球国家的却成为受到植物知识产权保护而且只能有偿获取的作为私有财产的种子。南半球国家强烈质疑北半球国家将植物种质（即

---

① Jack Ralph Kloppenburg, JR. *First the Seed: The Political Economy of Plant Biotechnology, 1492-2000*, 2nd Edition, The University of Wisconsin Press, 2004, p. 170.

遗传资源）区分为所谓的作为私有财产的"优异"商业种质和作为共同遗产的"原始"种质，以及据此将前者在法律上确定为只能有偿获取的商品而将后者视为可以自由和无偿获取的公共物品的做法。南半球国家进一步认为，由于受到北半球国家私有财产权保护的绝大多数商业种质在开发中利用了最初来自于南半球国家的种质资源，历史上和当前南北之间的植物种质流动是都是极不公正的。[①]至此，南北双方在如何控制和获取植物遗传资源的问题上（control over and access to plant genetic resources）的分歧已经彻底暴露出来。随着欧美国家植物知识产权保护范围的扩大和种子产业发展国际化趋势的加强，南北双方针对植物遗传资源的控制和获取问题产生了激烈的冲突和斗争，植物遗传资源问题进入国际社会磋商和协调的议题范围由此具备了关键的事实基础。

二、植物遗传资源问题国际化的努力和成就

20世纪70年代末至80年代初，面对欧美植物知识产权保护制度和种子产业发展逐步向发展中国家的延伸和渗入，一些致力于维护传统农业体系的非政府组织与发展中国家的政治和科学等领域的人士开始提出诸多与发展中国家利益密切相关的强烈关注，这些关注主要包括作物遗传多样性的流失、种子的商品化以及植物品种保护对传统农业体系的消极影响等。实际上，这些关注或者本身就与植物知识产权保护相伴而生，或者在一定程度上与植物知识产权保护具有紧密的关联。因此，上述组织和人士将其反对的矛头共同指向欧美国家的植物知识产权保护制度。更为重要的是，上述组织和人士此时已经充分意识到借助一个国际舞台以便表达自身关注和诉求以及寻求国际性应对策略的重要性。

在植物遗传资源问题国际化的过程之中，一位著名的加拿大籍活动家潘特·穆尼（Pat Mooney）及其领导的非政府组织——国际农村促进基金会（Rural Advancement Foundation International）扮演了极为关键的角色。1979年，潘特·穆尼出版了一本极具影响力的著作——《地球的种子：私有还是公共资源？》。在这本书中，穆尼表达了如下观点：遗传资源在资本积累中发挥了作用；商业性集团在通过专利制度保护遗传资源方面拥有明确的利益；公

---

① Jack Ralph Kloppenburg, JR. *First the Seed: The Political Economy of Plant Biotechnology, 1492-2000*, 2nd Edition, The University of Wisconsin Press, 2004, pp. 169-171.

共和私有领域中针对遗传资源的控制以及在保存和利用方面的控制都是不透明的，因而有害于发展中国家。穆尼的观点为遗传资源所具有的经济价值的概念化提供了有力的依据。[1]穆尼支持这样一种观点，即由于遗传资源对于产业活动具有可以评估的经济价值，其不能被作为一种公共资源对待，其应当是一种具有战略意义的商品。作为一本激发思维的出版物，本书不仅促成世界范围内对于遗传资源控制问题的关注，而且成为许多非政府组织在与商业利益集团的辩驳中用于支持自身观点的重要依据。

在本书出版后的一段时期内，穆尼继续在不同场合通过提供有说服力的事实和数字宣扬自己的观点，以便寻求更多的响应和支持。在1981年之前，穆尼和另外一位活动家卡里·福勒（Cary Fowler）利用一次机会向墨西哥总统间接地提供了关于遗传资源面临的问题和选择的咨询报告，后被告知总统本人对该主题有兴趣以及他们的报告得到了总统的密切关注。1981年，联合国粮农组织第21届大会在意大利罗马召开。墨西哥驻联合国粮农组织大使向本届大会提交了一份涉及遗传资源的建议，具体包括：建立一个联合国粮农组织主持下的国际基因库和制定一个规范植物遗传资源交换活动的国际法律公约。[2]毫无疑问，这些建议在很大程度上表露了第三世界国家在遗传资源控制问题上日渐增加的不满情绪。此外，这些建议还反映了第三世界国家意图改变西方工业化国家主导下的全球植物遗传资源非原生境收集品（ex situ collections）保存体系的强烈愿望。事实上，自20世纪70年代中期以来，国际植物遗传资源委员会被赋予指定保存已收集的植物遗传资源的国家或国际基因库的权力。[3]然而，由于该委员会在决策和资金来源等方面受到工业化国家的影响，其行使指定权力所导致的后果就是，来自第三世界国家的植物遗传资源不断地进入工业化国家和国际农业研究中心的基因库。不仅如此，

---

① Robin Pistorius, *Scientists, Plants and Politics: A History of the Plant Genetic Resources Movement*, International Plant Genetic Resources Institute, 1997, pp. 70-71.

② Cary Fowler, *Unnatural Selection: Technology, Politics, and Plant Evolution*, Gordon and Breach Science Publishers S.A, 1994, p. 181.

③ 国际植物遗传资源委员会由国际农业研究磋商组织（CGIAR）建立。CGIAR成立于1971年，是一个由私人和公共领域的捐资者组成的战略联合体，其使命是通过研究、合作、能力建设和政策支持促进粮食安全和农业的可持续发展。CGIAR联合了15个公共及私有资本所资助的国际农业研究中心，从而形成了一个国际化的网络，这些国际农业研究中心持有世界上数量最大的粮农植物遗传资源非原生境收集品。本章第七节对此有详述。

该委员会通过行使指定权力促使美国成为世界上某些具有重大经济价值的植物遗传资源的持有者，美国更是宣称进入本国基因库的资源构成美国政府的财产。

当墨西哥的建议提交至联合国粮农组织第21届大会时，第三世界国家的代表已经或正在意识到这样一些关键事实：农作物遗传多样性的消失；南北之间在指定的保存设施以及相关的获取和控制问题上的差别；正在引起更多关注的和在基因水平上赋予遗传多样性更多价值的生物技术的进步；许多工业化国家为确立针对品种、基因及其性状的专利制度而进行的努力；国际层面上对国际植物遗传资源委员会施加政治控制的欠缺。[①]面对这些严峻的事实，经过第三世界国家和某些非政府组织的共同努力，遗传资源问题在1981年联合国粮农组织大会上成为一个具有国际性和政治性的议题。1981年大会标志着转向新的舞台（arenas）和新的"演员"（actors）的开始，以及转向某些第三世界政府为获得更多对于植物遗传资源控制而采取行动的开始。在某种程度上，舞台方面的转变标志着非政府组织或者植物专利的反对者首次怀揣它们的建议发起了行动。由于权力基础从美国利益转向了第三世界利益，通过将争执引向联合国粮农组织，植物专利的反对者才得以采取行动。此外，它将争议延伸到狭义的植物专利之外，因此将争议引向了非政府组织最为得心应手的领域——专利和遗传保存之间的联系，以及上述问题和发展议题之间的联系。[②]

联合国粮农组织1981年会议开启了制定一份专门针对植物遗传资源的国际法律文书的进程。经过协调和斗争，第三世界国家的呼吁和建议在本次会议最终通过的第6/81号决议中得到充分的回应。该决议请求联合国粮农组织总干事审查和预备一份国际公约草案的具体内容，包括旨在确保具有农业利益的全球植物遗传资源的保存、可持续利用和交换的法律规定，同时请求总干事预备一份关于建立联合国粮农组织主持下的国际植物基因库的研究报告，并且基于此提出有关的建议以备联合国粮农组织第22届大会考虑。毫无疑问，制定植物遗传资源国际公约的建议招致工业化国家及其产业集团的强烈

---

① Cary Fowler, *Unnatural Selection: Technology, Politics, and Plant Evolution*, Gordon and Breach Science Publishers S.A, 1994, pp. 186-187.

② Cary Fowler, *Unnatural Selection: Technology, Politics, and Plant Evolution*, Gordon and Breach Science Publishers S.A, 1994, p. 182.

反对，国际植物遗传资源委员会也将有关建立联合国粮农组织主持下的国际基因库的建议视为对于自身地位的一种威胁。为了进一步提升国际社会对于植物遗传资源所面临的问题的意识，以及推动上述决议中的请求的落实，在1983年联合国粮农组织第22届大会召开之前，穆尼又完成了另外一部重要的著作——《种子法》（The Law of the Seed），并且由一本名为《发展对话》的刊物公诸于世。在《种子法》中，穆尼关注的焦点问题是植物知识产权方面的斗争，不过他将这一问题与更为广泛的包括遗传资源的国家主权以及关于已收集和保存在北方国家基因库中的材料的获取和归属问题联系在一起。《种子法》在第三世界国家和欧洲广为传播，它不仅激起对于植物遗传资源面临问题的更高程度的关注，而且为一些团体和个人反对植物专利保护制度提供了有力的武器。

事实上，在1981年至1983年间，包括第三世界国家、工业化国家及其种子产业的代表、非政府组织以及某些国际机构等在内的不同方面的利益相关者围绕如何处理和落实第6/81号决议中的请求不仅进行了激烈的辩论，而且开展了相关的事实调查活动。然而，这些活动取得的成效相当有限，南北双方之间的分歧并未发生实质性的改变。当1983年联合国粮农组织第22届大会召开之时，第6/81号决议中的请求能否得到落实的问题显示出一定程度的不确定性。不仅如此，上述决议中的请求的内容也在此时有了较大的变化。第三世界国家关于建立国际基因库的要求已经被建立国际基因库体系的要求所取代，而制定关于植物遗传资源国际公约的要求已经被软化为制定自愿性的法律"约定"的要求。在这届大会上，一份事先由联合国粮农组织预备的法律文书草案——《植物遗传资源国际约定》（International Undertaking on Plant Genetic Resources）（以下简称《国际约定》）被提交给各国代表以供谈判。除此之外，第三世界国家提出一项新的要求，即创设一个植物遗传资源委员会，以便各国代表可以一起讨论有关遗传资源的事宜以及监测《国际约定》的实施状况。

1983年联合国粮农组织第22届大会的主要任务是谈判《国际约定》和落实第三世界国家提出的创设植物遗传资源委员会的要求问题。在谈判《国际约定》的过程中，工业化国家针对《国际约定》草案中的有关植物遗传资源定义和无限制获得原则的规定与第三世界国家发生激烈的争执。问题的焦点在于，《国际约定》草案关于植物遗传资源定义的规定纳入受到工业化国家植物知识产权制度保护的植物品种和育种品系（breeding line），而《国际条约》草案又以植物遗传资源属于人类遗产，因而可无限制获得这一原则作为自身的基础。显然，在工业化国家看来，《国际约定》以上规定与其国内的植物知识产权保护制度之间存在着直接的冲突。此外，创设植物遗传资源委员会的提议尽管未招致工业化国家的明确反对，但是一些供资者将该提议看作是对国际植物遗传资源委员会的一种反击行动，而这项行动的意图是在联合国框架下建立一个拥有政治权力与合法性的与国际植物遗传资源委员会相平行的机构。联合国粮农组织第22届大会的确是一届充满争议的大会，第三世界和工业化国家在涉及自身重大利益的事项上都不作丝毫的退让。本届大会的最终结果是，《国际约定》和创设植物遗传资源委员会的提议获得第三世界国家无一例外的支持并且获得大会的通过，但同时遭到了欧洲主要国家、美国、加拿大以及澳大利亚等国的一致反对。

《国际约定》的通过被认为是发展中国家在与发达国家的较量中取得的一次胜利。尽管以美国为首的主要发达国家表达了坚决的反对，但由发展中国家提议并推动签署的《国际约定》借助联合国粮农组织的表决机制获得了通过。这对发展中国家而言无疑意味着胜利。然而，必须指出的是，由于两个方面事实的存在，发展中国家的胜利并非是完全意义上的。其一，《国际约定》本身不具有法律约束力，主要发达国家并未签署或宣布遵守《国际约定》，这些都严重地影响到了《国际约定》的实施前景；其二，为了阻止发达国家利用植物知识产权制度对南半球的资源进行的"圈占"和私有化活动，发展中国家不得不将植物遗传资源属于人类遗产，因而可无限制获得的原则写入《国际约定》之中，事实上，这一做法与发展中国家一段时期以来在国际舞台上寻求对其拥有的资源进行法律控制的意图明显不符。①

《国际约定》是第一个专门解决植物遗传资源问题的综合性国际协议，

① 不过在发展中国家看来，该原则在实践中的具体实施并不会对其利益造成较大的影响，相反，发达国家的利益受到的影响可能要更大一些。这是因为，考虑到《国际约定》的自愿属性，发达国家和发展中国家都会采取必要措施限制某些资源的自由交换和获得。对于受保护的植物品种和育种品系而言，发达国家最有可能排除针对此类资源的自由获得。然而，发展中国家认为受保护的植物品种在其国内仅具有有限的用途，育种品系的实用性也不高，限制这些资源的交换和获得不会对其带来明显不利的后果。而发展中国家不论选择排除何种类别的资源，都将在较大的程度上对发达国家种子产业的发展构成现实或潜在的障碍。

包括了有关植物遗传资源的探测、保护、评价、文献记录、获得以及国际合作和安排、财政安全等事项的规定，共计11条。《国际约定》的目标是确保具有经济和（或）社会重要性的植物遗传资源，特别是农业植物遗传资源可为植物育种和科学目的而被探测、保护、评价和获得。《国际约定》以普遍接受的原则作为基础，即植物遗传资源是人类遗产，因此可被无限制地获得。第5条"植物遗传资源的获得"是《国际约定》中最重要的规定，其内容为，"遵守本约定的控制植物遗传资源的政府和机构的政策是，为科研、植物育种和遗传资源保护的目的而提出请求时，允许获取这些资源的样本以及允许其出口，样本的获取将是免费的，并以相互交换和共同商定的条件作为基础"。

　　1983年联合国粮农组织第22届大会之后，《国际约定》进入了实施阶段。然而，由于主要发达国家均未签署《国际约定》，其实施面临着缺少发达国家参与和配合的窘境。代表了美国立场的美国种子贸易协会声称，《国际约定》的原则与美国法律和实际做法不相符合。实际上，以美国为代表的发达国家不仅担忧其拥有的专有财产权利在实施《国际约定》的过程中遭到极大地削弱，而且意识到传统的植物遗传资源自由获得原则在未来适用中所具有的不确定性。反观发展中国家，尽管发展中国家在《国际约定》的谈判和通过中取得胜利，但是发展中国家继续质疑发达国家为专业育种者提供私有财产权保护的正当性，并对国际层面上缺少认可世代农民为植物遗传资源的保存、开发和改良所作出的巨大贡献的法律机制感到强烈不满。

　　为了吸引更多的国家签署《国际约定》，以及回应来自于南北双方的不同关注，从1985年开始，植物遗传资源委员会发起相关的行动，从而寻求对《国际约定》的争议部分作出符合南北双方意愿的解释和澄清。在经历艰难的谈判之后，联合国粮农组织大会于1989年至1991年间先后通过了第4/89号、第5/89号和第3/91号决议。第4/89号决议强调了保护植物新品种国际联盟（UPOV）所规定的植物育种者权与《国际约定》不相冲突。第5/89号决议明确提出了"农民权"（farmers' rights）的概念，即"农民权"是指源自过去、现在和将来的，农民在保护、改进和取得遗传资源中，特别是原产地中心/多样性中心的遗传资源所作出的贡献的权利。第3/91号决议确立了三个重要的规定，即国家对其植物遗传资源拥有主权权利；育种者的品系和农民的育种材料在培育期间应仅仅依据培育者的意思提供；"农民权"应通过一个植物遗传资源国际基金而得到实施。从形式意义上看，这三个决议通过确认专业育种者和农民就植物遗传资源所享有的不同性质的权利，在平衡发达国家和发展中国家之间的利益关系方面收到了较好的效果。这三个决议的通过也促使《国际约定》获得了更为广泛的接受。

当南北双方在联合国粮农组织的舞台上激烈地辩论如何控制和获取植物遗传资源的问题时，全球生物多样性正在以前所未有的速度消失的事实引起了国际社会的高度关注。为了应对生物多样性消失的严峻挑战，一些担负着全球环境保护责任的非政府组织和政府间国际组织，例如世界自然保护同盟（IUCN）和联合国环境规划署（UNEP），倡议并积极推动缔结一份有关生物多样性的全球性公约，以便协调和加强生物多样性保护和可持续利用方面的国际合作。在预先进行的讨论中，这一有关生物多样性的公约的范围问题成为发达国家和发展中国家争执的一个关键问题。经过发展中国家的极力争取，与发展中国家切身利益密切相关的遗传资源议题，具体是遗传资源的获取和惠益分享（access to genetic resources and benefit-sharing），被纳入公约的调整范围。1991年2月，公约的谈判正式开始。公约的谈判无疑是一个平衡两种利益的过程，即生物技术发达而生物多样性匮乏的发达国家代表的利益与生物多样性丰富而生物技术落后的发展中国家所代表的利益。事实上，发达国家和发展中国家在谈判中找到了它们利益的"交集"所在，并且达成一系列的"交易"。1992年5月22日，在联合国环境规划署的主持下，《公约》在肯尼亚内罗毕召开的通过生物多样性公约议定文本会议上获得通过。1992年6月5日，在巴西里约热内卢召开的联合国环境和发展大会上，共有153个国家和欧洲共同体签署了《公约》，其于1993年12月29日生效。

内罗毕会议不仅通过《公约》议定文本，而且通过四个相关的决议。其中的决议3解决了《公约》与促进可持续农业之间的相互关系问题。具体而言，决议3确认了《公约》的规定对于保护和利用粮农遗传资源的极端重要性，要求探索各种方式和措施以发展《公约》与粮食和农业植物遗传资源保护和可持续利用全球系统（Global System for Conservation and Sustainable Use of Plant Genetic Resources for Food and Sustainable Agriculture）

之间的互补与合作①, 以及进一步认可寻求解决粮食和农业植物遗传资源保护和可持续利用全球系统中涉及植物遗传资源突出问题的需要, 特别是未依据《公约》所获得的非原生境收集品的获取 (Access to ex situ collections not acquired in accordance with the CBD) 和 "农民权" 问题 (The questions of farmers' rights)。另外, 1992年6月召开的联合国环境和发展大会通过的《21世纪议程》要求强化联合国粮农组织关于植物遗传资源的全球系统, 包括根据《公约》调整该系统以及采取进一步的措施实现 "农民权"。

联合国粮农组织对于以上提议和要求给予积极的回应。1993年12月, 联合国粮农组织第27届大会一致通过了第7/93号决议, 该决议要求根据与《公约》相协调的原则修订《国际约定》。1994年11月, 粮食和农业遗传资源委员会召开了第一次特别会议, 修订《国际约定》的谈判正式启动。修订《国际约定》的谈判是在粮食和农业遗传资源委员会的主持下, 经由该委员会召开的特别会议、例会以及其他专门会议而展开的。谈判中的焦点主要集中在粮农植物遗传资源的获取问题和 "农民权" 问题之上。在获取问题上, 谈判各方充分考虑到了粮农植物遗传资源的重要性和特殊性, 提出建立一个透明和高效的多边系统的方案, 从而便利获取粮农植物遗传资源。然而, 各方在多边系统应当包含哪些作物遗传资源的问题上持有的立场相差很大, 最后经过艰难谈判商定了一份由64种作物组成的有限作物清单。在 "农民权" 的问题上, 各方就这一权利的实现方式存在较大分歧。为了推动谈判尽早完成, 有关方面提出了易于被各方接受的方案, 即实现 "农民权" 的责任由各国政府承担, 各国在实现 "农民权" 的过程中拥有较大的自由度。各方对这一方案未提出任何反对的意见。

经过七年不懈的努力, 2001年11月3日, 修订《国际约定》谈判的最终成果——《国际条约》在联合国粮农组织第31届大会上以116票赞成、0票反对和2票弃权的投票结果获得通过。《国际条约》通过之后, 时任联合国粮农组织

---

① 《国际约定》第7条要求所有涉及保护遗传资源的机构采取协调一致的行动以开发一个关于植物遗传资源的全球系统。该系统的目标是通过提供一个分享惠益和分担责任的灵活性框架, 促进植物遗传资源的可获得性和可持续利用, 同时为了今世和后代确保它们的安全保护。自从1983年以来, 联合国粮农组织积极努力开发这一全球系统, 目前该全球系统由粮食和农业遗传资源委员会、《国际约定》、《植物种质收集和转让国际行动准则》、非原生境收集品国际网络、《世界植物遗传资源状况报告》、《粮农植物遗传资源保护和可持续利用全球行动计划》等构成。

总干事雅克·迪乌夫先生盛赞《国际条约》是21世纪和第三个千年的第一份国际条约。

《国际条约》的通过结束了由联合国粮农组织第27届大会7/93号决议发起的长达七年的修订《国际约定》的谈判。《国际条约》的出台是国际立法史上的一个重大事件，是人类社会在实现可持续发展目标的过程中取得的又一项值得高度赞赏的法律成果。《国际条约》是专门负责解决粮农植物遗传资源的保护和可持续利用问题的第一个具有法律约束力的国际协定，也是第一个有关可持续农业的多边环境协定。就生物多样性的国际管理和治理而言，《国际条约》的生效标志着一个非常重要的里程碑，它代表了国际社会对于一种新的国际协同努力的承诺，即《国际条约》是一个独立的、同时面向全球粮食安全需要的满足和有关获取和惠益分享概念国际商定目标实现的公约。就此而言，《国际条约》有助于提高人类生活水平、预防饥饿和保护生物多样性。

第二节 《粮食和农业植物遗传资源国际条约》的制度构成和一般性规定

《国际条约》是目前唯一具有法律约束力的规范粮农植物遗传资源的保护、可持续利用、获取和惠益分享等问题的综合性国际协定。之所以称其为综合性国际协定，这是因为：一方面《国际条约》同时涵盖了原生境和非原生境条件下的粮农植物遗传资源；另一方面，其旨在应对粮食安全和可持续的农业发展的全球性挑战。《国际条约》还是一个相对简明性的国际协定，这是因为：其仅包含35条和两个附件，但这些规定已经为缔约方在国内实施《国际条约》提供了必要的框架和原则，而且未来缔约方还可以通过《国际条约》管理机构（即缔约方会议）进一步发展国际社会已商定的框架和原则。

本节首先对《国际条约》的制度构成进行简要介绍和说明，然后解释和评析作为《国际条约》一般性规定的目标、范围以及粮农植物遗传资源的定义。

一、《粮食和农业植物遗传资源国际条约》的制度构成

《国际条约》由序言和七个部分组成，共计35条，另外还包括两个附件。

与其他国际条约一样，序言构成了《国际条约》的一部分，但是序言并未确立具有法律约束力的义务。相反，《国际条约》的序言部分被用以解释各个谈判国家的动机，以及作为《国际条约》基础的基本设想，它们也被用以表达参与谈判的国家和组织额外的关注，但并非所有的关注被充分地纳入《国际条约》的实质性规定之中。①序言分为15段，它们不仅阐明《国际条约》的缔结动机和粮农植物遗传资源的重要价值，而且提出解决"农民权"的实现、粮农植物遗传资源的获取和惠益分享等问题的设想和方案。

《国际条约》第一部分是"引言"规定，包括关于"目标"（第1条）、"术语"（第2条）和"范围"（第3条）的规定。

《国际条约》第二部分是"一般条款"规定。这一部分针对四个方面的问题进行了规定，它们是"一般义务"（第4条）、"粮农植物遗传资源的保存、考察、收集、特性鉴定、评价和编目"（第5条）、"植物遗传资源的可持续利用"（第6条）、"国家承诺与国际合作"（第7条）、"技术援助"（第8条）。其中的有关粮农植物遗传资源的保护和可持续利用的规定（第5条和第6条）构成《国际条约》的第一项核心制度。第5条列出了缔约方在粮农植物遗传资源的保存、考察、收集、特定鉴定、评价和编目方面将要执行的主要任务。第6条要求缔约方开发和维持适当的促进粮农植物遗传资源可持续利用的政策和法律措施，并且提供了一份非穷尽式的可能包括的措施类型清单。

《国际条约》第三部分是"农民权（第9条）"规定。"农民权"的规定是《国际条约》确立的第二项核心制度。第9条首先表达了对农民在植物遗传资源的保存和开发中已经作出并将继续作出的巨大贡献的认可，接着明确实现与粮农植物遗传资源有关的"农民权"的责任在于各国政府，同时列出国家层面上的"农民权"的三项内容。第9条最后规定了与农民保存、利用、交换和出售农田保存的种子和繁殖材料的权利有关的问题。

① Gerald Moore and Witold Tymowski, *Explanatory Guide to the International Treaty on Plant Genetic Resources for Food and Agriculture,* International Union for Conservation of Nature and Natural Resources, 2005, p. 19.

《国际条约》第四部分是"获取和惠益分享多边系统"规定，包括"获取和惠益分享多边系统"（第10条）、"多边系统的范围"（第11条）、"多边系统中的粮农植物遗传资源的便利获取"（第12条）和"多边系统中的惠益分享"（第13条）。"获取和惠益分享多边系统"是《国际条约》确立的第三项核心制度，也是《国际条约》中最重要的规定。第10条认可各国对其粮农植物遗传资源拥有的主权权利，并且规定了多边系统的建立问题。第11条明确了多边系统的范围以及相关的问题。第12条规定了多边系统中粮农植物遗传资源的便利获取的问题，包括便利获取的条件和途径等。第13条是关于多边系统中分享惠益的四种机制的规定。

《国际条约》第五部分是"支持成分"规定，包括"全球行动计划"（第14条）、"国际农业研究磋商组织所属各国际农业研究中心以及其他国际机构持有的粮农植物遗传资源非原生境收集品"（第15条）、"国际植物遗传资源网络"（第16条）和"全球粮农植物遗传资源信息系统"（第17条）。这些支持成分构成《国际条约》制度架构之外的活动，但它们对《国际条约》及其目标的适当实施提供着必要的支持。

《国际条约》第六部分是"财务规定"（第18条）规定。本部分解决《国际条约》的实施牵涉的最重要的问题之一，即财政资源（资金）。第18条为缔约方确立一个重要义务，即缔约方应当执行一个面向《国际条约》实施的供资战略。《国际条约》第七部分是"机构条款"规定。本部分分别针对"管理机构""秘书""遵守""争端解决"等进行了规定。

《国际条约》附件一是一份作物清单，即多边系统所覆盖的粮农植物遗传资源的清单。附件二是关于作为争端解决程序的仲裁与调解的具体规定。

二、《粮食和农业植物遗传资源国际条约》的目标

《国际条约》第1条对自身的目标进行了规定。《国际条约》第1.1条规定："本条约的目标与《公约》完全一致，即为可持续农业和粮食安全而保护并可持续利用粮农植物遗传资源以及公正公平地分享利用这些资源而产生的惠益。"

这一规定设定两个层次的目标，即保护、可持续利用粮农植物遗传资源以及公正公平地分享利用这些资源而产生的惠益作为《国际条约》的目标。

通过达到这三个目标，《国际条约》最终是为了实现粮食安全和可持续农业的目标。上述规定还强调《国际条约》的目标与《公约》相一致，这一点正是《21世纪议程》和粮农组织第27届大会最初所提出的《国际约定》应当与《公约》保持协调的请求之所在。从制度设计方面看，《国际条约》在适用于所有生物多样性的总体制度内确立了适用于粮农植物遗传资源的一个更为具体的制度。就多边系统中的粮农植物遗传资源而言，《国际条约》规定了缔约方在多边基础上预先确定的关于获取和惠益分享的共同商定条件（mutually agreed terms）。从适用对象看，《公约》适用于所有层次和形式的生物多样性（包括遗传资源），而《国际条约》则适用于农业生物多样性和粮农植物遗传资源。就此而言，《公约》与《国际条约》的目标互为补充，而且需要协调运作。①

《国际条约》第1.2条规定："上述目标将通过本条约与联合国粮农组织和《公约》密切联系而得以实现。"这一规定进一步阐明了实现《国际条约》的目标所需借助的一个重要手段，即将《国际条约》与联合国粮农组织和《公约》密切联系起来。这一点不难理解。首先，粮农植物遗传资源对于世界粮食安全具有极端重要性，《国际条约》的实施需要专门化的农业技能，这也是《国际条约》在联合国粮农组织章程架构下作为一个独立协定而被通过的主要原因；其次，粮农植物遗传资源本身是生物多样性的重要组成部分，其与《公约》的诸多规定密切相关。本段规定认可《国际条约》所具有的双向维度，并要求应当在代表农业利益和专长的联合国粮农组织和代表一般生物多样性与环境利益和专长的《公约》之间建立起紧密的联系。②可以预见，这种紧密的联系将为《国际条约》目标的实现提供重要的保证。

三、《粮食和农业植物遗传资源国际条约》的范围

《国际条约》第3条是关于"范围"的规定。第3条规定："本条约针对粮

---

① Gerald Moore and Witold Tymowski, *Explanatory Guide to the International Treaty on Plant Genetic Resources for Food and Agriculture,* International Union for Conservation of Nature and Natural Resources 2005, p. 30.

② Gerald Moore and Witold Tymowski, *Explanatory Guide to the International Treaty on Plant Genetic Resources for Food and Agriculture,* International Union for Conservation of Nature and Natural Resources, 2005, pp. 30-31.

农植物遗传资源。"需要特别指出的是,《国际条约》第3条和第11条分别出现两个不同的关于范围的规定,这两个不同的范围必须区分清楚。第3条提到的粮农植物遗传资源是指所有的粮农植物遗传资源。根据《国际条约》第11条的规定,自动纳入获取和惠益分享多边系统的粮农植物遗传资源是:受缔约方管理和控制以及公共持有的附件一按照粮食安全和相互依赖性两个标准列出的粮农植物遗传资源。这就意味着,作为一个整体的《国际条约》,包括关于保护、可持续利用、国际合作、支持成分、财务条款等的实质性规定,覆盖的是所有的粮农植物遗传资源,并不仅仅是附件一所列出的粮农植物遗传资源。[①]

四、粮食和农业植物遗传资源的定义

《国际条约》第2条分别界定了"原生境(就地)保存""非原生境(移地)保存""粮农植物遗传资源""遗传材料""品种""非原生境收集品""原产地中心"和"作物多样性中心"的含义。这里需要重点分析和评论的是粮农植物遗传资源的定义。

根据《国际条约》第2条的规定,"粮农植物遗传资源"是指对粮食和农业具有实际或潜在价值的任何植物来源的遗传材料,而"遗传材料"是指任何含有遗传功能单位的植物来源的材料,包括有性和无性繁殖材料。毫无疑问,《国际条约》作出的上述界定是理解和把握粮农植物遗传资源概念的重要依据。然而,考虑到《国际条约》的各项规定是国际协定谈判中各方利益平衡的产物,以及某些用语本身具有一定的模糊性,《国际条约》的界定在一定程度上并不能完全揭示粮农植物遗传资源的内涵和外延。为了尽可能揭示和厘清粮农植物遗传资源的内涵和外延,必须进一步回答和澄清以下三个关键问题,即如何理解"对粮食和农业具有实际或潜在价值"?"遗传功能单位"指什么?"遗传材料"仅以"有性和无性繁殖材料"为限吗?

① Gerald Moore and Witold Tymowski, *Explanatory Guide to the International Treaty on Plant Genetic Resources for Food and Agriculture,* International Union for Conservation of Nature and Natural Resources, 2005, p. 37. Cary Fowler, Accessing Genetic Resources: International Law Establishes Multilateral System, *Genetic Resources and Evolution,* Vol. 51, 2004.

　　"对粮食和农业具有实际或潜在价值"是粮农植物遗传资源被视为一种"资源"并在国际层面上以立法形式进行规范的重要条件。"对粮食和农业具有实际或潜在价值"这一限定语首先强调了粮农植物遗传资源应当具有实际或潜在价值。此种限定与《公约》中的相关表述完全相同。值得注意的是，该限定容易引发争议。有评论就指出，几乎所有的植物遗传资源都可能具有潜在的价值，当未来的需要出现时，例如就抗病虫害的性状来说，这种价值实际上才可能得到实现。①此外，粮农植物遗传资源具有的价值应当是对粮农而言，凡是对粮食和农业没有价值，或者对其他产业（如化学、制药）具有价值的植物材料都不能成为《国际条约》意义上的粮农植物遗传资源。换言之，《国际条约》涵盖的仅仅是为了粮食和农业目的而被利用或能够被利用的植物遗传资源，其并不涵盖为了其他目的对其进行的利用。②

　　从《国际条约》的界定看，粮农植物遗传资源是含有"遗传功能单位"的植物来源的材料。就此而言，揭示粮农植物遗传资源内涵的关键是确定什么是"遗传功能单位"。值得注意的是，"遗传功能单位"这一术语同时出现在《公约》和《国际条约》对"遗传材料"所下的定义之中，但它们都没有再对"遗传功能单位"进行界定。如此一来，就产生关于"遗传功能单位"的不同解释。

　　在技术层面上，技术专家指出这样一个一般性观点，即"遗传功能单位"并非是一个标准的科学概念。当他们用到它时，他们一般认为其就指DNA和RNA。根据该解释，许多不含有DNA或RNA的生物材料不属于"遗传材料"。③这种解释和世界自然保护同盟（IUCN）主持编写的《公约》和《国际条约》指南中的关于"遗传功能单位"的解释基本一致。上述指南中的解释为，"遗传功能单位"包括所有含有DNA（在一些情形是RNA）的遗传成分，

---

①② Gerald Moore and Witold Tymowski, *Explanatory Guide to the International Treaty on Plant Genetic Resources for Food and Agriculture*, International Union for Conservation of Nature and Natural Resources, 2005, p. 35.

③ Morten W. Tvedt and Tomme Young, *Beyond Access: Exploring the Implementation of the Fair and Equitable Sharing Commitment in the CBD*, International Union for Conservation of Nature and Natural Resources, 2007, p. 54.

但不包括不含有遗传功能单位的生化提取物。[1]技术解释因其中立和客观而值得信赖。不过,从长远看,技术解释有其局限性,这是因为未来科学技术的发展完全有可能更新人们对于生命遗传物质本质的认识。就此而言,以上国际法律文件没有使用诸如基因或DNA分子之类的术语的做法使得相关规定获得了最大程度的伸缩性,从而能够涵盖处于发展中的利用遗传材料的技术状况。[2]

在法律层面上,法律解释由于受到不同方面因素的影响而不同于中立性的技术解释。在《公约》通过之后,一些区域性组织和发展中国家制定的关于实施公约第15条的区域性和国家法律不仅适用于含有遗传功能单位的遗传材料,而且适用于不含有遗传功能单位的生化成分和衍生物等生物材料。显然,这些法律的制定者对《公约》中的"遗传功能单位"作出了扩大化的解释,从而将不含有DNA或RNA的生化材料也包括在内。需要指出的是,目前已有的关于"遗传功能单位"的法律解释仅见之于《公约》的实施性立法之中。那么,《国际条约》中的"遗传功能单位"在法律上的解释处于一种什么样的状况?

事实上,由于《国际条约》生效的时间并不长,截至目前,还未有国家颁布专门的实施《国际条约》各项制度的国家法律或法规。这也就意味着,当前并不存在针对《国际条约》中的"遗传功能单位"这一术语所作出的法律解释。尽管如此,但是可以断言,未来针对《国际条约》中的"遗传功能单位"所作出的法律解释与其技术解释必定一致。它们之间的一致是由粮农植物遗传资源对粮食农业具有的功用和价值所决定的,它不以立法者的主观意志为转移。粮农植物遗传资源是进行作物遗传改良或育种活动不可或缺的原材料,而在作物遗传改良或育种活动中利用的恰恰是粮农植物遗传资源所含有的遗传物质,不含有遗传物质的生化材料对作物遗传改良不具有实质的功用和价值。另据《国际条约》第12条的相关规定,粮农植物遗传资源的便

---

[1] Lyle Glowka, A *Guide to the Convention on Biological Diversity,* International Union for Conservation of Nature and Natural Resources, 1994, p. 21. Gerald Moore and Witold Tymowski, *Explanatory Guide to the International Treaty on Plant Genetic Resources for Food and Agriculture,* International Union for Conservation of Nature and Natural Resources, 2005, p, 35.

[2] Morten W. Tvedt and Tomme Young, *Beyond Access: Exploring the Implementation of the Fair and Equitable Sharing Commitment in the CBD,* International Union for Conservation of Nature and Natural Resources, 2007, p. 54.

利获取只向为了粮食和农业研究、育种和培训而利用和保存的目的提供，而为了化学、药用或其他非食用（饲用）目的的利用则无法从《国际条约》建立的多边系统获取资源。这充分表明，《国际条约》核心制度——获取和惠益分享多边系统仅适用于针对粮农植物遗传资源的遗传属性所进行的活动。基于以上分析，《国际条约》中的"遗传功能单位"在法律上的解释只能是含有DNA的遗传成分。

最后回答第三个问题。《国际条约》在界定"遗传材料"时不仅指出其内涵所在，即含有"遗传功能单位"的材料，而且列举有性和无性繁殖材料两种具体的"遗传材料"。这样一种界定方式可以说同时揭示了"遗传材料"的内涵和外延。然而，它也遗留了一个需要回答的问题，即除了"有性和无性繁殖材料"外，还有无其他类别的"遗传材料"？实际上，在《国际条约》谈判过程中，围绕"遗传材料"的界定曾经引起了相当大的争议。一些国家的谈判代表要求将"遗传部分和成分"（genetic parts and components）与"有性和无性繁殖材料"并列而纳入"遗传材料"的定义之中。[1]如果照此界定的话，"遗传材料"的外延将包括有性和无性繁殖材料的"遗传部分和成分"，例如基因。然而，在发达国家的反对下，"遗传部分和成分"这一术语未能被写入"遗传材料"的定义之中，不过其出现在《国际条约》第12.3条之（d）之中。

从"遗传材料"术语的谈判情况和最终的表述看，"遗传材料"并不包括"遗传部分或成分"。有观点对此指出，"遗传功能单位"（即遗传部分和成分），例如单个基因或基因序列（DNA分子的碱基序列），本身并非是粮农植物遗传资源，尽管它们是粮农植物遗传资源的部分或成分。[2]但是，"包括"有性和无性繁殖材料的提法和表述似乎又未排除其他材料（如单个细胞、染色体）被视为"遗传材料"的可能，只要它们含有"遗传功能单位"。这的确是一个有待《国际条约》管理机构澄清的问题。相比较而言，《国际条约》的前身——《国际约定》对于"植物遗传资源"的界定就更为明确和清楚。这一界定的内

---

① 我国谈判代表曾持这一立场。See Muriel Lightbourne, *Food Security, Biological Diversity and Intellectual Property Rights*, Ashgate Publishing Company, 2009, pp. 155-156.

② Gerald Moore and Witold Tymowski, *Explanatory Guide to the International Treaty on Plant Genetic Resources for Food and Agriculture,* International Union for Conservation of Nature and Natural Resources, 2005, p. 35.

容为："本约定中的植物遗传资源被定义为以下类别植物的有性或无性繁殖材料：目前正在使用的栽培品种和新近开发的品种；过时的栽培品种；原始栽培品种（地方品种）；野生和杂草物种，栽培品种的近缘种；特别遗传品系（包括优良和当前育种家品系和突变体）。"

通过比较可以发现，由于后者采取穷尽式列举的方式揭示植物遗传资源的外延，这就避免了植物遗传资源的定义产生不同理解的可能。虽然《国际条约》关于"遗传材料"的界定值得进一步加以澄清，但是，如果仔细分析一下《国际条约》各项制度的内容，则基本上可以确定，《国际条约》各项制度适用的对象是作为有性和无性繁殖材料的粮农植物遗传资源。《国际条约》时常被称为"种子条约"（Seed Treaty）的事实也从侧面支持这一论断。无疑，《国际条约》关于"遗传材料"的定义曾经在谈判中引起争议的事实为其最终的表述投下了一定的阴影。然而，最终形成的表述为《国际条约》的通过以及未来的实施预留了必要的空间，相比于《国际条约》的实施，对于定义的争议或许显得不再那么重要。

第三节 粮食和农业植物遗传资源的保护和可持续利用

粮农植物遗传资源的保护和可持续利用是《国际条约》确立的第一项核心制度。很显然，这是为了应对全球粮农植物遗传资源不断流失和农业生物多样性快速消失的严峻挑战。

《国际条约》第5条针对粮农遗传资源的保护以及与其密切相关的其他活动为缔约方设定了一般的和各种具体的义务。需要指出的是，第5条为保护粮农植物遗传资源的目标的实现提供了一个全新的行动框架。该规定扩大并适时更新了《国际约定》先前的规定，而且发展了《公约》所列出的各项主题在粮农植物遗传资源领域的适用。另外，该规定着重吸收了联合国粮农组织在1996年通过的《粮食和农业植物遗传资源保护和可持续利用全球行动计划》

（以下简称《全球行动计划》）所确认的优先重点活动领域，[①]特别是《公约》有关决议确认的优先重点活动领域。[②]《国际条约》第6条规定了粮农植物遗传资源的可持续利用的问题。第6.1条为缔约方设定一项有关粮农植物遗传资源可持续利用的义务，第6.2条为缔约方提供一份关于粮农植物遗传资源可持续利用的措施的清单。

本节首先解释和评论《国际条约》第5条为缔约方设定的保护粮农植物遗传资源的一般义务和各种具体义务，其次对第6条所规定的可持续利用粮农植物遗传资源的义务以及措施进行解析和说明。

一、粮食和农业植物遗传资源的保护

（一）一般义务

第5.1条规定："每一缔约方应当根据国家法律，并酌情与其他缔约方合作，在粮农植物遗传资源的考察、保存和可持续利用中加强综合措施的运用。"

从本段规定的内容看，缔约方负担一项一般性的义务，即在粮农植物遗传资源的考察、保存和可持续利用中加强综合措施的运用。这里的所谓"综合措施的运用"有两层意思，一是缔约方应当将第5条和第6条规定有机地结合起来实施，二是只有将保存、考察、收集、鉴定、评价和编目都视为综合措施的构成部分，这样的实施才被认为是有效的。例如，如果随后没有采取行动收集、保存和利用粮农植物遗传资源，调查和编目活动就不会有多大的

---

① 《全球行动计划》是在全球第一份《世界植物遗传资源状况报告》的基础上拟定，并在1996年召开的第四届国际植物遗传资源技术会议上经150个国家的代表正式通过的一份自愿性国际文书。《全球行动计划》列举了二十个商定的优先重点活动领域，它们被归为四大领域：原生境保存和开发、非原生境保存、植物遗传资源的利用以及机构和能力建设。《全球行动计划》被确定为一份滚动式的计划，其由联合国粮农组织下属的粮食和农业遗传资源委员会监测、审查和更新。2011年，联合国粮农组织理事会通过了更新后的第二份《全球行动计划》。这份经过更新的《全球行动计划》回应了《世界粮食和农业植物遗传资源状况第二份报告》（2009）确定的需要和优先重点活动领域，它的制定经历了其一系列的区域性磋商（参与者包括131个国家和诸多研究团体、私营部门和民间社团的代表）。更新后的优先重点活动领域为十八个，被归为原生境保存和管理、非原生境保存、可持续利用以及加强可持续的机构和人的能力四大领域。

② Gerald Moore and Witold Tymowski, *Explanatory Guide to the International Treaty on Plant Genetic Resources for Food and Agriculture,* International Union for Conservation of Nature and Natural Resources, 2005, p. 41.

意义。①

除了为缔约方设定一般性的义务之外，第5.1条为缔约方实施这一义务提出了其他方面的一些要求。这些要求是"根据国家法律""酌情"以及"与其他缔约方合作"。"根据国家法律"意味着缔约方应当为履行第5.1条设定的一般性和具体义务制定相应的国家法律，这一点对于那些尚未建立规范粮农植物遗传资源保存和利用活动的法律的缔约方而言是非常重要的。实际上，第5.1条通过提出"根据国家法律"的要求而认可了粮农植物遗传资源的国家主权原则。"酌情"表明缔约方在选择其认为最恰当的履行一般性义务时拥有充分的自主决定权。"与其他缔约方合作"则凸显所有国家对于粮农植物遗传资源的相互依赖。正是由于这种相互依赖性的存在，各个缔约方在履行上述一般性义务的过程中应当寻求与其他缔约方进行合作。

需要指出的是，第5.1条仅仅向缔约方施加在粮农植物遗传资源的考察、保存和可持续利用中加强综合措施运用的义务，该义务并不包括通过法规而加以控制的义务，尽管这也是各国满足"加强综合措施运用"义务的一种方式。《国际条约》与其说规定一些特定的行动，还不如说指明一个面向所要实现的目标而应坚持的总体方向。而该目标实现的方式则在很大程度上留给缔约方自行决定。②

（二）具体义务

第5.1条（a）至（f）分段以及第5.2条为缔约方设定了七项具体义务，其中三项义务对应于粮农植物遗传资源的三种基本保存方法，即田间保存、原生境保存和非原生境保存，其余义务涉及粮农植物遗传资源保存过程中的其他措施，它们是调查和登记、收集、监测以及减少或消除威胁。

1. 调查和登记

第5.1条之（a）要求缔约方调查和登记粮农植物遗传资源。合理的保存，不论是原生境还是非原生境的，都始于对已有粮农植物遗传资源的调查和登记。缔约方在拟订保存和利用粮农植物遗传资源的政策和战略前，需要了解

---

①② Gerald Moore and Witold Tymowski, *Explanatory Guide to the International Treaty on Plant Genetic Resources for Food and Agriculture,* International Union for Conservation of Nature and Natural Resources, 2005, p. 41.

国内存在何种资源。调查有助于确定本国境内具有高度植物遗传多样性和处于危险中的植物遗传多样性的地域，以及非原生境和国内收集品的状况。这些都是在缔约方着手减少和消除对粮农植物遗传资源的威胁（第5.2条所规定的）之前必须确定的必要事实基础。调查和登记将提供有关本国现存所有野生植物种质库的识别、特性鉴定、评价和利用的数据库信息。为了开发适当的保存策略和确保原生境与非原生境保存之间的互补，需要对粮农植物遗传资源进行登记。

（a）分段还要求缔约方在调查和登记资源（包括那些具有潜在用途的资源）时注意现有种群和的状况和种群内的变异程度。不论"潜在用途"一词是对粮农植物遗传资源，还是对种群作出限定，都可能会产生一个问题，即难于确定哪种粮农植物遗传资源或哪个种群具有潜在用途，考虑到新的生态条件和挑战可能对至今尚未证明具有实际商业价值的不同性状提出需要。提到"潜在用途"一词表明《国际条约》采取了预防性的路径（precautionary approach）。此外，对于现有种群变异程度的强调反映了粮农植物遗传资源种内和种间多样性对于植物育种项目的重要性。最后，本段规定还提到对粮农植物遗传资源遭受的威胁进行评估的问题，这一点很重要，其为（b）分段所规定的确定所需收集的粮农植物遗传资源提供了理由。[①]

2. 收集

第5.1条之（b）要求缔约方促进那些受到威胁或具有潜在用途的粮农植物遗传资源及其相关附随信息的收集。收集是避免粮农植物遗传资源流失的关键措施。尽管分布在世界各地的基因库已经收集了数量极为可观的资源，但是，鉴于未来可能发生不可预知的环境和经济变化，收集粮农植物遗传资源，特别是受到威胁和具有潜在用途的粮农植物遗传资源对于各国农业的可持续发展意义重大。支持有计划、有目标地收集粮农植物遗传资源也构成《全球行动计划》的一个优先重点活动领域。值得注意的是，（b）分段规定不仅提到粮农植物遗传资源本身，而且提及"相关附随信息"。如果育种者拥有关于

[①] Food and Agriculture Organization of the United Nations, *The Global Plan of Action for Conservation and Sustainable Utilization of Plant Genetic Resources for Food and Agriculture,* 1996. Gerald Moore and Witold Tymowski, *Explanatory Guide to the International Treaty on Plant Genetic Resources for Food and Agriculture,* International Union for Conservation of Nature and Natural Resources, 2005, p. 42.

已收集样本的完整信息及其表现的可能性状方面的线索，粮农植物遗传资源非原生境收集品对植物育种会更加有用。

3. 田间保存

第5.1条之（c）要求缔约方促进或支持农民和当地社区在田间管理和保存粮农植物遗传资源。（c）分段规定将原生境保存区分为田间保存和野生粮农植物遗传资源原生境保存两种不同的活动。这是《国际条约》与《公约》相比表现出更为显著的专门性的一个例子，而且反映《全球行动计划》对待原生境保存的做法。这也是首次在一个具有法律约束力的国际条约中认可农民和当地社区在保存粮农植物遗传资源中所发挥的特定作用。

根据（c）分段规定，缔约方应当采取积极的措施促进或支持在农田对粮农植物遗传资源加以管理和保存。与现代植物育种有所不同，农民是基于其独一无二的各方面的生产和消费条件选择种植作物和栽培品种。他们的选择也决定了其田间保存的水平。农民的种植决定受农业生态因素、市场、社会经济因素以及种植材料的可获得性所驱使。对于一些农民而言，特别是处于高度杂合生产区域，或市场开发极为有限的地区的农民，维持一系列多样的植物遗传资源是最有效的管理其耕作体系的方式。然而，对于其他农民而言，使用一系列遗传基础更为狭窄的植物遗传资源可能最大限度地实现其利益，但是导致了更低层次的作物多样性的出现。在前一种场合，在农民的私有利益与为了未来可能的使用而保存遗传资源和进化过程的公共利益之间存在一个高度的一致性。在后一种场合，由于公共和私人利益产生分野，为了给农民提供必要的在农田保存植物遗传资源的激励，某种形式的干预可能是必须的。田间保存具有重要意义，这是因为，除了遗传多样性，它保留了不断适应正在变化的环境条件（例如害虫种群或气候方面的变化）所必需的进化过程中的相互作用。它是保持作物进化发生于其中的耕作体系知识的最佳方式。最后，田间保存为非原生境收集品提供了持续的种质来源。①

4. 原生境保存

第5.1条之（d）要求促进用于粮食生产的作物野生近缘种和野生植物的原

---

① Gerald Moore and Witold Tymowski, *Explanatory Guide to the International Treaty on Plant Genetic Resources for Food and Agriculture,* International Union for Conservation of Nature and Natural Resources, 2005, p. 43.

生境保存。自然生态系统拥有重要的粮农植物遗传资源，包括本地的和受到威胁的作物野生近缘种和野生食用植物。由于相互作用产生新的生物多样性，这种遗传多样性是自然生态系统具有潜在的重要经济价值的成分，而且其在非原生境条件下不易于保持。当自然生态系统无法得到可持续地管理，粮农植物遗传资源的流失将不可避免地发生。因此，必须将这些独特和多样的遗传资源在原生境条件下保存起来。

（d）分段规定的焦点是"用于粮食生产的作物野生近缘种和野生植物的原生境保存"。作物的野生近缘种构成了日益重要的用于改进农业生产和维持可持续农业生态系统的资源。虽然大多数农民和植物育种者正常地倾向于面向已有栽培品种或高级育种材料而开展工作，因为它们更具生产力和相对容易地杂交，但是，当面对新的或已进化的病虫害或其他生态挑战时，农民和育种者有时需要到野外进行搜寻，以便找到特别的遗传性状。作物野生近缘种的种质收集品服务于多重目的，它们不仅是基因宝库，保存着潜在地具有农艺用途且在优良栽培品种的基因库中尚未发掘到的等位基因，而且提供了参考材料，使得不同研究者通过研究而积累了关于它们的大量信息。明智地保存和利用作物野生近缘种是增强粮食安全、消除贫困以及维护环境所必须的元素。随着现代生物技术的不断应用，利用来自作物近缘种的基因并将其引入栽培品种之中日渐成为惯常的做法，从而增加此类野生物种的价值。

值得注意的是，原生境保存不仅包括遗传资源的保存，还包括它们在其中发展的环境要素的保存。（d）分段规定提到的"保护区"也很重要，需要努力确保保存区内的作物野生近缘种和其他对粮食和农业有用的物种的管理。（d）分段规定具体地承认了土著和当地社区的努力。同时，还有一个清晰的表述，即支持当地社区的努力只是促进原生境保存诸种方式中的一种。①

5. 非原生境保存

第5.1条之（e）要求缔约方为促进有效和可持续的非原生境保存系统的建立而进行合作，并为此目的促进适宜技术的开发和转让。联合国粮农组织关于世界粮农植物遗传资源的状况报告指出，相当数量的对世界粮食安全具

---

① Gerald Moore and Witold Tymowski, *Explanatory Guide to the International Treaty on Plant Genetic Resources for Food and Agriculture*, International Union for Conservation of Nature and Natural Resources, 2005, pp. 44-45.

有重要性的粮农植物遗传资源保存于在非原生境条件之下。在非原生境条件下保存的全球粮农植物遗传资源中，88%的资源由各国的国家基因库所持有。此外，国际农业研究磋商组织所属各国际农业研究中心也持有许多重要的收集品。收集品的多样性中包含着价值和一定程度的安全性，但是，现有的多数样本都是在同一个基因库中已保存样本的备份，许多收集品缺少经费并处在危险的状况下。

（e）分段规定要求建立有效、可持续的非原生境保存系统。而且这一系统的开发需要国际合作，即一个有效、可持续的非原生境保存系统不可能通过专门集中于个别国家的收集品而实现。《全球行动计划》指出一个更为合理的基因库体系的需要，特别是避免不必要和未规划的备份。实际上，《全球行动计划》强调的是，对当前的系统进行合理化并使其更加有效可以减少花费以及腾出扩大非原生境保存活动所需的资金。建立一个有效面向目标的、经济上高效的以及可持续的非原生境保存系统是《全球行动计划》的目标所在。《国际条约》第16条也明确提到了合作原则，其鼓励国际粮农植物遗传资源网络中的合作。（e）分段规定触及这一主题，从而表明缔约方单方面行动并不足以促进非原生境保存。另外，为了提高非原生境收集品的质量，联合国粮农组织的粮食和农业遗传资源委员会已经通过了一系列的基因库技术标准，设计并推出这些标准的目的在于尽量减少处于保藏和更新期间的种子收集品中的遗传完整性的损失。尽管这些标准不具法律约束力，但是它们将成为国家收集品和第5.1条之（e）实施的必需指南。

（e）分段规定提到了"适当重视充分编目、特性鉴定、更新和评价的需要"。如果是为了实现（e）分段提出的"改进粮农植物遗传资源可持续利用"的目标，确保充分编目、特性鉴定、更新和评价就是一个有效的原生境保存系统的根本所在。"编目"指的是应当对外提供的基因库收集品（包括与单份收集品的特性鉴定、更新和评价有关的）文献记录的完整。"特性鉴定"指的是关于基因库收集品高级遗传特征（例如花的颜色）数据的分类，这些特征在任何环境中稳定出现，以及包括运用各种技术（如分子技术）所获得的遗传多样性属性和程度的信息。"更新"指的是定期生产储存的种子的需要，以便确保其保持存活力以及拥有充足的用于保存和再分发的种子。"评价"与材料的农艺性状（包括抗病和抗旱）的评估有关，包括利用分子技术进行评估。

在很大程度上，种质的可获得性及其对农民和植物育种者的有用性将取决于对该种质进行编目、特性鉴定、更新和评价的充分性。

（e）分段规定还强调了建立一个有效的非原生境保存系统要求开发和转让适宜的技术。这是《全球行动计划》优先重点活动领域之8的一项目标，其强调了发展中国家在该方面的需要，并且呼吁加强田间基因库和推进植物园的保存活动。《全球行动计划》也强调了开发经过改进的保存方法的需要，包括适当的体外和超低温保存，以及特别是适应当地运行条件的低成本技术。需要指出的是，促进非原生境保存系统的建立需要资金和技术支持。目前已经创立了一项基金，即全球作物多样性信托基金（Global Crop Diversity Trust），以便为一个有效和可持续的非原生境保存系统的建立提供资金支持，此外，为了满足针对非原生境保存而开展的各种活动的国际标准，它还将为提升包括基因库在内的机构的能力提供资金支持。作为《国际条约》供资战略的一个必要组成部分，全球作物多样性基金将在国际层面上展开运作。[①]

6. 监测

第5.1条之（f）要求缔约方监测粮农植物遗传资源收集品的存活力、变异程度和遗传完整性的保持情况。一般而言，缔约方所能从事的监测活动包括，定期测量基因库收集品种子的湿度和发芽力（germinability）；在更新过程中进行特性鉴定以验证后代是否与原种相同；从事基础研究以决定基因库收集品的变异程度；在每一更新阶段运用分子标记评价遗传变异和保持完整性；监测基因库中的种质管理程序以决定是否材料得到了适当的保存。不论从事何种监测活动，本规定的目的在于确保任何特定收集品的多样性或者作为种子、组织，或者作为植物而得到保存。另外，用于研究收集品变异程度和监测遗传完整性的技术包括形态学特性鉴定以及分子DNA技术。最后需要指出的是，（f）分段规定主要针对的是非原生境收集品，然而，对原生境材料进行适当的监测也是很重要的，例如有关引入新的外来材料的影响的监测，农民引入新的遗传材料的影响的监测，以及来自栽培品种和相关野生分类单元

---

① Gerald Moore and Witold Tymowski, *Explanatory Guide to the International Treaty on Plant Genetic Resources for Food and Agriculture,* International Union for Conservation of Nature and Natural Resources, 2005, pp. 46-47.

的基因流动和随后基因渗入的影响（包括转基因成分的影响）的监测。①

　　7. 减少或消除威胁

　　第5.2条要求缔约方采取措施尽量减少或在可能时消除对粮农植物遗传资源的威胁。与第5.1条集中于缔约方必须采取的调查、登记、收集和保存粮农植物遗传资源，特别是处于威胁中的资源，以及确认威胁的行动有所不同，5.2条向各缔约方施加一个积极的义务，即尽量减少或在可能时消除对粮农植物遗传资源的威胁。根据已往的事实，引起粮农植物遗传资源多样性消失的主要原因包括正在改变的农业实践和农业土地的流失。在多样性中心，转基因作物（genetically modified organisms）的利用也被认为是一种可能的对于植物遗传资源的威胁。减轻这些威胁所可能采取的方式包括：为非原生境的保持而收集粮农植物遗传资源；开展原生境保存行动；采用这样一种农业实践，即通过拓宽生产材料的遗传基础而推进多样化的混合品种的使用以及作物遗传品种中的遗传多样性的保持。为了实施本规定，缔约方将有必要拟订确定和量化粮农植物遗传资源所面临威胁的程序以及监测粮农植物遗传资源保存情况变化的系统。同时，本规定的实施还要求及时开发尽量减少威胁后果，以及可能时采取补救性行动消除这些后果的程序。②此外，本规定中出现了"酌情"的用语，这为缔约方实施本规定提供了较多的伸缩性。

二、粮食和农业植物遗传资源的可持续利用

（一）有关粮食和农业植物遗传资源可持续利用的义务

　　第6.1条要求各缔约方制定和维持促进粮农植物遗传资源可持续利用的适当政策和法律措施。第6.1条中的义务是绝对的，它并不包含任何对其作出限定的短语。③反观第5.1条，其提到了"根据国家法律"和"酌情"等限定性短

---

① Gerald Moore and Witold Tymowski, *Explanatory Guide to the International Treaty on Plant Genetic Resources for Food and Agriculture,* International Union for Conservation of Nature and Natural Resources, 2005, p. 48.

② Gerald Moore and Witold Tymowski, *Explanatory Guide to the International Treaty on Plant Genetic Resources for Food and Agriculture,* International Union for Conservation of Nature and Natural Resources, 2005, pp. 48-49.

③ Gerald Moore and Witold Tymowski, *Explanatory Guide to the International Treaty on Plant Genetic Resources for Food and Agriculture,* International Union for Conservation of Nature and Natural Resources, 2005, pp. 51.

语。从这个意义上说，缔约方在履行第6.1条设定的义务的过程中并不拥有自主选择的权力，换言之，缔约方必须确保其国内具备促进粮农植物遗传资源可持续利用的政策和法律措施。这也充分反映了粮农植物遗传资源的可持续利用对于确保短期和长期粮食安全所具有的无法替代的重要性。

值得注意的是，第6.1条规定要求缔约方制定和维持两类促进粮农植物遗传资源可持续利用的措施，即政策措施和法律措施。显然，这两类措施应当同时具备，缺一而不可。对于那些仅有政策措施而缺少国内相关法律的缔约方而言，制定新的法律无疑是履行上述义务的必须选择。此外，第6.1条规定中出现的"适当"一词在一定程度上赋予了缔约方在制定措施过程中的自主判断和决定的权力。这一点不难理解，由于不同缔约方的实际国情和面临的问题有所不同，为履行上述义务而制定的措施应当符合缔约方的国情并且能够解决现有的问题。这也正是"适当"一词对"政策和法律措施"作出限定的原因所在。

（二）粮食和农业植物遗传资源可持续利用的措施

第6.2条为缔约方提供了一份关于粮农植物遗传资源可持续利用的措施的清单，它由七个方面的措施所构成。需要说明的是，第6.2条开出的措施清单仅仅是指示性的，其向缔约方提供了能够用以履行第6.1条规定义务的可能的措施范例。与第5条相同，第6.2条着重吸收《全球行动计划》列举的优先重点活动领域，特别是：拓宽主要作物的遗传基础、增加农民可以获得的遗传多样性范围、加强开发特别适应当地环境的新作物和品种的能力、考察和促进利用不足的作物的使用、有效利用遗传多样性以减少作物的脆弱性。[①]

1. 推行公平的农业政策

第6.2条之（a）提出的措施是，推行公平的农业政策，以酌情促进多样化耕作体系的发展和维持，从而加强农业生物多样性和其他自然资源可持续利用。（a）分段规定的焦点是促进能够加强农业生物多样性的多样化耕作体系。耕作体系与整个农田有关，而非其单个的要素。它们在很大程度上同时受农户的总体福利以及产量和盈利目标的驱使。耕作体系与生计紧密相关，这是

---

① Gerald Moore and Witold Tymowski, *Explanatory Guide to the International Treaty on Plant Genetic Resources for Food and Agriculture*, International Union for Conservation of Nature and Natural Resources, 2005, p. 51.

因为农业仍然是绝大多数农业人口生活中唯一最重要的组成部分，而且在许多生存于城市周边地区的人的生活中发挥了重要的作用。因此，本规定超出了粮农植物遗传资源的范围，而解决了更为广泛的农业生物多样性的问题，包括在耕作体系层面上的问题。（a）分段规定要求推行能够促进耕作体系多样化的政策，同时要求促进能够加强农业生物多样性可持续利用的耕作体系。增加"公平的"农业政策的提法指出这样一种需要，即确保农业政策不会通过给予作为变相促进传统耕作和可持续农业措施的补贴而对贸易产生扭曲性的影响。①

2. 加强能够提升和保存生物多样性的研究

第6.2条之（b）提出的措施是，加强能够通过最大程度增加种内和种间特定差异而提升和保存生物多样性的研究，造福农民，尤其是开发和利用自己的品种以及在保持土壤肥力和防治病虫草害中应用生态原理的农民。该规定吸收《全球行动计划》优先重点活动领域之11"通过作物生产多样化和扩大的作物多样性促进可持续的农业文化"的内容。（b）分段规定特别关注确保最高程度的种内变异或多样性，以及最大程度增加种间变异的需要。传统耕作实践和农民对其地方品种的管理作为一种确保更加稳定的产量和更强大的抗病虫害以及更有效的适应新的环境压力的方式，在有的时候增加了种内特定的变异。因此，重要的是加强研究，以决定上述实践中的哪一方面的内容具有足够的活力从而在耕作实践经历不断的变化中保持下来。

从控制害虫的观点看，耕作体系的多样化常常具有特别的重要性。拥有统一遗传基础的作物的短暂轮作特别易受害虫的压力。两个有关这种脆弱性的主要例子就是19世纪爱尔兰发生的悲剧性的马铃薯枯萎病疫情，以及更近的发生于20世纪70年代美国的玉米叶枯萎病疫情。鉴于此，（b）分段表明维持一个多样化遗传基础的重要性，而该遗传基础是作为农民和植物育种者培育能够抵御各种害虫的作物品种的资源。更为多样化的耕作体系更易于抵挡病虫害的侵袭，同时也可以提供更充分的粮食安全。传统耕作体系往往更具农业方面的多样性。最近的研究显示传统农民寻求保存和提升其当地品种遗

---

① Gerald Moore and Witold Tymowski, *Explanatory Guide to the International Treaty on Plant Genetic Resources for Food and Agriculture,* International Union for Conservation of Nature and Natural Resources, 2005, pp. 51-52.

传多样性的程度，以此作为确保产量稳定和抵御疾病及正在改变的环境条件的一种方式。最后，作为一种提升当地作物多样性的方式，经常从直接的耕作区域之外引入种子。①

3. 促进植物育种工作

第6.2条之（c）提出的措施是，酌情促进农民尤其是发展中国家的农民参与下的、加强特别适应包括边缘地区在内的社会、经济和生态条件的品种开发能力植物育种工作。（c）分段规定要求从事能够开发特别适应当地社会、经济和生态条件的参与式植物育种活动。该规定是对《全球行动计划》优先重点活动领域之2的一个扩展。提到"农民参与"与第9.2条之（c）规定的参与决策的权利联系在一起。此外，（c）分段规定特别关注于发展中国家的农民。②

4. 拓宽作物的遗传基础和增加农民可获得的遗传多样性范围

第6.2条之（d）提出的措施是，拓宽作物的遗传基础，以及增加农民可获得的遗传多样性的范围。这一规定反映《全球行动计划》优先重点活动领域之10的关注方面。长期以来，农民开发了特别适应当地社会、经济和生态条件的地方品种，并且引入大量的种内遗传多样性。种内遗传多样性（即相对于不同物种间的、一个物种内的多样性）在使作物抵御病虫害或回应当地的干旱条件、过度潮湿或其他目前或未来的生态挑战中特别重要。不但如此，其对于边缘陆地的作物而言也特别重要。

引入新的和改良的植物品种会增加遗传的一致性，并且当农民转向具有更大生产力的新品种时，其作物的多样性会得到降低。因此，有必要扩大作物的遗传基础，包括通过引入一些至今在当地使用的地方品种中所具有的遗传属性，从而达到使那些地方品种能够更好地符合当地特定条件的程度。采用传统方法的农民往往通过将其本地作物与改良品种杂交培育的方式从事着这样的扩大遗传基础的活动。然而，从任何个别的农民、育种者、公司或研

---

① Gerald Moore and Witold Tymowski, *Explanatory Guide to the International Treaty on Plant Genetic Resources for Food and Agriculture*, International Union for Conservation of Nature and Natural Resources, 2005, p. 52.

② Gerald Moore and Witold Tymowski, *Explanatory Guide to the International Treaty on Plant Genetic Resources for Food and Agriculture,* International Union for Conservation of Nature and Natural Resources, 2005, p. 54.

究机构的角度看，将多样化的种质引入已被改良的品种中的花费可能过高，并且远远超出了它们能够赚取的利益。不过，不仅个别农民将获得此类利益，而且这些利益将增加至当地社区和全社会。因此，为了促进这些私人领域无法独立完成的植物育种活动，公共资助是很必要的。但是，由于农民拥有本地知识和能够获取适应当地条件的地方品种，当地农民的参与特别有用。《全球行动计划》确认的路径包括，使通过特性鉴定或评价所确定的表达了有用农艺性状的基因渗入在育种项目中进一步使用的适应当地条件或高级的材料之中，以及通过引入一般的更为广泛的遗传多样性和特别适应当地条件的性状而拓展育种家材料的遗传基础。

这些活动与促进当地和适应当地条件的作物及未充分利用的物种的扩大使用密切相关（此为第6.2条之（e）的主题），这是因为，如果可以为这些作物找到市场，那么就会更有力地激励农民生产这些作物。（d）分段规定所提到的增加农民可获取的遗传多样性的范围可以看作是《国际条约》的一个潜在目标。从最终的结果上看，农民自身将需要利用这种多样性以改进他们的作物并保护其作物防止产量波动和疾病。考虑到（d）分段规定并未提供有关增加农民可获取的遗传多样性的范围的机制，很明显，《国际条约》的其他方面的规定在这里可以起到作用（包括国际合作、技术援助、国际农业研究中心持有的粮农植物遗传资源非原生境收集品以及多边系统）。具体的形式可能包括，便利农民获取非原生境收集品和创造有利于这种获取的市场条件。[①]

5. 促进当地作物和适应当地的作物、品种和利用不足物种的扩大使用

第6.2条之（e）提出的措施是，酌情促进当地作物和适应当地的作物、品种和利用不足物种的扩大使用。这一规定反映《全球行动计划》优先重点活动领域之2、11、12和14的内容。对于许多发展中国家而言，未充分利用的作物对于粮食安全而言是必不可少的，但是植物育种者可以获得的大部分资源都投资于很少的几种作物之上。并非所有利用不足的作物都是"次要的"。御谷和木薯（它们都被包括在《国际条约》多边系统之中）在广大的地区种植，但一般是为了生存需要和当地市场而种植。其他作物，例如苔麸（teff）对于

---

① Gerald Moore and Witold Tymowski, *Explanatory Guide to the International Treaty on Plant Genetic Resources for Food and Agriculture*, International Union for Conservation of Nature and Natural Resources, 2005, pp. 54-55.

特定的地区具有极大的重要性，但是并未大面积生产。

为了履行（e）分段规定所确立的义务，有关缔约方必须解决在农业市场中不断增加的一致性问题，这通常是具有广泛适应性的新的和改良品种的推广、生产力的集中、全球消费者市场的兴起以及传统文化和消费倾向变化所产生的结果。更好的市场机会与对于当地和适应当地及未充分利用作物和物种的支持性政策增加了农民继续利用这些作物的激励，因此也增加了保存生物多样性的激励。上述机会和政策也有助于维持与这些作物和物种的管理和利用有关的本地知识。许多当地和未充分利用的植物拥有更为广泛利用的潜力，并且促进它们的扩大利用不仅有助于本地收入的创造，而且也有助于粮食安全和农业多样化，尤其是在主要作物的栽培处于经济边缘化的地区。《国际条约》鼓励当前促进这些作物和物种保存、研究和开发的项目。促进这些作物的扩大利用将需要对农民、当地社区、科学家和其他专家在以下方面开展能力建设工作：确认具有不断增加的可持续利用潜力的未充分利用作物、开发可持续管理的做法、开发收获后的加工方法以及开发销售方法。最后，《国际条约》承认，扩大使用当地和适应当地的作物、品种和未充分利用的物种可能并不总是适宜的，例如，在最具生产力或最可持续的品种是一个广泛适应的引入品种的时候，或者在本地基本粮食需求导致只有主要作物可被栽培的时候。①

6. 支持更广泛地利用品种和物种的多样性以及创建植物育种与农业发展的有力联系

第6.2条之（f）提出的措施是，酌情支持在作物的田间管理、保存和可持续利用中更广泛地利用品种和物种的多样性，以及创建植物育种与农业发展的有力联系，以减少作物的脆弱性和遗传流失，促进符合可持续发展的世界粮食生产的增长。这一规定反映《全球行动计划》优先重点活动领域之10、11和13的内容，并且与前面几段紧密相关。（f）分段规定集中于田间管理和保存以及扩大待利用品种和物种的多样性的需要。为了使农民获得可利用的更为广泛的遗传多样性，需要开展研究活动，促进植物育种工作以及拓宽遗

---

① Gerald Moore and Witold Tymowski, *Explanatory Guide to the International Treaty on Plant Genetic Resources for Food and Agriculture*, International Union for Conservation of Nature and Natural Resources, 2005, p. 58.

传基础。本段规定关注的是在农田的实际利用。

（f）分段规定还强调了加强田间管理、保存和利用与植物育种和农业发展之间联系的需要。有必要培育一个广泛的适应当地条件的品种多样性以及分发种子。从这一背景下，农民以多种方式从拥有一系列广泛的种子品种和其他植物材料中受益，这些方式包括，在多种环境下耕作；应对生产风险；控制害虫和病原；避免或尽量减低劳动瓶颈；适应不同的资金限制；为单调的饮食提供品种；提供特殊的消费项目；践行宗教形式、树立声望和打造社会关系等。然而，一个更广泛的品种多样性的获得可能受制于歉收、不足的农田储藏设施、不充分的繁殖优质种子手段以及拙劣的种子流通制度等。这些问题可以同时出现在当地和商业化培育品种的种子之上。半官方和商业种子公司，有时也难于向农民提供特别适应独特的当地条件的农作物品种的种子。由于高昂的交易费用和农民较低的购买力，它们经常不能提供农民依赖的多样的品种或所谓"次要"作物的种子。因此，有必要加强农民和当地社区生产和分配农作物品种（包括一些对于多样化和不断进化的耕作体系有用的地方或农民品种）的种子的本地能力。[1]

7. 审查和调整育种战略及有关品种释放和种子流通的法规

第6.2条之（g）提出的措施是，审查并酌情调整育种战略及有关品种释放和种子流通的法规。种子管制框架旨在促进品种和种子的质量，由此保护农民免于种植不符合标准的种子。种子法律通常规范品种测试和释放、种子认证以及种子质量控制等活动，它们建立了国家种子委员会和认证机构的体制框架。品种释放制度的目标是使农民只获得具有已证实价值的品种。种子认证制度的目标是通过种子链条控制品种的真实度和纯度。种子质量控制检测诸如活力、纯度和卫生之类的种子质量。种子质量控制也保护善意的种子生产者免于不尽诚信的同行的竞争。种子法律通常并不打算影响植物育种的方向。然而，品种释放制度和种子认证要求对植物育种的方法论及其导致的品种会有重要的间接影响。育种者往往将适宜的耕作条件、广泛的适应性以及品种的一致性作为育种的一种结果。

---

[1] Gerald Moore and Witold Tymowski, *Explanatory Guide to the International Treaty on Plant Genetic Resources for Food and Agriculture,* International Union for Conservation of Nature and Natural Resources, 2005, p. 59.

　　就管制方面的改革而言，会有许多选择。在植物育种方面，植物育种更多的重心可以放在分散的品种测试、针对特定地域的育种以及使地点选择、试验管理和分析更能代表农民的条件之上。在品种法规方面，更加简单的登记程序可能具有许多优势。更进一步的话，可对品种法规加以调整，以确保它不会对大众和农民品种的开发和利用存有偏见，或对此加以限制。为释放而进行的品种展示测试应更加灵活。在种子质量控制方面，可以重新审查此类标准与特定耕作条件的相关性，监测种子质量的大部分责任可以交给种子生产者和经销商，并伴之以界定恰当的公共监督和执法机制。最后，由于国与国所面临的情况迥然有别，（g）分段规定指出，这样的这样的调整应"酌情"加以实施。①

第四节　"农民权"

　　"农民权"是发展中国家为了反击因发达国家植物品种知识产权保护所造成的利益分配上的不公平性和不对称性而运用的一种策略，同时也是为了认可和奖励其世代农民为植物遗传资源的保存和改良所作出的巨大贡献而提出的一个概念。"农民权"从概念提出到制度确立经历了复杂曲折的过程。经过南北双方的利益调和和交换，1989年联合国粮农组织通过的有关决议正式提出"农民权"概念。此后"农民权"又作为一个普遍受到关注的重要议题推动了《国际约定》的修订以及《国际条约》的缔结。最终具有法律约束力的"农民权"规则首次在《国际条约》中得到确立。未来缔约方通过在国内层面上实现和保护"农民权"，将能够促进在专业育种者和农民之间建立起一种更加公平的关系，以及激励农民为保存、改良和提供植物遗传资源作出更大的贡献。

　　本节首先考察和梳理"农民权"概念的起源和制度化历程，在此基础上，对《国际条约》中的"农民权"规则作出解释和评论。

---

① Gerald Moore and Witold Tymowski, *Explanatory Guide to the International Treaty on Plant Genetic Resources for Food and Agriculture*, International Union for Conservation of Nature and Natural Resources, 2005, pp. 59-60.

一、"农民权"概念的起源

"农民权"概念的提出与植物品种知识产权保护制度的确立和实施存在着极为紧密的关系。植物品种知识产权保护制度的确立和实施不仅深刻地改变了传统的农业生产模式,而且其运作机理与植根于传统农耕活动的育种创新实践及其评价体系产生了较大的冲突。不仅如此,因植物品种知识产权保护所导致的利益分配上的不对称性以及农民遭受不公平性对待的问题引发第三世界国家和某些非政府组织的高度关注。作为一种制衡和反击的手段,"农民权"概念在有关植物遗传资源的国际谈判中被提出。经过对南北双方利益的调和与平衡,"农民权"最终获得了国际法律文件的认可。

在19世纪之前,世界各地的农业生产活动普遍性地具有这样一个显著特征,即农民完全控制着与农业生产最基本投入物——种子(即植物的繁殖材料)有关的各类活动。农民从他们的收获物中采集种子,并为了接下来的种植、交换和培育新品种等目的而利用他们手中的种子。[①]在长期的农业生产活动中,一方面,农民作为生产者利用其采集和保留的种子从事着播种和收获的循环往复活动,农民可以自由地保留、繁殖、交换以及分发或出售种子,不受其他人的约束和限制;另一方面,农民作为育种者保存和维持着多样化的繁殖材料,并且依赖直观与经验培育和改良了适应不同环境和条件的地方品种。农民不仅实际享受到了他们从事育种活动所获得的利益,而且为全球农业生物多样性的保存和维持作出了巨大的贡献。

然而,在进入19世纪之后,上述自给自足式的农业生产模式在某些西方国家逐步向以市场为导向的商业化生产经营模式转变。在诸多有利因素的推动下,美国农业大约从19世纪30年代开始走上商业化的发展道路。在19世纪后半期,美国农业销售和生产体系变得更加理性、有组织和专业化,从而将"家庭生产模式"连同其特有的自给自足和留种行为置于不断增加的压力之下。[②]商业化农业生产经营模式的确立为一种新型的产业——种子产业的兴起和发展创造了适宜的环境和条件。私人资本开始进入植物育种、种子生产和

---

① Craig Borowiak, Farmers' Rights: Intellectual Property Regimes and the Struggle over Seeds, *Politics & Society*, Vol. 32, No. 4, 2004.

② Cary Fowler, *Unnatural Selection: Technology, Politics, and Plant Evolution*, Gordon and Breach Science Publishers S. A., 1994, p. 59.

分发等活动之中，种子公司向着更为专业化的方向发展，其更加专注于生产和销售种子的业务。随着孟德尔遗传定律在1900年被重新发现以及遗传学知识的不断增长，植物育种开始从一种单纯依赖技巧而开展的活动转向一种建立在系统科学理论基础上的活动。在科学理论的支撑下，植物育种显示出了更高程度的复杂性，育种者能够带着明确的目的引导和控制特定性状的转移和重组，植物育种因此成为日渐专业化和科学化的活动。科学育种取得的成果及其在实践中的应用推动着种子产业不断向前发展，科学育种与种子产业之间的紧密结合使得产业规模日益扩大，产业利益得到了极大的提升。

商业化农业、种子产业和科学植物育种的产生和发展为建立一个控制植物品种的法律机制提供了不可或缺的经济和科技背景。事实上，在这一法律机制建立之前，种子公司已经通过开发和培育杂交玉米实现了对杂交玉米品种的控制和独占。由于杂交品种种子的子代在经济意义上无法被保留和再次种植，杂交技术及其应用因而规避了私人投资进入植物育种和种子生产的生物屏障。[1]然而，杂交品种作为一种技术性的解决方案毕竟无法替代稳定可靠和更有预期的法律意义上的解决方案。在寻求建立控制植物品种法律机制的过程中，既有的专利保护制度作为一种能够阻止他人再现和销售受保护对象的法律机制为商业利益集团提供可以利用的立法层面的参照或背景。需要指出的是，控制植物品种法律机制的建立并不是被动地回应经济发展和科技创新的结果。植物品种保护法律制度的确立应当被看作是一个由背景、利益集团和法律结构等主要元素构成的复杂的社会进程，不同方面的路径共同导致这一法律制度的确立。[2]

具体而言，在商业化农业、科学育种和专利保护制度共同构筑的背景下，种子及相关产业（如苗圃产业）内的利益集团为了解决其在产业发展过程中面临的突出问题，通过采取措施消除存在于既有法律结构中的影响新制度确立的不利因素，提出并确立了法律意义上的解决方案——植物品种保护法律制度。从20世纪30年代到80年代初，植物品种保护法律制度在西方主要国家逐步得到确立和实施。1930年，世界上第一部保护植物品种的法律——美国《植物专利法》诞生。1961年，世界上第一部保护植物品种的国际条约——

---

① Jack Ralph Kloppenburg, JR. *First the Seed: The Political Economy of Plant Biotechnology, 1492-2000*, Second Edition, The University of Wisconsin Press, 2004, pp. 10-11.

② Cary Fowler, *Unnatural Selection: Technology, Politics, and Plant Evolution*, Gordon and Breach Science Publishers S. A., 1994, p. 217.

UPOV公约获得通过，此后欧洲国家遵照UPOV公约建立保护植物品种的国家法律制度。1970年，美国通过保护有性繁殖植物品种的《植物品种保护法》。1980年，美国法院在"Chakrabarty案"中为植物品种在未来获得美国《专利法》发明专利的保护提供了法律解释上的先例。

如上所述，商业化的农业生产经营模式和科学化的植物育种在植物品种知识产权保护制度产生的过程中发挥了至关重要的作用。随着植物品种知识产权保护制度的确立和实施，传统的农业生产模式发生了深刻的改变。在长期的农业生产活动中，农民自由地从事着保留、繁殖、交换和销售或分发种子，以及培育和改良品种的活动。然而，在植物品种知识产权保护制度确立之前的一段时间内以及之后，农民逐渐停止了为来年种植的需要而保留种子的活动，转而进入市场购买种子公司培育和生产的高产品种的种子，农民从种子的保留者转变为种子的购买者。与此同时，农民逐步停止了依赖经验培育和改良品种的活动，农民因而失去了作为植物育种者的身份，只能被动地接受种子公司培育和开发的品种。在植物品种特殊权利（植物品种知识产权中的一种）保护制度的框架下，农民已经不能自由地从事保留、繁殖、交换和出售种子的活动，一般来说，农民只有在不损害种子公司商业利益的前提下才被允许从事这些活动。农民先前拥有的自由从事上述活动的权利转变为所谓的"农民特权"，而这种"农民特权"完全依附于植物品种特殊权利，它是植物品种特殊权利保护的例外情形。从以上变化来看，由于植物品种知识产权保护制度的确立和实施，历史上长期存在的农民控制着与种子或植物繁殖材料有关活动的农业生产模式逐步走向没落，一种由商业育种者通过申请并获得植物品种特殊权利或专利的方式对植物品种及其繁殖材料进行控制的法律机制得到确立，并且随着产业的发展和科技的进步而深入发展。

植物品种特殊权利（也称植物育种者权）或植物品种专利是西方国家知识产权保护制度框架下的一种私有财产权利。一般而言，当育种者培育和开发的植物品种满足了法定的授权条件之后，育种者将被授予在一定期间内排他性地利用受保护植物品种的权利。根据西方国家植物品种知识产权保护制度的有关规定，植物育种者权或植物品种专利都将被授予特定化的、能够明确加以认定的育种者。对于受保护的植物品种而言，其应当满足法定的授权条件（植物育种者权的授权条件为新颖性、一致性、区别性和稳定性，植物品种发明专利的授权条件为新颖性、非显而易见性和实用性）。只有满足这些条件的植物品种才能获得植物育种者权或植物品种发明专利的保护。这些授权条件从大规模推广种植和获得高产的需要出发严格地界定了受保护的植物品种，从而使其成为一个特定化的、遗传上同质性的以及符合产业发展需要的创新成果。

　　然而，植根于传统农耕活动的育种创新实践及其评价体系与上述植物品种知识产权保护制度的运作机理明显不合。传统的育种活动带有自发性和群体性的特点，某个拥有优良性状的品种往往是经过众多的农民，甚至不同世代、社区的农民长时间的培育和改良所获得的。在这个过程中，参与育种活动的农民不同程度地作出了自己的贡献，但最终育成的品种只能被看作是一种集体智慧和贡献的结果，个体作出的贡献无法得到甄别或者从集体贡献中分离出来。此外，传统育种活动的策略主要是满足与种植、储存、加工和消费有关的即时需要，育种成果大多表现为多样化的地方品种和农家品种，这些品种无法满足某些划一的标准和条件，比如植物品种特殊权利保护所要求的一致性和稳定性的条件。[1]通过以上分析可以发现，植物品种知识产权保护制度的运作依赖于受保护主体的和客体的特定化与同质性，而传统的育种创新实践及其评价体系是建立在集体贡献和多样化需要的基础之上，它对个体的贡献关注甚少，更不按照统一的标准评价育种成果。就此而言，植物品种知识产权保护制度的运作机理与传统育种创新实践及其评价体系无法兼容，两者之间的冲突在所难免。

　　育种实践显示，商业育种者在很多时候选择经农民改良的品种作为育种材料培育和开发新的植物品种。当育种者培育和开发出了符合法定保护条件的品种时，其无疑可以通过获得和行使植物育种者权或植物品种专利实现自身的商业利益。需要指出的是，世代农民为改良品种作出了巨大的贡献，经农民改良的品种在培育和开发新的植物品种的过程中发挥着独特且重要的作用。但是，植物品种知识产权保护制度并不存在认可和奖励农民在改良、维持和保存品种多样性方面所作出的集体贡献的机制。农民培育和改良的品种

---

① Svanhild-Isabelle Batta Børnstad, *Breakthrough for 'the South'? An Analysis of the Recognition of Farmers' Rights in the International Treaty on Plant Genetic Resources for Food and Agriculture,* Report of The Fridtjof Nansen Institute, 2004, pp. 30-31.

在植物品种知识产权保护制度中被视为属于公共领域中的事物,任何人都可以自由利用。如此一来,一个因为植物品种知识产权保护所导致的利益分配上的严重不对称性就不可避免地产生了,即商业育种者通过全面、有效地行使植物育种者权或专利权实现了其预期的经济利益,农民则由于缺少认可和奖励其作出的集体贡献的法律机制而处于一无所获的境地。

事实上,由于不存在与植物知识产权保护制度相平行的法律机制,农民在植物品种知识产权的行使和利用中无法获得应有的补偿,农民显然遭受到不公平的对待。这种不公平性不仅表现在利益的取得方面,而且在以下两个方面也有着突出的表现。就育种原材料或植物遗传资源的获取而言,长期以来奉行自由、无偿获取的原则。商业育种者基于该原则从农民手中获取育种所需的资源,然而,商业育种者依赖这些资源开发的植物品种却作为私有财产受到法律的保护,包括农民在内的利用者只有向权利人支付费用才可以获得受保护品种的繁殖材料。换言之,农民的植物遗传资源可以无偿获取,但是商业育种者的品种繁殖材料只能有偿取得。另外,在很多场合,商业育种者开发的品种仅仅代表了不断累积的创新的最后一步,而这些不断累积的创新是由分布在不同地区的许多世代的农民所完成的。[①]但是,植物品种知识产权保护制度只为商业育种者完成的作为最后一步的“正规”创新提供保护,农民在不同时期完成的作为现代植物育种基础的“非正规”创新则因为不符合植物品种知识产权保护制度的要求而得不到保护。从农民的角度来看,上述做法对于他们无疑都是不公平的。总之,在植物品种知识产权保护制度运作的一些关键环节上都发生了农民受到不公平对待的问题。

从以上分析来看,植物品种知识产权保护制度的确立和实施不仅给传统农业体系带来前所未有的、影响深远的变化,而且引发农民无法参与分配利益和农民遭受不公平对待的问题。面对这些变化和问题,第三世界国家以及致力于维护传统农业体系的非政府组织积极寻求应对的策略和措施,以便有效维护第三世界国家的农民的利益。20世纪80年代初,作为一种反击和制衡植物品种知识产权保护制度的手段,“农民权”概念被第三世界国家和有关非政府组织提出。此后,与“农民权”概念有关议题的讨论进入联合国粮农组

---

① J. Esuinas-Alcazar, *"Farmers' Rights"*, in R. E. Evenson, D. Gollin and V. Santaniello (eds), *Agricultural Values of Plant Genetic Resources,* CAB International, 1998, p. 208.

织主持的相关会议之中，"农民权"概念从此登上国际舞台。

二、"农民权"概念的制度化历程

"农民权"概念的制度化指的是"农民权"概念从一种政治对抗思维发展为有关国际协定中的具体规则的问题。根据上文的分析，提出"农民权"概念的动机和目的主要是反击和制衡植物品种知识产权所引起的对作为植物遗传资源提供者的农民不公平的利益格局。然而，此时的"农民权"仅仅是第三世界国家和某些非政府组织基于政治考量而提出的一个概念，是政治对抗思维的表现。需要强调的是，第三世界国家和某些非政府组织并不甘心使"农民权"概念仅仅停留在政治对抗思维的层面之上，它们意图是使其成为能够与植物品种知识产权保护制度立于同等地位的法律规则。大体来说，这一意图实现的历程可以划分为两个阶段，1986年至1991年，南北双方经过商讨和谈判，拟订了不具法律约束力的规则；1993年至2001年，国际社会经过再次商讨和谈判，确立了具有法律约束力的规则。

联合国粮农组织1983年的《国际约定》规定，本约定以普遍接受的原则作为基础，即植物遗传资源是人类遗产，因此可被无限制地获得。这一规定连同其他方面的规定构成有关知识产权和植物育种者权的争议的基础，这些争议在谈判《国际约定》的过程中就已经出现了，它们为作为政治概念的"农民权"的提出提供了相应的背景。[1]上文对这些争议已经作了深入的介绍和分析。值得注意的是，尽管《国际约定》确立了符合发展中国家意愿的规则，但《国际约定》并没有提及发展中国家高度关注的"农民权"的有关问题。发达国家对于《国际约定》有关规定可能导致的削弱其已经并正在提供保护的植物育种者权的后果也表达了严重的不满。事实上，在谈判《国际约定》中就已存在并延续到通过之后的争议进一步推动《国际约定》向着更为全面的接受和更深入的实施的方向发展。联合国粮农组织在1983年建立的植物遗传资源委员会（1995年更名为粮食和农业遗传资源委员会）为这些争议的提出、讨论和谈判提供了重要的舞台。

1986年6月，在植物遗传资源委员会所属的一个专门工作组举行的第一

---

① Regine Andersen, *The History of Farmers' Rights: A Guide to Central Documents and Literature,* Background Report of The Fridtjof Nasen Institute, 2005, p. 3.

次会议上，工作组针对《国际约定》实施中出现的有关保留问题考虑了解决的方式和途径，以便寻求实现可能最广泛的遵守《国际约定》的局面。"农民权"就是在这样一个讨论背景下首次被提及，工作组强调，除了认可植物育种者权之外，应当明确提到育种者所使用材料的来源国的农民享有的权利，这些材料是许多世代农民培育的结果，而且是国家财富的基本组成部分，联合国粮农组织应当研究这个议题，并考虑拟订一个建设性的解决方案。1987年3月，工作组召开了第二次会议，"农民权"的问题在本次会议上受到较高程度的重视，会议报告用更多的篇幅提到了"农民权"的问题。工作组商定，现代商业植物品种的培育首先是由于最初驯化了野生植物并且数千年以来保存和遗传改良了栽培品种的农民所作出的持续和共同的努力而成为可能，其次应当感谢过去50年间利用这些品种作为原材料并且应用现代技术在遗传改良中实现了巨大跨越的科学家和专业人员。近年来，一些国家已经将后者的权利作为"育种者权"规定在法律之中，然而，目前并没有对前者的权利加以明确的承认，换言之，不存在"农民权"这样的权利。工作组认为"农民权"是对先前不同世代农民已作出艰苦的准备工作的公正认可。工作组还商定，"农民权"涉及的问题不是农民中的某个个体或社区的权利问题，而是所有培育、维持和改良了栽培植物，但是并未实现发展利益，也不拥有生产自己品种能力的农民的权利。工作组拒绝为"农民权"提供一个定义，但是一致建议植物遗传资源委员会对其予以认可。

1987年，在植物遗传资源委员会第二次会议上，有关"农民权"问题的讨论更加深入，会议代表们提出了许多观点。大多数代表强调了"农民权"概念的重要性，并且认为这些权利源自农民数千年以来付出的促成植物类品种开发活动的劳动，而植物类的品种构成了植物遗传多样性的主要来源。许多品种在其他国家正处于被利用之中，而且事实上构成人类共同遗产。这些代表认为"农民权"达到了与"育种者权"相提并论的程度，考虑到"育种者权"已经存在于许多国家的国内立法中，"农民权"也应当被认可。一些代表认为，"农民权"概念应当与根据《国际约定》第8条提到的植物遗传资源国际基金的建立联系起来，该基金的建立将为实施主要是发展中国家的植物遗传资源行动方案提供一种途径，并因此惠及为现存许多植物遗传资源的开发和维持付出了劳动的农民。最后，为了吸引更多的国家遵守《国际约定》，工作组被要求就"农民权"的问题继续展开谈判，以便达成一个关于《国际约定》的议定解释。

也就在本次会议期间，由植物遗传资源委员会所创设的一个专门负责谈判"农民权"等问题的联络组对"农民权"问题进行了讨论，取得一些共识。联络组商定，必须给予"农民权"正式的认可。尽管尚未给"农民权"概念下一个准确的定义，但针对农民为世界植物遗传资源的丰富作出最具价值的贡献而给予某种形式的补偿依据充分、合乎情理。联络组指出，一种实际认可"农民权"的方式可以采取多方面国际合作的形式，包括植物遗传资源更加自由的交换，信息和研究调查结果，以及培训。另外一种方式可以通过提供货币捐款资助促进《国际约定》目标实现的项目。从1986年到1987年，关于"农民权"概念，以及是否和如何对其加以认可的观点差异较大。但是，各种考虑和方案已经得到较为充分的表达。这些考虑和方案为确定"农民权"概念的内涵以及下一步的谈判提供了重要的基础。

在"农民权"概念制度化的过程中，一个名为"吉斯通对话"（Keystone Dialogues）的民间机制发挥了积极的推动作用。20世纪80年代，南北双方围绕遗传资源的控制问题产生激烈的对峙。为了减少分歧以及达成相互妥协的方案，时任美国国家植物遗传资源委员会主席的William Brown向位于美国科罗拉多州的吉斯通中心（Keystone Centre）提出举行有关植物遗传资源对话的要求。① "吉斯通对话"分别于1988年、1990年和1991年在美国吉斯通、印度马德拉斯和挪威奥斯陆举行了三次。"吉斯通对话"的显著特点是，参与者仅以个人，而非代表其所在组织的身份发言，所有的讨论都不保留记录，仅在一致同意的基础上拟订报告。"吉斯通对话"涉及的议题包括植物遗传资源的归属、与植物有关的知识产权以及"农民权"等。1990年的第二次"吉斯通对话"提供了参与者就"农民权"提出的最富有思想的建议陈述。相关的陈述内容为，"农民权"认可了农民和农村社区已经和继续为遗传多样性的创造、保存、交换和利用等作出的极为重要的贡献；市场和当前的知识产权制度都不具有为这些材料赋予某种价值的方式；一种认可"农民权"的具体方式将是某种类型的法定而非自愿基金，例如目前存在于联合国粮农组织中的基金，

---

① Keystone Centre成立于1975年，它提供一个中立、安全和非正式的场所，供主要参与者在适于达成妥协或解决问题的时间针对易引起争议的议题展开讨论。

该基金将支持特别，但非专门来自于第三世界的遗传保存和利用项目；该基金不会被设计为奖励或补偿个别农民、农业社区、第三世界国家或政府，或严格基于他们为种质所作出贡献补偿任何人或事物。①上述思想和方案为联合国粮农组织于1989年和1991年通过的关于《国际约定》的决议提供了关键的支持。

1989年4月，植物遗传资源委员会举行第三次例会，本次会议为联合国粮农组织将于11月召开第25届大会通过关于《国际约定》议定解释和"农民权"议题的两个决议作了必要的准备工作。决议草案同时认可技术提供者和种质提供者的权利，并通过同时认可植物育种者权和"农民权"对各自作出的贡献予以补偿。不同的国家对决议草案表达了不同的意见，争议因而还在继续。最后，联合国粮农组织大会认识到，这些决议是包括非联合国粮农组织和植物遗传资源委员会的成员国以及未承诺遵守《国际约定》的国家在内的许多国家广泛、深入讨论和谈判的最终结果，联合国粮农组织大会对决议草案感到满意。1989年11月29日，第4/89号和第5/89号决议在联合国粮农组织第25届大会一致获得通过，大会同时决定这两份决议以附件形式附在《国际约定》文本之后。

第4/89号决议在"农民权"的议题上形成了以下议定解释：遵守本约定的国家认可所有地区的农民为构成全世界粮食生产基础的植物遗传资源的保存和开发作出的巨大贡献，它们形成"农民权"概念的基础；遵守本约定的国家认为，实施"农民权"概念的最佳方式是为了当前和未来世代农民的利益确保植物遗传资源的保存、管理和利用，这可以通过适当的由植物遗传资源委员会监管的方式，特别包括联合国粮农组织已建立的国际植物遗传资源基金得到实现；国际基金应当被用于支持特别是发展中国家和植物遗传材料重要来源国家的植物遗传保存、管理和利用项目。事实上，第4/89号决议中对于"农民权"的认可明显受到在发展中国家接受关于植物育种者权确切表述的需要的激励。植物育种者权的反对者通过与已存在的植物育种者权的相互交换实现了对于"农民权"的认可。对于"农民权"的支持者而言，这无

---

① Cary Fowler, *Unnatural Selection: Technology, Politics, and Plant Evolution,* Gordon and Breach Science Publishers S. A., 1994, pp. 196-201. Also see Regine Andersen, *The History of Farmers' Rights: A Guide to Central Documents and Literature,* Background Report of The Fridtjof Nasen Institute, 2005, pp. 10-11.

疑可以看作是一个相当大的突破。

第5/89号决议专门与"农民权"问题有关，它代表了"农民权"国际谈判的一个里程碑，这是因为决议尽力地阐述了"农民权"概念的内容和含义。该决议确认了如下事实：在人类历史上，无数世代的农民保存和改良了植物遗传资源，并使其可以获得；这些植物遗传资源中的绝大多数来自发展中国家，其农民作出的贡献并未得到充分的认可或奖励；农民，尤其是发展中国家的农民应当从其保护的自然资源的改良和扩大利用中充分受益。第5/89号决议最具实质性的内容是对"农民权"概念进行了必要的界定，即"农民权"是源自农民过去、目前和将来，在保存、改良和提供植物遗传资源，特别是原产地或多样性中心的资源中所作出的贡献的权利。该决议进一步强调，为了确保农民充分受益、支持农民继续作出贡献以及实现《国际约定》总体意图的目的，"农民权"被授予国际社会，由其作为目前和未来世代农民的受托人。第5/89号决议提出了认可"农民权"概念的三点原因，它们是：确保保存的需要得到全球性的认可，以及为此获得充足的资金；帮助世界所有地区的农民和耕作社区，特别是植物遗传资源原产地和多样性区域的农民和耕作社区，保护和保存其植物遗传资源和自然生态圈；允许所有地区的农民及其社区、国家充分参与目前和未来通过植物育种和其他科学方法改进利用其植物遗传资源而取得的利益的分配。

需要指出的是，尽管第5/89号决议是一个里程碑，但是其并不具有法律约束力，而且不包含如何得以实施方面的表述。此外，该决议中的"定义"实际上并没有对"农民权"概念进行界定，它仅仅提到了概念出自何处以及"农民权"的目的。它们是针对何种事物的权利，谁是权利持有人，以及权利如何被维持等问题都没有得到澄清。因此，可以说决议标志着一个重要的开端，但是"农民权"的实际落实需要许多进一步的概念化和可操作化方面的工作。①

1991年11月，一个新的《国际约定》附件，即第3/91号决议获得通过。该决议认可这样一个重要观点，即各国对其植物遗传资源拥有主权权利。在此基础上，该决议提出，育种者的品系和农民的育种材料在培育期间应仅仅

---

① Regine Andersen, *The History of Farmers' Rights: A Guide to Central Documents and Literature*, Background Report of The Fridtjof Nasen Institute, 2005, p. 14.

依据培育者的意思提供。在"农民权"的问题上，第3/91号决议解决了实施"农民权"所需的财政和机制方面的问题。根据决议的表述，"农民权"将通过一个国际植物遗传资源基金而得到实施，该基金将支持特别，但非专门是发展中国家的植物遗传保存和利用项目；通过植物遗传资源委员会，遗传资源、资金和技术的提供者将遵照适当机构的建议决定和监督本基金及其他供资机制的政策、项目和优先领域。然而，第3/91号决议提到的国际植物遗传资源基金没有被确立并展开运作，"农民权"不得不停留在纸面之上。

1992年5月，作为环境和发展领域的里程碑，《公约》在肯尼亚内罗毕召开的通过生物多样性公约议定文本会议上获得通过。与《公约》一并通过的还有一份关于《公约》和促进可持续农业相互关系的第3号决议，其提出，"农民权"是需要在粮食和农业植物遗传资源保护和可持续利用全球系统内为之寻求解决对策的突出问题。同年6月，由联合国环境和发展大会通过的《21世纪议程》要求采取进一步步骤实现"农民权"。1993年11月，联合国粮农组织第27届大会通过了第7/93号决议，决议请求联合国粮农组织总干事提供一个论坛供各国政府谈判修订《国际约定》以使其与《公约》保持一致以及"农民权"实现等问题，由此启动了再次商讨和谈判"农民权"问题的进程。

从1994年到1995年，"农民权"问题的商讨进入比较深入的阶段，但谈判尚未展开。粮食和农业遗传资源委员会下属的由不同国家代表构成的工作组预先提出和讨论未来需要解决的与"农民权"相关的一些问题。这些问题主要包括，"农民权"是个人权利还是集体权利；建立一个实施"农民权"的国际植物遗传资源基金的必要性问题；除了国际基金外，其他可能的实施"农民权"的途径问题，例如农民及其社区保持、利用、交换和出售种子的传统权利、农民获取新的技术和其他研究成果、保护当地技术、传统耕作实践和其他非正规创新体系等。

一些国家在工作组的讨论中指出"农民权"具有三个方面的运作维度，应当通过这样三个条款加以回应，它们是：重申"农民权"概念对应于"植物育种者权"概念，并对两者加以平衡；将"农民权"与供资机制联系起来，不仅使补偿和激励农民从事的保存和开发植物遗传资源的活动成为可能，而且为公正公平地分享来自于植物遗传资源的惠益奠定基础；根据《公约》第8

（j）条，在国内范围确立传统农民和社区作为本土知识和植物遗传资源监护者的权利。①许多国家认为有必要确立一个实施"农民权"的法律框架。一些国家建议这一法律框架首先应在国际层面上加以确立。一些国家建议应当通过发展某种形式的知识产权为"农民权"的某些内容提供保护，而一些国家建议应当通过适当的特殊制度便利"农民权"某些内容的实施。另外，某些非政府组织向粮食和农业遗传资源委员会建议，"农民权"应当被确立为"权利束"（bundle of rights），包括保存、开发和保护植物遗传资源的权利、为保存和利用活动而收到财政支持的权利、从控制下的资源的商业化利用中受益的权利以及决定提供这些资源和相关做法、信息和知识的程度的权利。②

　　1996年6月，150个国家的代表参加了在德国莱比锡召开的第四次国际植物遗传资源技术会议，本次会议的焦点是讨论一份针对植物遗传资源的全球行动计划的内容和实施问题。本次会议最终通过《粮食和农业植物遗传资源保护和可持续利用全球行动计划》。该行动计划将在国际、区域和国家层面上实施联合国粮农组织第5/89号决议中规定的"农民权"，并将其实施作为"支持粮农植物遗传资源的田间实地管理和改良"这一重点活动的长期目标。然而，行动计划并没有提出如何使"农民权"在实践中运作起来并使其得到实现的具体方案。1996年12月，工作组会议和粮食和农业遗传资源委员会第三次特别会议相继召开，美国、欧洲共同体和发展中国家分别提交与"农民权"有关的建议。美国的建议并没有提到"农民权"的字眼，但是确认国家和区域经济一体化组织应当采取措施加强农民保存和可持续利用粮农植物遗传资源的努力。欧共体和发展中国家的建议几乎完全一样，它们的建议同时认可世界所有地区的农民为保存和开发植物遗传资源所作出的巨大贡献。欧共体的建议指出，为了加强农民在保存和可持续利用粮农植物遗传资源中的作用以及确保公正公平地分享惠益，缔约方应当尽可能并酌情遵照国内立法，尊重、保护和维持与粮农植物遗传资源的保存和可持续利用有关的农民的知识、创新和实践。发展中国家的建议强调在国家层面上实现"农民权"取决于各

① J. Esuinas-Alcazar, *"Farmers' Rights",* in R. E. Evenson, D. Gollin and V. Santaniello (eds), *Agricultural Values of Plant Genetic Resources,* CAB International, 1998, pp. 211-212.

② Regine Andersen, *The History of Farmers' Rights: A Guide to Central Documents and Literature,* Background Report of The Fridtjof Nasen Institute, 2005, pp. 19-20.

国政府和国际社会，并且提出了大约15个方面的具体措施。①

在1997年和1998年召开的粮食和农业遗传资源委员会的例会和特别会议上，有关"农民权"问题的商讨和谈判表现为一种两大阵营对立的局面。以美国为首的一些发达国家甚至回避使用"农民权"概念，因为它们认为"农民权"概念意味着对于某种法律权利的接受。欧共体和大多数发展中国家明确支持使用"农民权"概念，认为对于"农民权"的认可则超越了概念本身，进而言之，"农民权"不应被看作是一个目标或原则，而应被视为是一类具有法律约束力的权利，从而发挥其具有的平衡知识产权的作用。在实施"农民权"的问题上，发达国家认为实施"农民权"主要是国家的责任，而发展中国家提出，只有认可实施"农民权"具有国际层面上的含义，它们才接受实施"农民权"作为国家责任的表述。由于分歧较大，很多待决问题都被置于谈判文本的方括号之中。此外，在商讨"农民权"问题的过程中，其他国际论坛上的议题也牵涉其中，例如，有人指出发展中国家建议的对于农民和传统社区的知识、创新和做法的认可、保护和维持毫无疑问符合TRIPS协定规定的保护植物品种的特殊制度。某些非政府组织还提到一些国家正在探索在知识产权法的框架内和类似专利的制度之外保护"农民权"的特殊制度，同时敦促谈判代表加快确立和实施集体"农民权"的进程，以便纠正既有权利的不对称性。②

"农民权"问题的商讨和谈判在1999年4月召开的粮食和农业遗传资源委员会第八次例会上取得了实质性的突破。不同国家的谈判代表同意使用1月在瑞士蒙特勒非正式会议上形成的"主席要点"作为未来"农民权"规则的文本基础。"主席要点"的内容包括：认可实际上所有地区，特别是原产地和作物多样性中心的农民为构成全球粮食和农业生产基础的植物遗传资源的保存和开发已经并将继续作出的巨大贡献；各方同意实现"农民权"的责任在于国家政府，各方应酌情根据其需要和重点，并依其国家法律，采取措施

---

① Svanhild-Isabelle Batta Børnstad, *Breakthrough for 'the South'? An Analysis of the Recognition of Farmers' Rights in the International Treaty on Plant Genetic Resources for Food and Agriculture,* Report of The Fridtjof Nansen Institute, 2004, pp. 40-41.

② Svanhild-Isabelle Batta Børnstad, *Breakthrough for 'the South'? An Analysis of the Recognition of Farmers' Rights in the International Treaty on Plant Genetic Resources for Food and Agriculture,* Report of The Fridtjof Nansen Institute, 2004, pp. 54-61.

保护和促进农民的权利，包括：使用、交换以及对于地方品种和不再登记的品种而言销售农田保存种子的权利；保护与粮农植物遗传资源有关的传统知识；公平参与分享因利用粮农植物遗传资源而产生的惠益的权利；参与在国家层面上就粮农植物遗传资源的保存和可持续利用有关事项决策的权利。

　　以上述"主席要点"为基础，本次会议批准了由美国建议并经埃塞俄比亚修订的关于"农民权"规定的文本。在接下来粮食和农业遗传资源委员会主持召开的会议上，各国谈判代表主要围绕获取、惠益分享以及财政方面的问题进行了最后的谈判，除了解决一些涉及"农民权"的细节问题外，谈判代表没有再就"农民权"的问题进行磋商和谈判。至此，针对"农民权"问题展开的再次商讨和谈判宣告完成。2001年11月3日，联合国粮农组织第31届大会通过了包含"农民权"规则的《国际条约》。

三、《粮食和农业植物遗传资源国际条约》中的"农民权"

　　《国际条约》第9条对"农民权"所涉及的问题进行了规定。第9条分为三段：第9.1条表达对于农民在植物遗传资源的保存和开发中已经作出并将继续作出的巨大贡献的认可；第9.2条明确实现与粮农植物遗传资源有关的"农民权"的责任在于各国政府，并要求缔约方采取措施保护和加强包含三项内容的"农民权"；第9.3条最后规定与农民保存、利用、交换和出售农田保存的种子和繁殖材料的权利有关的问题。值得注意的是，第9条并没有提供一个关于"农民权"的正式定义，在这一点上《国际条约》反倒不如1989年联合国粮农组织通过的第5/89号决议。

　　第9.1条规定："各缔约方承认世界各地区的当地社区和农民以及土著社区和农民，尤其是原产地中心和作物多样性中心的农民，对构成全世界粮食和农业生产基础的植物遗传资源的保存及开发已经作出并将继续作出的巨大贡献。"

　　本段规定表达了对于农民，尤其是原产地和作物多样性中心的农民在保存和开发对现代粮食和农业生产具有根本重要性的植物遗传资源中已经、正在以及未来作出的巨大贡献的认可。有必要指出的是，本段规定中提及的这些贡献并没有明确地与"农民权"联系在一起，尽管它们因被纳入标题为

"农民权"的条文中而当然与其间接联系起来。相比而言，序言中的类似表述却更为明确地与"农民权"在一起。[①]

从第9.1条的内容看，本段规定与先前联合国粮农组织4/89号决议中的表述略有不同，第4/89号决议仅仅提到"农民"对植物遗传资源的保存和开发所作出的巨大贡献，而第9.1条则提到"当地社区和农民以及土著社区和农民"对于植物遗传资源的保存和开发所作出的贡献。这种表述清楚地显示：土著社区整体上在创造和保护对于社会具有价值的知识中所发挥的作用逐步获得了认同。这种区分也产生这样一种效果，即各国可以选择将土著社区作为与农民不同的阶层而加以对待，尽管在许多场合土著居民和农民完全一样。还有一点需要指出，本段规定仅仅是一种承认性的表述，其并未创设任何类型的法律义务。尽管如此，本段规定为下面的实质性规定提供了一个重要的规范基础。[②]

第9.2条规定："各缔约方同意实现与粮农植物遗传资源有关的农民权的责任在与各国政府。各缔约方应酌情根据其需要和重点，并依其国家法律，采取措施保护和加强农民权，其中包括：（a）保护与粮农植物遗传资源有关的传统知识；（b）公平参与分享因利用粮农植物遗传资源而产生的惠益的权利；（c）参与在国家一级与粮农植物遗传资源保存及可持续利用有关事项决策的权利。"

本段规定首先明确一个非常重要的问题，即实现与粮农植物遗传资源有关的"农民权"的责任在于各国政府，换言之，各国政府应在其国内采取措施实现"农民权"。这种规定显然与联合国粮农组织第4/89号等决议大相径庭。联合国粮农组织先前关于"农民权"的决议着力强调了"农民权"的全球属性以及国际资金机制在实现"农民权"中所发挥的重要作用。比起第9条来，"农民权"的全球性元素更多地反映在了关于惠益分享的第13条和关于财

---

① 《国际条约》序言第七段指出：确认世界所有地区的农民，特别是原产地中心及多样性中心的农民过去、现在和将来在保存、改良及提供这些资源方面的贡献是"农民权"的基础。

② Gerald Moore and Witold Tymowski, *Explanatory Guide to the International Treaty on Plant Genetic Resources for Food and Agriculture,* International Union for Conservation of Nature and Natural Resources, 2005, pp. 59-60.

政资源的第18条规定之中。①

根据第9.2条的规定，各缔约方应采取措施保护和加强"农民权"。但本段规定使用词语——"应当"（should）而非"应当"（shall），缔约方因此并没有负担强制性的义务，而是被鼓励采取措施保护和加强"农民权"。不仅如此，本段规定同时引入"根据其需要和重点""酌情"和"依其国家法律"这样三个限制性短语，这显然又给了缔约方较大的自主选择的空间。如此以来，保护和加强"农民权"的措施的性质和范围在不同国家之间有可能差异极大。

除了以上重要内容，第9.2条还明确规定国家层面上与粮农植物遗传资源有关的"农民权"的三项核心内容，即传统知识的保护、参与分享惠益的权利、参与决策的权利。但是，必须指出，本段规定所列举的"农民权"的内容仅仅是指示性的，而非穷尽了用以实现"农民权"的各种形式。②

第9.2条之（a）是关于传统知识的保护方面的内容。传统知识对于理解植物的特性、用途、文化意义及如何栽培它们极其重要。传统知识还涵盖如何选择种子和繁殖材料的知识，以及如何为了下次收获储藏、利用和管理种子和繁殖材料的知识。因此，传统知识对于农民在田间维持作物遗传多样性的能力而言是最重要的。③

首先，（a）分段规定中的传统知识仅指与粮农植物遗传资源有关的传统知识，就此而言，《国际条约》中的传统知识在范围上比《公约》第8（j）条所提及的传统知识要窄。但考虑到《国际条约》中的传统知识并未被限定于"土著和地方社区体现了传统生活方式"的知识，也可以认为前者所规定的传统知识范围要大于后者。

其次，就保护的方式而言，各缔约方可从自身实际情况和需要出发进行

---

① 《国际条约》第13.3条规定："各缔约方同意，多边系统分享的因利用粮食和农业植物遗传资源所产生的惠益，首先应直接或间接流向保护并可持续利用粮食和农业植物遗传资源的各国农民，尤其是发展中国家和经济转型国家的农民。"第18.5条规定："各缔约方同意，为发展中国家，尤其是最不发达国家的农民和经济转型国家保存和可持续利用粮食和农业植物遗传资源农民实施商定的计划和方案，将被列为优先重点。"

② Gerald Moore and Witold Tymowski, *Explanatory Guide to the International Treaty on Plant Genetic Resources for Food and Agriculture,* International Union for Conservation of Nature and Natural Resources, 2005, p. 72.

③ Regine Andersen and Tone Winge, *Realizing Farmers' Rights to Crop Genetic Resources: Success Stories and Best Practices,* Routledge, 2013, p. 8.

选择。从目前关于"农民权"的讨论和磋商情况看，有两种保护传统知识的方式可供缔约方选择：防止消亡的保护（protection against extinction）和防止不当利用的保护（protection against misappropriation）。

防止消亡的保护是为了确保传统知识保持活力并能够在农民中间得到进一步的发展。保护传统知识以防止其消亡的最好方式是利用并共享此类知识，也就是通过共享而保护。促进这种共享的方式有很多种。讨论会、户外集会、农民田间学校、种子贸易会和其他聚集地能够提供有用的以及经常启发灵感的共享知识的场所。共享知识的口头和书面方式是互补的，它们组合起来使用构成确保此种知识可被保持活力、共享和利用的最理想方式。

防止不当利用的保护是基于这样一种可能性：农民的品种连同相关的知识可以由商业领域中的主体"发现"和开发，并利用知识产权排他性地加以独占，并且不存在惠益分享机制。这可以看作是特别与那些尚未登记并因此不能证明属于现有技术（正式的关于已有植物品种的知识）的品种相关的一种可能性。按照这种保护方式，除非避免不当利用的措施已到位，传统知识的共享不应当发生。为确立现有技术而采取的各种类型的文献记录措施对于避免作物遗传资源的不当利用极为实用。另外，在《公约》框架下由遗传资源和传统知识的提供国和利用者所在国家采取的规范生物勘探活动的法律措施也很重要。①

9.2条之（b）是关于参与分享惠益的权利方面的内容。作为"农民权"的一项内容，参与分享惠益的权利不同于《国际条约》第四部分有关多边系统中的惠益分享的要求。但是，多边系统中的惠益分享的规定反映出有关惠益分享的诸多重要思路，而这对于解释第9.2条之（b）是很相关的。首先，多边系统中的惠益分享的形式有多种，分享货币惠益只是其中的一种。其次，多边系统中的惠益并不是仅仅与那些碰巧拥有被商业育种公司利用的植物品种的农民分享，还要与世界各地从事作物遗传多样性保存和可持续利用活动的农民分享。②

为了实现这项权利，缔约方政府应当采取措施确保农民获得公平的因利

---

① Regine Andersen and Tone Winge, *Realizing Farmers' Rights to Crop Genetic Resources: Success Stories and Best Practices,* Routledge, 2013, pp. 8-9.

② Regine Andersen and Tone Winge, *Realizing Farmers' Rights to Crop Genetic Resources: Success Stories and Best Practices,* Routledge, 2013, p. 9.

用粮农植物遗传资源而产生的惠益份额。对于被自动纳入多边系统中的粮农植物遗传资源（受缔约方管理和控制并处于公共领域中的附件一所列资源）而言，农民只能间接地通过《国际条约》第13条所规定的惠益分享机制参与分享惠益。但对于在原生境条件下发现的粮农植物遗传资源而言，这些资源一般被界定为土地所有人或使用权人的财产，从这个意义上说，它们并未被自动纳入多边系统。农民持有的资源几乎就属于这一类。除非缔约方通过运用有关的激励措施促使农民将其持有的资源纳入多边系统，农民就有权利直接参与分享利用这些资源所产生的惠益。缔约方为实现农民此项权利所可能采取的措施包括：让农民获得种子和繁殖材料及相关的信息；在农民和科学家间协作开展参与式植物育种；加强农民种子体系；保护活动，如当地种子库；推进农民品种的利用，包括价值附加和市场准入。实践中，大多数此类惠益分享措施都发生在农民和科学家（或育种家）间或农民和非政府组织间的协作之中。[①]

9.2条之（c）是关于参与决策的权利方面的内容。参与决策具体是指参与在国家一级与粮农植物遗传资源的保存和可持续利用有关的事项的决策。这项权利的确立意味着农民可以在与粮农植物遗传资源有关国家政策的制定和行政决定的执行中发表自身的观点，通过行使这项权利可以使农民在保存和利用粮农植物遗传资源中所作出的实质性努力和创新获得国家的认可，以及使农民的具体需要和优先考虑的事项被纳入国家政策之中。

为了确保农民参与决策，缔约方政府可以考虑在决策的各个阶段广泛利用听证会，也可以考虑将农民或生产者组织吸收进国家植物遗传资源委员会等重要决策机构。农民自身也可以通过相关的游说活动对决策施加影响。需要指出的是，有权利参与决策的"农民"主要是指那些对粮农植物遗传资源的保存和改良已经或正在作出贡献的农民。农民在行使参与决策的权利中往往涉及如何推选农民代表的问题，不同国家的做法会存在很大的差异，这个问题需要得到妥当的解决。农民更广泛地参与决策存在两个重要的先决条件，首先，为了理解为什么农民的参与是必须的，决策者需要意识到农民在保存和开发粮农植物遗传资源中所扮演的极其重要的角色。其次，农民可能需要

---

① Regine Andersen and Tone Winge, *Realizing Farmers' Rights to Crop Genetic Resources: Success Stories and Best Practices,* Routledge, 2013, p. 10.

额外的支持和帮助，以使他们在复杂的决策过程中能够有效地参与，因此，意识提升和能力建设对于促使农民介入影响他们自身、及其努力以及由此所有人的决策制定而言是一个非常重要的措施。[①]

第9.3条规定："本条绝不得解释为限制农民根据国家法律酌情保留、利用、交换和出售农田保存的种子和繁殖材料的任何权利。"

第9.3条涉及一个具有较大争议的问题，即农民享有的保留、利用、交换和出售种子的权利。农民保留、利用、交换和出售种子是一种习惯性的做法，其曾经普遍存在于世界各地的农业生产实践当中，至今仍然在一些国家和地区农业生产活动中发挥着重要的作用。不论在过去还是现在，农民都从事着非正规的植物育种创新活动，并且改良和培育出为数众多的适应当地条件和环境的地方品种（landrace）或农家品种（farmers' variety），毫无疑问，农民完全可以保留、利用、交换和出售这些品种的种子和繁殖材料，这是农民的自由和权利，不受第三方的干涉。然而，随着科学化植物育种和种子产业的兴起和发展，专门保护育种者培育的植物新品种的知识产权制度在发达国家和主要的发展中国家得到确立。一般而言，由于植物育种者权或植物品种权的保护对象为受保护植物品种的繁殖材料，在不存在法定例外的情形下，他人未经权利人许可不得从事利用和出售受保护品种繁殖材料等行为。

考虑到农民在历史上一直从事着保留、利用、交换和出售种子的活动，这里就涉及一个如何在植物育种者权保护制度的框架下对待农民从事的这些活动的问题，尤其在农民保留、利用、交换和出售的是受保护品种的种子和繁殖材料的场合。作为唯一的有关植物品种保护的国际公约，UPOV公约1978年文本在这个问题上并没有作出明确的规定，但是其相关规定被解释为允许农民再次种植和交换受保护品种的种子和繁殖材料，但为商业销售目的生产（the production for purposes of commercially marketing）、许诺销售（the offering for sale）和销售（marketing）应事先取得育种者的同意。UPOV公约缔约方的国内法律往往允许农民再次利用他们在自己的农田保留的受保护品种的种子。农民拥有的这种权利也被称之为"农民特权"（farmers' privilege）。UPOV公

[①] Regine Andersen and Tone Winge, *Realizing Farmers' Rights to Crop Genetic Resources: Success Stories and Best Practices*, Routledge, 2013, pp. 10-11.

约1991年文本扩大了植物育种者权的范围。①同时其明确允许缔约方在国内法律中确立对于育种者权的一个非强制性例外：农民在他们自己土地上为了繁殖目的，利用在其土地上种植受保护品种所收获的产品（特指用于繁殖目的的产品，即种子）。总体上看，在发达国家植物育种者权保护制度中，农民保留和利用受保护品种的种子的做法存在一定的空间，但是受到的限制也较多。

在《国际条约》的谈判过程中，农民保留、利用、交换和出售种子的问题可能是最具争议的问题之一，因为它触及到商业性种子产业的利益及其获得回报的前景，同时也构成对于农民保存和可持续利用作物遗传多样性能力的影响。②在具体谈判中，一些谈判代表寻求在修改后的《国际约定》中认可农民所享有的与保留、利用和交换种子有关的某些权利，而另一些代表则担忧修改后的《国际约定》可能以不符合UPOV公约1991年文本的方式限制育种者的权利。第9.3条则针对这两种不同的态度提供了一个折中式的解决方案。第9.3条站在一个中立的立场上，它不会成为一个提出与保留、利用和交换种子有关的权利要求的充分法律基础，同时它也未限制各国政府在此方面所可能采纳的选择。显然，第9.3条并未排除国家法律（包括植物育种者权法和种子法）认可与保留、利用和交换种子和繁殖材料有关的"农民权"的可能性。第9.3条的确也没有阻止国家法律在种子和繁殖材料受植物育种者权保护时或种子贸易管理的考虑另有要求时限制或排除这些权利。③

尽管第9.3条对于农民保留、利用、交换和出售农田保留的种子和其他繁殖材料的权利没有作出明确的认可，但是，《国际条约》序言不仅明确提及这一权利，而且将其看作是实现"农民权"的根本。值得注意的是，序言列出

---

① UPOV公约1991年文本第14条从四个方面界定了育种者的权利范围。第一，对于繁殖材料而言，涉及受保护品种的繁殖材料的下列活动应当取得育种者授权：生产或繁殖；为繁殖而进行的种子处理；许诺销售；出售或其他市场销售；出口；进口；用于以上目的的存储。第二，对于收获材料（harvested material）而言，从事以上各项活动时，未经授权使用受保护品种繁殖材料而获得的收获材料，包括整株植物和部分植物时，应取得育种者授权，但育种者对繁殖材料已有合理机会行使其权利的情况例外。第三，对于某些产品而言，从事以上各项活动时，未经授权使用受保护品种的收获材料直接制成的产品，应取得育种者授权，但育种者对该收获材料已有合理机会行使其权利的情况例外。第四，以上规定还适用于受保护品种的实质性派生品种（essentially derived varieties）。

② Regine Andersen and Tone Winge, *Realizing Farmers' Rights to Crop Genetic Resources: Success Stories and Best Practices,* Routledge, 2013, p. 7.

③ Gerald Moore and Witold Tymowski, *Explanatory Guide to the International Treaty on Plant Genetic Resources for Food and Agriculture,* International Union for Conservation of Nature and Natural Resources, 2005, p. 76.

的三项"农民权"与第9条规定中的三项"农民权"并不完全一致。而且第9条也没有将保留、利用、交换和出售农田保留的种子和其他繁殖材料的权利与另外三个方面的"农民权"放在同等地位上进行规定。这样就造成了一个序言中的表述和正文中的实质性规定不相符的情形。由于序言明确认可一项具有很大争议的权利，序言中的表述比起实质性规定似乎走得更远一些，其更加紧密地遵从了来自于上文提到的瑞士蒙特勒非正式会议"主席要点"的一些措辞。此外，序言还包含"在国际层面上促进'农民权'"的表述，这一点在第9条中也没有体现，但在其他规定，如多边系统中的惠益分享规定中有一定程度的体现。

第五节　获取和惠益分享多边系统

　　鉴于粮农植物遗传资源具有特殊性和独特的特征，以及在获取和惠益分享问题存在着特殊的需要，并且考虑到《公约》框架下的遗传资源的获取和惠益分享制度基本上排除了对于粮农植物遗传资源的适用，《国际条约》的谈判者们针对粮农植物遗传资源的获取和惠益分享问题提出并创立了一种独特的解决方案——获取和惠益分享多边系统（Multilateral System of Access and Benefit-sharing）。《国际条约》第四部分（包括第10～13条）规定了获取和惠益分享多边系统各个方面的问题，这些规定是《国际条约》中最具创新意义的内容，也是《国际条约》的核心所在。

　　本节首先分析和揭示建立获取和惠益分享多边系统的原因，即粮农植物遗传资源具有的特殊性和独特的特征，以及在获取和惠益分享上存在的特殊需要，然后深入地解释和评论多边系统的一般性问题、多边系统的范围、多边系统中粮农植物遗传资源的便利获取、多边系统中的惠益分享等问题。

一、建立获取和惠益分享多边系统的原因

　　《国际条约》之所以建立获取和惠益分享多边系统，是因为粮农植物遗传资源具有特殊性和独特的特征，以及在获取和惠益分享上存在着特殊需要。

粮农植物遗传资源是通过农民选育、常规植物育种或现代生物技术等方法进行作物遗传改良不可或缺的原材料，并且对于适应无法预测的环境变化以及满足人类未来的需要极其重要。粮农植物遗传资源具有以下四个方面的特殊性和独特的特征：

第一，粮农植物遗传资源主要是一种人造的生物多样性形式。这表明，粮农植物遗传资源是自农业产生以来由农民有意识选择和培育的生物多样性，分布在世界各地的农民在上万年的时间里引导了栽培植物的进化和开发。植物育种家在过去创造和积累的丰富遗传变异的基础上继续开展专业化的育种活动，以便培育出能够适应现代农业发展需要的栽培品种。事实上，大部分栽培植物中的遗传多样性只有通过持续的人工保护和维持才能存活下来，如果没有人有目的的选择和引导，粮农植物遗传资源将返回到自生自灭的状态中去或者可能对粮食和农业不具有明显的价值。从这个意义上说，维持品种间的遗传多样性对于保持产量稳定和作物适应新的疾病和其他环境变化的能力是极为必要的。[1]

第二，粮农植物遗传资源并非随机分布在世界各地，而是集中在所谓的栽培植物及其野生近缘种的"起源和多样化中心"，而这些"起源和多样化中心"大部分位于热带和亚热带区域。[2]由于多方面的原因，包括冰川世纪的影响、人类早期定居的地点以及人类迁移的模式，都使得绝大多数物种以及自然和农业方面的遗传多样性在发展中国家被发现。[3]实际上，这些"起源和多样化中心"或者本身就是发展中国家，或者基本上位于发展中国家的地域之内。这种资源分布上的特征不仅决定了植物遗传资源交换的模式和流向，而且为南北双方围绕植物遗传资源所展开的争夺和控制提供了有力的注解。

第三，由于农业活动悠久的历史，以及由于主要作物和文明传播之间的关联，许多作物基因、基因型以及种群已经分散到地球的各个角落，并且正在得到进一步的开发和利用。就此而言，已经不可能或很难识别和确定分散

---

① Gerald Moore, Jan Engels and Cary Fowler, The International Treaty on Plant Genetic Resources for Food and Agriculture: Access, Benefit Sharing and Conservation, *Acta Hortculturae*, Vol. 1, 2007.

② 前苏联著名遗传学家瓦维洛夫在20世纪30年代创立了作物起源理论，认为世界上存在包括中国、印度等在内的八大主要作物起源中心。后来，前苏联有学者在他的理论的基础上又提出了世界上共有十二个大的栽培植物及其多样化中心的主张。

③ Cary Fowler, *Unnatural Selection: Technology, Politics, and Plant Evolution*, Gordon and Breach Science Publishers S.A, 1994，p.2.

在世界各地的很多粮农植物遗传资源的原产地。此外，粮农植物遗传资源被系统和自由地收集与交换的时间已经超过了两百余年，而且相当大的一部分粮农植物遗传资源目前被保存在非原生境条件（ex situ conditions）之下。根据以往育种活动的实践，相比于来自于原生境条件下（in situ conditions）的育种材料，专业育种者更普遍地利用来自于非原生境条件下的育种材料。[①]

第四，与其他类别的生物多样性相比，不同国家之间对于粮农植物遗传资源拥有更高的相互依赖性（interdependence）。当今地球上没有一个国家在它们利用的粮农植物遗传资源方面能够做到自足，任何一个国家的农业生产活动在很大程度上要依赖于其他国家所提供的粮农植物遗传资源。研究显示，不同国家对于最重要的作物的平均依赖程度高达70%。[②]这也就意味着，任何一个国家都需要与其他国家在植物遗传资源领域开展交换活动，换言之，每个国家都需要不断获取来自于其他国家和地区的植物遗传资源，其根本无法将自己置身于这些交换和获取活动之外。毫无疑问，这些活动对于作物改良和现代农业发展是非常必要和极为关键的。

粮农植物遗传资源具有的这些特殊性和独特的特征决定了如下与粮农植物遗传资源的获取和惠益分享有关的特殊需要：确保农民和育种者能够继续不费力、低成本地获取广泛的粮农植物遗传资源（及相关数据信息），包括原产地和多样性中心的资源；确保粮农植物遗传资源在不同国家间的持续流动；尽量避免授予限制粮农植物遗传资源的获取的知识产权；确保发展中国家、经济转型国家以及这些国家的农民能够参与分享因粮农植物遗传资源的利用而产生的惠益；确保对粮农植物遗传资源具有相互依赖性的不同国家在获取和惠益分享等领域展开有效的合作。[③]

为了满足这些特殊的需要以及解决与之相关的问题，国际社会提出并创

① Kerry Ten Kate and Sarah A Laird, *The Commercial Use of Biodiversity: Access to Genetic Resources and Benefit-Sharing,* Earthscan Publications Ltd, 1994, p. 135.

② José Esquinas-Alcázar, International Treaty on Plant Genetic Resources for Food and Agriculture, *Plant Genetic Resources Newsletter*, 2004, No. 139.

③ Gerald Moore and Witold Tymowski, *Explanatory Guide to the International Treaty on Plant Genetic Resources for Food and Agriculture*, International Union for Conservation of Nature and Natural Resources, 2005, p. 79.

立了不同于既有法律制度的独特解决方案，这一独特解决方案就是获取和利益分享多边系统。

二、获取和惠益分享多边系统的一般性问题

《国际条约》第10条对于获取和惠益分享多边系统的一般性问题进行了规定，包括各国对本国粮农植物遗传资源拥有的主权权利、各国政府享有的决定获取这些资源的权力以及各缔约方对于建立多边系统的承诺等。

第10.1条规定："各缔约方在与其他国家的关系中，承认各国对本国粮农植物遗传资源的主权，包括承认决定获取这些资源的权力隶属于各国政府，并符合本国法律。"

本段规定一方面继受了联合国粮农组织先前通过的3/91号决议所达成的共识，即植物遗传资源不再是人类共同遗产，相反，各国对它们拥有主权权利，另一方面，本条引入《公约》第15条所确立的主权权利原则，这使得《国际条约》与《公约》获得了完全的协调。主权权利是指属于独立主权国家的立法的权利，以及管理、开发和控制获取它们自己的自然资源的权利，包括决定这些资源所适用的财产制度、谁拥有它们、享有什么所有权权利以及如何设定所有权的权利。

第10.1条还明确认可各国政府决定获取其管辖范围内的粮农植物遗传资源的权力，这种决定获取的权力直接来自各国对其粮农植物遗传资源所拥有的主权权利。另外，根据本段规定，这种权力"符合本国法律"。短语"符合本国法律"表明，各国政府在行使这种权力时必须具有法律依据，这意味着，不具备相关法律的国家必须对此进行立法。另外要指出的是，第10.1条仅提到了主权权利，而未涉及粮农植物遗传资源的财产权或所有权问题，主权权利与财产权或所有权是两个完全不同的概念，粮农植物遗传资源的财产权或所有权问题应当由各国法律加以解决。

第10.2条规定："各缔约方在行使其主权时，同意建立一个高效、透明的多边系统，以便利获取粮农植物遗传资源，并在互补和相互加强的基础上公正公平地分享利用这些资源所产生的惠益。"

本段规定强调了缔约方建立多边系统的一致承诺。这意味着，各缔约方在建立一个便利获取粮农植物遗传资源和分享其利用所产生的惠益的多边系

统上都表示同意。但要指出的是，建立多边系统的同意是在经历艰苦和漫长的谈判之后取得的。

首先在此分析和阐明获取和惠益分享多边系统的含义。多边系统构成了一种特殊的获取和惠益分享制度，其体现了在解决粮农植物遗传资源的获取和惠益分享问题上所采用的"多边路径"（multilateral approach）。这与《公约》在获取和惠益分享问题上采用的"双边路径"（bilateral approach）形成了对照。按照"双边路径"，获取利用者应当取得提供国（资源原产国或根据《公约》取得资源的国家）的事先知情同意，并且与提供国针对获取和惠益分享在逐案的基础上（on a case-by-case basis）进行双边谈判，然后达成共同商定条件，即签订包含获取和惠益分享条件和条款的协议。在"双边路径"下形成的获取和惠益分享安排，尤其是关于获取和惠益分享的条件和条款，必然各不相同。

实际上，"双边路径"被指特别适合于原生境条件下（如热带雨林）具有化学或医药用途的植物遗传资源（往往为某一国所特有）。[1]但其难以满足与粮农植物遗传资源的获取和惠益分享有关的特殊需要，这主要因为，双边谈判所需费用过高；双边谈判无法有效解决当事人谈判地位不对等的问题；双边谈判可能导致遗传资源知识产权的不断授予；经济贫困和资源相对匮乏的国家难以通过双边谈判获取到资源。[2]总之，"双边路径"在解决粮农植物遗传资源的获取和惠益分享等问题上存在着诸多缺陷。

与"双边路径"相比，《国际条约》针对粮农植物遗传资源的获取和惠益分享采用"多边路径"，它强调和突出了"在多边基础上"谈判并商定获取和惠益分享的适用范围和条件的重要意义。多边系统是建立在各个国家通过多边谈判所商定的粮农植物遗传资源类别及便利获取和惠益分享条件的基础之上。各国商定的提供便利获取的粮农植物遗传资源（属于《国际条约》附件一所列出的作物和饲草）是根据对粮食安全的重要性和各国在这些资源上的

---

① Cary Fowler, Regime Change: Plant Genetic Resources in International Law, *Outlook on Agriculture,* Vol. 33, No. 1, 2004.

② Gerald Moore and Witold Tymowski, *Explanatory Guide to the International Treaty on Plant Genetic Resources for Food and Agriculture*, International Union for Conservation of Nature and Natural Resources, 2005, p. 10.

相互依赖性而确定的。^①适用于这些资源的包括便利获取和商业化所得货币惠益分享在内的各个方面的条件，即《国际条约》第12条和第13条所列出的有关条件在获取之前已经通过多边谈判而得到了确立，提供方和获取方只需遵守这些条件并通过一份标准的材料转让协议实现便利获取和商业化所得货币惠益的分享，而无需在每一次获取的场合通过双边谈判达成共同商定条件，获取方也无需寻求得到提供方的事先知情同意。^②这些事前经由多边谈判所商定的条件充分考虑和顾及了粮农植物遗传资源的独特特征以及与之有关的特殊要求，并将便利粮农植物遗传资源的获取和公正公平分享因其利用而产生的惠益作为该系统的目的，这就能够克服"双边路径"可能引起的交易费用昂贵、谈判地位不对等、粮农植物遗传资源的获取和后续转让无法实现等弊端。

其次来看第10.2条处理的其他问题。根据第10.2条的规定，该多边系统的建立是缔约方行使其主权权利的表现，这表明，通过多边系统提供获取和分享惠益仍然应当尊重和符合国家主权权利原则。第10.2条因此提供了一个与《公约》的联系，并且明确关于获取和惠益分享多边系统的规则符合《公约》第15.2条和第15.4条规定。在多边系统的目的方面，第10.2条指出多边系统所应达到的双重目的，即便利获取和公正公平地分享惠益。另外，第10.2条还提到两个问题：其一，根据第10.2条的规定，多边系统的目的必须以高效、透明的方式而加以实现，这一规定为多边系统的运作指明了方向；其二，第10.2条要求在"互补"和"相互加强"的基础上公正公平地分享因利用这些资源而产生的惠益，这意味着，缔约方应将便利获取和惠益分享结合起来加以实施，而且便利获取的过程和分享惠益应当合理地相互加强。

三、多边系统的范围

上文指出，《国际条约》适用于所有粮农植物遗传资源。但获取和惠益分

---

① 多边系统因此被描述成一个"全球基因池"或"全球粮农植物遗传资源池塘"（global pool for PGRFA），各国在谈判中已经商定了这个"池塘"中包括的粮农植物遗传资源，具体就是按照粮食安全和相互依赖性两个标准列出的作物和饲草的遗传资源。这个"全球基因池"本身是虚拟的，事实上是一个由持有上述资源的不同国家和国际组织基因库所组成的全球网络。

② H. David Cooper, The International Treaty on Plant Genetic Resources for Food and Agriculture, *Review of European Community & International Environmental Law*, Vol. 11 Issue 1, 2002.

享多边系统的范围只涵盖各国谈判者们事先商定的一部分粮农植物遗传资源，也就是《国际条约》附件一所列出的作物和饲草的遗传资源。之所以在多边系统的范围上作如此限定，部分原因是一些国家想要目睹一下，在它们承诺更广泛的适用之前惠益是如何在一个受到限制的多边系统中流动的。其他的原因是一些国家想要限制多边系统的适用，以便为其他粮农植物遗传资源的获取和惠益分享留下双边安排的可能。[①]

《国际条约》第11条是关于多边系统范围的规定，其确定了多边系统涵盖的粮农植物遗传资源，并且在区分这些资源的不同持有者或来源的基础上处理了有关的问题。

第11.1条规定："为促进第1条规定的粮农植物遗传资源的保存和可持续利用，以及公正公平地分享因其利用而产生的惠益，多边系统应包含附件一按照粮食安全和相互依赖性两个标准列出的粮农植物遗传资源。"

本段规定将多边系统的适用范围确定为附件一列出的粮农植物遗传资源。附件一是一份作物和饲草清单，也就是说多边系统适用于这个清单上的作物和饲草的遗传资源。这个清单上的作物有35种，饲草有29种。它们是根据对粮食安全的重要性和不同国家在这些作物和饲草上的相互依赖性被选择出来的。

首先来看这份作物清单的产生过程。1994年11月，修改《国际约定》的谈判正式启动。最初召开的有关会议并没有涉及将获取活动适用于一定范围的粮农植物遗传资源的问题。但1995年5月召开的一次工作组会议提出一份作物清单备选方案的建议，具体而言，"增加一份共同商定的《国际约定》具体规定（特别是与获取和惠益分配有关的规定）将适用的物种清单"。会议还讨论基于物种对于粮食安全的相关性和不同国家间强烈的相互依赖性而选择物种的标准问题。这就确立了修订后《国际约定》中有关获取和惠益分配的制度将适用于各方共同商定的物种或作物的谈判议题。在随后召开的历次谈判会议上，哪些作物或物种应当被纳入清单的议题都是各方谈判和争论的

---

① Gerald Moore and Witold Tymowski, *Explanatory Guide to the International Treaty on Plant Genetic Resources for Food and Agriculture,* International Union for Conservation of Nature and Natural Resources, 2005, p. 81. H. David Cooper, The International Treaty on Plant Genetic Resources for Food and Agriculture, *Review of European Community & International Environmental Law*, Vol. 11 Issue 1, 2002.

焦点。①

　　各方就纳入这份清单的作物提出不同的建议。欧洲区域建议了一份包含近300种作物的清单，包括了绝大多数代表从来都没有听说过的某些作物和少量的"杂草"而非作物的植物，非洲区域建议的清单仅包含6种作物。②美国提交了一份根据对全球粮食安全必不可少的标准而选择的包含25种作物和饲草的清单，巴西也提交了一份包含25种作物的清单，但这些作物是在对世界粮食消费具有基本重要性的基础上选定的。③清单的谈判事实上是以非洲区域建议的6种作物清单作为起点，由于各国和国际农业研究磋商组织确信清单需要包括更多的作物，这份清单上的作物开始不断增加。在谈判中，各国代表在据以将作物纳入清单的标准上达成原则上的一致，这就是粮食安全和相互依赖性。④绝大多数作物很容易满足相互依赖性的标准，但当时并不存在一个商定的关于粮食安全的定义，这样就很难以精确和客观的方式确定对粮食安全具有重要性的作物。⑤由于不存在一个客观的衡量尺度，关于清单应当包含哪些作物的争议就完全变成政治层面上的争议。

　　事实上，扩大和缩小清单范围的一个主要推动力是谈判代表们对于惠益分享所持有的不断变化的期望和立场。许多发展中国家感觉到，在缺乏适当的和有效的惠益分享机制的情况下，未来达成的谈判成果会加强历史上存在的北方国家利用和占有南方国家遗传资源并且不向南方反馈利用所得惠益的模式。它们因此撤回了同意，或者反对纳入清单并希望以此推动强有力的或

---

① Geoff Tansey and Tasmin Rajotte (eds), *The Future Control of Food: A Guide to International Negotiations and Rules on Intellectual Property, Biodiversity and Food Security*, Earthscan, 2008, pp. 249-250.

② Cary Fowler, Accessing Genetic Resources: International Law Establishes Multilateral System, *Genetic Resources and Crop Evolution*, Vol. 51, 2004.

③ Geoff Tansey and Tasmin Rajotte (eds), T*he Future Control of Food: A Guide to International Negotiations and Rules on Intellectual Property, Biodiversity and Food Security*, Earthscan, 2008, p. 249.

④ 尽管表面上确立了粮食安全和相互依赖性的标准，但清单的谈判实际上是以任何一个国家能够阻止任何作物被纳入的方式而进行的。See Brad Fraleigh and Campbell G. Davidson, Overview of the International Treaty on Plant Genetic Resources for Food and Agriculture with Emphasis on its Significance for Horticultural Crops, *Acta Horticulturae*, Vol. 1, 2003.

⑤ 粮食安全是否仅指全球层面上的粮食安全？其是否包括区域和国家层面上的粮食安全？定义粮食安全的指标都有哪些？热量、蛋白质和微量营养素都包含在内吗？最广泛引用的对于全球粮食安全具有重要性的指标是全球总产量，以及在全球范围内累积的对人的能量、蛋白质或脂肪膳食摄入的贡献。这些指标的使用可以延伸至包括对特定区域具有重要性的作物，即使它们并没有在全球层面上排名很高。

更有效的惠益分享规定的确立。排除某些作物的选择还受到了特定当事方的特殊利益的左右，例如，当某个国家作为特定作物的原产地中心时，这个国家就希望至少保留对于该作物的一定程度的控制，以便希望根据《公约》的条件和规定从中获益。其他国家似乎在争锋相对的基础上收回了它们将作物纳入清单的同意。谈判过程显示，如果某个特定国家愿意将某个特定作物纳入清单，这就会激发其他国家在其他作物上作出互惠性质的让步。相反的情形则是，若干作物在最后的谈判会议上经过一系列的相互报复动作后从清单上最终消失了。[①]

最后，各国谈判代表在包含35种作物和29种饲草的清单上达成一致。这份清单既是谈判专家大量科技投入的结果，同时也是各国代表在政治和经济层面上考量和平衡的结果。这份清单包含绝大多数粮食作物（如小麦、玉米、水稻、高粱、小米等）、豆类作物（如菜豆、豌豆、扁豆、鹰嘴豆、豇豆等）、根和块茎类作物（如马铃薯、甘薯、木薯、山药等）、蔬菜和果树（如胡萝卜、茄子、苹果、香蕉、草莓等），以及29种温带饲草。值得注意的是，大豆、花生、油棕、亚麻、甘蔗、西红柿以及大多数热带饲草都被排除在外，还有茶叶、咖啡和橡胶等经济作物也不在这份清单之上。[②]总体上看，除了以上为数不多的被排除在外的作物，就全球性和区域性的重要作物而言，这是一份相对全面的清单。当然，粮食安全和健康依赖比列于任何可管理的清单上的植物物种更为广泛的物种，包括对不同地区的本地粮食安全具有重要性的小宗作物（minor crops），以及栽培作物的野生近缘种和杂草植物。[③]

接着来看这份清单自身的有关问题。首先需要指出的是，尽管清单上的作物已经被确定下来，但在操作层面上涉及如何界定每种作物的问题，从而使缔约方和其他参与者相对精确地知道哪些作物落入附件一的范围。专家们为此提供了很多的科学信息。具体而言，清单上的作物一般是按照

---

① Geoff Tansey and Tasmin Rajotte (eds), *The Future Control of Food: A Guide to International Negotiations and Rules on Intellectual Property, Biodiversity and Food Security,* Earthscan, 2008, pp. 135-136.

② 被排除的某些作物，如大豆、花生和甘蔗等，如果按照全球粮食安全的指标衡量的话，显然应当进入清单。另外考虑到针对茶叶、咖啡等商品的双边式安排的盛行，这些经济作物没有进入清单一点也不让人感到惊讶。

③ H. David Cooper, The International Treaty on Plant Genetic Resources for Food and Agriculture, *Review of European Community & International Environmental Law,* Vol. 11 Issue 1, 2002.

属（genus）来界定的。①如果按此界定的话，这就意味着某个属之下的所有种都被涵盖在内。以水稻为例，水稻为稻属（Oryza），国际上公认稻属下面包含2个栽培种和20个野生种。但是，清单中又包含针对某些作物的备注（observations），有些备注中列出某些作物包括的属或某些作物的属下面包括的种，有些备注将某些作物的属下面的某些种排除在外。②这些备注很大程度上是基于政治考虑，而非科学标准作出的。这一点特别体现在某些国家采取的如下策略之上：只有排除了某个作物的特定的种，才同意该作物进入清单。这种排除往往针对的是育种者希望获取和利用的作物的野生近缘种或其他遗传材料，例如木薯仅包括栽培种，而目前在育种当中被用来提高蛋白质含量以及改良抗病特性的野生近缘种则不在清单上。③

另外，清单在未来将面临进一步发展的问题，尤其是扩大清单所包含的作物的问题。④欧洲区域在《国际条约》通过时就发表了一个声明，呼吁尽可能快地增加清单上的作物并促使其多样化，以此作为《国际条约》在世界粮食安全上拥有最大化的影响的一种方式。荷兰等欧洲国家目前依照《国际条约》中的条件和有关要求向其他国家转让不在附件一清单上的作物的遗传资源。这些态度和做法在很大程度上反映了一部分缔约方和利益相关者扩大多边系统涵盖的作物的愿望。⑤必须指出的是，未来清单发生变化的程度将取决于各国在最初运行多边系统中所获得的经验，尤其是包括在多边系统中所预计的真正惠益流动的程度。不论是增加还是删除清单中的作物的决定，这都

---

① 属是一个分类单元（taxonomic taxon），植物的分类单元从高到低为界（kingdom）、门（division）、纲（class）、目（order）、科（family）、属（genus）、种（species），每个分类单元之下还可以再分，比如种下面又分为亚种（subspecies）、变种（variety）和变型（form）。

② 在清单中，芸苔类（拉丁文属名为Brassica）包括了13个属。小麦（Triticum）包括冰草属（Agropyron）、披碱草属（Elymus）和黑麦属（Secale）。木薯（Manihot）只包括一个木薯栽培种（Manihot esulenta），而不包括其他种。菜豆（Phaseolus）不包括丛林菜豆（Phaseolus polyanthus）。玉米（Zea）不包括四倍体多年生玉米（Zea perennis）、二倍体多年生玉米（Zea diploperennis）和大刍草种（Zea luxurians）。

③ Cary Fowler, Accessing Genetic Resources: International Law Establishes Multilateral System, *Genetic Resources and Crop Evolution,* Vol. 51, 2004. Gerald Moore and Witold Tymowski, *Explanatory Guide to the International Treaty on Plant Genetic Resources for Food and Agriculture*, International Union for Conservation of Nature and Natural Resources, 2005, p. 82.

④ 需要强调的是，清单在没有被管理机构修订前是锁定的，一个国家可以决定是否批准或加入《国际条约》，但不可以作出对清单上的作物进行选择性适用的决定。

⑤ Geoff Tansey and Tasmin Rajotte (eds), *The Future Control of Food: A Guide to International Negotiations and Rules on Intellectual Property, Biodiversity and Food Security,* Earthscan, 2008, p. 136.

要由《国际条约》所有缔约方在一致同意的基础上作出。①

最后要说明的是，这份清单在某些方面不甚清楚，这反映了生物科学的状况以及随时间而产生的知识上的变化。例如，《国际条约》只是间接地承认一个事实：分类学家和育种者对于哪些东西被纳入一个特定的作物基因池中是有分歧的。随着关于什么构成一个特定的属的分类学理解的演化，多边系统中的材料是否将要扩大和收缩是成疑问的。假定《国际条约》管理机构不想承担繁重和昂贵的使自己成为分类学权威的任务，缔约方和国际农业研究中心将在什么基础上决定有疑问的类别或材料是被包括在内还是被排除在外？现实地说，《国际条约》将如何处理当前被认为是附件一组成部分的材料经由分类学实践的改变而脱离清单的情况？②

第11.2条规定："根据第11.1条的规定，多边系统应包括受缔约方管理和控制以及处于公有领域中的附件一列出的所有粮农植物遗传资源。为了使多边系统尽可能地覆盖全面，各缔约方请所有其他持有附件一中列出的粮农植物遗传资源的持有者将这些粮农植物遗传资源纳入多边系统。"

本段规定在上一段规定的基础上进一步对多边系统的范围进行了限定。根据本段第一句规定，并不是所有的附件一列出的粮农植物遗传资源自动被纳入多边系统，多边系统只涵盖受缔约方管理和控制以及处于公有领域中的附件一列出的所有粮农植物遗传资源。③

作出如此限定很大程度上是考虑到了粮农植物遗传资源被不同个人和实体持有和控制的现实状况，以及作为缔约方的国家在未来实施《国际条约》的过程中所能够拥有的行为限度。实际上，粮农植物遗传资源由不同的个人和实体所持有和控制（这一点从第11条使用的措辞中就可以发现），它们包括农民及其所在社区、育种者、研究机构、公司和国家（政府作为代表）等。

---

①② Gerald Moore and Witold Tymowski, *Explanatory Guide to the International Treaty on Plant Genetic Resources for Food and Agriculture,* International Union for Conservation of Nature and Natural Resources, 2005, p. 82.

③ 当一个国家成为《国际条约》缔约方后，其管理和控制的以及处于公有领域中的粮农植物遗传资源"自动地"纳入多边系统，而无需就此作出宣示或通告。然而，资源的实际利用则取决于已公开的有关信息，这就包括可以提供哪些资源的信息、在哪里可以获取到这些资源的信息以及与这些资源相关的非机密性信息。因此，为了《国际条约》的实施，缔约方要提供各自国家自动纳入多边系统的资源的信息。

最初谈判者们的意图是要在多边系统中纳入清单中列出的所有粮农植物遗传资源，而不仅仅是受缔约方管理和控制以及公有领域中的资源。谈判者们认为这样做的话会更加简便并且能够减少交易成本。但许多国家认为有必要将缔约方的义务限定于其控制下并对其担责的材料以及其他个人或实体自愿性地纳入多边系统的材料。①这是因为，多边系统涵盖的粮农植物遗传资源的便利获取将通过合同式的协议予以提供，由于国家政府是《国际条约》缔约方，以及由于合同法的属性，政府仅能承诺提供其管理和控制之下并处于公有领域中的资源的合同式获取。②当各国政府在谈判《国际条约》之时，它们并不处于一种在政治上保证纳入受个人和法律实体私有财产权制约的资源的地位。③换言之，国家政府无权单方面决定将国内个人和法律实体持有并根据国内法享有财产权利的资源纳入多边系统，因为如果照此行事的话，这将导致政府剥夺私人财产权利的结果，但有权就其直接管理和控制的以及不受私有财产权保护的资源作出这样的决定。由此来看，第11.2条作出的这种限定体现出了对于私有财产权利的尊重和保护。

由于受缔约方管理和控制以及处于公有领域中的粮农植物遗传资源在一个国家成为《国际条约》缔约方后将自动被纳入多边系统，那么准确解释"受缔约方管理和控制以及处于公有领域之中"（under the management and control of the Contracting Parties and in the public domain）的含义对于确定多边系统的范围极其重要。首先要说明的是，上述短语中实际上包含三个条件，只有同时满足这三个条件的资源才能自动成为多边系统中的资源。为了便于缔约方确定本国范围内自动被纳入多边系统的资源，《国际条约》管理机构下设的"《标准材料转让协议》和多边系统特设咨询技术委员会"对"受缔约方管理和控制以及处于公有领域之中"的含义作出了中立性和咨询性的

---

① Gerald Moore and Witold Tymowski, *Explanatory Guide to the International Treaty on Plant Genetic Resources for Food and Agriculture,* International Union for Conservation of Nature and Natural Resources, 2005, p. 82.

② Brad Fraleigh and Campbell G. Davidson, Overview of the International Treaty on Plant Genetic Resources for Food and Agriculture with Emphasis on its Significance for Horticultural Crops, *Acta Horticulturae,* Vol. 1, 2003.

③ Michael Halewood et al, *Crop Genetic Resources as a Global Commons: Challenges in International Law and Governance,* Routledge, 2013, p. 153.

解释。①

根据解释，"受缔约方管理"是指缔约方有权从事与材料相关的保存和利用行为，它指决定如何处理材料的能力而非处分粮食和农业植物遗传资源的法律权利。"受缔约方控制"是指缔约方处分材料的法律权力，换言之，"控制"意味着粮食和农业植物遗传资源被一个缔约方所"管理"（如通过基因库的保存）还不够，其必须拥有决定给与资源的处置的权力。"处于公有领域中"是指材料或信息不受知识产权保护的状况。除了上述三个术语，该委员会考虑了"缔约方"这一用语，其指出该用语明显包括了由中央国家行政管理机构（如政府部门和国家基因库）所持有的材料。该用语可能或不可能包括通常被认为属于国家植物遗传资源体系组成部分的自治或半自治实体持有的材料，同样地，特别的问题可能在联邦制国家的情形中出现。此外，委员会还指出，受缔约方管理和控制的粮农植物遗传资源既包括在非原生境条件下持有的资源，又包括处于原生境条件下的材料。②

从上述解释来看，缔约方的国家基因库持有的不在知识产权和受限制的合同协议支配下的粮农植物遗传资源自动地处在多边系统之中，实际上到目前为止这一部分资源构成了缔约方已确认处在多边系统中的绝大多数资源。同样明确的是，省或市政府控制的土地上或保存设施中的、农民田地中的、社区基因库中的、公司保存设施中的或受到植物新品种权或专利权保护的粮农植物遗传资源处在多边系统之外。但是，在一些场合，附件一所列的粮农植物遗传资源是否自动处在多边系统中还是不在其中并不明显，例如政府拥有一半所有权的公司或国立大学持有的资源是否在国家政府的管理和控制之下就存在一些疑问。③

除了以上对多边系统的范围所作出的限定外，第11.2条第二句还规定：为了使多边系统尽可能地覆盖全面，各缔约方请所有其他持有附件一中所列出

① 2009年6月在突尼斯召开的《国际条约》管理机构第三届会议决定成立"《标准材料转让协议》和多边系统特设咨询技术委员会"，该委员会由联合国粮农组织各个区域的两名成员和五名技术专家组成，其职责范围主要是向缔约方及其管辖范围内与《国际条约》实施有关的主体提供专业意见，以便帮助它们解决多边系统实施中出现的问题。

② The Report of the First Meeting of the Ad Hoc Advisory Technical Committee on the Standard Material Transfer Agreement and the Multilateral System, IT/AC-SMTA-MLS1/10/Report.

③ Michael Halewood et al, Implementing "Mutually Supportive" Access and Benefit Sharing Mechanism under the Plant Treaty, Convention on Biological Diversity and Nagoya Protocol, *Law, Environment and Development Journal,* (9)2, 2013.

的粮农植物遗传资源的持有者将这些粮农植物遗传资源纳入多边系统。当然，这些粮农植物遗传资源能否被纳入多边系统，这要取决于持有者自身的意愿。这里有一个问题，第11.2条提到了附件一粮农植物遗传资源的"所有其他持有者"，那么这也适用于非缔约方的附件一粮农植物遗传资源的持有者吗？这在原则上似乎不可以。第11.2条处理的是缔约方之间的多边系统的范围问题，而且第二句似乎在同样的背景下使得多边系统的范围的概念得以完满。无论如何，什么都不能阻止附件一所列粮农植物遗传资源的持有者根据与多边系统相同的条件提供此种材料。相反，不处在某个缔约方管辖范围内的此种资源的持有者采取的单方面的自愿行动都不会对该非缔约方创设任何或义务。①

第11.3条规定："各缔约方还同意采取适当措施，鼓励在其管辖范围下持有附件一所列粮农植物遗传资源的自然人和法人将这些粮农植物遗传资源纳入多边系统。"

第11.4条规定："在本条约生效后两年内，本条约的管理机构应评估第11.3条提及的粮农植物遗传资源纳入多边系统的进展情况。在此评估以后，管理机构将决定是继续为第11.3条提及的、尚未将这些粮农植物遗传资源纳入多边系统的自然人和法人提供便利获取，还是采取其认为适当的其他措施。"

以上两段规定与第11.2条中对多边系统的范围所作的限定有着紧密的关系。上文指出，第11.2条将多边系统中的材料限定于受缔约方管理和控制以及处于公有领域中的粮农植物遗传资源体现了保护私人利益的考虑。但谈判时许多代表认为这种限定没有必要，或甚至违反了协定的精神，这是因为第12条中已经包含了尊重知识产权和其他财产权的规定。因此，为了平衡起见，谈判代表们又在第11条中引入三个方面的规定。②其一，根据第11.3条，缔约方同意采取适当措施，鼓励其管辖范围内的持有附件一所列粮农植物遗传资源的自然人和法人将这些资源纳入多边系统。这意味着，除了第11.2条提到的以"邀请"的方式扩大多边系统的范围外，各缔约方还应采取适当措施，包括法律、行政、经济和其他措施，以达到扩大多边系统的范围的目的。其二，

① Gerald Moore and Witold Tymowski, *Explanatory Guide to the International Treaty on Plant Genetic Resources for Food and Agriculture,* International Union for Conservation of Nature and Natural Resources, 2005, p. 84.

② H. David Cooper, The International Treaty on Plant Genetic Resources for Food and Agriculture, *Review of European Community & International Environmental Law,* Vol. 11 Issue 1, 2002.

第11.4条规定了一个内置审查（built-in review），这就是管理机构应在《国际条约》生效后两年内评估第11.3条提及的粮农植物遗传资源纳入多边系统的进展情况。第三，第11.4条还要求管理机构在评估后就是否继续向那些自然人和法人提供便利获取作出决定。就此而言，这一评估将具有重要意义并将产生强烈的激励效果，从而能够确保不仅缔约方政府持有的材料，而且缔约方管辖范围内的自然人和法人持有的材料都被纳入多边系统。[①]

第11.5规定："多边系统还包括按15.1之（a）的规定由国际农业研究磋商组织所属各国际农业研究中心持有的附件一列出的粮农植物遗传资源的非原生境收集品，以及按第15.5条的规定由其他国际机构持有的附件一列出的粮农植物遗传资源。"

第11.5条与第15条相关规定具有密切的联系。第11.5条解决了多边系统对于国际农业研究磋商组织的各国际农业研究中心为国际社会的利益受托（in trust for the benefit of international community）持有的以及其他国际机构持有的附件一所列粮农植物遗传资源非原生境收集品（ex situ collections）是否适用的问题。第11.5条遵照第15条的规定将各国际农业研究中心及其他国际机构持有的附件一所列粮农植物遗传资源非原生境收集品纳入多边系统。就此而论，值得注意的是第11.2条所确立的标准并不适用于国际农业研究中心持有的粮农植物遗传资源。当然在实践中，在托管收集品中所持有的粮农植物遗传资源不受缔约方的管理和控制，托管收集品正常情况下也不包括受知识产权制约的材料，尽管它们可能包括此种材料。本段还规定，与管理机构签订了协议的其他国际机构的非原生境收集品被纳入多边系统。[②]关于国际农业磋商组织的国际农业研究中心和其他国际机构的作用，以及它们持有的收集品等问题将在下文解释第15条时作进一步的分析和讨论。

四、多边系统中粮食和农业植物遗传资源的便利获取

根据第10.2条规定，建立多边系统的一大目的是便利粮农植物遗传资源的

---

① 遗憾的是，由于缺乏开展评估所需的充分信息，管理机构无法按照第11.4条规定的时间启动评估事宜，并一再推迟评估。至2015年10月召开的管理机构第六届会议，相应的评估仍然没有开展起来。

② Gerald Moore and Witold Tymowski, *Explanatory Guide to the International Treaty on Plant Genetic Resources for Food and Agriculture,* International Union for Conservation of Nature and Natural Resources, 2005, p. 85.

获取。那么，多边系统中粮农植物遗传资源的便利获取将如何运作？如何才能实现粮农植物遗传资源的便利获取？《国际条约》第12条通过规定缔约方承担的提供便利获取的义务、便利获取的条件及方式等，处理了多边系统中粮农植物遗传资源的便利获取这一重要主题。

事实上，第12条中的六段规定的谈判并不容易，谈判不仅以保持粮农植物遗传资源的获取的便利性和惠益分享之间平衡的需要为其特点，而且以许多代表的如下愿望为其特点，即确保便利获取应被限定于为了粮食和农业的研究、育种和培训为目的的获取，以及无论如何都不应扩展至为了化学、药用或其他非粮食和饲用工业目的的获取。谈判中还在两种需要之间存在着紧张关系，一种是确保获取程序被设计为便利和加快获取交易并不无需跟踪单份样本的需要，另一种是确保多边系统下的义务能够被传递给其他接受方以及可以针对这些接受方予以执行的需要。最后，一个首当其冲的需要是确保准予便利获取的条款和条件是清楚和明确的，并避免出现在《国际约定》中的一些模糊性。[①]

第12.1条规定："各缔约方同意，便利获取第11条界定的多边系统内的粮农植物遗传资源应遵循本条约的规定。"

本段规定中的表述"便利获取多边系统内的粮农植物遗传资源应遵循本条约的规定"强调《国际条约》所建立的制度的特殊性质，换言之，就多边系统内的粮农植物遗传资源而言，便利获取应当遵循《国际条约》列出的条件，这些条件本身是在多边基础上对于《公约》第15条各种要求的一个实施。就此而言，可以认定我们无需逐案决定"共同商定条件"或要求"事先知情同意"：《国际条约》列出的并在多边基础上所确立的条件本身就是共同商定条件，而且构成了事先知情同意。另外，本段还包含了这样一层意思，即与多边系统内的便利获取有关的规定不应与其他相关规定分开来看待，而是应将《国际条约》所有相关规定考虑在内，当然包括第13条中的惠益分享

---

① Gerald Moore and Witold Tymowski, *Explanatory Guide to the International Treaty on Plant Genetic Resources for Food and Agriculture,* International Union for Conservation of Nature and Natural Resources, 2005, p. 87.

规定。①

第12.2条规定："各缔约方同意采取必要的法律措施或其他适当措施，通过多边系统向其他缔约方提供这种获取。为此，也应向任何缔约方管辖范围内的自然人或法人提供这种获取，但必须遵循第11.4条的规定。"

本段规定首先指出多边系统中便利获取的提供有赖于缔约方采取必要的法律措施或其他适当措施。本段特别强调"法律措施"，这意味着一些国家（但非所有国家）需要制定新的或修订已有的法律或法规。②对于这些国家而言，法律措施能够创设国内实施所需的法律空间，尤其是确认本国政府享有的决定提供获取的权力，以及明确申请获取方和提供方应当遵循的程序要求。"其他适当措施"则包括了行政措施。值得注意的是，许多国家在批准或加入《国际条约》后选择通过行政措施而非法律措施实施多边系统的规定。③

根据本段规定，便利获取不但应向其他缔约方提供，而且也应向任何缔约方管辖范围内的自然人或法人提供。这意味着，便利获取应当提供给缔约方（国家政府）、缔约方管辖范围内的个人（如从事育种活动的人员）以及拥有法律人格的实体或组织（例如公司、研究所、大学及非营利组织等）。当然，这要遵照作为提供方的缔约方国内的法律规定或行政性安排。另外根据本段规定，向自然人和法人提供的便利获取应取决于管理机构在将自然人和法人持有的粮农植物遗传资源纳入多边系统中所取得的进展的审查。需要指出的是，第12.2条并未阻止缔约方向非缔约方提供获取，尽管这样会产生一种让非缔约方"搭便车"（free-riding）的效果。④此外，即使管理机构根据第11.4条作出不向自然人和法人继续提供便利获取的决定，这并不意味着未来也将拒绝提供获取，但可能不会遵照《国际条约》所列条件提供便利获取。

第12.2条的规定很可能引发对于如下问题的不同解释，即在本国获取多边

---

① Gerald Moore and Witold Tymowski, *Explanatory Guide to the International Treaty on Plant Genetic Resources for Food and Agriculture*, International Union for Conservation of Nature and Natural Resources, 2005, p. 87.

② 这里针对的是那些以间接方式在国内实施其批准或加入的国际公约的国家，这些国家在实施过程中往往需要将国际公约的规定转化为国内立法。

③ Food and Agriculture Orgnization of the United Nations, *The Second Report on the State of the World's Plant Genetic Resources for Food and Agriculture*, 2010, p. 172.

④ "搭便车"的行为不利于获取和惠益分享多边系统全面和充分的实施，而且为某些国家选择不加入《国际条约》制造了激励。

系统中的材料是否应当遵照第12.3条所列出的条件以及第13条所规定的惠益分享安排。例如，某一个国家的自然人请求便利获取该国基因库中的材料，对于该请求是否应当依据《国际条约》有关规定行事？正常情况下，国际条约调整缔约方之间的关系，而并不在缔约方与其国民之间创设权利和义务，除非其有明确规定。就此而言，《国际条约》并不适用于上述情形。然而，第12.2条所使用的措辞为不同的解释留下了一定的空间。正如第12.2条表述的那样，应向"任何"（any）缔约方管辖范围内的自然人或法人提供这种获取。"任何"而非"任何其他"（any other）的用语说明，提供获取的缔约方也应向其管辖范围内的自然人和法人提供这种获取。从反面来看，如果将第12.2条解释为国内的获取活动不受多边系统的调整，这可能在《国际条约》中制造一个漏洞，并因此使《国际条约》第1条所规定的目标遭受挫折。这是因为，如果接受方可以在《国际条约》的框架外从它们自己的国家基因库请求获取附件—材料，然后在免于承担多边系统中各项义务的情况下，将这些材料出口至其他管辖区域的其他公司或它们的附属机构，那么多边系统不久就会变得无法运转。①

第12.3条规定："应按照如下条件提供这种获取：

（a）只为粮食和农业研究、育种和培训而利用及保护提供获取机会，但其不包括化学、药用或其他非食用和（或）饲用工业用途。如系多用途（食用和非食用）作物，其对粮食安全的重要性作为是否将其纳入多边系统和可否提供便利获取机会的决定因素；

（b）应迅速提供获取机会，无需跟踪单份收集品，并应无偿提供；如收取费用，则不得超过所涉及的最低成本；

（c）在提供粮农植物遗传资源时，应同时提供全部现有基本信息，以及按照适用的法律提供其他任何现有的有关非机密性说明信息；

（d）接受方不得以从多边系统获得的粮农植物遗传资源、或其遗传部分或成分的形态，提出限制其便利获取的任何知识产权或其他权利的要求；

（e）对于正在培育的粮农植物遗传资源，包括农民正在培育的材料，在

---

① Gerald Moore and Witold Tymowski, *Explanatory Guide to the International Treaty on Plant Genetic Resources for Food and Agriculture,* International Union for Conservation of Nature and Natural Resources, 2005, p. 87.

培育期间由培育者自行决定是否提供；

（f）获取受知识产权和其他产权保护的粮农植物遗传资源应符合有关的国际协定和有关的国家法律；

（g）在多边系统内获取并保存的粮农植物遗传资源，按照本条约的条件，多边系统仍可从获取方获得这些资源；以及

（h）各缔约方同意，在不违背本条其他规定的情况下，按照国家法律，在无国家法律的情况下按照管理机构可能确定的标准，提供原生境条件下的粮农植物遗传资源的获取。"

第12.3条是关于多边系统中便利获取的条件的规定。这些条件是在多边基础上共同商定的，它们将适用于多边系统中的粮农植物遗传资源的便利获取。第12.3条（a）至（h）分段列举了八项条件，它们涉及：提供便利获取的目的、时间和费用、提供与资源有关的信息、禁止提出知识产权或其他权利要求、培育者自行决定是否提供正在培育中的资源、获取受知识产权和其他财产权保护的资源应符合国际协定和有关国家法律、在多边系统内获取并保存的资源能够被多边系统所获得以及原生境条件下的资源的获取。以下逐一解释和分析这八项条件。

第12.3条之（a）限定了提供便利获取的目的，即只为粮食和农业研究、育种和培训而利用及保护提供获取。同时，（a）分段规定将为了化学、药用或其他非食用和（或）饲用目的而获取的情形排除在多边系统内的便利获取之外。因此，为了这些目的的获取需要另行安排。在绝大多数场合，这些获取落入《公约》调整的范围之内。从该规定看，材料的用途，而非材料本身将决定多边系统是否适用，这一点特别与具有多种用途的作物相关。需要指出的是，（a）分段规定并未确切地允许，也未认可农民为栽培而直接利用目的的获取。然而，谈判者明显不想让基因库与通常的面向农民分发种子或繁殖材料的活动相竞争，这种为了直接利用的获取必须被认为超出通常的情形。另外，（a）分段没有明确规定为了直接利用或繁殖的便利获取，这种忽略可被解释为有意从多边系统内的便利获取范围中排除了这一利用。①

① Gerald Moore and Witold Tymowski, *Explanatory Guide to the International Treaty on Plant Genetic Resources for Food and Agriculture*, International Union for Conservation of Nature and Natural Resources, 2005, p. 90.

第12.3条之（a）后一句解决了与多种用途作物有关的便利获取等问题。根据（a）分段后一句的规定，多用途作物对于粮食安全的重要性是将其纳入多边系统和提供便利获取的决定因素。本段后一句规定涉及多边系统的范围问题，其本应出现在第11.1条之中，实际上，这一句规定似乎落在"获取条件"和"范围"两个概念间的某个地方。或许该规定中的关键词是"决定因素"，但这又引发一些问题，谁将决定某个特定的多用途作物应当处在多边系统之中？从本段规定的上下文来看，看起来这里的意图是，将这个决定留待提供材料的缔约方经过与请求获取的缔约方（或自然人和法人）商讨而作出。①

第12.3条之（b）就提供便利获取的时间和费用要求进行了规定。（b）分段规定试图通过降低交易成本和维持迅速的获取以确保多边系统的高效运作。从时间方面看，"应迅速提供获取机会"。对于这一要求的解释必须采取合理的方式，但也要顾及一些特殊的情况（如基因库当前无材料可供，只有繁殖后才能提供）。

"无需跟踪单份收集品"的要求在谈判中一致得到认可，但随着谈判各方商定了根据一份"材料转让协议"提供便利获取的方案，这一要求的含义发生某种程度的变化。"材料转让协议"的使用意味着单份的转让被自动且正式地记录下来，而且随后的转让也需要"材料转让协议"。这一要求现在明显意味着粮农植物遗传资源的持有人已无需跟踪已获取材料所有随后的转让。但是，必须指出一点，在事后如有必要的话，将对从多边系统获取的材料的来源进行"跟踪"，例如，在某个含有从多边系统获取的材料的产品已被生产的情形（因为在这种情形将会产生惠益分享的问题），以及如果和当发生与嗣后接受方与不遵守获取条款和条件有关的任何争端（解决争端所需的跟踪）。在获取费用方面，（b）分段规定一方面要求"应无偿提供"，另一方面对于实践中收取行政费用的做法给予认可，不过又指出不应超过所涉最低成本，也

---

① Gerald Moore and Witold Tymowski, *Explanatory Guide to the International Treaty on Plant Genetic Resources for Food and Agriculture*, International Union for Conservation of Nature and Natural Resources, 2005, p. 90.

不应构成某种隐蔽的获取费。[①]

第12.3条之（c）规定了提供与粮农植物遗传资源有关的信息（包括何种类型的信息）的问题。粮农植物遗传资源的利用既需要获取资源，也需要获取与资源有关的信息。从某种意义上说，如果无法完整和容易地获取到此种信息，粮农植物遗传资源就没有任何用处。

根据（c）分段规定，应予提供的信息包括基本信息和其他的有关非机密性说明信息。基本信息（passport data），也被称为护照数据，是描述和鉴别特定材料的基础信息和数据，也是关于每份材料的最低限度的信息。在正常情况下，基本信息包括收集品识别号或由赠与者（或采集者）赋予的其他识别符；种、亚种和其他分类学描述符；品种名称或本地名称；生物学状况（栽培或野生）；提供国或国际收集品机构；诸如地理位置和采集日期以及采集者身份之类的信息等。国际上认可的记录基本信息的标准是联合国粮农组织和国际植物遗传资源研究所（现为国际生物多样性中心）联合开发的"多种作物护照描述符"（FAO/IPGRI Multi-Crop Passport Descriptors）。[②]其他的有关非机密性说明信息包括特性鉴定信息和评价数据等。特性鉴定信息是指对粮农植物遗传资源的各种农艺性状的表现型变异，包括形态特征、生物学特性、产量性状、品质性状和抗性进行调查、记载和分析所获得的信息。评价数据是指采用各种遗传标记、图谱等技术手段对粮农植物遗传资源的基因型特性、基因源、遗传多样性进行分析和检测所获得的数据。

需注意的是，（c）分段规定在提及其他现有的有关信息时，为这些信息的提供附加了"按照适用的法律"的限定。这一点不难理解，因为此类信息可能受到知识产权的保护，例如版权和商业秘密。对于受保护信息的提供应当尊重权利人的知识产权。

[①] Gerald Moore and Witold Tymowski, *Explanatory Guide to the International Treaty on Plant Genetic Resources for Food and Agriculture*, International Union for Conservation of Nature and Natural Resources, 2005, p. 91.

[②] "多种作物护照描述符"提供了方便种质护照信息交流的国际标准，其包含了27个描述符，它们是：保存收集品的研究所代码、收集品编号、采集样本的研究所代码、采集编号、属名、种名、种的命名者、亚分类、亚分类的命名者、常用作物名、收集品名称、取得日期、原产国、采集地的位置、采集地的经度、采集地的纬度、采集地的海拔、样本的采集日期、培育材料的研究所代码、样本的生物学状况（野生、杂草、地方品种、育种材料、改良品种及其他）、系谱、采集来源、赠与研究所代码、赠与样本编号、其他识别号、安全备份的位置、种质保藏的类型（种子收集品、田间收集品、离体收集品、低温保藏收集品及其他）。

　　第12.3条之（d）规定了与粮农植物遗传资源有关的知识产权问题。与粮农植物遗传资源有关的知识产权问题在修改《国际约定》的谈判中引发广泛的争议。谈判者面临的最艰巨的挑战是如何在确保粮农植物遗传资源的便利获取和维持自粮农植物遗传资源而衍生的产品的知识产权之间找到一个平衡点。

　　在谈判中，包括发展中国家和发达国家在内的所有国家充分考虑到多边系统的建立和运作的需要，在如下问题上达成一致，即知识产权，包括专利和植物育种者权不应适用于以从多边系统实际获得的形态的粮农植物遗传资源。同样的条件也出现在联合国粮农组织和国际农业研究中心签订的"受托协议"当中，并得到了粮食和农业遗传资源委员会的认可。[1]然而，在进一步的谈判中，南北双方都无法回避一个极为敏感和极具争议的问题，这就是已分离和提取的基因或DNA片段的可专利性问题。事实上，这一问题已得到了发达国家立法和司法的认可，但在发展中国家中，针对这一问题的争议和分歧依然很大。为了避免因授予生命形式以专利权而对自身利益所造成的损害，发展中国家极力要求将短语"或其遗传部分或成分"（or their parts or components）加入谈判的条文之中，而发达国家为了保持其因知识产权保护而确立的优势地位，竭力主张通过加入短语"以获得的形态"（in the form received）的方式而将发达国家国内通行的立法和司法规则上升为国际规则。面对这样两种相互对立的要求和主张，由于南北双方都拒绝作出实质让步，最终的谈判结果是以上两个短语都被保留在了《国际条约》第12.3条之（d）当中。

　　颇具讽刺意味的是，南北双方都认为自己在第12.3条之（d）的谈判中赢得了胜利。抛开胜败问题，最终形成的条文被看作是《国际条约》中最为模糊的规定，这将为不同的，乃至相反的解释提供充分的空间。毫无疑问，这显然是《国际条约》绝大多数缔约方所不愿看到的一幕，因为不同乃至相反的解释必定会对获取和惠益分享多边系统的运作造成不利的影响。就此而言，对《国际条约》第12.3条（d）段规定作出合乎逻辑的、符合多边系统运作要求的以及尽可能能够兼顾南北双方利益的解释就显得很有必要，尽管某些方

---

[1] H. David Cooper, The International Treaty on Plant Genetic Resources for Food and Agriculture, *Review of European Community & International Environmental Law*, Vol. 11 Issue 1, 2002.

面的解释仍然不能满足不同缔约方的利益诉求。以下就从第12.3条之（d）三个方面的规定入手进行这种尝试。

首先，如何解释"接受方不得以从多边系统获得的粮农植物遗传资源的形态，提出限制便利获取的任何知识产权和其他权利的要求"？显然，这一规定是基于多边系统运作的考虑而对接受方提出的明确要求。提出该要求的根据在于，知识产权，主要指专利和植物育种者权，本质上属于一种排他性的权利，除非有例外规定，未经权利人许可，其他人不得利用受保护的产品和植物新品种。这意味着，如果接受方针对从多边系统获得的粮农植物遗传资源提出知识产权权利要求，[①]那么将很有可能限制他人获取最初从多边系统获得的材料，如此以来，多边系统将陷入无法运作的境地。当然，本规定更应禁止接受方不作任何后续的改进直接针对从多边系统获得的材料而提出知识产权的要求，因为这不但与建立多边系统的动机背道而驰，而且也与植物遗传资源国际交换的惯例不相符合。值得特别注意的是，本规定不能被解释为一概禁止接受方针对从多边系统获得的材料提出知识产权的要求，本规定只禁止接受方提出限制"便利获取"的知识产权要求。这意味着，只要接受方提出的知识产权要求不具有限制便利获取的效果，接受方就可以提出申请，以至于获得权利授权。这里的"便利获取"指的是符合《国际条约》第12条规定的获取。此种情形主要发生在一些规定了为研究目的而利用受保护的客体不构成侵权的国家的专利法和植物新品种保护法之中。此外，本规定中的"其他权利"主要指与已获得的样品有关的所有权。

上述解释还可以通过将第12.3条之（d）规定与第13.2条之（d）关于分享商业化所得货币惠益的规定结合起来理解而得到验证。根据第13.2条之（d）的规定，当接受方从多边系统获得了某个材料以及利用该材料生产出作为粮农植物遗传资源的产品，并且随后对该产品进行商业化，则接受方有义务向第19.3条之（f）提及的机制支付该产品商业化所得的惠益的合理份额，但这种产品可无限制地提供给他人进一步研究和育种的情况除外。本规定为获取

---

① 接受方之所以能够针对从多边系统获得的粮农植物遗传资源提出知识产权要求，原因就在于接受方对该材料有人为的技术干预，以至于该材料产生了在自然存在的状态下不曾出现的人工状态。See Charles Lawson, Patents and the CGIAR System of International Agricultural Research Centres' Germplasm Collections under the International Treaty on Plant Genetic Resources for Food and Agriculture, *Australian Journal of Agriculture Research*, 2004.

方设定了一项法定的付款义务，该义务发生在作为植物品种的产品受到某个国家的专利法保护之时，同时该国专利法禁止第三方未经授权而为研究和育种使用受保护的产品（因为构成了法律条件限制产品获得的情形）。根据在起草和谈判第13.2条之（d）中所形成的一致意见，接受方可以就利用从多边系统获得材料而开发出的作为粮农植物遗传资源的产品（即植物品种）提出专利保护的要求，否则，货币惠益无从产生，惠益分享也就无法实现。尽管可以就作为粮农植物遗传资源的产品提出专利保护的要求，但提出这种要求并不会产生限制后续获取方便利获取最初从多边系统获得的材料的效果。总之，《国际条约》允许就含有从多边系统获得材料的产品寻求知识产权保护，不然的话，《国际条约》的分享商业化所得货币惠益的规定将无从运作，也将毫无意义。①

其次，如何解释和界定"遗传部分或成分"？从上面的解释看，接受方是不能在未作任何改进的情况下直接就从多边系统获得的材料提出知识产权要求，但这并不妨碍接受方提出不会产生限制便利获取后果的知识产权要求。实际上，在解释和界定"遗传部分或成分"时，以上解释意见在这里也是完全适用的。然而，如果从受多边系统覆盖的材料（例如某种作物的种子）中提取和分离出某个基因或DNA片段，该基因或DNA片段是否被看作是本规定中的"遗传部分或成分"？接受方能否就该基因或DNA片段提出知识产权要求？对于这两个问题的回答并非易事，很可能引起较大的争议。如果对前一个问题的回答是肯定的，这既体现当前植物育种活动的内在要求，也能够同时满足发展中国家和发达国家在谈判中所提出的要求。如果对后一个问题的回答是肯定的，相应地，发达国家的利益得到了完全的维护，而发展中国家的整体利益不会产生实质的损害，当然某些发展中国家可能对此持有不同的意见。如果对后一个问题的回答是否定的，这事实上不符合发达国家的利益，但未必就对发展中国家有利。

需要指出的是，对于以上问题的回答所引起的不利或有利的后果并非是绝对的，这不过是一般化的考量，具体的有利或不利后果只有通过执行《标准材料转让协议》（因为根据第12.4条的规定，第12.3条之（d）被纳入《标准

---

① Cary Fowler, Plant Genetic Resources for Food and Agriculture: Developments in International Law and Politics, *Bio-Science Law Review*, Vol. 7, Issue 1.

材料转让协议》之中）才能显现出来。从一种实用的或尽可能兼顾发达国家和发展中国家利益的立场出发，国际种子联盟对于第12.3条之（d）的解释可以说提供了一个可行的方案，该解释的内容为，"这种情况是可能的，即提出限制便利获取从已获得的材料中分离或提取的遗传部分或成分的知识产权或其他权利要求，当然条件是可专利性标准得到了满足，以及对专利而言，特别是实用性的要求。某个诸如此类的遗传序列，不具有已被证实的产业应用性，不应当获得专利授权。然而，授予的权利在任何情形都不应限制获取最初的遗传材料"。从该解释看，"遗传部分或成分"是指从已获得的多边系统内的材料分离或提取而得的物质。这些物质在满足了有关国家专利法规定的前提下可以被授予专利权。

最后，如何解释"以获得的形态"？"以获得的形态"这一短语显然是指，不能针对从多边系统获得的材料而被授予知识产权，因为这将限制其他人对于该材料的便利获取。这与对于以上第一个问题的解释是吻合的。此外，也不得针对源自该材料的产品而取得知识产权，条件是这些知识产权所产生的效果是"以获得的形态"限制获取最初的材料，或其基因或其任何部分。然而，"以获得的形态"由何者构成？其是否因为粮农植物遗传资源并未以分离基因的形态而获得，从而排除了从获得的材料中分离的基因（这个问题与对"遗传部分或成分"的解释有关）？向获得的材料添加一个单个的"修饰性"基因，例如通过转化或常规的回交方式，足以使一个新产品区别于从多边系统获得材料吗？将一个主要未加改变的基因纳入进一个新的结构足以使两者区别吗？这些问题只能在因《标准材料转让协议》的执行产生争端时，或者遵照《国际条约》管理机构提供的指南加以解决，或者留待不同地区性和国家的知识产权法律和实践给予解决。[①]

以美国为例，专利可以颁发给已分离和提取的DNA分子形式，美国专利局认为已分离和提取的形式并非是从多边系统所获得的形式。考虑到《国际条约》事实上对于知识产权给予了尊重，而且知识产权在本质上具有地域性，因此，仅就美国而言，《国际条约》很难以这样一种方式解释，即不允许"遗

[①] Gerald Moore and Witold Tymowski, *Explanatory Guide to the International Treaty on Plant Genetic Resources for Food and Agriculture,* International Union for Conservation of Nature and Natural Resources, 2005, p. 93.

传部分或成分"被授予美国专利。①另外，根据在《国际条约》通过时发达国家所发布的声明，《国际条约》中的规定不能以任何方式修改或限制受已有或特定知识产权协定所保护的知识产权。该声明无疑将对于"以获得的形态"的解释施加重要的影响。总而言之，对于"以获得的形态"的解释可能是一个动态的、受多种因素制约的问题，任何先入为主的解释意见都可能在实践中面临着无法落实的窘境。

第12.3条之（e）规定了一种便利获取的例外情形。根据（e）分段规定，正在培育的粮农植物遗传资源在培育期间应由培育者自行决定是否提供。这意味着，如果育种者和农民选择不予提供，这就构成了便利获取的例外。尽管本规定授予培育者以允许或拒绝获取这些材料的决定权，却未能解决两个重要的问题，即"正在培育"指什么？"培育期间"何时结束？如此以来，（e）分段规定达到的实际效果似乎是育种者的品系（breeders' lines）和农民的育种材料在它们正在被培育和保留以用于生产某个新品种期间不必释放。

第12.3条之（f）规定了获取和知识产权保护的关系问题。（f）分段规定明确指出，获取受知识产权和其他财产权保护的粮农植物遗传资源应符合有关国际协定和有关的国家法律。这表明，当粮农植物遗传资源被纳入多边系统时，或者当从多边系统获得某个受知识产权保护的样本时，针对这些资源和样本所享有的知识产权，如植物育种者权和专利，并不会因此而消灭，其依然受到相关国际协定和国家法律的尊重和保护。另外需要指出一点，（f）分段规定提到的粮农植物遗传资源不是指自动纳入多边系统的粮农植物遗传资源（受缔约方控制和管理以及处在公有领域中的附件一所列出的资源），而主要指经缔约方请求和鼓励而由权利持有者（自然人和法人）自愿纳入多边系统的材料。

一般而言，知识产权是控制信息的获取和利用的权利。当权利人许可他人利用时，权利人可以跟踪材料、收取使用费以及另行控制材料。权利人也可以选择不行使这些权利。知识产权具有地域性，即其只能依一国的法律产

---

① Cary Fowler, Plant Genetic Resources for Food and Agriculture: Developments in International Law and Politics, *Bio-Science Law Review,* Vol. 7, Issue 1.

生，又只在其管辖范围内有效。相应地，为知识产权提供的保护应取决于权利登记地的国家法律，同时，如果国家作为关于知识产权国际协定的缔约方，其知识产权法律必须符合这些国际协定，例如TRIPS协定。事实上，根据（f）分段规定，当获取受某个国家的知识产权法律保护的粮农植物遗传资源时，获取方应按照该国的法律行事，例如获取方应取得权利人的许可，而且应向权利人支付一定的使用费（但这引发了是否与第12.3条之（b）的要求相冲突的问题）。①

第12.3条之（g）规定了多边系统从接受方（获取方）获得粮农植物遗传资源的问题。根据（g）分段规定，当某个接受方为保存目的而获取粮农植物遗传资源时，只要接受方拥有该资源，应继续使多边系统可以获得已获取的材料。需要指出的是，（g）分段规定并没有为接受方确立一个实际保存已获得材料的义务，例如，某些基因库或育种者可能丢弃不在有用或无法存活的材料。但是如果材料已被保存，必须以与最初获取相同的方式使其继续可以获得。

（g）分段规定原先的意图似乎是确保从多边系统获取的材料保持在多边系统之中，以及一旦其进入私人手中而不致脱离多边系统。然而，有关该义务的程度或范围的问题出现了。如果粮农植物遗传资源从多边系统所获取并被保存，那么确定的是最初获取的材料应继续向多边系统提供并根据《标准材料转让协议》提供。但这也适用于源自最初获取的材料的产品吗（尽管须尊重对于那些产品享有的任何知识产权或其他产权）？这一问题不可避免地与第13.2条之（d）（ii）发生了关联。从第13.2条之（d）（ii）规定的含义看，关于这一问题的答案似乎是，这些产品持续的可获得性可能实际上遭到了否定，尽管此做法颇为让人失望（当含有从多边系统所获得材料的产品的持续可获得性受到限制时，第13.2条之（d）（ii）要求强制性付款）。如果可以提供产品，进一步的问题又出现了，这就是此种转让是否必须根据《标准材料转让协议》以及遵照持续性的惠益分享规定。考虑到许多转让的粮农植物遗传资源属于已经处在培育下的材料，而非采取终端产品或品种的形式，这个问题

---

① Gerald Moore and Witold Tymowski, *Explanatory Guide to the International Treaty on Plant Genetic Resources for Food and Agriculture,* International Union for Conservation of Nature and Natural Resources, 2005, pp. 95-96.

有其重要性。如果采用《标准材料转让协议》的义务在生产中间产品之时就终止的话，那么惠益分享义务也不会传递到终端产品的生产之上。在这一点上存在不同的观点，最终上述问题依赖对第12.4条中的词语"向另一人或实体转让粮农植物遗传资源以及这些粮农植物遗传资源的任何后续转让"所作的解释。①

第12.3条之（h）规定了原生境条件下的粮农植物遗传资源的获取问题。（h）分段规定确认，获取也将向原生境条件下发现的且被多边系统覆盖的粮农植物遗传资源提供，尽管这种获取将按照国家法律予以提供。可以推定的是，此类国家立法，就其处理《国际条约》的实施而言，会主要处理实施的方式（例如就国家而言，立法要处理获取国家公园和其他保护区或易受破坏区域的材料的形式）以及植物采集的程序。在任何场合，《国际条约》缔约方的国家法律一般不应施加不符合《国际条约》，尤其是第12条的新要求或条件。与原生境条件下的材料有关的国家立法必须允许获取，如（h）分段规定指出的那样，只要这种规定不违背本条其他规定。某些国家已经存在的法律，如其在获取多边系统内的粮农植物遗传资源上面施加了额外条件，而且这些条件不符合第12条规定，其可能需要作出调整。

当然，对于在原生境条件下发现的植物材料中的绝大多数，除了那些在国家公园中或其他国家土地上的材料外，并不典型地属于处在公有领域中以及受缔约方管理和控制的材料，但它们在《公约》中作为"遗传资源"的地位可能是一个独立的问题。它们因此并不是多边系统的组成部分，除非其持有者根据第11.2条自愿将其纳入多边系统。在缺少任何国家法律或者正处于制定新的法律的情形下，应按照《国际条约》管理机构可能确定的标准提供原生境条件下的粮农植物遗传资源的获取，此种标准能够涵盖什么样的范围当然是由管理机构决定的一个问题。1993年联合国粮农组织第27届大会通过

---

① Gerald Moore and Witold Tymowski, *Explanatory Guide to the International Treaty on Plant Genetic Resources for Food and Agriculture,* International Union for Conservation of Nature and Natural Resources, 2005, p. 96.

的《植物种质采集和转让国际行为守则》是相关标准的一个范例。[1]最终被管理机构通过的任何标准将很有可能影响未来国家立法的模式。最后，考虑到多边系统中的获取和惠益分享规定只适用于为粮食和农业研究、育种和培训而利用及保护提供获取的情形，在国家法律中对于本段规定以及第12条和第13条其他规定的实施有可能是一个需要精心处理的任务。在某些场合，同样的遗传资源可能遵照不同的获取制度，这将取决于被获取的遗传资源预计的用途。[2]

第12.4条规定："为此，按照上述第12.2条和第12.3条，便利获取应当根据一份标准的材料转让协议予以提供。这份标准的材料转让协议应由管理机构通过，它载有第12.3条之（a）、（d）、（g）的规定和第13.2条之（d）(ii)有关惠益分享规定及本条约其他相关规定，它还规定粮农植物遗传资源的接受方要求材料转让协议的条件适用于向另一人或另一实体转让粮农植物遗传资源，并适用于这些粮农植物遗传资源的任何后续转让。"

第12.4条对多边系统中便利获取的途径或方式作出了规定，并处理了与此相关的重要问题。本段规定首先指出：便利获取应当根据一份标准的材料转让协议（material transfer agreement）予以提供。实际上，在几乎整个谈判过程中，绝大多数参与者和观察员都认为，在多边系统中对于粮农植物遗传资源的获取而言材料转让协议是不必要的，这也符合"无需跟踪单份收集品"的观点。然而，在2001年6月召开的倒数第二次谈判会议上，关于根据一份标准的材料转让协议提供便利获取的规定被引入进来。[3]当然，这仅仅是经相互妥协而商定的谈判文本的一部分，其他部分包括接受根据第13.2条之（d）

---

[1]《植物种质采集和转让国际守则》是一份自愿性的国际文书，其建立在植物遗传资源国家主权原则的基础之上。这份文书的主要目的是向各国政府提供若干一般原则，以便用于制定各国自己的种质考察、采集、保存、交换和利用法规，或拟定双边协议。在具体内容上，该文书就申请和颁发采集许可证的程序提出了建议，为采集者提供了行为准则，以及规定了采集项目主持方、基因库管理者和种质后续利用者承担的责任。此外，其还号召农民和本地机构参与采集活动，并建议种质利用者应当与所在国及其农民分享来自于植物遗传资源利用的惠益。

[2] Gerald Moore and Witold Tymowski, *Explanatory Guide to the International Treaty on Plant Genetic Resources for Food and Agriculture,* International Union for Conservation of Nature and Natural Resources, 2005, pp. 96-97.

[3] H. David Cooper, The International Treaty on Plant Genetic Resources for Food and Agriculture, *Review of European Community & International Environmental Law,* Vol. 11 Issue 1, 2002.

（ii）的条件分享因利用粮农植物遗传资源所得到的商业惠益的法定义务，以及将提供便利获取的义务限定于受缔约方管理和控制以及处在公有领域中的粮农植物遗传资源。

材料转让协议是针对遗传材料的转让而由提供方和接受方签订的双边合同，它主要包含有关材料转让的条件和条款，以及有关争端解决和适用的法律（准据法）的条款。在实践中，材料转让协议可能采取不同的形式，例如很简短的船运文件、简单的交货通知、含有最低要求的标准发货清单、或一份更为详尽具体的合同（含有双方为自身所定制和商定的条款）等。材料转让协议通常由营利性机构在转让遗传材料中使用，但其也获得了非营利机构的广泛认同，包括国际农业研究磋商组织所属的国际农业研究中心。[①]材料转让协议要受合同法的约束，但不同国家的合同法可能显著不同。一般来说，材料转让协议并不依赖于界定了具体权利和义务的成文法典，而是通常受到合同自由原则的调整，这意味着当事人遵照合同法的一般原则在正常情况下拥有很大的设定协议的条款以及专为特定遗传资源的转让设定相应条款的决定权。值得注意的是，材料转让协议在某些场合要遵照由某类具体的法律制度，例如为实施《公约》所制定的获取和惠益分享国家法律所确立的条件和限定原则，这些法律制度往往规定了需要明确被纳入材料转让协议之中的具体权利和义务。

"根据一份标准的材料转让协议提供便利获取"意味着《国际条约》第12.3条和第13.2条之（d）（ii）规定将通过作为私法的合同法上的义务（非国际公法上的义务）而得到实施。这也就是说，《国际条约》关于便利获取的规定和分享商业化货币惠益的规定经由一份合同而被转化为提供方和接受方负担的合同义务。这份标准的材料转让协议在此发挥作为工具的关键性作用，它将《国际条约》的语言翻译为多边系统中的材料的提供方和接受方所负担的合同义务，[②]而且将确保缔约方们多边商定的条款对多边系统中的粮农植

[①][②] Carlos M. Correa, Considerations on the Standard Material Transfer Agreement under the FAO Treaty on Plant Genetic Resources for Food and Agriculture, *The Journal of World Intellectual Property*, Vol. 9. No. 2, 2006.

物遗传资源转让的实际当事方产生拘束力。[1]通过规定在便利获取中采用一份标准的材料转让协议,《国际条约》创立了一个避免可能花费昂贵的个别谈判的机制。[2]尽管材料转让协议在《国际条约》关于多边系统的实施中发挥着极其重要的作用,但是,第12.4条的规定并未改变缔约方依照第12.2条所承担的"同意采取法律措施或其他适当措施向其他缔约方提供获取"的基本义务。[3]

接着来看第12.4条中对材料转让协议作出限定的词语"标准的"(standard)含义。这是一个重要的限定词,那么该如何理解其含义呢?通常来说,一份"标准的"协议可以被看成是含有最低限度内容的协议,例如所有同一类型的协议应当包括的若干核心条款,但也不阻止当事方自主地决定纳入其他方面的条款。然而,在《国际条约》中,"标准的"可能被理解为要求统一的内容(uniform content),也就是说,只有预先确定的条款才能被当事方纳入协议当中。结合"标准的"通常含义,《国际条约》中的"标准的"材料转让协议似乎意在包括一套统一的、适用于多边系统中的材料所有转让的条款和条件。[4]实际上,"标准的"材料转让协议就相当于一个模板(template),其所包含的条款是不可以变动的,它对于多边系统中的材料转让而言是普遍适用的。当然,每次通过在模板中填写材料的提供方和接受方的姓名或名称和住所以及提供的材料清单和相关信息,这份协议得以特定化。[5]

最后来看第12.4条提到的其他重要问题。根据本段规定,这份标准的材料转让协议应由《国际条约》管理机构通过。鉴于多边系统的实施和运作对于这份标准的材料转让协议具有高度的依赖性,在通过《国际条约》的同时,联合国粮农组织就为这份标准的材料转让协议的起草作出了必要的安排。在

---

[1] Gerald Moore and Elizabeth Goldberg, *The International Treaty on Plant Genetic Resources for Food and Agriculture: Learning Module,* Bioversity International, 2010.

[2] Christiane Gerstetter et al, The International Treaty on Plant Genetic Resources for Food and Agriculture within the Current Legal Regime Complex on Plant Genetic Resources, *the Journal of World Intellectual Property*, Vol. 10, No. 3, 2007.

[3] H. David Cooper, The International Treaty on Plant Genetic Resources for Food and Agriculture, *Review of European Community & International Environmental Law*, Vol. 11 Issue 1, 2002.

[4] Carlos M. Correa, Considerations on the Standard Material Transfer Agreement under the FAO Treaty on Plant Genetic Resources for Food and Agriculture, *The Journal of World Intellectual Property,* Vol. 9. No. 2, 2006.

[5] System-Wide Genetic Resources Programme, *Guide for the CGIAR' Use of the Standard Material Transfer Agreement,* Bioversity International, 2009, p. 9.

此后两年多的时间内，相关的专家组和联络组召开了多次会议，这些会议的主要任务是起草、审议和谈判这份协议。2006年4月，联络组提出一份"标准材料转让协议"草案。值得注意的是，这份草案中依然保留了很多未决问题。然而，让人颇感意外的是，在2006年6月召开的《国际条约》管理机构第一届会议上，管理机构对各方所持立场进行了有效的协调，并在此基础上通过了《标准材料转让协议》。①有关《标准材料转让协议》的问题将在下一节中展开解释和分析，此处不赘。

除了授予管理机构通过协议的权力外，第12.4条还就标准的材料转让协议包含的条款问题进行了规定，即其应包含第12.3条之（a）、（d）、（g）的规定、第13.2条之（d）(ii)有关惠益分享规定和《国际条约》其他有关条款的规定，以及关于粮农植物遗传资源的接受方要求材料转让协议的条件适用于向另一人或另一实体转让粮农植物遗传资源，并适用于这些粮农植物遗传资源的任何后续转让的规定。需要指出的是，第12.4条一方面明确列举了《标准材料转让协议》应当包含的条款，另一方面提到了应当包含的"本条约其他相关规定"。那么，"其他相关规定"包括哪些规定呢？这个问题在管理机构通过的《标准材料转让协议》得到了回答，除了第12.4条明确列举的以外，《标准材料转让协议》还纳入《国际条约》第12.3条之（b）、（c）、（e）、（f）的规定。

第12.5条规定："在这类材料转让协议出现纠纷的情况下，各缔约方应确保在其法律体系内按照适用的管辖权要求有寻求追索权的机会，并认识到这类材料转让协议产生的义务仅隶属于这些材料转让协议的各方。"

第12.5条为缔约方设立一项重要的义务，即在《标准材料转让协议》出现纠纷的情况下，应确保在其法律体系内按照适用的管辖权要求有寻求追索权的机会。这意味着，各缔约方应确保在其法律体系内存在一些《标准材料转让协议》的当事方可获得的解决违反《标准材料转让协议》问题的途径和机制。进而言之，各缔约方有义务确保某个国内法院或争端解决机构（如仲裁机构）拥有审理因履行《标准材料转让协议》而产生的合同争端的裁判管辖

---

① 《国际条约》管理机构正式将第12.4条中提到的 "一份标准的材料转让协议"（a standard material transfer agreement）定名为《标准材料转让协议》（the Standard Material Transfer Agreement）。

权。① 与《国际条约》第22条确立的争端解决机制不同，各缔约方为实施第12.5条规定而指定的或新建的争端解决机制仅被用于执行《标准材料转让协议》当事方的权利和义务。②

　　第12.5条之所以如此规定是出于两个方面的原因：其一，多边系统中的便利获取是根据《标准材料转让协议》而提供，《标准材料转让协议》得到有效的履行或执行对于多边系统的运作和实施至关重要，因此必须确保缔约方国内拥有解决《标准材料转让协议》争端的途径和机制；其二，《标准材料转让协议》的当事方在大多数情形都将以非缔约方和非国家当事方（即自然人和法人）的面目出现（除了在第一次转让材料时提供方很可能是《国际条约》的缔约方），可以预计的是，许多（并非所有）与《标准材料转让协议》有关的问题都将出现在私法而非公法领域。③

　　由于《标准材料转让协议》是一份带有涉外因素（即提供方与接受方并不是来自同一个国家）的私法合同，解决因履行《标准材料转让协议》而产生的争端就必定牵涉国际私法上的问题。首要的国际私法问题就是管辖权（jurisdiction）的确定，管辖权一般由当事方通过协议选择，在没有选择的情况下，就要适用诉讼地所在国的国际私法规则来确定。第12.5条提到了"按照适用的管辖权要求"，实际上是将裁判管辖权问题留待当事方或有关国家国际私法规则加以确定。接下来的国际私法问题就是解决争端所适用的法律（applicable law），第12.5条并没有提及适用于解决争端的法律。这个问题一般在国际商事合同实践中也是由当事方自主选择，如果当事方没有选择，则拥

---

① Daniele Manzella, The International Treaty on Plant Genetic Resources for Food and Agriculture: Potential Mechanisms for Ensuring Compliance and Resolving Disputes, *Environmental Law Reporter*, Vol. XXXVI, No. 5, 2006.

② 《国际条约》第22条规定了缔约方之间就本条约的解释和适用出现争端时的解决问题。第22条规定的争端解决机制由三个方面的内容构成。首先，根据第22.1条和第22.2条的规定，如果缔约方之间对本条约的解释和适用产生争端，有关各方首先应寻求谈判解决，如果不能通过谈判达成一致，各方可共同寻求第三方进行斡旋或请求第三方进行调停。其次，根据第22.3条的规定，缔约方还可以书面形式向保管者声明，对按照第22.1条或第22.2条未能解决的争端，其接受以下强制性争端解决方法的一种或两种：按照本条约附件二第1部分规定的程序进行的仲裁；将争端提交国际法庭。最后，根据第22.4条的规定，如果争端各方不接受第22.3条提到的司法程序（仲裁和（或）国际法庭），应遵照本条约附件二第2部分将争端提交调解。

③ Daniele Manzella, The International Treaty on Plant Genetic Resources for Food and Agriculture: Potential Mechanisms for Ensuring Compliance and Resolving Disputes, *Environmental Law Reporter*, Vol. XXXVI, No. 5, 2006.

有裁判管辖权的法院将适用与合同有最密切联系的国家的法律。

应当指出的是，第12.5条"认识到依据这类材料转让协议产生的义务专门隶属于该协议的当事方"，而非《国际条约》缔约方。这一规定引起有关在接受方之间有效执行《标准材料转让协议》的问题。显然，最初的提供方可以采取措施执行其与最初的接受方之间签订的《标准材料转让协议》，但相比于后续接受方，最初的提供方可能不具有执行《标准材料转让协议》的资格，因为最初的提供方与后续接受方之间不存在合同关系，合同关系仅存在于接受方和后续接受方之间。在这一场合，接受方就可能没有或很少的动力采取法律行动执行后续接受方的义务。[1]这一问题事关多边系统的有效运作和实施，必须由《国际条约》管理机构加以解决。

可以说，第12.5条反映了谈判代表们确保《标准材料转让协议》获得有效执行的愿望，并为此提供了一般性的解决方案，然而，谈判代表们并没有预见并关注缔约方因缔约方在国内落实第12.5条规定的要求所可能产生的一些不利于多边系统实施和《国际条约》目标实现的问题。此外，第12.5条对于在接受方之间有效执行《标准材料转让协议》的问题也没有作出明确规定。由此来看，第12.5条存在着一定的局限性，需要通过某种方式加以克服。幸运的是，《国际条约》关于根据管理机构通过的《标准材料转让协议》提供便利获取的规定为克服第12.5条存在的局限性预留了空间，通过起草和谈判《标准材料转让协议》，一套新的解决《标准材料转让协议》争端的机制得到了确立，下一节将对此予以分析和评论。

第12.6条规定："在紧急灾害情况下，为帮助重建农业系统，各缔约方同意通过与救灾协调员的合作，为多边系统中适当提供便利获取粮农植物遗传资源。"

第12.6条规定了在灾害情形下提供重建农业系统所需的材料的问题（不论接受方是否是《国际条约》缔约方）。尽管没有提供任何特别的条件，本段规定的存在强化了在此种场合对于迅速获取需要的认可。显然，本段规定的意

---

① Gerald Moore and Witold Tymowski, *Explanatory Guide to the International Treaty on Plant Genetic Resources for Food and Agriculture*, International Union for Conservation of Nature and Natural Resources, 2005, p. 100.

图并非取代在通常条件下的种子提供者或与其相竞争。①

五、多边系统中的惠益分享

公正公平地分享利用粮农植物遗传资源所产生的惠益是《国际条约》的第三大目标。这一目标的实现依赖于获取和惠益分享多边系统充分和有效的实施。《国际条约》第13条是关于多边系统中的惠益分享问题的规定，由六段规定组成。第13条确立了四种惠益分享机制，并就如何实现惠益分享提出了明确的要求。

第13.1条规定："各缔约方认识到便利获取多边系统中的粮农植物遗传资源本身即为多边系统的一项主要惠益，并同意由此产生的惠益应按照本条的规定公正公平地予以分享。"

本段承认便利获取本身即为多边系统的一项主要惠益。这是因为，如果各国不能容易地获取它们改良作物所需的植物遗传资源，那么农业和粮食安全不仅在全球层面上，而且在每个国家层面上将受到严重影响。另外，根据本段规定，各缔约方还同意因利用多边系统内的粮农植物遗传资源所产生的惠益应按照13条其他规定列出的机制公平合理地分享。从性质上看，这些机制中的一部分是自愿性的，一部分是强制性的。最后，本段规定使用了与惠益分享相关的短语"公正公平地"，这显然是复制了《公约》的措辞。就《国际条约》来说，许多机制是多边性的。在其他情形，关于在实施《国际条约》中什么是"公正和公平"的决定将取决于缔约方自身，即使这些国家作出的决定可能在管理机构开放以供审查。在确定《标准材料转让协议》中的付款水平时，管理机构将直接作出关于什么是公正的决定。②

第13.2条规定："各缔约方同意多边系统中粮农植物遗传资源的利用，包括其商业化利用所产生的惠益应在管理机构的指导下并考虑到滚动式《全球行动计划》的优先重点活动领域，通过以下机制公正公平地分享：信息交流、

① Gerald Moore and Witold Tymowski, *Explanatory Guide to the International Treaty on Plant Genetic Resources for Food and Agriculture,* International Union for Conservation of Nature and Natural Resources, 2005, p. 101.

② Gerald Moore and Witold Tymowski, *Explanatory Guide to the International Treaty on Plant Genetic Resources for Food and Agriculture,* International Union for Conservation of Nature and Natural Resources, 2005, p. 103.

技术获取和转让、能力建设以及商业化所得货币惠益的分享：

（a）信息交流

各缔约方同意可以提供关于多边系统内的粮农植物遗传资源的信息，尤其包括目录和清单、技术信息、科技及社会经济研究成果，包括特性鉴定、评价和利用信息。这些信息凡是非机密性的均应提供，但须遵循适用的法律并依国家能力而定。应通过第17条规定的信息系统使这类信息可由本条约的所有缔约方获得。

（b）技术获取和转让

（i）各缔约方承诺提供或者便利保存、鉴定、评价及利用多边系统中粮农植物遗传资源的技术的获取。认识到某些技术只能通过遗传材料予以转让，各缔约方应按照第12条的规定提供或便利这些技术的和多边系统内的遗传材料的获取以及通过利用多边系统内的粮农植物遗传资源开发的改良品种及遗传材料的获取。应尊重适用的财产权和关于获取的法律，依国家能力提供和（或）便利这些技术、改良品种和遗传材料的获取。

（ii）向各国，尤其是发展中国家及经济转型国家提供和转让技术应通过一系列措施进行，如建立、保持和参与关于粮农植物遗传资源利用的基于作物的专题组，建立、保持和参与与获取材料、人力资源开发以及有效获取研究设施有关所有类型的研究与开发伙伴关系以及商业合作伙伴关系。

（iii）应按照公平和最有利的条件向发展中国家，特别是最不发达国家缔约方和经济转型国家，提供和（或）便利上述（i）和（ii）所述技术（包括受知识产权保护的技术）的获取和转让；对用于保存的技术以及惠及发展中国家，特别是最不发达国家和经济转型国家农民的技术来说，尤应如此，包括共同商定时按减让和优惠条件，特别是通过多边系统下的研究和开发伙伴关系。这种获取和转让将按照承认并符合充分有效保护知识产权的条件进行。

（c）能力建设

考虑到发展中国家及经济转型国家的需要，即在其关于多边系统涵盖的粮农植物遗传资源计划和方案中，如有的话，对粮农植物遗传资源方面的能力建设给予的重视所表达出的需要，各缔约方同意将以下方面列为重点：（i）制订和（或）加强粮农植物遗传资源保存及可持续利用方面的科技教育和培训计划，（ii）特别是在发展中国家及经济转型国家开发并加强粮农植物遗传资源保存及可持续利用的设施，和（iii）最好并在可能时与发展中国家及经济转型国家的机构合作，在这些国家开展科学研究，并在所需要的领域发展这类研究的能力。

（d）商业化所得货币收益和其他惠益的分享

（i）各缔约方同意在多边系统内采取措施，通过吸收私营和公共部门经由研究和技术开发中的伙伴关系和协作，包括与发展中国家和经济转型国家私营部门的伙伴关系和协作，参与本条确定的活动，以便实现商业惠益分享；

（ii）各缔约方同意，第12.4条提及的标准的材料转让协议应包括如下要求：商业化作为粮农植物遗传资源并含有从多边系统获取材料的产品的接受方应向第19.3（f）条提及的机制支付该产品商业化所得惠益的合理份额。但如这种产品不受限制地提供给其他人用作进一步研究和育种的情况则除外，在此情况下，应鼓励商业化的接受方进行这种支付。管理机构应在其第一次会议上按商业惯例确定付款水平、形式和方式。管理机构可针对将这类产品商业化的不同类型的接受方，制定不同的付款水平；还可决定是否需要免除发展中国家和经济转型国家小农的这类付款。管理机构可随时审议付款水平，以便公正公平地分享惠益。本条约生效后5年内，它还可就材料转让协议的法定付款要求是否也适用于不受限制地提供给其他人用作进一步研究和育种的这类商业化产品，进行评估。"

第13.2条规定了多边系统中的惠益分享机制。本段规定包括两个方面的内容。首先，本段规定列出多边系统中的惠益分享机制，即信息交流、技术的获取和转让、能力建设和分享商业化产生的惠益，并作为了关于每一机制的分段规定的起首部分（chapeau）。起首部分还提出三个要点：其一，因利用粮农植物遗传资源而产生的惠益涵盖所有的利用，不仅仅是商业化利用，而是包括商业化利用；其二，在考虑公正公平地分享惠益的过程中，应当将《全球行动计划》考虑在内，实际上应将其作为一个实施的指南；其三，本段规定以及《国际条约》其他规定的整个实施过程将在管理机构的指导之下。实际上，许多实施问题，特别是第13条的实施问题需要来自于管理机构坚定和有创造性的指导。并非所有问题在《国际条约》通过前都经过充分的谈判，许多问题，包括《标准材料转让协议》的措辞、商业化惠益分享规定的细节问题和执行程序都有待管理机构来决定。从这个意义上说，《国际条约》是一份动态化的国际法律文书，其成功取决于作为《国际条约》管理机构而集会的缔约方们的未来工作。①其次，本段规定引入四个分段规定，每一分段规定阐明了上述四种惠益分享机制的内容和要求。

第13.2条之（a）是关于信息交流机制的规定。根据这一规定，各缔约方同意分享的信息是关于多边系统内的粮农植物遗传资源的信息，此类信息主要是对利用粮农植物遗传资源有用的信息，包括，但不限于目录和清单、技术信息、科技及社会经济研究成果、特性鉴定、评价和利用信息。以上信息中的大部分，包括技术信息，都在持有粮农植物遗传资源非原生境收集品的发达国家和国际机构的控制之下。与《公约》中的惠益分享规定不同，这些信息将在多边基础上通过第17条所规定的"粮食和农业植物遗传资源全球信息系统"（Global Information System on Plant Genetic Resources for Food and Agriculture）进行交流。②

根据（a）分段的规定，提供信息的条件有三个：其一，某个缔约方仅仅被要求提供非机密性的信息，机密性信息当然可以提供，但这要由相关缔约方自行决定；其二，必须遵照适用的国家法律提供信息，这些法律包括知识产权法，如版权和专利；其三，应"依国家能力"提供信息。需要指出的是，第三个条件的含义并不十分清楚，其似乎认识到某些国家并不拥有高水平的信息收集、分析和分享能力或有时必须的人员和资金，并因此似乎认识到遵守这一义务不能在一个纯粹比较的基础上来判断，而是要依这些考虑有所调整。此类国家因此并不被期待满足超出其国家能力的标准而提供信息。③

第13.2条之（b）是关于技术获取和转让机制的规定，其照搬了《公约》第16条中的有关措辞。第13.2条之（b）包含三个分段规定。

根据第13.2条之（b）（i）规定，各缔约方应提供和（或）便利获取用于

---

① Gerald Moore and Witold Tymowski, *Explanatory Guide to the International Treaty on Plant Genetic Resources for Food and Agriculture,* International Union for Conservation of Nature and Natural Resources, 2005, p. 104.

② 第17条是关于粮农植物遗传资源全球信息系统的规定。值得注意的是，这一全球信息系统目前还没有被建立起来，第17条为缔约方设定了合作以基于已有的信息系统而开发和建立一个便利信息交流的全球信息系统的义务。另外，根据第17条的规定，这种信息交流被期望通过使所有缔约方获得关于粮农植物遗传资源的信息而有助于分享惠益。

③ Gerald Moore and Witold Tymowski, *Explanatory Guide to the International Treaty on Plant Genetic Resources for Food and Agriculture,* International Union for Conservation of Nature and Natural Resources, 2005, p. 105.

某些特定目的的技术。要注意的是，这里的"提供"不是指提供技术本身，而是指提供技术的获取。缔约方的义务因此就是提供和（或）便利技术的获取。在关于是否提供获取还是仅仅便利获取的问题上，每个缔约方可以自主选择。很可能是这样，一般而言，缔约方提供公共持有或除此之外的其自身控制范围内的技术的获取更为恰当，而便利受私人所有权支配的技术的获取更为合适。不论如何，缔约方的最低义务是便利获取。

缔约方便利技术的获取的方式有多种，而且各不相同。作为第一步，某个缔约方可能希望审查已有的政策和做法以决定哪一个是最有效的方式，接着执行这些可能是适当的额外措施。便利获取的措施包括：提供方鼓励出口和接受方鼓励进口的税收和其他经济激励措施；改革外资法；贸易援助；扩大化的知识产权保护；协作研究和开发安排；建立国家、区域或全球技术交换所和其他促进机制；拨款；代表另一方购买知识产权。根据上述规定，被提供和（或）便利获取的技术将被用于粮农植物遗传资源的保存、特性鉴定、评价和利用。[①]以上每一目的都很重要，它们一起恰好覆盖了粮农植物遗传资源的整个范围。

从以上规定看，强调的重点显然放在了来自技术上富足国家的技术转让之上，同时也需指出，上述规定以及前面关于信息交流的规定并未限定于现代技术，也包括传统知识和技术。此外，值得注意的是，关于"技术的获取和转让"的整个规定中缔约方承担的技术获取和转让方面的义务限于多边系统内的粮农植物遗传资源，即《国际条约》附件一列出的粮农植物遗传资源。[②]

第13.2条之（b）（i）第二句规定认识到某种技术的利用已将新的遗传资源包含在内。各缔约方有义务通过提供和（或）便利相关遗传材料（包括通过利用多边系统内的粮农植物遗传资源开发的改良品种）以及技术本身的获

---

① "保存"技术涵盖与种质储藏有关的技术，包括体外培养技术、更新、植物卫生检测和处理储藏材料中的病害技术，以及与原生境保存有关的技术，例如那些有关监测现有遗传多样性的技术。"特性鉴定"技术涵盖那些与形态学数据分类和在任何环境中都不改变的遗传特征数据（例如花的颜色）有关的技术，以及包括决定遗传多样性的属性和程度的技术（包括分子技术）。"评价"技术涵盖与决定粮农植物遗传资源的潜在利用价值（包括有价值的农艺性状和抗病或抗旱性）有关的技术。"利用"技术涵盖常规植物育种技术和生物技术，例如分子标记和重组DNA技术。

② Gerald Moore and Witold Tymowski, *Explanatory Guide to the International Treaty on Plant Genetic Resources for Food and Agriculture,* International Union for Conservation of Nature and Natural Resources, 2005, p. 105.

取，提供和（或）便利获取此类技术。即使获取包含了从多边系统获得的材料的产品可能受到限制，各缔约方将根据第12条的条款和条件提供和（或）便利获取在这些产品中包含的技术，以及实际上的遗材料本身。最后，按照第13.2条之（b）(i)第三句规定的要求，这样的获取应充分尊重适用的财产权和关于获取的法律。在此种场合提到"获取法律"可能主要指获得所有人或知识产权持有人同意的第12.3条（f）条段提及的国内法律要求。与关于信息交流的规定相同，这一句也提到"依国家能力"提供和（或）便利获取，但这很成问题，其并不意味着，如果缔约方不拥有相关技术，其无须提供技术获取。实际上，对这一句中的依"国家能力"应作出与上段规定中的类似表述相同的解释。显然，缔约方应以不超过其负担能力的方式提供技术的获取。

第13.2条之（b）(ii)引入各缔约方所能采取的尤其是向发展中国家和经济转型国家提供技术的获取和转让的措施。基于作物的专题组和网络（networks）的推广在《全球行动计划》（1996）中被认为是一个重要的科技交流、信息分享和研究合作的平台，它们对于分担采集、保存、评价和遗传改进的责任而言具有重要意义。①这里关注的是其作为技术转让工具所具有的重要性。除此之外，研究和开发伙伴关系的建立，包括商业合作伙伴关系，也被视为一种适宜的技术转让工具。根据规定，这些伙伴关系与"获得的材料"有关。这可能意味着，伙伴关系的一方将是提供粮农植物遗传资源的国家或该国的机构。第13.2条之（b）(ii)还提到与"有效获取研究设施"有关的伙伴关系，这里反映了《公约》第15.6条中的有关要求，此种规定鼓励缔约方开展针对其他缔约方提供的材料的科学研究，并应吸收提供方充分参与，而且研究应尽可能在这些国家进行。

第13.2条之（b）(iii)由三部分组成，第一部分规定了技术的获取和转让，包括受知识产权保护的技术必须按照公平和最有利的条件向发展中国家提供。这种提供尤其是针对用于保护的技术和惠及发展中国家，特别是最不发达国家和经济转型国家的农民的技术。第二部分确认实现以上安排的方式，它规定

---

①《国际条约》第16条规定了作为《国际条约》支持成分的国际植物遗传资源网络的问题。第16.1条规定："将基于现有安排并按照本条约的条款，鼓励或发展在国际粮农植物遗传资源网络内的已有合作，以尽可能实现粮农植物遗传资源的全面覆盖。"第16.2条规定："各缔约方将酌情鼓励所有相关机构，包括政府、私人、非政府、研究、育种和其他机构，参与国际网络。"

"公平和最有利的条件"包括共同商定时的"减让和优惠条件"。反过来，这些安排可以通过诸如多边系统下的研究和开发伙伴关系的机制而获得实现。但是，《国际条约》并未界定"公平和最有利条件"和"减让和优惠条件"。一般而言，"公平和最有利条件"似乎指合理的条件以及向其他国家提供的最佳条件，即涉及"最惠国"的概念。"优惠和差别条件"似乎指比那些在公开市场上所提供的条件更为有利的条件，但提供这些条件的义务限于共同商定的情形。最后，如同《公约》第16.2条以及事实上《国际条约》第13.2条之（b）（i）中的规定，本段再次重申获取和转让技术必须尊重知识产权。短语"充分有效的保护"再次反映《公约》第16.2条中所使用的同样的措辞，而且与世界贸易组织的TRIPS协定建立起了联系。①

第13.2条之（c）是关于能力建设机制的规定。国家能力建设对于各国，尤其是发展中国家和经济转型国家而言是极为必要的，这可以让它们保护其粮农植物遗传资源并以可持续的方式充分利用这些资源。同时，对于让这些国家有效利用被转让的技术而言，国家能力建设也是必要的。这一分段规定集中于能力建设的三个主要领域：制订和加强粮农植物遗传资源保存及可持续利用方面的科技教育和培训计划；在发展中国家及经济转型国家开发并加强粮农植物遗传资源保存及可持续利用的设施；与发展中国家及经济转型国家的机构合作，在这些国家开展科学研究，并在所需要的领域发展这类研究的能力。这些领域反映了《全球行动计划》（1996）优先重点活动领域之15和19的相关内容。

（c）分段规定中提到"考虑发展中国家的需要，……对粮农植物遗传资源方面的能力建设给予的重视所表达出的需要"，增加这样的表述反映了一个事实，即海外发展援助是受接受国，而非资助方所驱动，并因此反映由发展中国家自身所表达的重点。如果国家自身并不认可这样的能力建设构成了一个重点，那么资助方就难以坚持提供事实上可能需要的支持。②

① Gerald Moore and Witold Tymowski, *Explanatory Guide to the International Treaty on Plant Genetic Resources for Food and Agriculture*, International Union for Conservation of Nature and Natural Resources, 2005, p. 108.

② Gerald Moore and Witold Tymowski, *Explanatory Guide to the International Treaty on Plant Genetic Resources for Food and Agriculture*, International Union for Conservation of Nature and Natural Resources, 2005, p. 109.

　　第13.2条之（d）是关于分享商业化所得的货币和其他惠益的机制的规定。该条的规定着重解决的是商业化利用粮农植物遗传资源所得货币惠益的分享问题，尤其是在某些情形下向多边机制支付合理的商业化惠益份额的问题。第13.2条之（d）（ii）的规定特别强调了惠益分享的多边属性，因为货币惠益将流向多边系统自身（管理机构建立的专门基金），而非粮农植物遗传资源的提供方，这与《公约》的要求明显不同。从这个意义上说，第13.2条之（d）（ii）代表一个真正的概念上的突破，它的实施值得高度关注。第13.2条之（d）由两个分段规定组成。

　　第13.2条之（d）（i）回顾了第13条，特别是第13.2条的其他规定，并为缔约方设定不同于下一分段中具体的分享商业化货币惠益义务的总括性义务。第13.2条之（d）（i）针对所有缔约方提出采取措施以便实现商业性惠益分享的要求，这与第13.2条之（d）（ii）针对粮农植物遗传资源的接受方提出的付款要求显然不同。第13.2条之（d）（i）还明确提到实现商业性惠益分享的途径，即吸收私营和公共部门经由研究和技术开发中的伙伴关系和协作，包括与发展中国家和经济转型国家私营部门的伙伴关系和协作，参与第13条所确定的活动。这里指出让私营和公共部门经由伙伴关系和协作参与第13条确定的活动是一种可能的商业性惠益分享形式。

　　第13.2条之（d）（ii）可以说是关于惠益分享的最值得关注和最具争议的规定。① 这一规定设定的分享商业化利用遗传资源所产生的货币惠益的义务代表了《国际条约》一个最具创新性的机制。② 第13.2条之（d）（ii）的规定确立了一个与含有来自多边系统材料的粮农植物遗传资源的商业化相联系的法定惠益分享方案。这一方案的确立经历了一个颇为曲折的过程。国际植物育种者联合会在1998年提交了一份建议，其内容为：如果受到限制自由获取新的遗传资源的专利所保护时，专利持有人要向为了收集、维持、评价遗传资源并增加其价值的一笔基金进行捐款。粮食和农业遗传资源委员会对此表达了

---

① Gerald Moore and Witold Tymowski, *Explanatory Guide to the International Treaty on Plant Genetic Resources for Food and Agriculture*, International Union for Conservation of Nature and Natural Resources, 2005, p. 110.

② Daniele Manzella, The International Treaty on Plant Genetic Resources for Food and Agriculture: Potential Mechanisms for Ensuring Compliance and Resolving Disputes, *Environmental Law Reporter,* Vol. XXXVI, No. 5, 2006.

赞同，这一建议也体现在1999年形成的有关谈判文本当中，并因此区分限制获取的专利和不限制利用包含在受保护品种中的种质的植物育种者权。这实际上反映了主要由中小企业组成的国际植物育种者联合会绝大多数成员的利益，因为这些中小企业与利用专利相比往往更多地利用植物育种者权保护自身利益。然而，在后来的谈判会议上，某些发达国家并不支持上述建议，并认为利用专利而引发惠益分享是与世界贸易组织的TRIPS协定第27.1条和第29条相冲突的，因为这里对知识产权保护施加了一个额外条件。这些国家希望回避专利具有消极影响的任何含义以及支持它们所考虑的"创新税"（tax on innovation）的概念。与此同时，一些非政府组织也因为相反的理由而抱有疑虑，并认为在专利和惠益分享之间搭建的任何联系都可能使专利得到合法化。接下来，国际植物育种者联合会在面临来自于其大企业成员的压力下表示不支持缺少提及材料转让协议的谈判文本。经过协调，第12.4条最后引入材料转让协议的内容，但同时也回避在分享商业化所得的货币惠益的规定中任何对于知识产权的提及。[①]

第13.2条之（d）(ii)的规定分为两部分，一部分是关于货币惠益分享的实质性规定，这也是第13.2条之（d）(ii)的核心所在，另一部分是关于管理机构未来工作日程和任务的规定。实际上，后一部分规定并不具有实质的规范价值，显然，管理机构日后商定的安排将为第13.2条之（d）(ii)规定的实施提供直接依据。

根据这一分段的规定，第12.4条提及的标准的材料转让协议应包括一项关于惠益分享的要求。[②]这一要求是面向从多边系统获取材料的接受方，包括所有后续接受方所提出来的，对这些接受方将产生约束力。[③]这些接受方在满足第13.2条之（d）(ii)所规定的条件的情形下应支付特定产品商业化所得货币惠益的一定份额。根据第13.2条之（d）(ii)第一部分的规定，这些

---

① H. David Cooper, The International Treaty on Plant Genetic Resources for Food and Agriculture, *Review of European Community & International Environmental Law,* Vol. 11 Issue 1, 2002.

② 标准的材料转让协议包含这一要求意味着，第13.2条之（d）(ii)中的惠益分享要求将以合同义务的形式而得到执行。

③ 根据第13.2条之（d）(ii)的规定，接受方不仅仅指第一个从多边系统获取材料的当事方，还包括后续接受方，例如甲利用从多边系统获取的材料作为一个来源开发出了X品种，X品种含有从多边系统所获取的材料，此后，X品种被转让给乙，乙将X品种作为一个来源开发出了Y品种，在满足了第13.2条之（d）(ii)所列条件的情况下，乙也有义务付款。

条件是：接受方从多边系统获得了某个材料；其利用该材料生产出了作为粮农植物遗传资源的产品（a product that is a plant genetic resources for food and agriculture），且该产品含有从多边系统获得的这一材料；随后对该产品进行商业化；选择通过某种手段限制他人利用该产品进行研究和育种。如果满足了这些条件，接受方有义务向第19.3（f）条提及的机制支付该产品商业化所得的惠益的合理份额，即向专门的信托基金账户进行付款。[①]

值得注意的是，根据规定，上述要求并不适用于本身并不作为粮农植物遗传资源的产品的商业化，同时也不适用于某个通常的商业产品或商品的买卖，例如某个含有小麦的早餐用的谷类食品，该小麦是通过导入从多边系统获得的材料而培育的某个小麦新品种所生产的。然而，上述要求将适用于某个植物新品种（其本身是植物遗传资源）的种子或其他繁殖材料的商业化，只要这一新品种含有已从多边系统获取的材料。[②]另外，付款义务并不适用于接受方允许他人为进一步研究和育种而不受限制地利用新产品的情形，在这些情形，接受方没有法定的或强制性的付款义务，尽管鼓励接受方进行这种支付（这就意味着付款是自愿性的）。

尽管第13.2条之（d）（ii）规定富有创新意义，但是，第13.2条之（d）（ii）第一部分规定还存在一些需要由管理机构进一步澄清的关键问题。尤其是，如何理解"不受限制提供给他人用作进一步研究和育种"（without restriction to others for further research and breeding）？如何确定"含有（incorporate）从多边系统所获取的材料"中的"含有"的意思？"商业化"（commercialize）的含义又是什么？

首先来看"不受限制地提供给其他人用作进一步研究和育种"的含义。从各方在谈判中所表达出的观点来看，法定的付款义务将适用于以限制为研究或育种而进一步获得产品的方式受到保护的商业产品，或者这种付款义务适用于法律或技术条件限制产品获得的情形。具体而言，当产品受某个国家

[①] 第19.3条之（f）规定："必要时建立适当的机制，如信托基金账户，以便为实施本条约而接收和使用这种机制得到的资金。"《国际条约》管理机构根据这一规定目前已经建立了一个专门的基金，其被命名为"惠益分享基金"（Benefit-sharing Fund）。该基金是《国际条约》供资战略的必要组成部分。后文将介绍"惠益分享基金"的有关问题。

[②] Gerald Moore and Witold Tymowski, *Explanatory Guide to the International Treaty on Plant Genetic Resources for Food and Agriculture*, International Union for Conservation of Nature and Natural Resources, 2005, p. 110.

的发明专利（utility patent）保护时，同时该国专利法禁止第三方未经授权而为研究和育种使用受保护的产品，这就构成法律条件限制产品获得的情形。①如果在产品中使用所谓的"遗传利用限制技术"（genetic use restriction technology）或"终止子技术"（terminator technology），②由于该技术能够与专利一样产生限制产品进一步利用的效果，这将构成技术条件限制产品获得的情形。与此相关的一个问题是，在含有从多边系统获取的材料的产品受符合UPOV公约要求的植物育种者权保护时，并不产生法定的付款义务，这是因为在植物育种者权保护制度框架下存在所谓的"育种者豁免"（breeders' exemption），即为了进一步研究和育种可不经权利人许可使用受保护的产品。

如上所述，当含有从多边系统获取的材料的产品受某个国家的专利法保护时，而且该国专利法并未将为研究和育种而利用受保护产品的行为排除在受专利权人控制的行为之外，无疑，接受方应当付款。然而，这可能引发一个需要回答问题，即如果专利权人放弃禁止他人为研究和育种而利用受保护产品的权利，他是否可以规避法定的惠益分享义务？例如，某人基于防御性策略的考虑经申请并获得了某品种或品系的专利权，但其承诺向提出请求的每个人颁发为研究和育种自由使用受保护材料的许可证，对于他来说，还负担法定的付款义务吗？这个问题需要由管理机构加以澄清。③

其次来看"含有从多边系统获取的材料"中的"含有"的意思。从一般意义上说，传统育种和生物技术方法都可以导致已获取的材料被包含在某个产品之中。"含有"意味着从多边系统获取的材料的任何遗传信息在已被商业化的产品之中出现。然而，关于含有的程度的技术问题产生了。例如，材料

---

① 美国授予的发明专利将限制为了进一步研究和育种而获得受保护的产品，除非专利权人承诺向希望为研究和育种利用受保护产品的任何人颁发免费的许可。在欧洲，专利并不限制为了研究的可获得性，法国和德国在其新的立法中将这种豁免延伸到了育种，即使育种产品的商业化仍然受到限制。荷兰和英国专利法并没有规定育种豁免。日本专利保护并不涵盖为了实验和研究目的而从事的行为，然而其限制为了商业性育种的可获得性。要指出的是，仅仅对一个品种申请取得专利并不会引发法定的付款，付款是在品种被商业化之时。See Gerald Moore and Elizabeth Goldberg, *The International Treaty on Plant Genetic Resources for Food and Agriculture: Learning Module*, Bioversity International, 2010.

② 所谓"终止子技术"，又称"终结者技术"，是指那些能够使种子不育的技术，采用这种技术的目的是通过阻止已收获种子的发芽来强迫农民每年都重复购买新种子。

③ Gerald Moore and Witold Tymowski, *Explanatory Guide to the International Treaty on Plant Genetic Resources for Food and Agriculture*, International Union for Conservation of Nature and Natural Resources, 2005, p. 111.

的任何含有足以满足要求吗？或只有含有对于目标性状所必须的材料的某个必要组成部分才算满足了要求？或利用不同的含有比例来指导不同付款水平的判定？①

最后，在13.2条之（d）（ⅱ）的规定中，"商业化"（to commercialize）是一个关键术语，因为，付款义务是在产品被商业化时产生，商业化产品是启动付款义务的唯一条件。那么，"商业化"准确地指什么？在什么节点上认为产品被商业化？是在产品被许诺销售，或订单被接受，或利润出现时？原则上说，似乎是这样：术语"商业化"应当实际上是指当销售已完成时，是否需要等待直到利润事实上产生将取决于管理机构决定的付款形式。②

需要指出的是，第13.2条之（d）（ⅱ）规定提到了"接受方应向第19.3（f）条之提及的机制支付该产品商业化所得惠益的合理份额"（an equitable share of benefits arising from the commercialization of that product）的问题。显然，为了落实惠益分享的要求，管理机构必须确定"合理的惠益份额"。确定"合理份额"的问题与确定付款水平、形式和方式密切相关。依照第13.2条之（d）（ⅱ）第二部分的规定，管理机构应在其第一届会议上按照商业惯例确定付款水平、形式和方式。付款形式将是管理机构必须作出的第一个决定，尤其是管理机构需要决定是否采取使用费、利润比或一次性总的付款或累进付款。付款水平的确定可能是一个困难和具有争议的过程，因为关于什么构成相关的商业惯例会存在很多不同的观点。种子部门相对低的收益率（与制药部门相比较而言）会建议一个付款水平的上限，但如果付款水平被设定的太低，这样所导致的失望可能削弱《国际条约》的实施。③

以上指出第13.2条之（d）（ⅱ）规定中有待管理机构澄清的四个关键问题，并说明了因为不同的立场和解释所造成的模糊性。鉴于这些问题对于获

---

① 在谈判《标准材料转让协议》的过程中，发达国家和种子产业认为，只有从多边系统获取的材料从系谱（对个体、品系或品种的遗传来源或血缘关系的记录——笔者注）上认定至少构成了新产品的25%，惠益分享义务才会被启动。See Michael Halewood, *"International Efforts to Pool and Conserve Crop Genetic Resources in Times of Radical Legal Change,"* in Mario Cimoli et al (eds), *Intellectual Property Rights and Economic Challenges for Development,* Oxford University Press, 2014, pp. 310-311.

② Gerald Moore and Witold Tymowski, *Explanatory Guide to the International Treaty on Plant Genetic Resources for Food and Agriculture,* International Union for Conservation of Nature and Natural Resources, 2005, p. 111.

③ H. David Cooper, The International Treaty on Plant Genetic Resources for Food and Agriculture, *Review of European Community & International Environmental Law,* Vol. 11 Issue 1, 2002.

取和惠益分享多边系统的实施和运作极其重要，管理机构经由《标准材料转让协议》的起草和谈判已经确立了解决这些问题的方案，从而在很大程度上消除了第13.2条之（d）（ii）规定中存在的诸多模糊性，下一节将对此作出专门论述。

此外，第13.2条之（d）（ii）规定向管理机构作出了四项选择性授权。管理机构可以：针对将这类产品商业化的不同类型的接受方制定不同的付款水平；决定是否需要免除发展中国家和经济转型国家小农的这类付款；为了公正公平地分享惠益随时审议付款水平；还就材料转让协议的法定付款要求是否也适用于不受限制地提供给其他人用作进一步研究和育种的这类商业化产品，进行评估（在本条约生效后5年内）。[①]

第13.3条规定："各缔约方同意，多边系统分享的因利用粮农植物遗传资源产生的惠益，首先应直接或间接流向保护并可持续利用粮农植物遗传资源的各国农民，尤其是发展中国家和经济转型国家的农民。"

第13.3条强调了保护并可持续利用粮农植物遗传资源的各国农民，尤其是发展中国家和经济转型国家的农民在惠益分享中的优先地位。这是《国际条约》认可农民过去在保存、改良及提供粮农植物遗传资源方面所作出的贡献，以及鼓励他们现在和未来继续作出贡献的重要体现。根据本段规定，惠益可直接流向以上国家的农民，例如通过在粮农植物遗传资源的田间管理和保存中的直接援助，也可间接流向这些农民，例如通过资助间接使其受益的项目（如扩大作物的遗传基础）。尽管本段规定的焦点是发展中国家和经济转型国家的农民，但本段规定的措辞并未排除与保存并可持续利用粮农植物遗传资源的发达国家的农民分享惠益，尤其是在惠益为间接的时候。[②]

第13.4条规定："管理机构应在其第一届会议上根据第18条制定并经商定

[①] 事实上，考虑到研究、开发和商业化所需的时间（一般而言某个新品种从研发到商业化要经历大约10年至15年的时间），法定的付款并未被期待很快就发生。截至目前，的确没有发生某个接受方向上面提到的"惠益分享基金"履行法定付款义务的行为，但自愿性的付款已经出现。就此来看，在《国际条约》生效后5年内就评估惠益分享机制的影响有些为时过早。尽管法定付款在一定时间段内不可能大量出现，但《国际条约》所确立的其他惠益分享机制，包括信息交流、技术转让及能力建设，连同第13.2条之（d）（ii）所规定的自愿付款和供资战略的落实，可能因此更加重要。

[②] Gerald Moore and Witold Tymowski, *Explanatory Guide to the International Treaty on Plant Genetic Resources for Food and Agriculture,* International Union for Conservation of Nature and Natural Resources, 2005, p. 112.

的供资战略，考虑特定援助的相关政策和标准，以利于为多边系统中的粮农植物遗传资源多样性作出重要贡献的或有特殊需要的发展中国家和经济转型国家保存粮农植物遗传资源。"

按理说，第13.4条应当被规定在第18条之中，因为其与第13条所规定的惠益分享问题并不直接相关。第13.4条实际上给管理机构设定一项任务：在其第一届会议上根据商定的《国际条约》的供资战略（funding strategy）[①]，为了保存发展中国家和经济转型国家的粮农植物遗传资源而考虑特定援助的相关政策和标准。然而，值得注意的是，管理机构第一届会议并没有专门就第13.4条中提及的事项进行审议并通过有关文件。[②]管理机构第一届会议的一个重要议程就是通过了《实施〈粮食和农业植物遗传资源国际条约〉的供资战略》(《供资战略》)。从讨论和起草《供资战略》的过程来看，第13.4条为确定《供资战略》所支持的优先重点（priorities）提供了必要的指导。这说明，尽管管理机构第一届会议没有正面处理第13.4条所设定的任务，但在通过的《供资战略》中落实了第13.4条的有关要求。

第13.5条规定："各缔约方认识到全面实施《全球行动计划》的能力，尤其是发展中国家和经济转型国家全面实施《全球行动计划》的能力，在很大程度上将取决于本条以及根据第18条制定的供资战略的有效实施。"

第13.5条明确地将《全球行动计划》的实施与关于惠益分享的第13条及供资战略的实施联系起来。根据本段规定，各缔约方要认识到：一方面，《全球行动计划》的全面实施要取决于多边系统中的惠益分享规定的有效实施；另一方面，《全球行动计划》的全面实施要取决于供资战略的有效落实。

第13.6条规定："各缔约方应考虑惠益分享自愿捐款战略的形式，受益于粮农植物遗传资源的食品加工企业应据此向多边系统捐款。"

第13.6条要求缔约方们在未来的某个时间点考虑来自于食品加工企业的

[①]《国际条约》中的供资战略是一个为了确保实现《国际条约》确立的目标而筹措和利用资金的机制。第18.2条规定："供资战略的目标是开展本条约规定的活动而增强财政资源的可用性，提高财政资源供给的透明度、效率及有效性。"遵照第19.3条之（c）的要求，管理机构第一届会议已经通过了《实施〈粮食和农业植物遗传资源国际条约〉的供资战略》。后文将对供资战略的问题进行介绍和分析。

[②] The Report of the First Session of the Governing Body of the International Treaty on Plant Genetic Resources for Food and Agriculture, IT/GB-1/06/Report.

"惠益分享自愿捐款战略的形式"。这是第13.2条之（d）（ii）所规定的自愿性惠益分享安排（即自愿付款）之外的另一种自愿性惠益分享安排。这种惠益分享安排的合理性在于，食品加工企业最直接地受益于粮农植物遗传资源的利用。同样，其与第18.4条之（f）有力地联系在一起。[①]

第六节 《标准材料转让协议》

根据《国际条约》第12.4条的规定，多边系统中的便利获取应当根据由管理机构通过的一份标准的材料转让协议予以提供。上文指出，在完成既定的起草和谈判工作后，《标准材料转让协议》（以下简称《协议》）在2006年6月召开的管理机构第一届会议上获得通过。《协议》的通过扫除了获取和惠益分享多边系统实施的法律障碍。《协议》将被用于多边系统中的粮农植物遗传资源的所有转让行为，其作为一种法律工具将确保缔约方们在多边基础上商定的关于便利获取和分享商业化货币惠益之条件约束实际提供和接受粮农植物遗传资源的当事方。与其他材料转让协议可以由当事方自由约定条款和内容不同，《协议》的最大特点是其实体条款和内容都是事先经国际谈判所商定的，当事方不能加以变动。从这个意义上说，它是一份标准合同或格式合同。当事方在转让材料时只需要填写各自的姓名或名称和住所以及待提供的材料清单和相关信息，《协议》的各项条款在当事方采取签字或其他方式表达接受后对当事方产生约束力。

《协议》在内容上完备详尽，凝结了法律和技术专家的智慧，其不仅发展了《国际条约》第12.5条关于解决《协议》争端的规定，而且澄清了《国际条约》第13.2条之（d）（ii）规定存在的模糊之处。《协议》的内容包括序言、当事方（第1条）、定义（第2条）、材料转让协议的对象（第3条）、一般条款（第4条）、提供方的权利和义务（第5条）、接受方的权利和义务（第6条）、适

---

① Gerald Moore and Witold Tymowski, *Explanatory Guide to the International Treaty on Plant Genetic Resources for Food and Agriculture*, International Union for Conservation of Nature and Natural Resources, 2005, p. 113.

用的法律（第7条）、争端解决（第8条）、附加条款（第9条）、签字或接收（第10条）以及四个附件。本节首先就有关起草、谈判和通过《协议》的情况作一介绍，然后逐一解释和评析《协议》的各项条款和内容。

一、起草、谈判和通过《标准材料转让协议》的有关情况

在2001年11月举行的联合国粮农组织第31届大会上，联合国粮农组织通过的第3/2001号决议不仅使《国际条约》获得通过，而且授权对《国际条约》的实施作出临时安排。根据这些临时安排的要求，粮食和农业遗传资源委员会代理《国际条约》临时委员会（以下简称临时委员会）酌情考虑到本决议设立的专家工作组的建议，制定一份第12.4条规定的标准的材料转让协议，供管理机构第一届会议审议，该标准的材料转让协议草案特别应包括《国际条约》第13.2（d）（ii）条中建议的商业化货币惠益分享条件。根据第3/2001号决议，专家工作组的任务是制定并提出可供临时委员会审议的决议，该专家工作组应由具有粮农植物遗传资源交换及有关商业惯例方面的技术或法律专长的专家组成，它的职责应在临时委员会第一届会议上商定。

2002年10月9日至11日，临时委员会在意大利罗马召开第一届会议，本次会议确定上述专家工作组的职责范围，其包括工作范围、专家组的组成以及专家组完成其职能的时间安排。其中，工作范围涉及两个方面：其一，专家工作组应依据《国际条约》第12.4条就"标准材料转让协议"的条款进行研究并提出可由临时委员会审议的建议；其二，还要求专家工作组特别就以下方面提供咨询，适当时应提出将纳入"标准材料转让协议"的备选方案和（或）要素：符合商业惯例的付款水平、形式和方式应如何？是否应对销售这些产品的各类接受方或不同部门确定不同的付款水平？如果是，这些水平、各类接受方和部门应当是什么？是否免除发展中国家和经济转型国家小农的付款？如果是，谁有资格成为这样的小农？什么是《国际条约》第13.2（d）（ii）条中规定的"商业化"？什么构成了从多边系统获取的材料的"含有"？一个产品何时被认为可无限制地提供给他人进一步研究和育种？就"标准材料转让协议"而言，将如何确定货币和其他惠益？材料转让协议将以何种手段确保第12.3条的适用？材料转让协议应包括何种条款，以致接受方才能在接

受来自从多边系统的材料时受到材料转让协议的约束？[1]

　　2004年10月4日至8日，在比利时的布鲁塞尔召开"标准材料转让协议"条款专家工作组第一次会议。在本次会议上，专家工作组审议了临时委员会第一届会议提交专家工作组的问题，并且专家工作组通过了向临时委员会第二次会议将要提交的报告。该报告针对以上九个方面的问题提出若干备选的条文或建议。紧接着，2004年11月15日至19日，临时委员会在罗马召开第二次会议，本次会议的核心议程包括：审定临时委员会第一次会议提交专家组的问题；按照《国际条约》第12.4条提出有关"标准材料转让协议"条款的建议；进一步开展工作；专家工作组的建议。这次会议根据主席的一项建议，决定讨论以下两个问题：在按照《国际条约》第12.4条提出有关"标准材料转让协议"条款的建议的背景下，材料转让协议将利用何种手段确保第13.2条的实施？材料转让协议中应包括何种条款，才能使接受方在接受来自多边系统的材料时受到该协议的约束？除了以上问题外，更重要的是，这次会议决定讨论主席建议的"标准材料转让协议"结构和条款草案。这次会议还决定建立一个联络组（Contact Group），由该联络组拟订"标准材料转让协议"的内容以供管理机构审议。

　　在专家工作组就标准材料转让协议的结构和条款已取得的工作成果的基础上，联合国粮农组织秘书处根据联络组的职责范围，起草了"标准材料转让协议"第一稿，以供联络组第一次会议讨论。2005年7月18日至22日，联络组在突尼斯的哈马马特召开第一次会议，这次会议的任务是审议"标准材料转让协议"草稿，并供管理机构第一届会议审议。本次会议审议并通过了最后的"标准材料转让协议"第一稿。关于今后的工作，联络组认为它应当为此在2005年年底或2006年年初再召开一次会议，并应包括两天的区域筹备磋商会。2006年4月24日至28日，联络组在瑞典的阿尔纳普举行第二次会议，本次会议对"标准材料转让协议"进行了审议，同时本次会议向管理机构准备了一份包括"标准材料转让协议"草案的决议草案供管理机构审议。值得注意的是，很多未决问题依然保留在"标准材料转让协议"的草案中。

---

[1] Carlos M. Correa, Considerations on the Standard Material Transfer Agreement under the FAO Treaty on Plant Genetic Resources for Food and Agriculture, *The Journal of World Intellectual Property*, Vol. 9. No. 2, 2006.

随后，《国际条约》管理机构第一届会议于2006年6月12日至16日在西班牙的马德里召开，这次会议的一项重要议程就是审议和谈判"标准材料转让协议"草案，并在全体同意的基础上通过先前由联络组所准备的包含"标准材料转让协议"草案的决议草案。"标准材料转让协议"草案的审议和谈判主要集中于五个方面的重要问题。其一，如何明确地区分缔约方依据《国际条约》承担的义务与"标准材料转让协议"当事方承担的义务。其二，如何设定"标准材料转让协议"中的商业化付款的水平，以及如何设定作为启动付款义务条件之一的"含有（从多边系统获得的材料）"的准入门槛。其三，如何解决"标准材料转让协议"的遵守和执行问题，包括发起争端解决程序的第三方受益人的设立、争端解决的途径和适用的法律等。其四，如何处理向管理机构报告已签订的"标准材料转让协议"的问题。其五，如何处理培育者之间在商业化之前转让正在培育中的粮农植物遗传资源的问题。①

经过各方深入磋商谈判，同时也经过各方的妥协退让，《协议》在管理机构第一届会议的最后一天，也就是6月16日获得通过。

二、《标准材料转让协议》的当事方、标的和一般条款

（一）当事方

根据《协议》第1条的规定，《协议》的当事方为提供方（provider）和接受方（recipient）。

从上一节关于多边系统的范围的解释和分析来看，可能充当《协议》提供方的主体包括：《国际条约》缔约方、缔约方管辖范围内的自然人和法人、与管理机构签订了协议的国际农业磋商组织所属各国际农业研究中心和其他国际机构。《国际条约》缔约方们将提供受它们管理和控制的并处于公有领域中的附件一所列粮农植物遗传资源。缔约方管辖范围内的自然人和法人将提供它们自愿纳入多边系统的附件一所列粮农植物遗传资源。国际农业磋商组织所属各国际农业研究中心和其他国际机构将在与管理机构签订了协议的前提下提供它们持有的附件一所列粮农植物遗传资源。

---

① Gerald Moore and Elizabeth Goldberg, *The International Treaty on Plant Genetic Resources for Food and Agriculture: Learning Module,* Bioversity International, 2010.

从上一节对于《国际条约》第12.2条的解释来看，可能充当《协议》接受方的主体包括：《国际条约》缔约方、缔约方管辖范围内的自然人和法人。另外根据第15.2条的规定，与管理机构签订了协议的国际农业研究磋商组织所属的各国际农业研究中心和其他国际机构也将成为《协议》的接受方。在此要说明的是，第12.2条使用了"其他缔约方"的表述，这就意味着作为接受方的缔约方与作为提供方的缔约方无疑是两个国家，换言之，《协议》必定适用于粮农植物遗传资源的国际转让行为。[①]那么，《协议》是否适用于粮农植物遗传资源的国内转让呢？或者说当粮农植物遗传资源的转让发生在一国的管辖范围内时，《协议》是否适用？上文在解释第12.2条时实际上已经提出这个问题，而且指出基于不同的解释所产生的两种截然相反的答案。显然，这一问题有待管理机构在未来作出澄清，或缔约方在实施《国际条约》的过程中作出必要的解释。

此外，需要强调的是，非缔约方以及非缔约方管辖范围内的自然人和法人也可能成为《协议》的接受方，条件是上述提供方自愿选择通过签订《协议》向非缔约方及其管辖范围内的自然人和法人提供附件—所列粮农植物遗传资源。[②]

（二）标的

《协议》的标的（subject matter）是指遵照本协议确立的条款和条件由提供方转让给接受方的事物。根据《协议》第3条的规定，《协议》的标的是本协议附件1列明的粮农植物遗传资源（在本协议中统称材料），以及本协议第5条之（b）和附件1提及的可获得的相关信息。

由此可见，《协议》的标的包括有形的材料和无形的相关信息（associated information）。有形的材料是指被纳入多边系统的粮农植物遗传资源。需要说

---

① 除了两个缔约方之间转让之外，《协议》还适用于：某一缔约方（作为提供方）与其他缔约方管辖范围内的自然人或法人（作为接受方）之间的转让、某一缔约方管辖范围内的自然人或法人（作为提供方）与另一缔约方或其管辖范围内的自然人或法人（作为接受方）之间的转让、国际农业研究中心或其他国际机构（作为提供方）与某一缔约方或其管辖范围内的自然人或法人（作为接受方）之间的转让。

② 国际农业研究磋商组织所属各国际农业研究中心公开声明，它们既为缔约方，也为非缔约方提供其持有的附件—所列资源（这些资源已被纳入了多边系统）的便利获取，德国和荷兰目前也采取这样的做法。

明的是，尽管当前绝大多数材料转让协议都被用于转让在非原生境条件下保存（如在基因库中）的材料，但是，根据《国际条约》第12.3条之（h）的规定，处在原生境条件下的材料仍然会成为《协议》的标的。①根据第12.3条和第12.4条规定，相关信息（护照数据和其他有关非机密性说明信息），在其可获得时，正常情况下应当作为《协议》标的的组成部分。

《协议》的附件1"提供的材料清单"专门用于填写按照本协议提供的材料和相关信息。提供方应当填写待提供材料的名称和唯一的识别号。提供方在信息的提供上有两个选择：直接将这些信息填写在附件1当中，或者填写一个可查询到这些信息的网站地址。

（三）一般条款

《协议》第4条就本协议的实施和解释依据、本协议当事方要遵守的法律措施和程序、第三方受益人及其权利等问题进行了规定。

第4.1条明确指出：本协议在多边系统的框架内签订，应按照《国际条约》的目标和规定予以实施和解释。根据第4.2条规定，《协议》的当事方认识到，他们要遵守《国际条约》缔约方通过的与《国际条约》相符合的适用法律措施和程序，特别是与《国际条约》第4条、第12.2条和第12.5条相符合的被采用的那些措施和程序。考虑到《协议》的当事方可能是国际农业磋商组织所属各国际农业研究中心和其他国际机构的情形，《协议》包含了一个脚注：在国际农业研究磋商组织各国际农业研究中心和其他国际机构的场合，管理机构和上述机构之间的协议将予以适用。

第4.3条提出一个重要的概念——第三方受益人（third party beneficiary）。根据第4.3条规定，《协议》的当事方同意，管理机构指定的实体（这一实体目前已被确定为联合国粮农组织）代表《国际条约》管理机构及其多边系统行事，是本协议下的第三方受益人。考虑到第三方受益人涉及的问题较多，以及《协议》第8条"争端的解决"也规定了第三方受益人的相关问题，关于第三方受益人涉及问题的分析和讨论将在"争端的解决"问题下面展开。第4.4条提到第三方受益人的一项权利，即第三方受益人有权要求提供本协议第5条

---

① 由于基因库中保存的材料易于索取和获得，而且基因库保持着与这些材料相关的数据信息，此类数据信息对于这些材料的利用极其重要，因此，绝大多数材料转让协议指向的都是基因库中保存的材料。

之（e）、第6.5条之（c）、第8.3条和附件2第3段中要求的适当信息。第4.5条指出：以上赋予管理机构指定的实体的权利不妨碍提供方和接受方行使本协议中的权利。

三、提供方的权利和义务

《协议》第5条是关于提供方的权利和义务的规定。根据第5条规定，提供方承诺依照（a）至（e）段的规定转让材料。第5条之（a）（b）（c）和（d）分别复制了《国际条约》第12.3条之（b）（c）（e）和（f）。这是《协议》的起草者依照第12.4条的要求作出法律上安排的结果。第12.4条明确提到的《国际条约》的规定则都被置于《协议》关于接受方的权利和义务规定（第6条）之中。除了复制《国际条约》第12.3条中的四段规定外，第5条还引入一个新的（e）段规定。

从第5条各段规定的内容看，（a）（b）（d）和（e）都涉及提供方的义务，而（c）段涉及的是提供方的权利。关于第12.3条之（b）（c）（e）和（f）规定的含义，上一节已经进行解释和评论。由于它们是被复制到《协议》第5条之中，已经作出的解释和评论完全对它们适用，在此不再重复。然而，上文在解释和评论第12.3条之（e）时指出该规定未能解决的两个重要问题，也就是"正在培育"指什么？"培育期间"何时结束？而这两个问题在《协议》之中已经得到解决，值得在此作出解释和评论。此外，由于第5条之（e）是一个新的规定，也需要在此予以解释和评论。

《协议》第2条就"正在培育的粮农植物遗传资源"（plant genetic resources for food and agriculture under development）提供了一个定义，其指"从材料（Material）所派生并因此与其不同的、尚未商业化且培育者打算进一步培育或转让给另一人或机构进一步培育的材料（material）。当正在培育的粮农植物遗传资源作为一个产品商业化时，这种资源的培育期间应视为结束"。[①]这个定义包含了两个重要的术语"商业化"（commercialization）和"产品"

---

① 《协议》在定义"正在培育的粮农植物遗传资源"时使用了在中文中都被翻译成材料的Material和material。通过将第2条和第3条结合起来进行解读，Material在《协议》应当指的是被多边系统所涵盖的粮农植物遗传资源。

（Product）。① "商业化"（To commercialize）在《协议》中是指"出于金钱考虑而在公开市场上出售产品，'商业化'（commercialization）具有相同的含义。'商业化'不包括正在培育的粮农植物遗传资源的任何形式的转让"。"产品"（Product）是指含有材料（Material）或其任何遗传部分或成分并准备商业化的粮农植物遗传资源，不包括商品和用于粮食、饲料和加工的其他产品。

　　实际上，"商业化"和"产品"的定义是为了确保《国际条约》第13.2条之（d）（ii）规定的实施所确立的。但理解"正在培育的粮农植物遗传资源"的定义需要将"商业化"和"产品"的定义考虑在内。综合以上定义，可以通过三个方面的特征来理解"正在培育的粮农植物遗传资源"的定义，这三个特征是：其正处于被培育为一个产品（植物新品种的繁殖材料）的过程之中；其是从来自于多边系统的粮农植物遗传资源所派生的材料，但与来自于多边系统的粮农植物遗传资源不同；其尚未在公开市场上出于金钱考虑而被出售。从多边系统中的粮农植物遗传资源所派生的"品系"（breeding or breeder's lines）在《协议》的意义上可被归为"正在培育的粮农植物遗传资源"。②对其而言，《国际条约》和《协议》认可培育者在这些材料的培育期间是否对外提供它们的完全决定权。

　　第5条之（e）规定："提供方应按照管理机构确定的时间表，定期向管理机构通报签订的材料转让协议。管理机构应当向第三方受益人提供这方面的信息。"本段规定为提供方设定了向管理机构报告已签订的《协议》的义务。管理机构认为报告已签订的《协议》对于多边系统的运作具有重要意义。为了促进提供方履行报告义务，管理机构在第三届会议上就第5条之（e）提到的"时间表"和"定期"以及报告方式作出了决定。

　　根据有关决议，提供方应每两个日历年度至少向管理机构报告一次签订的材料转让协议情况，报告的方式有两种选择：传送一份已经完成的《协议》文本，或在没有传送协议文本的情况下，确保第三方受益人如有和在需要时，有完整的《协议》可供使用；说明该协议存放的地点和获取的方式；及提供一组关于已签订的协议的具体信息，包括提供方识别归属于《协议》的符号

---

① 这两个术语连同"正在培育的粮农植物遗传资源"在《协议》官方文本中都以黑体显示。
② 品系是经育种家多年选育，形成了形态学和生物学特性一致，具备了利用价值和稳定的遗传特性，但尚未形成品种和在生产上推广的群体。

和（或）号码、提供方的名称和地址、提供方同意或接收《协议》的日期及货物启运日期（在拆封合同的情况下）、接受方的名称和地址及收货人的姓名（在拆封合同的情况下）、确认《协议》附件1中的每份材料及其所属的作物。①

四、接受方的权利和义务

《协议》第6条是关于接受方的权利和义务的规定（包括11段）。由于接受方的权利和义务牵涉的问题颇多，第6条因而是《协议》的重心所在。从第6条各段规定的内容看，除可以将第6.1条既看成是为接受方设定了权利，也可以看成是为其设定了义务以外，其他各段都是针对接受方负担的不同义务而进行了规定。

第6.1条规定："接受方承诺，应当只为了粮食和农业的研究、育种和培训目的利用或保存材料。这些目的不应包括化学、药用和（或）其他非食用或饲用工业用途。"本段规定与《国际条约》第12.3条之（a）第一句规定的实质内容相同，只是在表述方式上作了必要的改变。这是落实第12.4条提到的"《协议》载有第12.3条之（a）（d）和（g）"的要求的结果。第6.1条规定既可以被看成是接受方享有的权利的规定，也可以被看成是接受方负担的义务的规定。从权利的角度观察，接受方可以为了粮食和农业的研究、育种或培训而利用或保存材料。从义务的角度观察，接受方不能超出指定的目的而利用或保存材料。

第6.2条规定了接受方承担的与知识产权有关的义务，其与《国际条约》第12.3条之（d）完全相同，由此落实了第12.4条的要求。上文已对第12.3条之（d）作了深入和详细的解释评论，此处不再重复。

第6.3条规定："在接受方保存所提供材料的情形下，接受方应当使用《协议》向多边系统提供该材料以及第5条之（b）提及的相关信息。"第6.3条规定了接受方向多边系统提供材料和相关信息的义务，其反映了《国际条约》第12.3条之（g）的实质内容，由此也落实了第12.4条的要求，但在表述方式上有所变化并增加了"相关信息"的内容。

第6.4条规定："在接受方向另一人或机构（以下称作"后续接受方"）转

---

① Report of the Third Session of the Governing Body of the International Treaty on Plant Genetic Resources for Food and Agriculture, IT/GB-3/09/Report.

让根据本协议提供的材料的情形下，接受方应：

（a）按照《协议》的条款和条件，通过一项新的材料转让协议形式行事；并且

（b）根据第5条之（e）通知管理机构。

遵守以上规定之后，接受方对后续接受方的行动应无任何进一步的义务。"

第6.4条规定了接受方在向另一人或实体转让其所接受的材料时所承担的义务。本段规定和以上三段规定一样，也反映了《国际条约》第12.4条的要求。其旨在通过一个《协议》链条确保《国际条约》规定的便利获取和分享商业化货币惠益的条件能够不间断地传递给后续的接受方并对它们产生约束力。①需要指出的是，接受方在向另一人或机构转让材料时变换成了提供方，其将依照第5条享有权利和承担义务。根据第6.4条规定，接受方一方面应当按照《协议》的条款和条件通过一项新的材料转让协议向另一人或机构转让其已接受的材料，这里的"新的材料转让协议"指的是包含了新的提供方和接受方以及正在转让的材料和相关信息的《协议》。另一方面，接受方应当根据第5条之（e）通知管理机构，通知在这里和报告具有相同的含义。接受方的报告义务被规定于《协议》不同的条款中，这只是其中的一项。另外，本段规定还指出，接受方在履行上述义务后对于后续接受方的行动再无任何进一步的义务。

第6.5条规定："在接受方向另一人或机构转让正在培育的粮农植物遗传资源的情形下，接受方应：

（a）按照《协议》的条款和条件通过一个新的材料转让协议行事，条件是《协议》第5条之（a）不应适用；

（b）在新的材料转让协议附件1中确认从多边系统所收到的材料，并具体说明转让中的正在培育的粮农植物遗传资源派生自该材料；

（c）根据第5条之（e）通知管理机构；

（d）对于任何后续接受方的行动无进一步的义务。"

第6.6条规定："根据第6.5条签订材料转让协议不应影响当事人附加与进一步产品开发有关的，酌情包括金钱考虑之付款的额外条件的权利。"

---

① Claudio Chiarolla, *Intellectual Property, Agriculture and Global Food Security: the Privatization of Crop Diversity*, Edward Elgar, 2011, p. 135.

第6.5条连同第6.6条处理了接受方向另一人或机构转让正在培育的粮农植物遗传资源的问题。第6.5条是关于转让正在培育的粮农植物遗传资源的接受方负担的义务的规定。

就正在培育的粮农植物遗传资源而言，第5条之（c）从提供方的角度认可了培育者是否向他人提供的决定权。第6.5条预设的情形是：接受方通过《协议》从多边系统收到了材料并经由利用获得了正在培育的粮农植物遗传资源（如"品系"）。在这种情形下，作为培育者的接受方仍然拥有是否向他人提供的决定权。如果接受方决定向另一人或机构转让正在培育的粮农植物遗传资源，其要履行第6.5条所规定的三项义务。首先，接受方应通过新的材料转让协议转让正在培育的粮农植物遗传资源，这与第6.4条完全相同，但是，第5条之（a）对于接受方（此时其为提供方）不应适用，也就是在新的材料转让协议中接受方不负担"迅速提供获取，并免费提供"的义务。其次，接受方应在新的材料转让协议附件1中确认其先前从多边系统收到的材料，并说明正在培育的粮农植物遗传资源与该材料之间存在的派生关系。最后，接受方应根据第5条之（e）通知管理机构。在履行了上述义务后，接受方对于任何后续接受方的行动不再负担进一步的义务。

第6.6条提到接受方与后续接受方就正在培育的粮农植物遗传资源的转让附加额外条件的权利。根据本段规定，当事方可以在《协议》中就此作出约定，"额外条件"与产品开发有关，可以包括现金付款的条件。需要指出的是，额外条件应被纳入一份单独的协议，而不是第6.5条提到的新的材料转让协议。

第6.7条规定："在接受方商业化作为粮农植物遗传资源并含有本协议第3条提及的材料的产品，并且该产品不能无限制地提供给他人用作进一步研究和育种的情形下，接受方应按照本协议附件2，向管理机构为此建立的机制支付该商业化产品销售额的一定百分比。"

第6.8条规定："在接受方商业化作为粮农植物遗传资源并含有本协议第3条提及的材料的产品，并且该产品可不受限制地提供给他人用作进一步研究和育种的情形下，鼓励接受方按照本协议附件2，向管理机构为此建立的机制进行自愿付款。"

第6.7条和第6.8条是关于接受方分享商业化货币惠益（即付款）义务和

要求的规定。这两段规定实际上是按照《国际条约》第12.4条的要求再现了第13.2条之（d）（ii）第一部分规定。通过在表述方式上作出的必要调整，它们以接受方负担的强制性义务和自愿性要求的方式出现在《协议》当中。上文已经对《国际条约》第13.2条之（d）（ii）第一部分规定进行了深入解释评论，这些解释评论当然也适用于这两段规定，因此不再重复。上文还指出第13.2条之（d）（ii）第一部分规定存在一些需要由管理机构进一步澄清的关键问题，管理机构通过《协议》事实上已经对这些问题作出澄清和回答。尽管上文对这些问题展开了一定程度的分析，但这里需要依据《协议》中的有关条款作出确定性的说明。

首先来看第13.2条之（d）（ii）没有界定的"产品""商业化""含有"及"不受限制提供给他人用作进一步研究和育种"等这些重要概念的定义。

根据第6.7条规定，接受方开发出一个含有从多边系统所获得的材料的新"产品"是启动其法定付款义务的首要条件。那么，这里的"产品"指何种物品就是第一个需要解决的问题。第13.2条之（d）（ii）和第6.7条都指出了"产品"是粮农植物遗传资源（a product that is a plant genetic resources for food and agriculture），也就是接受方育成的植物品种的繁殖材料（种子），这实际上已经解决了"产品"为何种物品的问题。[①]但考虑到"产品"概念对于接受方法定付款义务的启动所具有的重要意义，《协议》又对"产品"进行了界定，其是指含有材料或其任何遗传部分或成分并准备商业化的粮农植物遗传资源，不包括用于粮食、饲料和加工的商品和其他产品。

这个定义继受了第13.2条之（d）（ii）提及的"'产品'是粮农植物遗传资源并含有从多边系统获取的材料"的内容，但同时增加了三个方面的内容。其一，含有从多边系统所获取材料的"任何遗传部分或成分"的产品也落入"产品"的定义之中。而第6.7条没有专门提及这一点，两者并不完全一致，这似乎又为以后的不同解释留下了一定空间。其二，"产品"是"准备商业化"的粮农植物遗传资源，增加这一限定语似乎多余，因为接受方法定付款义务

---

① 第13.2条之（d）（ii）和第6.7条使用的措辞意在收获基因的价值，而非农业收成的大批量价值。See Morten W. Tvedt, Changes in the Plant Treaty – How Can Benefit Sharing Happen and the Link to Intellectual Property Right – Assessing the Mutually Supportiveness, *Law, Environment and Development Journal*, (11)1, 2015.

的启动必须满足"商业化"的条件。其三，用于粮食、饲料和加工的商品和其他产品不属于"产品"，这一点具有实质意义，其意味着接受方的法定付款义务只针对用于栽培和繁殖的作为粮农植物遗传资源的"产品"而被出售的情形。①

正如"产品"定义所指出的，接受方开发的产品应当"含有"从多边系统获取的材料或其任何遗传部分或成分。"含有"也是启动接受方法定付款义务不可或缺的条件。在起草和谈判《协议》的过程中，"含有"的准入门槛引起了很大的争议。发达国家从系谱（pedigree）入手建议产品应当至少"含有"从多边系统获取的材料的25%。有的国家建议产品应当"含有"材料的一个可辨识的有价值性状或主要特性。还有国家主张不考虑性状的表达，只要从多边系统获取的材料的任何遗传材料部分或一种基因型或任何基因或遗传功能单位进入产品当中，就构成了"含有"。由于争议较大，"含有"定义最后并没有出现在《协议》之中，但《协议》通过利用一个脚注对在"产品"定义中首次出现的"含有"一词作出了必要解释，该脚注的内容为："正如按系谱或基因导入符号所表明的（As evidenced, for example, by pedigree or notation of gene insertion）。"这种处理明显地反映了上面提到的第三类主张，它对于分享商业化所得货币惠益的实现是有利的。

就接受方法定付款义务的启动而言，接受方还必须满足"商业化"产品的条件。"商业化"又指什么呢？《协议》对"商业化"下了一个清楚明确的定义。"商业化"是指出于金钱考虑而在公开市场上出售产品。换言之，"商业化"是为了赚取利润而向有需求的人或实体有偿转让产品的一种行为。

根据第6.7条规定，除了上述三个条件外，接受方法定付款义务的启动还要满足产品不能"不受限制地提供给他人用作进一步研究和育种"的条件。基于提供法律上确定性的考虑，《协议》第2条包含了一个"不受限制提供"的定义。"不受限制提供"是指当一种产品可以用于研究和育种而没有以《国际条约》规定的方式阻止其利用的任何法律或合同义务或技术限制时，该产品被视为不受限制提供给他人用作进一步研究和育种。上文已经指出，法律（具体是指某些发达国家的专利法）为他人进一步研究和育种而利用受保护产

---

① 通过栽培、耕种和收获所取得的并用于粮食、饲料和加工的商品或其他产品（例如麦粒和面粉及制成的面包、通心粉等）与《协议》中接受方负担的法定付款义务不发生关联。

品设置了禁止性的法律义务[①]，某种技术措施，如遗传利用限制技术，也能够达到此种效果。而"不受限制提供"的定义又增加了一种限制的方式——合同。依据有关当事方签订的合同或许可协议，一方将负担不得将产品用作进一步研究和育种的义务。[②]从"不受限制提供"定义的反面意思来看，只要具有这三种方式中的任何一种，产品就不能不受限制地提供给他人用作进一步研究和育种。

其次来看接受方付款的形式、水平和方式等问题。根据第6.7条规定，接受方应按照本协议附件2，向管理机构建立的机制支付该商业化产品销售额的一定百分比。这里提到的"该商业化产品销售额的一定百分比"就是接受方付款的形式。这意味着接受方有义务支付的款项将以产品销售额的一定百分比来计算。为了精确起见，《协议》对"销售额"（sales）也进行了界定，其是指接受方、其附属机构、承包人、被授予许可证之人和承租人从产品或这些产品商业化所得到的毛收入。就付款水平或付款率而言，《协议》附件2"根据本协议第6.7条的付款率和方式"将其设定为"产品或这些产品销售额的1.1%并减去30%"。[③]经过计算，实际的付款率应当是0.77%。

关于付款的形式和水平，在此有必要就两个问题作进一步的评论。其一，《协议》及其附件2中的"销售额"并不限于接受方商业化产品所得到的毛收入，还包括接受方的附属机构、承包人、被授予许可证之人和承租人商业化产品所得到的毛收入。在商业实践中，接受方并不总是自己对产品进行商业化，与其有隶属关系和合同关系的人或机构实际上从事着商业化的活动，如果不将这些人或机构商业化所得的收入纳入到"销售额"当中，接受方很可能逃避法定的付款义务。其二，之所以设定"销售额的1.1%并减去30%"的

---

① 值得注意的是，考虑到专利的地域性，专利法中限制他人进一步研究和育种的法律义务的存在要取决于适用的国家法律所授予的排他性权利的范围，也就是说，这个问题要由一国的专利法予以解决。

② 通过合同创设义务从而限制他人进一步研究和育种主要被大的种子公司所采用。孟山都公司曾经采用这样的做法，其许可生产者利用其抗虫技术（抗虫转基因棉花），而生产者有义务在作出限制的前提下向消费者发放利用该技术的分许可。尤其是，种子不能从一年的收成中保留下来销售或提供给其他人或种植另一作物。购买者也被禁止开展种子的研究活动。See Claudio Chiarolla, *Intellectual Property, Agriculture and Global Food Security: the Privatization of Crop Diversity,* Edward Elgar, 2011, p. 120.

③ "产品或这些产品销售额的1.1%并减去30%"是对《国际条约》第13.2条之（d）（ii）中提及的"该产品商业化所得惠益的合理份额"的具体化。

付款率，其原因是允许扣除正常的销售费用，例如折扣。这也反映了谈判中所表达的观点：付款率应当基于销售方实际收到的货币。这样安排无疑是公平的，而且从毛收入中扣除30%也被认为符合商业惯例。①

除了设定具体的付款率，《协议》附件2还处理了其他方面的问题，包括付款的方式，在此需要作出说明。附件2第1段指出了无须付款的三种情形：一是产品或这些产品可不受限制提供给他人用作进一步研究和育种；二是产品或这些产品从已为该产品或这些产品付款或因不受限制提供而免除付款义务的人或实体购得或以其他方式取得；三是产品或这些产品作为一种商品销售和贸易。这里列出的第一和第三种无须付款的情形实际上已在《协议》正文中得到确立，第二种情形可以说是一种新的情形。第二种情形强调了作为法定义务的付款不是累积的，如果付款已经完成并且产品被出售给了另一人或实体，则该人或实体无进一步付款的义务。

附件2第2段针对接受方从多边系统获取了多份材料并将它们引入到一个新的产品之中的情形，为接受方设立了只支付一笔款项的义务。这意味着，接受方无须与其从多边系统获取的每份不同的材料相对应而进行付款。附件2第3段规定了与接受方付款有关的报告义务。接受方应在每一日历年于12月31日结束后的60天内向管理机构提交一份年度报告，以说明：12月31日结束的12个月期间接受方、其附属机构、承包人、被授予许可证之人和承租人销售该产品或这些产品的销售额；应支付的款额；及便于查明引起惠益分享付款的任何限制的信息。附件2第4段规定了付款的方式，即接受方在提交每一份年度报告以后应交付款额，并且应当以美元向按照《国际条约》第19.3条之（f）建立的信托基金帐户交付应向管理机构交付的所有款额。

另外需要说明的是，《国际条约》和《协议》及其附件都没有明确法定付款持续的时间。然而，在法定惠益分享规定的意义上这似乎又是明确的：只要产品提供他人用作进一步研究和育种的限制有效，就应当进行付款。对于专利而言，正常的最长持续时间将是20年。②不过，从实践中的情况来看，很少有专利能够维持到其20年保护期届满，因此可以推断在利用专利限制他人

---

①② Gerald Moore and Elizabeth Goldberg, *The International Treaty on Plant Genetic Resources for Food and Agriculture: Learning Module,* Bioversity International, 2010.

进一步研究和育种的情况下付款只会在最初的几年内发生。

以上的解释、评论和说明都是围绕第6.7条为接受方所设立的法定付款义务而展开的。第6.8条是关于接受方自愿性付款要求的规定。考虑到第6.8条只是在两个问题上作出了与第6.7条不同的规定，上文就"产品"等重要概念以及附件2所作的解释、评论和说明都能适用于第6.8条。根据第6.8条规定，如果接受方商业化作为粮农植物遗传资源并含有从多边系统获取的材料的产品，并且该产品可不受限制地提供给他人用作进一步研究和育种，则鼓励接受方自愿付款。显然，当产品可以不受限制提供给他人用作进一步研究和育种时，是否付款完全由接受方决定。

第6.9条规定："接受方应通过《国际条约》第17条规定的信息系统，向多边系统提供通过对材料进行研究和开发所获得的所有非机密性信息，并鼓励他们通过多边系统分享《国际条约》第13.2条明确确认的从研究和开发中获得非货币惠益。在针对含有材料的产品的知识产权保护期届满或被放弃之后，鼓励接受方为了研究和育种将该产品的一份样品放入作为多边系统组成部分的某一个收集品之中。"

第6.9条是关于接受方分享非货币惠益义务和要求的规定。本段规定为接受方设定的义务是：通过《国际条约》第17条规定的信息系统（即全球粮食和农业植物遗传资源信息系统），向多边系统提供针对从多边系统获取的材料进行研发所得到的所有非机密性信息。本段规定还向接受方提出两项非强制性的分享非货币惠益要求：其一，鼓励接受方通过多边系统分享第13.2条确认的从研发中获得非货币惠益。根据第13.2条规定，这些非货币惠益包括信息交流、技术的获取和转让、能力建设等；其二，鼓励接受方在针对含有从多边系统所获取材料的产品的知识产权保护期届满或被放弃之后，将该产品的一份样品纳入多边系统。

第6.10条规定："获得了从取自多边系统的材料或其成分所开发的产品的知识产权并将这种知识产权转让给第三方的接受方，应向该第三方转让本协议的惠益分享义务。"

第6.10条针对接受方向第三方转让产品的知识产权的行为而为其设定了同时转让惠益分享义务的义务。本段规定反映了《协议》关于确保任何第三方受让人继续受本协议约束的要求。根据第6.10条规定，当接受方转让产品的知识产权，而该产品又是从来自于多边系统的材料所开发的，接受方应当确保受让知识产权的第三方也接受了《协议》中的惠益分享义务。

第6.11条规定："接受方可以按照附件4选择以下付款制度作为第6.7条中的付款的备选方案：

（a）接受方应在选择的有效期内以折扣率付款；

（b）选择的有效期应为10年，按照本协议附件3可续展；

（c）款项应当基于任何产品的销售额以及属于本协议附件1提及的材料所属的《国际条约》附件一所列同一作物的作为粮农植物遗传资源的任何其他产品销售额；

（d）支付的款项与产品是否可不受限制提供不相关联；

（e）付款率和适用于本项选择的其他条款和条件，包括折扣率载于本协议附件3；

（f）接受方应免于按照本协议或者任何先前或嗣后关于同一作物签订的《协议》第6.7条进行付款的任何义务；

（g）在本项选择有效期结束之后，接受方应当对含有本条有效期内收到的材料并且不可以不受限制提供的任何产品进行付款。这些款项将按以上（a）段相同的费率计算；

（h）接受方应通知管理机构他已选择了这种付款方式。如果没有提供通知，则适用第6.7条中所指定的其他付款方式。"

第6.11条是关于一个备选付款方案的规定。本段规定的付款被称作"基于作物"（crop-based）或"与作物有关"的付款。根据第6.11条规定，这个备选付款方案是相对于第6.7条所规定的付款（"与产品有关"的付款）而言的，其适用前提是接受方作出了依照本方案付款的明确选择。

上文指出，第6.7条再现了《国际条约》第13.2条之（d）（ii）中的分享商业化所得货币惠益的要求。而第6.11条规定的付款并没有出现在《国际条约》任何规定当中，那么，《协议》为什么要确立一个全新的作为备选的付款方案？鉴于第6.11条规定的付款被当作是第13.2条之（d）（ii）或第6.7条中的付款的备选，确立备选付款的理由无疑与正常付款在实现的过程中遭遇的阻碍密切相关。

通过上文分析可见，接受方按照第13.2条之（d）（ii）或第6.7条负担的法定付款义务的启动要同时满足四个方面的条件。就不能不受限制提供他人用作进一步研究和育种的条件而言，尽管存在广泛的限制他人将产品用作进一步研究和育种的可能措施，但根据第13.2条之（d）（ii）作出即刻和实质性的付款的可能性却很低。在《国际条约》的谈判中，各方对于通过实施第13.2条之（d）（ii）所能够产生的供资抱有很高的期待，然而其实际的潜力则可能相当有限。提出以上论断的原因主要有二个：其一，培育一个新品种需要10年甚至更长的时间，换言之，"产品"被接受方开发出来并被推入"商业化"渠道将花费很长的时间；其二，针对他人将产品用作进一步研究和育种作出的法律限制可能出现在那些很少的规定了植物品种可获专利授权的国家（例如美国），相应地，付款义务可能在数量相对偏少的国家产生。①

由于第13.2条之（d）（ii）或第6.7条中的付款义务存在着启动时间上的滞后和发生场合上的有限，这一付款义务的实施效果备受质疑。在谈判《协议》的过程中，非洲区域就第13.2条之（d）（ii）中的付款存在的问题表达了高度关注，同时建议一个针对某一作物的所有产品而支付使用费（不论产品是否含有从多边系统获取的材料，也不论是否可以不受限制提供给他人用作进一步研究和育种）的备选方案，以便替代针对每一含有从多边系统获取的材料的产品而支付使用费的义务。非洲区域的建议主要是为了提供一个简单的能够减少接受方在从多边系统获得材料过程中支出的交易成本的付款方法。同时，该建议旨在加快产品销售收入的产生进度，以及增加《国际条约》建立的信托基金账户所能接收到的资金数量，从而推动《国际条约》各项目标的实现。

值得注意的是，一些谈判代表针对非洲区域的上述建议提出了若干疑问。这就包括：由于建议的备选付款不再与含有从多边系统所获取材料的产品的商业化发生联系，这一方案是否与《国际条约》相兼容？根据该方案，即使"产品"没有被开发出来，接受方也有义务支付一定比例的销售其他产品所得到的收入，这还是《国际条约》框架下的惠益分享活动吗？建议的付款方案引入的不同付款率符合《国际条约》要求的建立单一付款水平吗？建议的付

---

① Christine Frison et al (eds), *Plant Genetic Resources and Food Security: Stakeholder Perspectives on the International Treaty on Plant Genetic Resources for Food and Agriculture*, Earthscan, 2011, p. 251.

款方案包含的付款义务将在多长时间内存续？建议的备选付款是否会给种子公司和其他接受方带来比正常付款更重的财政负担？显然，这些问题反映了一些国家和利益相关者对于非洲建议的备选付款方案具备的合理性和可实施性的深入考虑。通过援引《国际条约》有关规定进行解释以及寻求获得利益相关者的支持，非洲区域对这些疑问给予有效回应，最后绝大多数谈判代表接受建议的备选付款方案，经过必要的修正后其被规定在了《协议》第6.11条之中。①

相比于"与产品有关"的付款，"基于作物"的付款具有多方面的优势。具体而言，其一，"基于作物"的付款提供了一种使《国际条约》建立的信托基金账户能够提早接收到付款的方式，而不必等待正常情况下需要10至12年的育种开发周期。其二，接受方不需要跟踪从多边系统所获取的材料是否被"产品"所含有，接受方只要销售了相关作物的任何产品，付款义务即被启动。其三，"基于作物"的付款简化了接受方的纸面工作，接受方不再被要求说明其附属单位、承包人、被授予许可证之人和承租人销售产品的销售额，也不再被要求向管理机构提供引起惠益分享付款的任何限制的信息。其四，"基于作物"的付款提供了直接和简易的计算每年接受方有义务支付的款项的方式。其五，有关遵守《协议》的争端出现的可能性会因为无需证明产品是否含有来自于多边系统的材料和进一步研究和育种是否受到限制而得到降低。最后，选择了"基于作物"付款的种子公司的形象在公共关系方面将会是正面的（这些公司会被认为正在支持《国际条约》的实施）。②

接着来看《协议》确立的备选付款方案的内容。上文已经指出，备选付款方案适用的前提是接受方作出了依此付款的选择。一旦接受方作出了选择，其就成为对接受方适用的法定付款形式。这意味着，接受方有权自由选择，但在其选择了该方案后，其应当受到第6.11条和附件3"本协议第6.11条中备

① Christine Frison et al (eds), *Plant Genetic Resources and Food Security: Stakeholder Perspectives on the International Treaty on Plant Genetic Resources for Food and Agriculture*, Earthscan, 2011, pp. 251-252.

② Gerald Moore and Elizabeth Goldberg, *The International Treaty on Plant Genetic Resources for Food and Agriculture: Learning Module*, Bioversity International, 2010. Christine Frison et al (eds), *Plant Genetic Resources and Food Security: Stakeholder Perspectives on the International Treaty on Plant Genetic Resources for Food and Agriculture*, Earthscan, 2011, pp. 253-255.

选付款方案的条款和条件"的约束。[①]第6.11条规定了备选付款方案的具体内容，附件3列出了适用于接受方作出此种选择的其他条款和条件。以下依次对第6.11条各段规定（包括涉及附件3中的规定）进行解释、评论和说明。

第6.11条之（a）确立了接受方在备选付款方案下所负担的付款义务，并且从时间和付款水平上对这一付款义务进行了限定。根据本段规定，接受方应在选择的有效期内按折扣率付款。附件3第1段将这一付款折扣率确定为0.5%，其低于第6.7条中的0.77%的正常付款率。从表面上看，备选付款的付款率比正常付款率少了0.27个百分点，但是，由于0.5%的折扣率适用于相关作物的所有产品，这种付款方式因此可能产生远多于"与产品有关"的付款方式所产生的收入。

第6.11条之（b）明确了（a）段提及的有效期的时间跨度。根据本段规定，选择的有效期为10年。与第6.7条没有规定付款义务的存续期间不同，本段规定则明确了备选付款方案下的付款存续的期间。另外，本段规定指出该期间的可续展性。该期间的续展应按照附件3有关规定进行。

附件3第4段处理了该期间的续展问题。根据该段第一句规定，从本协议签署之日起算在10年期间届满前至少6个月，以及此后在嗣后5年期间届满前6个月，接受方可以通知管理机构其在任何上述期间终止时决定选择不予适用第6.11条。这意味着，如果接受方在10年期间届满前至少6个月没有通知管理机构其决定选择不予适用第6.11条，备选付款的有效期将自动续展5年。附件3第4段第二句解决了在某种特殊情形下10年有效期从何时开始计算的问题。根据规定，在接受方签订了其他《协议》的情形，10年期间将在已选择第6.11条的第一份《协议》签字的日期开始。需要指出的是，这里针对的是就不同作物签订的多份《协议》，也就是说，"其他《协议》"与"第一份《协议》"转让的材料不属于同一作物，因为根据第6.11条之（f）和附件3第5段，在就同一作物签订多份《协议》的情形，重复或累积付款是不需要的。附件3第4段第二句规定达到的效果似乎是缩短了"其他《协议》"的付款有效期。

---

① 《协议》附件4 "对于根据本协议第6.11条的备选付款方案中基于作物的付款的选择"专门用于记载接受方所作出的其根据第6.11条付款的选择，附件4包含一个应由接受方填写、签字并通知管理机构的模板。此外，有关附件4的解释性脚注指出：不论本协议的当事方选择哪种接受本协议的方式（签字、拆封或点击），以及接受方在接受本协议时是否已表明接受这种方式，接受方均必须向管理机构发送选择这种付款方式的签字声明。

第6.11条之（c）就备选付款方案下的款项赖以产生的产品进行了规定。根据本段规定，款项赖以产生的产品不限于含有从多边系统获取的材料的"产品"（即第6.7条所提及的产品），还包括属于本协议附件1提及的材料所属的《国际条约》附件一所列同一作物的作为粮农植物遗传资源的任何其他产品（any other products that are Plant Genetic Resources for Food and Agriculture belonging to the same crop, as set out in Annex 1 to the Treaty, to which the Material referred to in Annex 1 to this Agreement belongs）。举例来说，如果接受方从多边系统获取了玉米遗传资源，而玉米属于《国际条约》附件一所列出的作物，那么其开发和生产的并不含有该玉米遗传资源的所有玉米种子就是本段规定提到的"任何其他产品"。当然，产品被开发和生产出来还不能确保付款的实现，根据本段和附件3第1段规定，款项应当基于任何"产品"和任何其他产品的销售额。从本段规定的内容看，备选付款方案下的款项赖以产生的产品的范围被扩大了，这意味着，即使接受方没有开发出含有从多边系统所获取的材料的产品，但如果其开发和生产了属于与从多边系统获取的材料同一作物的作为粮农植物遗传资源的产品，并且销售了这些产品，接受方就有义务按折扣率付款。

第6.11条之（d）就备选付款方案与"不受限制提供"的关系进行了规定。本段规定明确指出，支付的款项与产品是否可不受限制提供不相关联。这是备选付款方案与第6.7条中的正常付款存在显著不同的一个地方。

第6.11条之（e）不是一个针对具体问题的规定，其只是指出折扣率和适用于接受方已作出选择的其他条款及条件载于附件3。附件3包括5段规定，上面已对附件3第1和4段规定进行了解释和说明，第5段与第6.11条之（f）的解释和说明将在下文合并进行。这里来看第2和3段规定。第2段规定："应当按照载于本协议附件2第4段中的金融指令（banking instructions）进行付款。"可见，备选付款和正常付款在付款的方式上，包括交付款项的货币形态和信托基金账户是完全相同的。第3段规定："当接受方转让正在培育的粮农植物遗传资源时，转让的条件应当是后续接受方应向管理机构根据第19.3条之（f）建立的机制支付此类正在培育的粮农植物遗传资源所产生的任何产品的销售额的0.5%，不论产品是否可不受限制提供。"本段规定针对选择备选付款方案的接受方转让正在培育的粮农植物遗传资源的行为而设定了一项应由后续接受方付款的条件。这意味着，后续接受方如不接受付款的条件，则转让不能实现。根据本段规定，支付的款项基于正在培育的粮农植物遗传资源所产生的任何产品的销售额，付款率为0.5%，付款与产品可否不受限制提供不发生任何关联。需要指出的是，这里的"产品"应当与第6.7条中的"产品"具有同一含义，并非指第6.11条中的"其他产品"。

第6.11条之（f）处理了接受方就同一作物签订的多份《协议》所牵涉的付款问题。根据本段规定，如果接受方在其签订的《协议》中选择备选付款方案，那么其就被免除按照第6.7条付款的义务。这是接受方在作出选择后当然产生的结果。本段规定重点处理的问题是：如果接受方在作出上述选择之前或嗣后就同一作物签订了多份《协议》，那么其如何进行付款？①依据本段规定，接受方被免除了按照在作出选择之前或嗣后就同一作物签订的多份《协议》中的第6.7条付款的义务。这意味着，就同一作物而言，只要接受方在某份《协议》中选择了备选付款方案，其他《协议》中的第6.7条都将不予适用。

尽管接受方被免除了按照第6.7条付款的义务，但接受方是否有义务按照每份《协议》中的第6.11条进行付款？换言之，接受方是否被要求重复或累计付款？附件3第5段专门处理了这一问题，其规定："当接受方已经或在未来签订有关属于同一作物的材料的其他《协议》时，接受方应仅向所述机制支付按照第6.11条或任何其他《协议》的相同条款所确定的销售额百分比。不要求进行累积付款。"

第6.11条之（g）处理了关于备选付款方案的选择的有效期结束之后正常付款的恢复适用问题。根据本段规定，在本项选择有效期结束之后，接受方应当对含有在第6.11条处于有效的期间内收到的材料的任何产品进行付款，并在这些产品不可不受限制提供时。可见，正常付款的恢复适用发生在关于备选付款方案的选择的有效期结束之后，还必须满足"含有"和不可不受限制提供的条件。需要注意的是，根据本段规定，在正常付款恢复适用后，款项的计算将继续执行0.5%的折扣率，而非0.77%的付款率。

---

① 举例来说，如果接受方为获取玉米遗传资源而签订了第一份《协议》，并且其选择了备选付款方案，此后该接受方又为了获取其他玉米遗传资源而签订了第二份《协议》，那么，接受方如何进行付款？

第6.11条之（h）指出备选付款方案适用的一个重要前提条件。这个条件是，接受方应当向管理机构通知其选择了这种付款方式。如果没有通知管理机构，第6.7条规定的付款将予以适用。此外，通知应当按照《协议》附件4的有关要求进行。该要求为，接受方必须向管理机构发送选择这种付款方式的签字声明，即填写了接受方或接受方授权官员全名等信息的附件4。

五、适用的法律（准据法）

上文指出，《协议》是一份含有涉外因素（foreign element）的合同。这里的"涉外因素"主要指《协议》的提供方和接受方并非来自同一个国家。[①]含有涉外因素的合同（或称国际性合同）在正常情况下应当包含所谓的"法律选择"（choice of law）条款，该条款将确定适用于合同解释及与合同有关的争端解决的法律（即准据法）。与绝大多数国际性合同一样，《协议》也明确列出了一个"法律选择"条款，这就是第7条规定。

《协议》第7条规定："适用的法律应当为一般法律原则，包括国际统一私法协会《国际商事合同通则2004》、《国际条约》的目标和有关规定，并且当需要解释时，包括管理机构的决定。"

从本条规定的内容来看，国内法被排除在了准据法的来源之外，"一般法律原则"及作为其具体表现形式的若干国际规则被确定为《协议》的准据法。那么，负责起草《协议》的专家和各国代表为什么要将国内法排除在准据法的来源之外？为什么要选择"一般法律原则"并附加其具体表现形式作为《协议》的准据法？

事实上，在《协议》出现前，被广泛用于植物遗传资源跨国转让活动的材料转让协议接受的是合同自由原则的调整，这意味着材料转让协议的当事方有权依照合同法的一般原则，自主地决定协议的内容和条款，以便使转让活动符合当事方的特定需要。在准据法的选择上，当事方也拥有完全的决定权，提供方或接受方所在的国家或其他与材料转让协议具有某种联系

---

①《国际条约》建立获取和惠益分享多边系统的一个主要目的就是为了确保粮农植物遗传资源在不同国家间的持续流动，作为实施多边系统的法律工具的《协议》必定适用于粮农植物遗传资源的跨国转让，这就意味着粮农植物遗传资源的提供方和接受方将分别来自两个国家。然而，考虑到不同缔约方对《国际条约》第12.2条可能作出的不同解释，《协议》也会在某些缔约方国内被用于本国不同主体间转让粮农植物遗传资源的活动。

的国家的法律都有可能经由当事方的选择而被确定为准据法。例外地，在当事方没有作出明确选择的情况下，拥有司法管辖权的法院将依据法院地所在国的国际私法规则（法律冲突规则）确定材料转让协议应当适用的准据法。①

需要指出的是，《国际条约》第12条并没有提到《协议》的准据法。如果《协议》的准据法经由当事方的自主选择或法院适用本国国际私法规则而确定的话，不同国家的国内法将成为《协议》的准据法，而且每份《协议》的准据法无疑会各不相同。如此一来，多样化的国内法律制度将作为《协议》的准据法而在其解释和争端解决中发挥作用。

然而问题在于，《协议》本身要受《国际条约》确立的原则和条件的制约。多样化的国内法律制度被确定为拥有同一内容的《协议》的准据法有可能在其解释上引发争议。尽管《协议》将在《国际条约》的框架下予以解释，但不同国家的国内法院对于《国际条约》的纷繁复杂之处或其追求的目标可能并不敏感。不仅如此，当前并不清楚大多数国家的司法系统是否足以熟悉《国际条约》和《协议》的技术特性以便提供富有成本效益的争端解决。即便不同国家的国内法院在解决争端时充分考虑了《国际条约》，这些法院将不可避免地对《国际条约》作出不同的解释，从而导致有关《协议》的义务的解释或实施出现来自于不同国家法院带有分歧的法律意见。就《协议》而言，将不同的法律适用于《协议》对于《国际条约》的一致性解释将会是徒劳无益的并且是与其相背的。为了《国际条约》的有效实施，尽力确保有关《协议》争端的意见的一致性更具吸引力。基于以上考虑，《协议》应当被"国际化"，这意味着国际法而非国内法应当被用于解释《协议》和解决与其有关的合同争端的准据法。还须指出的是，这一"国际化"并不能依赖当事方的自主选择或法院对本国国际私法规则的适用而获得实现。负责起草《协议》的专家和各国代表必须主动引入一个关于准据法的条款，从而直接为当事方选

---

① 关于在这种情况下如何确定涉外合同的准据法的问题，当前不同国家的国际私法规则比较普遍地认可了最密切联系原则在解决这一问题上的适用性。最密切联系原则是指拥有司法管辖权的法院在审理含有涉外因素的合同纠纷时，原则上应适用与涉外合同法律关系有最密切联系的国家的法律。但在如何认定最密切联系的国家的问题上，由于各国的法律观念不同，认定的方法和标准也不尽相同。一般而言，可能影响法官认定最密切联系的国家的因素有很多，包括合同谈判地、缔结地及履行地、标的物所在地、当事方的国籍、住所及惯常居所、营业所、被告所在地、法院地等等。

择和指定作为准据法的国际法。①

从上述分析可见，确保《协议》在解释和适用上的一致性（consistency）是《协议》的起草者们放弃选择国内法作为准据法的来源的重要原因。但这并非是唯一原因，下面还将提及其他原因。这里先来看起草者们为《协议》所选择的准据法。根据第7条规定，《协议》的准据法是一般法律原则（General Principles of Law），包括《国际商事合同通则2004》、《国际条约》的目标和有关规定，以及管理机构的决定。如上所述，国际法应当被确定为《协议》的准据法。而"一般法律原则"正是国际法的渊源之一，换言之，"一般法律原则"是国际法的一种表现形式。②然而必须指出的是，"一般法律原则"是一个相当模糊的概念，其包含哪些具体内容并不确定。正是在这个意义上，第7条又通过附加三个来源的准据法（全部是国际规则）进一步明确了"一般法律原则"的内容，由此达到使"一般法律原则"清晰化和具体化的目的。

选择"一般法律原则"作为《协议》的准据法主要有三个原因。第一个原因是回避有关准据法的争议问题。就国际性合同而言，没有任何一方在一般情况下会发现另一方所在国的法律是完全可以接受的，当事方正常会试图选择不属于任何一方国内法的某个法律作为准据法，但选择什么法律往往会产生争议。当诉诸某个特定的外国法不可能被任何一方接受时，"一般法律原则"被视为是一个中立的途径。③为了回避有关准据法的争议问题，国际性合同中的一个典型的解决方案就是规定争端应当在"一般法律原则"或"国际法"的基础上予以解决。④选择"一般法律原则"作为准据法的第二个原因与联合国粮农组织在解决《协议》的争端中担负的重要角色有关。⑤作为《协

---

① Daniele Manzella, The International Treaty on Plant Genetic Resources for Food and Agriculture: Potential Mechanisms for Ensuring Compliance and Resolving Disputes, *Environmental Law Reporter,* Vol. XXXVI, No. 5, 2006.

② 《国际法院规约》（Statute of the International Court of Justice）第38条被认为是关于国际法的渊源的权威规定，其明确提及了"为文明国家所承认的一般法律原则"。除了"一般法律原则"，第38条还提到了作为国际法的渊源的国际条约、国际习惯以及司法判例和各国权威最高之公法家学说。

③ Claudio Chiarolla, Plant Patenting, Benefit Sharing and the Law Applicable to the Food and Agriculture Organization Standard Material Transfer Agreement, *The Journal of World Intellectual Property*, Vol. 11, No. 1.

④ Daniele Manzella, The International Treaty on Plant Genetic Resources for Food and Agriculture: Potential Mechanisms for Ensuring Compliance and Resolving Disputes, *Environmental Law Reporter,* Vol. XXXVI, No. 5, 2006.

⑤ 根据《协议》第4.3条、第8.2条以及管理机构通过的有关决议，联合国粮农组织被《国际条约》管理机构指定为《协议》的第三方受益人，其代表管理机构和多边系统有权作为第三方受益人启动关于提供方和接受方在本协议中的权利和义务的争端解决程序。

议》的第三方受益人，联合国粮农组织有权通过启动争端解决程序实现属于多边系统本身的权益。联合国粮农组织，作为联合国的专门机构，在正常情况下不能使其自身受制于任何国家的法律或司法管辖。对于联合国系统的专门机构参与的协议而言，其中的准据法提到"一般法律原则"属于标准的惯例。[①]由此可见，因为联合国粮农组织充当了《协议》的第三方受益人并有权启动争端解决程序，所以"一般法律原则"而非国内法才被选择成为《协议》的准据法。这也构成国内法被排除在准据法来源之外的另一个原因。第三个原因是仲裁被确定为《协议》的最终争端解决机制。与第二个原因相似，如果在联合国系统内的机构参与的协议中出现仲裁条款，提到"一般法律原则"属于标准的惯例，在国际商会仲裁示范条款中也提及了"一般法律原则"。[②]

接着来看被附加的作为"一般法律原则"具体表现形式的国际规则。首先被附加的国际规则是国际统一私法协会《国际商事合同通则2004》（以下简称《通则》）。[③]之所以将《通则》作为"一般法律原则"的具体表现形式附加到《协议》的准据法之列，一方面是因为，《协议》可被视为是一种国际商事合同，[④]而《通则》代表了一套各国"共有"的合同法原则和规则体系，这些原则和规则能最佳地适应国际商事交易（包括涉及遗传资源的跨国交易）的特殊需要。尤其是，《协议》提出了第三方受益人的概念并赋予了第三方受益

---

① Gerald Moore and Elizabeth Goldberg, *The International Treaty on Plant Genetic Resources for Food and Agriculture: Learning Module,* Bioversity International, 2010.

② Explanatory Notes on the First Draft of the Standard Material Transfer Agreement Prepared by Secretariat, CGRFA/IC/CG-SMTA-1/05/2 Add.1.

③《国际商事合同通则》是国际统一私法协会（International Institute for the Unification of Private Law, UNIDROIT）主持起草编纂的一部极具现代性、广泛代表性与权威性的国际商事合同统一法。《通则》于1994年编纂完成，此后又不断增加了一些新的内容，从而形成了2004和2010两个版本。按照意大利籍的起草工作组主席Bonell教授的观点，《通则》是一部合同法国际重述（International Restatement of Contract Law），其不同于有法律约束力的国际公约（如《联合国国际货物销售合同公约》），也不同于广泛使用的"软法"文件（如国际商会《国际贸易术语解释通则》）。《通则》规定了一套几乎涵盖一般合同法所有重要主题的广泛规则，诸如合同的成立、效力、解释、合同的内容、第三方权利和条件、履行、不履行、抵销、转让、时效期间以及多数债务人与债权人等内容。《通则》序言对其在实践中具有的功能进行了说明，具体而言，《通则》可以作为合同的准据法，可以用于解释或补充国际统一法文件或国内法，可以用作国内和国际立法的范本。

④ 上文已经指出，《协议》是一种国际合同。关于《协议》是否是一种商事合同的问题，根据针对《通则》序言所作出的评论，《通则》对"商事"未作任何明确的界定，其仅假定应对"商事"合同这一概念作尽可能广泛的理解，使其不仅包括提供或交换商品或服务的贸易交易，而且包括其他类型的经济交易，如投资和（或）特许协议、专业服务合同等。就此而言，《协议》构成《通则》框架下的一种"商事"合同是不存在任何问题的。

人在启动争端解决程序等方面的权利，但为了使这些权利得以实施，适用于《协议》的实体法必须认可第三方受益人的权利。而《通则》明确认可了第三方（即受益人）的权利。因此《通则》被附加为《协议》准据法的来源并不会让人感到惊讶。另外一个重要的原因是《通则》序言提到了《通则》具有的合同准据法功能，以及在《通则》与"一般法律原则"之间建立起明确的联系。[①]既然《通则》可以在当事人约定其合同受"一般法律原则"调整时得以适用，而《协议》的准据法又被确定为"一般法律原则"，那么《通则》被作为准据法明确提出来就有充分的理由。

被附加在《通则》后面的国际规则是《国际条约》的目标和有关规定，以及管理机构的决定。由于《协议》是实施《国际条约》的一个必须的工具和机制，而且其核心规定都来自于《国际条约》，其准据法来源之一必然是《国际条约》的规定。相比于《通则》这才是真正的国际法。值得注意的是，"《国际条约》的目标和有关规定"在此被明确提及，"有关规定"肯定包括第10～13条。此外，管理机构的决定，在需要解释时也将作为准据法而适用。提及以上准据法来源反映了谈判者们给予《协议》的国际和技术属性以及管理机构在监督其实施中所扮演的角色以应有重视的愿望，还反映了谈判者们见证发展出一套适用于《协议》解释和实施的前后相一致的国际法的愿望。[②]

六、争端的解决

国际性合同在正常情况下应当包含有关争端解决方式的条款，具体而言，合同当事方应当在合同中明确约定，在发生合同争端的情况下双方将通过何种方式（诉讼的还是非诉讼的方式）解决争端，以及将争端提交到哪一个法院或其他争端解决机构解决。与绝大多数国际性合同一样，《协议》第8条也就如何解决因《协议》所产生的任何争端作出了安排。第8条包括4段规定，从内容上看，第8.1条是关于有资格启动争端解决程序的主体的规定（其中提及了第三方受益人），第8.2条和第8.3条认可了第三方受益人在启动争端解决

---

① 《通则》序言第2段指出："当事人约定其合同受《通则》调整时，应适用《通则》。"第3段指出："当事人约定其合同受一般法律原则、商人习惯法或类似规则调整时，可适用《通则》。"第4段指出："当事人未选择任何法律调整其合同时，可适用《通则》。"

② Gerald Moore and Elizabeth Goldberg, *The International Treaty on Plant Genetic Resources for Food and Agriculture: Learning Module,* Bioversity International, 2010.

程序等方面的权利，第8.4条则属于标准的关于争端解决方式的规定。下面首先来看第三方受益人的问题，其次对第8.4条中规定的争端解决方式进行解读和说明。

（一）第三方受益人

除了第8.1条、第8.2条和第8.3条，《协议》第4.3条和第4.4条也规定了第三方受益人的有关问题，这里一并予以解释和评析。

第4.3条规定："本协议当事方同意，管理机构指定的实体代表《国际条约》管理机构及其多边系统行事，是本协议下的第三方受益人。"

第4.4条规定："第三方受益人有权要求提供本协议第5条之（e）、第6.5条之（c）、第8.3条和附件2第3段中要求的适当信息。"

第8.1条规定："争端的解决可以由提供方或接受方或代表《国际条约》管理机构及其多边系统行事的由管理机构指定的实体启动。"

第8.2条规定："本协议当事方同意，管理机构指定的实体代表管理机构和多边系统，有权作为第三方受益人启动关于提供方和接受方在本协议中的权利和义务的争端解决程序。"

第8.3条规定："第三方受益人有权要求提供方和接受方提供关于他们在本协议中的义务的适当信息，必要时包括实例。提供方和接受方应根据情况提供如此要求的任何信息或实例。"

《协议》第4.3条提出了一个重要的概念——第三方受益人。那么，为什么要提出这个概念？显然，在解释以上规定之前必须对这个问题作出清晰的回答。

按照《国际条约》的要求，便利获取将根据《协议》予以提供，《协议》实质性地不同于其他材料转让协议的一个地方是：根据《协议》转让的粮农植物遗传资源被认为来自于多边系统①，而且《协议》下的因商业化利用粮农植物遗传资源所产生的货币惠益将流向多边系统本身（具体是"惠益分享基

---

① 事实上的情况是粮农植物遗传资源由不同国家的相关主体持有，但《国际条约》建立多边系统的目的就是要将附件一所列出的粮农植物遗传资源"汇集"（pool）到多边系统之中，并按照《国际条约》的规定提供便利获取并分享其利用所产生惠益。就此而言，尽管资源被不同主体所持有，但只要被纳入到了多边系统，不论自动还是自愿纳入，都被视为来自于多边系统。在这个意义上，多边系统也被称作一个"虚拟的全球基因池"。

金"），而非特定的提供方，并最终用于资助发展中国家和经济转型国家农民保存和可持续利用粮农植物遗传资源的活动。另外，针对转让的材料所进行的研发活动而产生的非机密性信息（非货币惠益）也将通过根据第17条建立的全球信息系统而提供给多边系统自身。这样来看的话，由于提供方并没有从接受方那里直接获得任何的利益，提供方因此拥有很少的或根本就没有动力采取费时费力并且花费昂贵的法律行动，以便在接受方违反《协议》义务时执行《协议》的条款。①接受方也会面临同样的问题，当接受方向后续接受方按照《协议》的条款和条件转让了提供方先前向其提供的材料之后，其也不具有动力采取法律行动强制后续接受方遵守《协议》的条款。即使最初的提供方愿意采取行动，但从法律上来说，其也无能为力，因为其与后续接受方之间并不存在合同关系。

从上述分析可见，鉴于因利用根据《协议》转让的粮农植物遗传资源所产生的惠益将流向多边系统本身而非提供方，《协议》因此面临着无法得到有效执行或遵守的困境。这个问题在起草《协议》的过程中引发了高度关注。为了解决这一问题，有关方面表达了"第三方应当可以启动争端解决"的观点。法律顾问就此指出：由于在多边系统的材料转让协议下存在着第三方受益人，允许有人或机构在争端解决中代表他们可能是有利的，而这在国际仲裁中会更加容易。另有观点指出：应当设立一个保证人（guarantor），以确保接受方所接受的义务得到履行。这些重要观点对于第三方受益人概念的正式提出起到了关键的推动作用。值得注意的是，非洲区域提出一个不同的解决方案，即将《协议》的提供方界定为多边系统的代理人（agent），这样就提供一个保证人以确保接受方承担的义务得以执行并同时维护属于多边系统自身的利益。但法律专家们经过考虑认为，尽管代理概念与《国际条约》相符合，但其对于解决《协议》无法得到有效执行的问题而言存在一些法律和实际的困难。最终，起草《协议》的专家和各国代表接受了第三方受益人的概念，同时作为一种解决上述问题的方式确认了这样的选择：在《协议》中创设第三方受益人权利以及授权给某个法律实体以便其采取法律行动实施这些

---

① Michael Halewood et al, *Crop Genetic Resources as a Global Commons: Challenges in International Law and Governance,* Routledge, 2013, p. 168.

权利。①

需要强调的是，第三方受益人概念的提出并被各方认可和以下两个方面事实的支撑密不可分。

其一，第三方受益人概念实际上已经隐含在《国际条约》的规定之中，而且《国际条约》并没有排除第三方受益人实施其权利的权利。根据第12.4条、第13.2条之（d）（ii）以及第13.3条规定，《协议》下的惠益并不会流向个别的提供方，而是流向多边系统本身，并最终使各国保存和可持续利用粮农植物遗传资源的农民受益。从这个意义上说，多边系统作为《协议》的第三方受益人的地位已经被明确规定在《国际条约》当中。但需要指出的是，第12.5条提及，"认识到这类材料转让协议所产生的义务专属于这些材料转让协议的当事方"。这就产生一个问题：第12.5条是否以任何方式排除由第三方受益人或代表第三方受益人提出诉讼。对这一问题的回答应该是否定的。如果对第12.5条的措辞作一个稍微狭窄的字面解释，限制只会适用于产生自《协议》的"义务"，而不是产生于这些《协议》的"权利"。这一推理符合合同法的一般原则，根据"合同相对性"（privity of contract）原则，针对合同的非当事方设定义务是被绝对排除的，但并不必然排除为第三方创设权利。这个解释也符合《国际条约》的目标：创设《协议》的第三方受益人权利但同时又排除实施这些权利，这对于《国际条约》而言几乎不是相一致的。②

其二，许多国家法律和国际统一法文件明确承认了合同当事方可以为第三方创设权利。根据"合同相对性"原则，合同只约束当事方并只为当事方创设权利义务，没有第三方的同意不能为其设定具有约束力的义务。然而，许多国家（包括大陆法系和英美法系国家）的合同法逐渐承认在一些场合合同可以授予第三方权利，如合同当事方相互商定向第三方作出赠与，保险人与被保险人订立一个受益人为第三方的保险合同。值得注意的是，如果国内合同法承认第三方权利具有可实施性（enforceability），这些权利能否得到实施要取决于：当事方具有明显的创设此种在法律上可实施权利的意图；合同明确界定了这些权利以及权利的享有者。不仅仅很多国家的合同法承认了第

---

① Michael Halewood et al, *Crop Genetic Resources as a Global Commons: Challenges in International Law and Governance*, Routledge, 2013, pp. 165-166.

② Third Party Beneficiary, Including in the Context of Arbitration, CGRFA/IC/CG-SMTA-2/06/Inf.4.

三方权利,《国际商事合同通则2004》明确地规定：合同当事方（允诺人和受诺人）可通过明示或默示协议授予第三方（受益人）以权利。正如上文所指出的,《国际商事合同通则2004》被确定为《协议》准据法来源之一的部分原因是其明确认可了第三方权利。[①]

由于《协议》提供方和接受方缺少执行《协议》的内在动力，提出第三方受益人概念的目的就是要授予第三方受益人以权利，以便其能够针对接受方（包括后续接受方）不遵守或违反《协议》义务的行为采取相关措施。那么，应当授予第三方受益人哪些权利？不仅如此，如果要让第三方受益人发挥其作用，还必须解决两个重要问题，它们是：第三方受益人采取行动旨在保护属于多边系统的哪些权益？应当由谁来充当第三方受益人？各方围绕这三个问题进行了深入磋商和谈判，就前两个问题形成的解决方案体现在了第4.4条、第8.1条、第8.2条和第8.3条之中，最后一个问题的解决方案则被包含在管理机构通过的决议当中。下面对《协议》中涉及第三方受益人的条款进行解释，同时对这些问题作出回答和说明。

第4.3条的意义在于其提出了第三方受益人的概念。第4.3条首先强调了"本协议当事方同意"，这显然遵循了合同法上的一般原则，也就是只有在合同当事方同意的前提下，合同才会拥有第三方受益人。根据本条规定，管理机构指定的实体是《协议》的第三方受益人。考虑到第三方受益人要以自己的名义开展活动，第三方受益人不能是虚拟的存在，其应当由一个具有法律人格的实体（entity）予以充当。实际上，在通过《协议》文本之时，由哪一个实体充当第三方受益人的问题尚未得到完全解决（尽管管理机构在其第一届会议上向联合国粮农组织发出了由其充当第三方受益人的邀请），因此《协议》文本并没有具体提到这个实体的名称。下文将就此展开分析，此处不赘。第4.3条还提到了管理机构指定的实体代表《国际条约》的管理机构及其多边系统行事。这是因为，管理机构担负着促进多边系统全面实施的职责，而且多边系统是《协议》真正的受益者，但管理机构和多边系统不具有法律上的人格，它们的职责和利益就要由充当第三方受益人的实体予以代表。

第4.4条规定了第三方受益人要求提供有关信息的权利，可以将这项权利

---

① Michael Halewood et al, *Crop Genetic Resources as a Global Commons: Challenges in International Law and Governance,* Routledge, 2013, p. 168.

简称为"监测《协议》履行的权利"。乍看起来，第4.4条提及的条款似乎颇为有限和相当令人不兴奋：就绝大多数而言，它们仅允许第三方受益人要求提供关于管理机构已要求提供方或接受方向其报告的事项的信息。第三方受益人已经能够取得向管理机构提供的有关这些事项的信息，而且实际上管理机构已被明确要求确保有关这些事项的信息传递给第三方受益人。第4.4条因而增加的是第三方受益人依自己力量要求提供信息的权利，以及在提供方或接受方疏于或拒绝向管理机构提供适当的信息时而要求提供信息的权利。[1]

相比于第4.4条授予给第三方受益人的权利，第8条"争端的解决"授予给第三方受益人的权利则更加实在和广泛。这意味着，第三方受益人作用的发挥将更多地与争端解决联系在一起。

第8.1条规定了有资格启动争端解决程序的主体，这就包括提供方和接受方，以及代表管理机构和多边系统行事的由管理机构指定的实体。在正常情况下，合同争端的解决只能由合同当事方启动，《协议》作为一类合同，其当事方当然可以启动争端解决，第8.1条对此予以了确认。然而，正如上文所述，鉴于《协议》的提供方或接受方无力或不愿启动争端解决程序，第三方受益人才被提出来，并为了维护多边系统自身的利益而被赋予启动争端解决程序的资格。这是《协议》与其他材料转让协议在争端解决上存在很大不同的一个地方。

第8.2条明确授予管理机构指定的实体作为第三方受益人启动争端解决程序的权利。[2]根据本条规定，这项重要权利的授予也是在"本协议当事方同意"的前提之下，使用这样措辞的目的是让第三方受益人的运作符合法律逻辑，尽管提出第三方受益人概念并授予其权利的是负责起草和谈判《协议》的各国代表。第8.2条还处理了一个重要问题，那就是第三方受益人通过争端解决予以保护的归属于多边系统的权益。第8.2条对这些有待保护的权益作出非常宽泛的界定，其使用的措辞是"关于《协议》中提供方和接受方的权利和义

---

[1] Michael Halewood et al, *Crop Genetic Resources as a Global Commons: Challenges in International Law and Governance,* Routledge, 2013, p. 169.

[2] 启动争端解决程序的权利应当属于一种程序意义上的权利。在大多数情况下，合同当事方授予给第三方的是实体意义上的权利，例如取得某项财产的权利，当实体权利未能获得实现时，作为权利人的第三方有权向法院起诉以使自己的实体权利得到实现，向法院起诉的权利往往被称作"出庭权"（locus standi）。

务"。在这些权利和义务当中,接受方根据第6.7条或第6.11条所负担的惠益分享义务无疑是焦点所在。如果接受方违反了这一核心义务(这意味着多边系统无法收到接受方所支付的款项),第三方受益人为了确保多边系统的有效运作有充分理由启动争端解决程序。需要指出的是,这些权利和义务还涉及提供方迅速和无偿提供获取的义务,并且包括提供方承担的提供关于材料的全部现有基本信息和非机密性信息的义务和报告已签订的《协议》的义务。从接受方这一边来看,这些权利和义务包括关于按照限定的用途利用的义务以及不得就已接受的材料提出知识产权要求的义务。

第8.3条与第4.4条一样也是关于第三方享有的请求提供适当信息的权利的规定。第8.3条总体而言授予给第三方受益人相当广泛的监测提供方和接受方履行他们在《协议》中的义务的权利,尽管是在争端解决的场景中。依据本条规定,第三方受益人除了有权要求提供关于提供方和接受方义务的"适当信息"外,还在必要时要求提供信息的"实例"(samples),这与第4.4条有所不同。实际上,在第4.4条和第8.3条中授予给第三方受益人的权利是一个监测当事方遵守其《协议》下义务的真正基础。尽管这里授予给第三方受益人的权利十分广泛,但它们应当主要与争端解决联系起来并在这一场景中得到行使。①

最后来看应当由谁充当第三方受益人的问题。上文明确指出,多边系统才是《协议》真正的第三方受益人。②然而,这在法律上却不充分,因为多边系统不具有任何法律人格(legal personality),并因此无法出庭实施其权利。在法律上,第三方受益人必须是一个有能力采取法律行动的法律实体。同样,监督多边系统运作的《国际条约》管理机构也缺少自己独立的法律人格。《国际条约》及其管理机构是根据联合国粮农组织章程第XIV条而建立,联合国粮农组织理事会已确定这些机构不拥有它们自己的法律人格以及必须利用联合国粮农组织的法律人格。因此,管理机构并不具有以自己的名义直接采取

---

① Michael Halewood et al, *Crop Genetic Resources as a Global Commons: Challenges in International Law and Governance*, Routledge, 2013, p. 169.

② 考虑到多边系统接收到的惠益将用于发展中国家和经济转型国家农民保护和可持续利用粮农植物遗传资源的活动,也可以将《协议》最终的受益方看成是这些国家的农民。然而,为了法律的确定性,超出多边系统本身去看待这一问题可能并不谨慎。在这个意义上,多边系统将会充当一个为了所有国家农民最终利益的受托人。See Third Party Beneficiary, Including in the Context of Arbitration, CGRFA/IC/CG-SMTA-2/06/Inf.4.

某些法律行动的能力，包括在法院或特别法庭发起法律行动。①

　　既然多边系统和《国际条约》管理机构都不具备法律人格和采取法律行动的能力，那么就需要考虑由哪一个机构或实体充当第三方受益人，从而代表多边系统和管理机构采取行动保护属于多边系统的权益。在管理机构第一届会议召开期间，缔约方们就提名哪一个机构履行第三方受益人角色的问题进行了必要的谈判，并取得一些共识。实际上，管理机构在这个问题上仅有两个选择：要么邀请联合国粮农组织充当第三方受益人，要么为此专门设立一个新的机构。

　　由管理机构邀请拥有法律人格的联合国粮农组织充当第三方受益人，这不仅是考虑到了《国际条约》是在联合国粮农组织章程的框架内所缔结的事实，而且是根据联合国粮农组织章程第XIV条缔结的公约和协定下的机构（bodies）在联合国粮农组织章程的背景下运作的正常方式。值得注意的是，为了维护《协议》下的多边系统的权益，由联合国粮农组织作为第三方受益人代表管理机构行事必须得到联合国粮农组织总干事的同意。②不仅如此，承担这项责任要受到与履行该责任的方式和裁判场所有关的某些先决条件的制约。例如，联合国粮农组织可能难以承诺在国内法院提出诉讼，这将要求其放弃豁免权。相反，联合国粮农组织能够接受国际仲裁，因为联合国粮农组织和其他国际组织正常情况下通过国际仲裁解决争端。

　　为了履行第三方受益人角色的目的，也可以专门设立一个作为独立国际组织的新法律实体。如果采取这种选择，联合国粮农组织将不再负责实施《协议》，新设的国际组织或其实施机构将根据其自身具体的授权而运作。设立这样一个实施机构所需的法律步骤是：起草一个成立协议；起草一个章程；起草该实施机构与《国际条约》管理机构之间的关系协议。③

---

① Third Party Beneficiary, Including in the Context of Arbitration, CGRFA/IC/CG-SMTA-2/06/Inf.4.

② 根据联合国粮农组织章程第XIV条设立了机构的公约和协定，例如《国际条约》的管理机构，应由联合国粮农组织大会或理事会予以通过。必须采取这样一种方式看待这类机构的法律地位，那就是使这类机构的功能性自治要求与它们被置于联合国粮农组织框架内并在其中运作的事实保持一致。这类机构通过联合国粮农组织采取行动或者利用联合国粮农组织的法律能力。联合国粮农组织因此对管理机构的法律行为负最终的正式责任。在管理机构采取法律行动的决定对联合国粮农组织作为一个整体或其广大成员产生影响的情形，此类决定应向联合国粮农组织报告，并应给联合国粮农组织表达其看法的充分机会。See Third Party Beneficiary, Including in the Context of Arbitration, CGRFA/IC/CG-SMTA-2/06/Inf.4.

③ Third Party Beneficiary, Including in the Context of Arbitration, CGRFA/IC/CG-SMTA-2/06/Inf.4.

事实上，第二个选择在理论上是可行的，但在具体操作上其面临着诸多的法律和实际难题。具体而言：其一，设立并运行一个拥有国际法律人格的实施机构需要充足的经费，而这并不容易解决。其二，即使所有缔约方愿意加入该机构，批准过程可能需要相当长的时间。其三，非缔约方可能未必接受联合国粮农组织之外的实施机构的干预，这将在不同国家间引发争议。相比而言，尽管由联合国粮农组织充当第三方受益人也要满足某些方面的条件，但因为《国际条约》与联合国粮农组织之间的紧密联系以及存在着处理类似问题的先例，邀请联合国粮农组织充当第三方受益人是一个能够被各方所接受的现实选择。实际上，各方在谈判中对此已经达成一致，并且针对未来联合国粮农组织履行第三方受益人角色的需要确定了《协议》所适用的法律以及解决《协议》争端的方式。管理机构第一届会议在最后时刻通过第2/2006号决议，该决议第8段指出，"邀请联合国粮农组织作为第三方受益人，在管理机构的指示下，根据管理机构下届会议确立的程序，履行《协议》所确认并规定的角色和职责"。

2006年12月，联合国粮农组织总干事向《国际条约》缔约方通报：他"原则性同意"联合国粮农组织充当《协议》中所预见的第三方受益人，这项"原则性同意"须在对管理机构确立的界定第三方受益人角色和职责的程序进行审查后，提交正式批准。管理机构于2007年10月29日至11月2日在意大利罗马召开第二届会议，在本届会议上，管理机构感谢总干事原则性接受其发出的邀请，同时认识到该项接受须经对管理机构确定的程序进行审查之后的正式批准。由此可见，只有在联合国粮农组织内部履行完既定的程序之后，联合国粮农组织才能充当第三方受益人。管理机构承担的工作就是确立联合国粮农组织履行第三方受益人角色和职责的程序。为此，管理机构要求《国际条约》秘书（Secretary）预备罗列了联合国粮农组织在履行作为第三方受益人的角色和职责时所遵循的程序的文本草案，并请各缔约方、其他政府和国际组织对该文本草案提出意见。管理机构第二届会议还决定设立"第三方受益人特设委员会"，其任务是审议秘书预备的文本草案以及各缔约方、其他政府和国际组织提出的意见和建议，并预备拟向管理机构第三届会议提交的第三方受益人程序草案。

经过《国际条约》秘书和"第三方受益人特设委员会"的努力工作，一份关于第三方受益人程序的决议草案（包含附件1《第三方受益人运作程序》和附件2《第三方受益人运作》）被提交给2009年6月1日至5日召开的管理机构第三届会议。管理机构在本届会议上通过了关于第三方受益人程序的第5/2009号决议，这就包括《第三方受益人运作程序》，即《第三方受益人程序》。①管理机构请联合国粮农组织总干事提请本组织相关部门关注这些程序，以供正式批准。管理机构还要求秘书设立"第三方受益人运作储备金"，以便支付第三方受益人根据第三方受益人程序履行其角色和职责时可能产生的费用和开支。

在《第三方受益人程序》获得通过之后，联合国粮农组织下设的"章程和法律事务委员会"对《第三方受益人程序》进行了审查，此后由联合国粮农组织理事会对其予以正式批准。这就意味着，联合国粮农组织正式拥有《协议》第三方受益人的法律地位。然而，需要指出的是，第三方受益人运作所需的全部程序并未完全到位，基于促进第三方受益人有效发挥作用的考虑，管理机构通过的第5/2009号决议要求《国际条约》秘书制定启动和管理《第三方受益人程序》下的争端友好解决和调解程序的运作准则。秘书和"第三方受益人特设委员会"就此展开了制定关于争端友好解决和调解程序的运作准则的工作。该委员会经讨论认为，《第三方受益人程序》第5条已经包含第三方受益人在寻求争端友好解决中所遵循的详细程序，第5条中确立的程序规定了由第三方受益人采取的有效和富有成本效益的行动。因此，委员会商定不在争端友好解决阶段开展进一步的工作，而是将工作集中于争端解决的下一阶段，即调解。该委员会得出的结论是，在解决争端的整个过程中，将重点放在调解似乎是控制成本的唯一最有可能的手段。该委员会最终审查并确定了《调解规则》草案，并认为该草案包含的内容实际上满足了管理机构在第5/2009号决议中所提到的启动和管理调解程序的运作准则的要求。

---

① 《第三方受益人程序》共计11条，其就第三方受益人的指定、范围、原则、信息、争端的友好解决、调解、仲裁、开支、报告、修订和生效等问题进行了规定。根据第1条规定，联合国粮农组织应在管理机构的指导下，充当《协议》的第三方受益人。根据第2条规定，在第三方受益人履行《协议》确认和规定的角色和职责时，这些程序对其予以适用。根据第3条规定，第三方受益人应当以透明、富有成本效益、迅速以及尽可能非对抗的方式履行其角色和职责。根据第5~7条的规定，因《协议》引起的争端应当依次通过争端的友好解决、调解和仲裁三种方式而解决。《第三方受益人运作》包括四个部分，其分别处理了第三方受益人的运作所涉的专家提名的标准和程序、《协议》当事方向管理机构提供的信息以及向第三方受益人提供的信息等问题。

这份《调解规则》在2011年3月14日至18日召开的管理机构第四届会议上获得通过。①相应地,管理机构通过增加一段的方式对《第三方受益人程序》第6条"调解"进行了修订。②《调解规则》的通过标志着第三方受益人程序全面运作所需规则的制定工作全部完成,同时也标志着《协议》的争端解决制度业已到位。按照有关的程序要求,联合国粮农组织理事会在2011年11月正式批准了《调解规则》以及据此进行修订后的《第三方受益人程序》。

（二）争端解决方式

第8.4条规定:"因本协议产生的任何争端应当以下列方式解决:

（a）争端的友好解决:当事方应真诚努力通过谈判解决争端。

（b）调解:如果争端没有通过谈判解决,当事方可以选择通过双方商定的一个中立的第三方调解员调解。

（c）仲裁:如果争端没有通过谈判或调解而解决,任何一方可以根据争端当事方商定的一个国际机构的仲裁规则将争端提交仲裁。如果未能达成一致,争端应当由根据国际商会仲裁规则任命的一名或多名仲裁员按照所述规则终局解决。如果如此选择的话,争端的任何一方可以从管理机构为此目的建立的这类专家名单中任命其仲裁员;双方或由他们任命的仲裁员可以根据情况商定从这类专家名单中任命独任或首席仲裁员。这种仲裁的结果应当具有约束力。"

第8.4条是一个标准的关于解决争端方式的规定,其确定了解决因《协议》产生的任何争端的三种方式或机制,这就是:通过谈判友好解决争端、中立的第三方调解员进行调解、根据有关国际机构的仲裁规则进行仲裁。第8.4条不仅为解决《协议》下的争端提供了三种机制,而且对这三种机制的适用作出层级化的安排。实际上,争端解决机制的层级化适用是国际公约或条约关于争端解决机制的条款所具有的典型特点,《国际条约》第22条也体现了这一特点。这里的层级化适用指的是《协议》下的三种争端解决机制在适用

---

① 《调解规则》共计23条,其分别就调解规则的范围、调解请求、本规则的接受、调解开始、通知和期限、调解员的任命、调解员的国籍、公正与独立、时间保证与接受及通知、各方的代表及与会、开展调解、调解员的职责、调解终止、终止调解的通知、终止争端解决的通知等问题进行了规定。

② 该段的内容为:"第三方受益人应建议《协议》各方根据《第三方受益人程序》附件2所含《调解规则》进行调解。"

上存在先后之分，争端优先通过谈判解决，在争端未获解决时接着由第三方调解员进行调解，当这两种机制都无法奏效时争端将最终被提交仲裁解决。

从第8.4条使用的措辞来看，第8.4条确定的三种争端解决机制应当在《协议》的提供方或接受方启动了争端解决程序的情况下予以适用。当争端由第三方受益人启动时，上文提到的《第三方受益人程序》将予以适用。需要指出的是，《第三方受益人程序》中的争端解决机制与第8.4条完全相同，但是，《第三方受益人程序》对于这三种争端解决机制的规定要更具体一些，这就包括对于谈判和调解机制的适用设定了时限，以及专门提供了适用于调解的一套规则（即《调解规则》），这些具体规定显然有利于争端在第三方受益人介入的前提下顺利地获得解决。

值得注意的是，《国际条约》第12.5条也就解决因《协议》产生的争端问题进行了规定，其要求缔约方确保在《协议》出现争端的情况下，在其法律体系内按照适用的管辖权要求有寻求追索权的机会。这意味着，各缔约方有义务确保某个国内法院或争端解决机构（如仲裁机构）按照适用的管辖权要求拥有审理因《协议》产生的合同争端的裁判管辖权。正如有关评论指出的那样，第12.5条就是怀着诉诸国内法院的想法而起草的，但其措辞似乎没有排除诉诸国内或国际仲裁。[1]如果各缔约方在国内采取措施落实第12.5条中的义务的话，缔约方国内的司法诉讼和仲裁将会成为解决因《协议》产生的争端的机制。[2]然而，《协议》起草者们却没有循着第12.5条的起草思路设计《协议》的争端解决机制，第8.4条确定的争端解决机制并不包括缔约方国内的司法诉讼。第8.4条引入争端的友好解决和调解机制，并且将作为最终的争端解决机制的仲裁限定为按照有关国际机构的仲裁规则进行的仲裁（国际仲裁）。那么，《协议》的起草者们为什么没有将国内的司法诉讼确定为《协议》的争端解决机制，而是选择了国际仲裁？起草者们基于什么考虑引入争端的友好解决和调解机制？第8.4条之（c）规定的仲裁该作怎样的解释？

---

[1] Gerald Moore, *International Arbitration,* CGRFA, Background Study Paper No.25, FAO, Rome, 2005, p. 4.
[2] 国内的司法诉讼和仲裁必须符合"适用的管辖权要求"，才能成为解决因《协议》产生的争端的机制。具体来说，如果当事方之间存在着将他们之间的争端交由某个国家的法院管辖的协议并且被该法院所接受，那么双方选择的法院将取得对该争端的司法管辖权。如果当事方之间不存在以上协议，那么起诉地的法院将适用本国关于涉外民事诉讼管辖权的规则决定其是否对争端拥有司法管辖权。如果当事方之间存在着将他们之间的争端交由某个国家的仲裁机构仲裁的有效协议，那么该仲裁机构将取得对该争端的仲裁管辖权。

首先来看《协议》起草者们没有将国内的司法诉讼确定为《协议》的争端解决机制的原因。上文在分析国内法被排除在《协议》准据法来源之外的原因时就指出，不同国家的法院在解决《协议》争端的过程中依据多样化的国内法律很可能对《协议》作出不同的解释，从而导致有关《协议》下的义务的解释或实施出现来自于不同国家法院带有分歧的法律意见。换言之，如果将《协议》争端提交国内法院解决的话，分散决定（dispersive decisions）的风险就会显著增加。这一风险对《协议》而言至关重要，这是因为，尽管管理机构可以就《协议》的主要内容达成一致，但可能仍有许多问题随着时间的推移有待管理机构进一步界定和澄清。目前《国际条约》已经拥有60多个缔约方①，如果《协议》条款将被这么多国家的司法机构按照60多个不同的国家法律制度进行解释，那么管理机构要渐进地发展出一套有关《协议》执行的前后相一致的做法的可能性就大大降低了。②这样来看，避免在《协议》的解释和执行上出现分散决定的风险，以及促进管理机构对之拥有影响力的一套前后相一致的法律和做法的确立是《协议》起草者们没有将国内的司法诉讼确定为争端解决机制的主要原因。换个角度来说，为了达到这些目的，就必须将争端提交能够最大限度作出一致性解释的机制，而能够满足这一要求的争端解决机制则是国际仲裁。③需要强调的是，选择将争端提交国际仲裁而非国内法院是实现《协议》"国际化"的另一个关键途径，只有在准据法和争端解决机制两个方面同时排除国内元素，才能够充分实现建立起一套前后相一致的有关《协议》解释和实施的法律和做法的目标。

选择国际仲裁作为《协议》的争端解决机制不仅是因为其能够最大限度地作出一致性的解释，而且还因为国际仲裁在争端的解决上拥有司法诉讼无法比拟的优势，以及国际仲裁对《协议》准据法的适用和第三方受益人权利的实施所起到的支撑作用。

---

① 这是2005年的统计数字，截至2016年12月，《国际条约》共拥有141个缔约方。
② Gerald Moore, *International Arbitration,* CGRFA, Background Study Paper No.25, FAO, Rome, 2005, p. 3.
③ 这里的国际仲裁指的是国际性常设仲裁机构管理下的仲裁，下文对此有详述。在世界范围内，不隶属于一个国家的国际性常设仲裁机构屈指可数，众所周知的国际性常设仲裁机构包括国际商会国际仲裁院、世界知识产权组织仲裁与调解中心、常设仲裁院（Permanent Court of Arbitration）。当《协议》争端通过当事方商定或管理机构指定的方式被提交到这三个国际性常设仲裁机构中的某一个仲裁时，由于仲裁机构的特定化及仲裁所适用的实体法（即《协议》准据法）的统一，就能够最大限度地对《协议》作出一致性解释。

　　国际仲裁是解决国际商事争端普遍采用的一种方式。相比于司法诉讼，国际仲裁的优势在于：从定制当事方所需程序的观点来看，仲裁为当事方提供了相当大的灵活性，包括在法律选择、地点和语言以及仲裁员选择上的灵活性；程序的中立性，这就避免了原告可能被迫在被告住所地的法院前答辩的情况；富有成本效益性和快捷性；保密性和终局性。需要指出的是，国际仲裁有临时仲裁（ad hoc arbitration）和常设机构仲裁（institutional arbitration）之分。[①]相比于临时仲裁，常设机构仲裁还具有特别的优势。它们包括：常设仲裁机构拥有自己的仲裁规则可供争端各方选择并适用于仲裁之中；常设仲裁机构能够提供仲裁所需的有形设施及行政管理和服务；常设仲裁机构有权审查最后裁决以确保其满足了执行的基本要求；常设仲裁机构能够对仲裁裁决进行监督，包括确保仲裁程序和裁决的一致性以及发布所作裁决的内容。[②]就解决《协议》下的争端而言，国际仲裁在有必要平衡所涉各方（如一方为国家而另一方为个体）的利益时也是有用的。如果一方为国家，仲裁在敏感的争议要求适用公平原则和法治原则时可能具有吸引力，仲裁员在选择适用于裁决过程的法律和原则上比起国内法院拥有更大的灵活性。仲裁员还拥有考虑与某个特定争端有关的法律领域的灵活性，例如国际仲裁有助于处理与其他法律领域，如贸易和知识产权相重叠的《协议》问题，因为《协议》的这种国际化意味着仲裁员在审查案件和作出决定时要将其他国际法领域一并考虑在内。国际仲裁在一个有关《协议》和《国际条约》的法律尚未充分发展起来以及争端在范围上具有国际性的国内背景之下，提供了比司法诉讼更多的可预测性。[③]

　　选择国际仲裁作为《协议》的争端解决机制还因为其对《协议》准据法的适用和第三方受益人权利的实施所起到的支撑作用。实际上，准据法

---

① 临时仲裁，又称特别仲裁，是指根据争端各方达成的仲裁协议，在争端发生后由当事方共同任命的仲裁员临时组成仲裁庭，负责审理当事方之间的有关争端，并在审理终结并作出裁决后即行解散仲裁庭。机构仲裁是由常设仲裁机构进行的仲裁，常设仲裁机构不是为了解决某一特定争端而设立，而是为了从整体意义上通过仲裁的方法解决争端而设立。常设仲裁机构有其特定的名称、章程、固定的办公地点、人员以及所适用的仲裁规则。

②③ Daniele Manzella, The International Treaty on Plant Genetic Resources for Food and Agriculture: Potential Mechanisms for Ensuring Compliance and Resolving Disputes, *Environmental Law Reporter*, Vol. XXXVI, No. 5, 2006.

和争端解决机制是需要一并考虑并处理的问题。由于《协议》起草者们将一般法律原则，包括《国际商事合同通则2004》《国际条约》的目标和有关规定以及管理机构的决定确定为《协议》的准据法，这样的法律选择就倾向于选择仲裁作为《协议》的正式争端解决机制，因为国内法院在解决争端的过程中往往主要适用国内法律。就此而言，《协议》准据法的适用要求将国际仲裁确定为争端解决机制。如上所述，《协议》创设了第三方受益人的权利。这些权利在许多法律体系中获得了认可，但尚不清楚是否在所有国家的法律体系中都是如此。在这个及其他问题上，将《协议》争端诉诸国际仲裁，并且选择一般法律原则以及《国际条约》和管理机构的决议作为准据法可以具有消除国家法律体系中的潜在差异的效果，而这些差异会对建立起实施和执行《协议》的通行国际做法造成困难或创造不确定性。[1]不仅如此，由于联合国粮农组织充当《协议》的第三方受益人，而其作为联合国的一个专门机构，正常情况下不能使自己处在一个国家的司法管辖权之下，因此，联合国专门机构参与的合同中的争端解决机制只能是国际仲裁而非司法诉讼。由此可见，选择国际仲裁作为争端解决机制将支撑第三方受益人权利的充分实施。

其次来分析和回答《协议》起草者们基于什么考虑引入争端的友好解决和调解机制的问题。事实上，在起草《协议》的整个过程中，各方的焦点都集中在司法诉讼和仲裁这两种正式且具有约束力的机制的比较和取舍上，通过谈判友好解决争端和调解几乎没有受到关注。但最后通过的《协议》不仅将谈判和调解确定为争端解决机制，而且将它们的适用排列在国际仲裁的前面。如此规定应该是主要基于控制争端解决成本的考虑。通过谈判友好解决争端是一种非正式的争端解决机制，这一机制向当事方提供一次无需花费成本就能解决争端的机会。正是考虑到谈判不牵涉直接的金钱付出，其才被确定为优先适用的争端解决机制。就调解来说，调解是一种相对正式的争端解决机制，其要在当事方商定的中立的第三方调解员的主持下进行，当事方需要支付调解员的酬金。如果当事方商定按照某个机构管理的调解规则进行调

---

[1] Gerald Moore, *International Arbitration,* CGRFA, Background Study Paper No.25, FAO, Rome, 2005, pp. 4-5.

解，当事方还需支付管理费和其他费用。[①]显然，调解是要付出一定的成本的，但相比于国际仲裁，调解的成本应当低了很多，这也成为调解优先于国际仲裁适用的重要原因。国际仲裁，尤其是常设机构仲裁所需费用更高，当事方在金钱支出上的负担就更重，但国际仲裁的正式性、裁决的终局性以及对当事方的约束力决定了其要作为最终的争端解决机制而发挥作用。

最后来解释第8.4条之（c）规定的仲裁。上文多次指出，《协议》起草者们选择了国际仲裁作为《协议》最终的争端解决机制。然而，第8.4条之（c）使用的词语是"仲裁"，"国际"一词并没有出现。尽管如此，第8.4条之（c）规定的仲裁确定无疑地是国际仲裁，再具体一些说，是国际商事仲裁。这是由于：一方面，提交仲裁解决的争端（即因《协议》产生的争端）的当事方不是来自同一个国家，仲裁因此具有国际性；[②]另一方面，《协议》可被视为一种国际商事合同，对《协议》争端进行的仲裁因而属于商事仲裁。综合起来看，针对《协议》争端所进行的仲裁为国际商事仲裁。

在明确第8.4条之（c）规定的仲裁为国际商事仲裁之后，接下来就要对第8.4条之（c）关于仲裁规则、机构和仲裁员的规定作出解释。第8.4条之（c）第一句规定首先处理了仲裁所涉及的仲裁规则和机构的问题。既然《协议》起草者们决定将《协议》争端最终提交国际仲裁解决，那么就必须对仲裁规则和机构作出安排。根据这一句规定，任何一方可以根据争端当事方商定的

---

① 上文指出，"第三方受益人特设委员会"负责拟定和审议适用于《第三方受益人程序》中的"调解"的《调解规则》。委员会曾审议了世界知识产权组织（WIPO）仲裁与调解中心提供的由其充当管理员的费用表，认为WIPO仲裁与调解中心的费用表（Schedule of Fees）比起从其他机构得到的普遍的费率极具竞争力并且非常优惠，因此，委员会建议管理机构提名WIPO仲裁与调解中心作为《调解规则》的管理员（Administrator）。WIPO仲裁与调解中心在管理机构第五届会议召开前接受了这一提名。根据《第三方受益人程序》的规定，第三方受益人应建议《协议》各方根据《第三方受益人程序》附件2所含《调解规则》进行调解。这意味着，如果双方接受该建议，那么调解所需的费用将依据WIPO仲裁与调解中心的费用表进行计算。

② 各国立法和一些国际法律文件采纳不同的标准确定仲裁的国际性。在国际商事仲裁领域，有两个主要的标准单独或相互联系地存在。第一个标准涉及争议的性质，如案件争议涉及国际贸易利益，该仲裁可被视为国际仲裁。第二个标准关注于案件的当事人的国籍或住所（或惯常居所），如果当事人具有不同国籍或当事人的住所或惯常居所位于不同国家，对当事人之间的争端所进行的仲裁就为国际仲裁。《联合国国际贸易法委员会国际商事仲裁示范法》第1.3条规定：仲裁如有下列情形之一即为国际仲裁：（a）仲裁协议的当事各方在缔结协议时，它们的营业地点位于不同的国家；或（b）下列地点之一位于当事各方营业地点所在国以外：（i）仲裁协议中确定的或根据仲裁协议而确定的仲裁地点；（ii）履行商事关系的实质性义务的任何地点或与争议标的关系最密切的地点；或（c）当事各方明确地同意，仲裁协议的标的与一个以上的国家有关。

一个国际机构的仲裁规则将争端提交仲裁。显然，第8.4条之（c）允许争端各方选择仲裁所适用的规则，争端各方选择的仲裁规则必须是"一个国际机构的仲裁规则"。值得注意的是，第8.4条之（c）在对仲裁规则作这样规定的同时也间接地限定了仲裁的类型和仲裁机构的属性。

具体来看，在仲裁的类型上，第8.4条之（c）规定的仲裁应当为机构仲裁，而非临时仲裁。第8.4条之（c）明确提到了根据争端各方商定的一个国际机构的仲裁规则将争端提交仲裁，尽管这里没有提及将争端提交哪一个机构仲裁，但是，在没有特别说明的情况下这个"国际机构"将作为解决《协议》争端的仲裁机构。这个"国际机构"必定是常设的而不是临时的，因为常设仲裁机构都制定了自己的仲裁规则，而临时仲裁机构不可能事先制定出仲裁规则。在临时仲裁的情况下，当事方要在仲裁协议中约定如何进行仲裁程序或者适用什么样的仲裁规则，或者当事方选择直接适用联合国国际贸易法委员会的仲裁规则。[①]

第8.4条之（c）不仅限定仲裁的类型，而且对仲裁机构的属性加以限定。第8.4条之（c）使用了"一个国际机构"（an international body）的措辞，这就表明解决《协议》争端的仲裁机构是国际性的或全球性，而不是国家性的。上文曾指出，国际性的常设仲裁机构屈指可数。而国家性的常设仲裁机构则有很多。[②]如果仲裁机构是国际性的或全球性的，那么可供《协议》当事方选择的国际机构就目前来看仅有三个，即国际商会国际仲裁院、世界知识产权组织仲裁与调解中心以及常设仲裁院。虽然可供当事方选择的机构不多，但由这些特定的机构来解决《协议》争端可以实现上文提到的建立起一套前后相一致的有关《协议》解释和实施的法律和做法的目标。

第8.4条之（c）第二句规定了在当事方未能就仲裁规则达成一致的情况下的"默认"仲裁规则和机构。根据这一句规定，"默认"的仲裁规则为国际商

[①]《联合国国际贸易法委员会仲裁规则》由联合国国际贸易法委员会于1976年通过，其为当事方通过临时仲裁解决他们之间的争端提供了一套完整的程序规则，包括仲裁示范条款、指定仲裁员的规则、执行仲裁程序和宣布仲裁裁决的程序规则，以及计算仲裁不同阶段费用和时限的规则等。这个仲裁规则不仅被广泛地应用于临时仲裁机构，而且许多常设仲裁机构都允许当事方在仲裁程序上选择适用该仲裁规则。

[②] 国家性常设仲裁机构是由某一个国家依据其国内商事仲裁立法所设立的。在国际上具有较大影响的国家性常设仲裁机构包括伦敦国际仲裁院、瑞典斯德哥尔摩仲裁院、瑞士苏黎世商会仲裁院、美国仲裁协会、新加坡国际仲裁中心、中国国际贸易仲裁委员会等。

会仲裁规则,相应地,"默认"的仲裁机构就是国际商会(具体说是国际商会国际仲裁院)。①这里明确提及国际商会仲裁规则反映出《协议》起草者们倾向于将《协议》争端提交国际商会国际仲裁院并按照其仲裁规则解决,即使争端各方拥有选择仲裁规则和机构的机会。需要说明的是,这一句规定提到仲裁员的任命问题。如果按照国际商会仲裁规则仲裁的话,一名或多名仲裁员的任命应当根据该仲裁规则作出。

第8.4条之(c)第三句向争端各方提供了另外一种任命仲裁员的方法。通常情况下,包括国际商会国际仲裁院在内的很多仲裁机构的仲裁规则都允许当事方自由指定仲裁员,然后由仲裁机构予以确认,如果当事方在规定期限内未作出指定,仲裁员则由仲裁机构任命。考虑到《协议》本身具有很强的专业性和技术性,因《协议》产生的争端更适宜由本领域的专家进行仲裁,《协议》起草者们最初提出由管理机构成立一个专家组(panel of experts)进行有约束力的仲裁的建议。但在《协议》起草的末期,这个建议最终被放弃了,原因在于起草者认为有必要避免创设过多的常设机构,取而代之的是用于任命仲裁员目的的专家名单(list of experts)。根据这一句规定,这类专家名单由管理机构建立或编制。②如果争端各方选择一个国际机构进行仲裁或在没有达成一致的情况下由国际商会国际仲裁院进行仲裁,仲裁员的指定和确认可以不按照仲裁机构的仲裁规则进行。第8.4条之(c)第三句规定提供的方法是:争端任何一方可以从这类专家名单中任命其仲裁员,双方可以商定从这类专家名单中任命独任仲裁员或首席仲裁员,或者他们任命的仲裁员可以商定从这类专家名单中任命首席仲裁员。

第8.4条之(c)最后一句强调了这种仲裁结果的约束力。作出这样的强调是必要的,但即便不作强调,仲裁裁决的终局性和约束力也是公认的,特别是国际常设仲裁机构作出的裁决。需要指出的是,如果有必要,胜诉一方可以诉诸国内法院强制执行仲裁裁决。由于世界上140多个国家是《承认和执行

---

① 国际商会成立于1919年,是为世界商业服务的非政府间国际组织,总部设在巴黎。国际商会国际仲裁院是国际商会下设的机构,成立于1922年,其不隶属于任何国家,是一个全球性的常设仲裁机构。国际商会国际仲裁院的主要职责是确保该院仲裁规则和调解规则的实施,对仲裁庭的工作实施监督。

② 管理机构第三届会议通过的《第三方受益人的运作》第一和第二部分规定了专家提名的标准和程序。管理机构要求各缔约方按照这些标准提供专家名单,从而供《协议》当事方依据《协议》第8.4条之(c)和《第三方受益人程序》第6.2条和第7.2条从中任命专家担任调解员或仲裁员。目前《国际条约》秘书处已经收到据此提交的若干提名,并将这些专家的姓名和简历公布在了《国际条约》的官方网站上。

外国仲裁裁决纽约公约》的缔约国，仲裁裁决在裁决地以外的国家执行更为方便。

七、《标准材料转让协议》的签署和接受

《协议》作为一份合同，其法律效力的发生要取决于当事方对《协议》条款的接受。《协议》第10条对《协议》的签署和接受问题进行了规定。

《协议》第10条规定："提供方和接受方可以选择接受的方法，除非任何一方要求签署本协议。"本条规定认可了提供方和接受方在接受《协议》条款的方法上的选择权，同时也指出不拥有选择权的情形，那就是任何一方都要求签署《协议》。

除了这一规定，第10条还列出表示接受《协议》的三种方法，它们是签署（Signature）、拆封接受（Shrink-wrap acceptance）和点击接受（Click-wrap acceptance）。

签署是一种被绝大多数人所熟悉且最常见的表示接受的方法。某些法域会要求一份协议只有手工签署后才能具有可执行性。如果存在这样的要求的话，一份由提供方正确填写完毕的《协议》文本应当发送给接受方以供其签署，接受方通常应当在提供方向其寄送粮农植物遗传资源之前完成签署。对《协议》第10条进行说明的脚注指出：如果提供方选择了签署，在《协议》中只出现选项一（即签署）的措辞。[①]

拆封接受是提供方基于最大限度降低行政管理费用和寄送材料花费的时间而采用的表示接受的方法。[②]根据对《协议》第1条进行说明的脚注和第10条规定，拆封接受是指一份《协议》文本被附在提供方所提供的材料包装中，接受方对材料的接收和利用构成对《协议》条款和条件的接受。

点击接受是一种完全通过互联网而操作的表示接受的方法。点击接受需要以提供方设计并应用了发送获取材料请求以及分发材料的基于互联网的系

---

① 选项一的措辞是：我，（授权官员的全名），代表并保证我有权代表提供方（或接受方）执行本协议，并认识到我代表的机构有在字面上和原则上遵守本协议规定的责任和义务，以便促进粮农植物遗传资源的保护和可持续利用。

② 拆封接受是软件销售商在销售收缩性薄膜封装软件（shrink wrapped software）的过程中普遍采用的一种接受方式。购买了软件的用户开启软件的外包装套就表示其接受了印刷在外包装套上面的合同条款，用户因此受其约束。这些合同条款往往对用户使用软件的范围作出了限定。

统作为前提。根据对《协议》第1条进行说明的脚注和第10条规定，点击接受
是指在互联网上签订协议，接受方通过点击网站或《协议》电子版本中的适
当图标而接受《协议》的条款和条件。

　　对《协议》第10条进行说明的脚注指出：如果提供方选择拆封或点击，
在《协议》中只酌情出现选项二（即拆封《协议》）或选项三（即点击《协
议》）的措辞。[①]如果选择"点击"形式，还应随同材料附上一份书面的《协
议》文本。

第七节　支持成分

　　《国际条约》第五部分是关于"支持成分"（supporting components）的规
定。"支持成分"是指对促进《国际条约》目标的实现极其重要的机制。但需
要指出的是，它们并没有落入《国际条约》管理机构的直接管理权限内。《国
际条约》第五部分规定了四个支持成分，它们分别是《全球行动计划》、国际
农业研究磋商组织所属各国际农业研究中心以及其他国际机构持有的粮农植
物遗传资源非原生境收集品、国际植物遗传资源网络、全球粮农植物遗传资
源信息系统。

　　在这四个支持成分中，《全球行动计划》和国际植物遗传资源网络在《国
际条约》诞生之前就已经存在并且发挥着它们的重要作用。[②]《国际条约》一
方面将它们确定为《国际条约》的支持成分从而对它们的重要性进行了确认，

---

① 选项二的措辞是：材料的提供以接受本协议的条款为条件。提供方提供材料和接受方接收及利用
材料过程对本协议条款的接受。选项三的措辞是：□我据此同意上述条件。

② 有关《全球行动计划》的介绍可参见本章第二节的内容。这里的"网络"（network）也被称为
"协作网络"，是指在涉及粮农植物遗传资源的保存、管理、开发和利用等活动的人、机构和国家间形
成的各种正式和非正式的安排或联合。"协作网络"具有如下共同特征：加入"协作网络"的自愿性；
处理复杂的科技问题作为共同目标；研究成果、材料、信息以及技术等的"多边"交流；参与式的管
理；因协作而惠及成员。"协作网络"不仅是科学讨论、信息共享、技术转让和研究合作的重要平台，
而且是确定和分担诸如收集、保存、分发、评价、种质创新、信息汇编、安全备份及遗传改良等活动
责任的重要平台。"协作网络"可以促进基于共同商定的条件的材料交换，以及加强资源的利用。此
外，"协作网络"还可以帮助确立行动重点、制定政策以及提供向各类组织和机构转达特定作物和区
域观点的途径。

另一方面，由于这两种机制的属性都是自愿性的，而且它们在《国际条约》之外独立存在并运行，《国际条约》因而无法给缔约方施加强制性的义务，只是从推进这两种机制实施的角度出发向各缔约方提出了不具约束力的要求。[①]就全球粮农植物遗传资源信息系统而言，该机制目前实际上并不存在，目前已存在的是由相关国际组织、某些区域性组织和国家运行的粮农植物遗传资源信息数据库。[②]考虑到关于粮农植物遗传资源的信息数据的正确记录及交流对于保存和利用活动具有极端的重要性，《国际条约》第17条提出了"全球粮农植物遗传资源信息系统"的概念，同时为缔约方设定了"合作建立和加强一个便利信息交流的全球信息系统"的义务。[③]合作义务强调各缔约方在未来采取协调一致行动的必要性，这将决定全球信息系统能否得以建立和加强。从《国际条约》对以上三个支持成分所作的规定来看，《国际条约》并没有创制出新的法律规则，各缔约方也没有依据第14、16及17条负担具有实质性内容的义务。鉴于此，本节对这三个支持成分所涉及的问题不作进一步的说明和分析。

相比较于以上三个支持成分，国际农业研究磋商组织所属各国际农业研究中心及其他国际机构持有的粮农植物遗传资源非原生境收集品这一支持成分明显是《国际条约》第五部分的重心所在。这不仅是因为《国际条约》第

[①]《国际条约》第14条规定："认识到滚动式的《全球行动计划》对本条约的重要性，各缔约方应当（should）促进其有效实施，包括通过国家行动并酌情通过国际合作实施，以便建立一个尤其有利于能力建设、技术转让和信息交流的协调一致的框架，同时考虑到第13条的规定。"第16.1条规定："将在现有安排的基础上并按照本条约的条款，鼓励或发展在国际粮农植物遗传资源网络内的现有合作，以尽可能实现对粮农植物遗传资源的全面涵盖。"第16.2条规定："各缔约方将酌情鼓励所有相关机构，包括政府、私营、非政府、研究、育种以及其他机构，参加这些国际网络。"

[②] 在世界范围内具有重要影响力的信息数据库是：联合国粮农组织的"世界粮食和农业植物遗传资源信息与早期预警系统"（World Information and Early Warning System on Plant Genetic Resources for Food and Agriculture, WIEWS）、国际农业研究磋商组织的"全系统遗传资源信息网"（System-wide Information Networks for Genetic Resources, SINGER）、欧盟的"欧洲植物遗传资源检索目录"（European Plant Genetic Resources Search Catalogue, EURISCO）以及美国的"种质资源信息网"（Germplasm Resources Information Network, GRIN）。2011年，《国际条约》秘书处、全球作物多样性信托基金和国际生物多样性中心联合创建的粮农植物遗传资源信息全球门户网站Genesys正式开始启用，Genesys汇集了SINGER、EURISCO和GRIN的数据信息，其可以提供全世界1/3的粮农植物遗传资源信息。

[③]《国际条约》第17.1条规定："各缔约方应合作，在现有信息系统的基础上建立和加强一个全球信息系统，以便利与粮农植物遗传资源有关的科学技术和环境事项的信息的交流，期望这种信息交流通过向所有缔约方提供粮农植物遗传资源的信息而有助于惠益的分享。在建立全球信息系统时，将寻求与《生物多样性公约》信息交换所机制的合作。"

15条由5段规定（其中第1段又包括7个分段规定）组成，而且是因为第15条包含了一系列新的有关上述中心和机构持有的粮农植物遗传资源非原生境收集品的法律规则。毫无疑问，这一支持成分将是本节深入解释和评析的对象。在解释和分析《国际条约》第15条规定之前，有必要对国际农业研究磋商组织及其所属各国际农业研究中心以及这些中心持有的粮农植物遗传资源非原生境收集品的有关情况作一介绍和说明。

一、国际农业研究磋商组织及其所属各国际农业研究中心的概况

国际农业研究磋商组织（Consultative Group on International Agricultural Research, CGIAR）是在世界银行、联合国粮农组织以及联合国开发计划署的共同倡议下于1971年正式成立的。该组织是一个由包括国家政府、国际和区域性组织和私人基金会在内的成员组成的战略联盟，这个联盟支持一个共同的使命：通过农业、林业、渔业、政策和环境领域的科学研究和与研究相关的活动，在发展中国家实现可持续的粮食安全以及减少贫困。截至目前，该组织拥有64个成员（47个国家，13个区域性和国际性组织以及4个私人基金会）。[①]这些成员向该组织捐赠资金以支持其开展研究工作。成员们支持的研究工作由该组织所属的15个国际农业研究中心（International Agricultural Research Centres, IARCs）具体实施，同时与包括国家和区域性研究所、民间社团组织、学术界和私营部门在内的研究伙伴保持紧密的协作。[②]

在国际农业研究磋商组织正式成立之前，美国的洛克菲勒基金会和福特基金会出资在第三世界国家先后设立了第一批国际农业研究中心，包括国际

---

① 中国于1984年正式加入国际农业研究磋商组织。

② 这15个国际农业研究中心是：国际水稻研究所（成立于1960年，总部位于菲律宾的洛斯巴尼奥斯）、国际玉米和小麦改良中心（成立于1966年，总部位于墨西哥的墨西哥城）、国际热带农业研究所（成立于1967年，总部位于尼日利亚的伊巴丹）、国际热带农业中心（成立于1967年，总部位于哥伦比亚的卡利）、国际马铃薯中心（成立于1970年，总部位于秘鲁的利马）、非洲水稻中心（成立于1971年，总部位于科特迪瓦的布瓦凯）、国际半干旱地区热带作物研究所（成立于1972年，总部位于印度的海德拉巴）、国际家畜研究所（成立于1974年，总部位于埃塞俄比亚的亚的斯亚贝巴）、国际生物多样性中心（成立于1974年，总部位于意大利的罗马）、国际粮食政策研究所（成立于1974年，总部位于美国的华盛顿）、国际干旱地区农业研究中心（成立于1975年，总部位于叙利亚的阿勒颇）、世界渔业中心（成立于1977年，总部位于菲律宾的马尼拉）、世界农用林业中心（成立于1977年，总部位于肯尼亚的内罗毕）、国际水资源管理研究所（成立于1984年，总部位于斯里兰卡的科伦坡）以及国际林业研究中心（成立于1993年，总部位于印度尼西亚的茂物）。

水稻研究所、国际玉米与小麦改良中心、国际热带农业研究所（主要研究香蕉和大焦、可可树、咖啡、木薯、豇豆、大豆以及山药等作物）和国际热带农业中心（主要研究木薯和普通菜豆等作物以及热带饲草）。这些国际农业研究中心的设立回应了20世纪五六十年代出现的发展中国家的粮食供给难以满足其不断增长的人口需求的普遍性关注。

早在1943年，美国政府和墨西哥政府提议设立了"墨西哥—洛克菲勒基金会国际农业项目"，这是一个具有开创性意义的协作事业，洛克菲勒基金会对此提供了强大的支持。[①]一个科学家团队，其中包括1970年诺贝尔和平奖得主诺曼·勃劳格（Norman Borlaug），将他们的研究工作主要集中在增加玉米、小麦和马铃薯等主要作物的产量之上。在研究开展几年后，该项目培育出半矮化的高产小麦品种，其产量是那些传统小麦品种产量的三倍，墨西哥因此宣布在小麦上实现了自给自足。1960年，洛克菲勒基金会宣告其在墨西哥设立的"特别研究办公室"的任务已经完成。为了自身的需要，墨西哥政府愿意吸收洛克菲勒基金会的所有研究成果。1967年，墨西哥政府同洛克菲勒基金会及福特基金会一道把"特别研究办公室"转变成国际玉米与小麦改良中心（International Maize and Wheat Improvement Centre）。20世纪60年代初，来自于墨西哥的小麦改良品种传到了被广泛认为会发生饥馑的印度，随着半矮化品种的推广应用，印度及南亚其他国家的小麦生产很快达到几年前想像不到的水平。

洛克菲勒基金会和福特基金会不但在墨西哥和其他美洲国家支持开展小麦和玉米等主要作物的研究，而且在亚洲，尤其是东南亚设立了支持水稻研究的农业项目。20世纪五六十年代，在洛克菲勒基金会和福特基金会的共同努力下，以菲律宾为研究基地的一批水稻项目相继启动起来。1960年，菲律宾接受了这两大基金会的提议，决定共同创立国际水稻研究所（International Rice Research Institute），以期同时在质量和数量上增加每单位面积的水稻生产。[②]在不长时间内，早熟且高产的水稻品种就在菲律宾被开发出来，这使得菲律宾的水稻产量大幅上升，并成为了出口国。

---

① 墨西哥政府提供土地、劳动力、部分试验房屋和培训费用，洛克菲勒基金会负担大部分运作费用并在墨西哥城建立一个工作班子，由美国植物病理学家哈拉尔领导，其余成员皆由墨西哥政府委派。
② 菲律宾政府提供土地，福特基金会为建筑出资700万美元，洛克菲勒基金会提供技术指导、行政管理和运作费用，每年约50万美元。

　　然而，洛克菲勒基金会和福特基金会无法靠自己的力量永久地支持国际农业研究事业。因此，它们与联合国粮农组织、联合国开发计划署以及世界银行的首脑通力合作，以便说服有影响力的捐资者接受农业研究在国际发展议程中值得放在高度优先地位的观点。这一举动导致在1969年至1971年进行了一系列的磋商，从而讨论了国际农业研究的目标、研究的财政支持和协调这些努力的适合机制等问题。参与这些磋商的政策制定者和专家邀请世界银行设立一个国际农业研究磋商组织，其类似于已经设立的协调和支持个别国家发展的其他组织。世界银行接受了挑战，经过努力成功地于1971年5月创立了国际农业研究磋商组织。联合国粮农组织和联合国开发计划署与世界银行一道作为共同倡议者而工作，随后国际农业发展基金也加入进来。[①]

　　20世纪七八十年代，一批新的国际农业研究中心在国际农业研究磋商组织的体系内建立。这些中心包括：国际马铃薯中心、国际半干旱地区热带作物研究所、国际动物疾病研究实验室（后与非洲国际家畜中心一起并入国际家畜研究所）、国际粮食政策研究所、非洲国际家畜中心、西非水稻开发联合会（现为非洲水稻中心）、国际干旱地区农业研究中心、国际植物遗传资源委员会（1991年更名为国际植物遗传资源研究所，2006年再次更名为国际生物多样性中心）、国家农业研究国际服务中心（2004年停止活动，其相关职能转移至国际粮食政策研究所）。其他已存在的中心在20世纪90年代被带入到国际农业研究磋商组织的体系之内，这些中心是：国际农用林业研究理事会（现为世界农用林业中心）、国际灌溉管理研究所（现为国际水资源管理研究所）、国际水生生物资源中心（现为世界渔业中心）、国际香蕉和大蕉改良网络（1994年与国际植物遗传资源研究所合并）、国际林业研究中心。[②]

　　国际农业研究磋商组织所属的这15个国际农业研究中心分别专注于具体的研究领域，例如，一种或几种作物，或一类生物，或不同的农业区域，相关研究覆盖了农、林、牧、渔、政策及环境等学科领域。这15个国际农业研究中心都拥有独立的法律人格，是独立的国际法人，每个中心按照自身的章

---

① Food and Agriculture Organization of the United Nations, *Introduction to the International Treaty on Plant Genetic Resources for Food and Agriculture*, Rome, 2011, p. 64.

② Christine Frison et al (eds), *Plant Genetic Resources and Food Security: Stakeholder Perspectives on the International Treaty on Plant Genetic Resources for Food and Agriculture*, Earthscan, 2011, p. 150.

程运作，并通过内部设立的管理机构进行自我管理。[①]这15个国际农业研究中心中的13个总部位于发展中国家，其中某些国家属于世界公认的作物起源中心或多样性中心。[②]国际农业研究中心通过在农业、林业、渔业、政策与环境等领域开展科学研究和相关活动，以最先进的科学手段解决发展中国家面临的发展粮食生产、增加农民收入、改善低收入人群的营养水平、降低食品价格、加强研究能力等突出问题。

二、国际农业研究中心与粮食和农业植物遗传资源

国际农业研究磋商组织所属的国际农业研究中心（以下简称CGIAR中心）的一项重要任务是收集并保存粮农植物遗传资源以及促进这些资源的可持续利用。11个CGIAR中心在它们的收集品（collections）中总共保存了约65万份粮农植物遗传资源样品（accessions）[③]，分别属于508个不同的属（genus）的3145个种（species），这些样品大约占到了世界粮农植物遗传资源样品总量的12%。CGIAR中心已保存材料中的73%是对研究和育种具有重大价值的地方品种（landraces）和野生近缘种（wild relatives）。不仅如此，CGIAR中心的样品通常在良好的条件下得以维持和保存，在信息数据记录上相对来说也是全面完整的。重要的是，CGIAR中心保存的样品是真正可以获得的。[④]这是因为，根据有关协议，CGIAR中心"为了国际社会的利益受托"（in trust for the benefit of the international community）持有这些样品，它们将会为科学研究、

---

① 国际农业研究磋商组织本身并不拥有独立的法律人格。在过去的15年间，通过签订一系列正式协定国际农业研究中心的国际法律人格获得了明确的认可。2008年以来，国际农业研究磋商组织经历了一次重要的机构改革，通过改革成立了国际农业研究磋商组织联合体（CGIAR Consortium）和国际农业研究磋商组织基金（CGIAR Fund）。新成立的国际农业研究磋商组织联合体是一个拥有法律人格的国际组织，其由联合体委员会、办公室和15个国际农业研究中心组成。

② 1971年之前，美国政府和洛克菲勒基金会及福特基金会基于政治、经济、商业和科学等多方面因素的考虑而选择了墨西哥、菲律宾及印度等发展中国家作为国际农业项目的合作方，从而使得第一批国际农业研究中心被设立在发展中国家。1971年国际农业研究磋商组织成立后，由于其成立文件明确提到"审查发展中国家对于农业专业化努力的需要"，这也就不难解释此后设立的国际农业研究中心基本上都位于发展中国家的原因。

③ 收集品（collection）和样品（accession）都是指称粮农植物遗传资源时所使用的术语，但收集品是一个集合性概念，指保存于某一设施中的所有材料，而样品则是一个单一性概念，是指单份的材料。

④ Cary Fowler, Accessing Genetic Resources: International Law Establishes Multilateral System, *Genetic Resources and Crop Evolution*, Vol. 51, 2004.

植物育种或遗传资源保存无限制地提供这些样品及任何其他的相关信息。这些事实表明，CGIAR中心持有的粮农植物遗传资源对于促进世界范围内的科学研究、植物育种及保存活动发挥着独一无二的重要作用。那么，CGIAR中心如何介入了粮农植物遗传资源的收集、保存、利用以及分发提供等活动？CGIAR中心"为了国际社会的利益受托"持有粮农植物遗传资源这一关键事实是如何确立的？

上文指出，自20世纪40年代以来，洛克菲勒基金会和福特基金会资助墨西哥、印度和菲律宾等发展中国家开展小麦、玉米、水稻等主要农作物的遗传改良研究活动。[①]以诺曼·勃劳格为代表的植物育种家们通过创造性的研究开发出了以上作物的高产品种（High-yielding Varieties），这些品种的推广利用大幅度地提高了谷物的产量，拉丁美洲和亚洲的一些发展中国家不仅实现了谷物的自给自足，而且通过出口赚取了大笔外汇收入。一场旨在通过应用新技术而提高谷物产量的"绿色革命"（Green Revolution）由此爆发。"绿色革命"在全球范围内持续了近30年，全世界的谷物总产量几乎翻了一番，"绿色革命"在发展生产、满足市场、稳定社会以及促进和平等方面发挥了巨大的作用。

"绿色革命"伴随着具有遗传一致性（genetic uniformity）的高产品种的引进和推广利用，而这往往又取代了先前农民种植的具有遗传杂合性的地方品种。高产品种取代地方品种导致作物遗传多样性的不断减少甚至消失，这就严重威胁到未来作物改良所依赖的遗传基础。遗传学家们对此有着深刻的认识并不断提醒全世界应采取措施保存作物的遗传多样性，一些国家和相关国际组织也开始更多地关注保存植物遗传资源的问题。20世纪60年代，联合国粮农组织主办了一系列国际会议，其中的两次会议首次系统性地处理了遗传多样性消失的问题。[②]会议形成了如下共识：为了确保使人类不会丧失植物改良必不可少的原材料，一个协调性的全球收集和保存项目是很有必要的。这个国际项目的负责方从逻辑上说应该是联合国粮农组织，因为自从20世纪

---

① 洛克菲勒基金会曾经自1925年开始资助中国的金陵大学与美国的康奈尔大学合作进行农作物遗传改良研究，成果颇丰，但后因战争等原因终止。

② 一次会议是1961年举行的植物考察和引进技术会议（Technical Meeting on Plant Exploration and Introduction），另一次会议是在1967年召开的植物遗传资源考察、利用和保存技术大会（Technical Conference on the Exploration, Utilization and Conservation of Plant Genetic Resources）。

60年代初以来，该组织就是最积极的支持保存遗传多样性的机构，并为此目的在1968年设立了一个专门部门。但是，1971年成立的国际农业研究磋商组织却反对联合国粮农组织负责该项目的实施，认为其国际农业研究网络是更为合适的开展此方面工作的工具。最后双方在1974年达成了折中方案，国际农业研究磋商组织为此专门建立了国际植物遗传资源委员会（International Board for Plant Genetic Resources），其本身归属于国际农业研究磋商组织，但其又位于联合国粮农组织总部之内。[①]

委员会的任务是，协调一个国际植物遗传资源项目，组织开展收集行动以及建立和扩大国家、区域和国际层面上的基因库。在1974年至1988年间，委员会在90多个国家协调了300余次收集行动，通过这些行动收集到了12万份植物遗传资源样品。[②]绝大多数收集行动都是与相关国家的机构合作展开的，通过这些行动收集的材料为了保存的目的而被贮藏在50多座基因库中。这些基因库既包括国有或半国有的机构，例如巴西农业研究公司、肯尼亚农业研究所、荷兰遗传资源中心、俄罗斯瓦维洛夫植物栽培研究所、韩国农业发展管理局，也包括国际性机构，例如CGIAR中心、世界蔬菜中心（AVRDC）、热带农业研究和高等教育中心（CATIE）。[③]

经过委员会的协调，一个"国际基础收集品（base collections）网络"逐渐形成。[④]委员会与在该网络中持有已收集材料的全世界基因库基于如下理解达成协议，"如果贮藏的材料无法从流动收集品（active collections）中得到，将会从基础收集品中向任何有专业资质的机构或感兴趣的人员免费提供材料"。截至1990年，国际植物遗传资源委员会已经与42个国家研究所和8个CGIAR中心签订了协议。自从20世纪80年代以来，CGIAR中心继续从世界各地收集和接收植物遗传资源，最多一年CGIAR中心获得了3.5万份样品。2009

---

① Jack Ralph Kloppenburg, JR. *First the Seed: The Political Economy of Plant Biotechnology, 1492-2000*, 2nd Edition, University of Wisconsin Press, 2004, pp. 163-164.

② Michael Halewood, "*International Efforts to Pool and Conserve Crop Genetic Resources in Times of Radical Legal Change*", in Mario Cimoli et al (eds), *Intellectual Property Rights and Economic Challenges for Development*, Oxford University Press, 2014, p. 291.

③ Christine Frison et al (eds), *Plant Genetic Resources and Food Security: Stakeholder Perspectives on the International Treaty on Plant Genetic Resources for Food and Agriculture*, Earthscan, 2011, p. 150.

④ 基础收集品被长期保存，一般不用于日常分发利用，而流动收集品可以用于繁殖、更新、分发、鉴定和评价。

年的统计数字显示，CGIAR中心的基因库在其收集品中保存了约65万份样品。配置这些收集品的绝大多数重点被放在获得一批数量相对少的作物和饲草的种内多样性（intra-specific diversity）上，这些作物和饲草在全世界的农业生产体系中发挥着最大的作用。例如，国际水稻研究所保存10万份亚洲栽培稻（Oryza sativa）的样品，国际玉米和小麦改良中心的国际小麦收集品包括9.6万份样品，其玉米收集品则包括2.6万份样品。[1]

CGIAR中心坚定地认为粮农植物遗传资源的真正价值在于它们的利用，CGIAR中心的做法因此是，尽可能免费地和广泛地向全世界的育种者和农民分发它们收集和保存的粮农植物遗传资源样品，以及对已保存的样品进行改良之后得到的样品（improved PGRFA accessions）。[2]CGIAR中心每年会便利数十万份粮农植物遗传资源样品的国际转让，这些样品的接受方主要是来自发展中国家的机构和人员。

从上述背景和事实来看，CGIAR中心在很长的一段时间内通过国际植物遗传资源委员会协调和组织的收集行动从相关国家获得了大量的粮农植物遗传资源样品，并逐步建立起世界上最大、种类最齐全的粮农植物遗传资源非原生境收集品。不仅如此，CGIAR中心并没有将其持有的非原生境收集品据为己有，而是为了科研、育种和保存等目的尽可能不加限制地向世界各国的专业机构和人员分发提供样品。CGIAR中心推行的这一做法是由CGIAR中心持有的非原生境收集品的法律地位所决定的。最初，CGIAR中心持有的非原生境收集品并不拥有明确的的法律地位，但后来在诸多因素的推动下，相关国际组织通过签订正式协议明确了这些非原生境收集品的法律地位。

事实上，CGIAR中心的粮农植物遗传资源样品是经过各个相关国家的同意后收集而来的，当时的收集行动遵循的是自由原则。起初各方并没有就这些样品的归属或法律地位问题作出过安排，此后也没有就此发生争议。然而，在20世纪80年代末至90年代初，遗传资源原产国在有关植物遗传资源和生物多样性的国际谈判中发出了对包括粮农植物遗传资源在内的遗传资源进行法

---

[1] Michael Halewood,*"International Efforts to Pool and Conserve Crop Genetic Resources in Times of Radical Legal Change"*, in Mario Cimoli et al (eds), *Intellectual Property Rights and Economic Challenges for Development, Oxford University Press,* 2014, p. 291.

[2] Christine Frison et al (eds), *Plant Genetic Resources and Food Security: Stakeholder Perspectives on the International Treaty on Plant Genetic Resources for Food and Agriculture,* Earthscan, 2011, p. 152.

律上控制的强烈呼声，最终这些呼声转变为实在的法律规定，各国对其遗传资源拥有主权权利被写进了联合国粮农组织第3/91号决议和《公约》。不过，《公约》只适用于其生效之后获得的遗传资源，而CGIAR中心持有的非原生境收集品是在20世纪七八十年代获得的，这意味着《公约》所确立的遗传资源国家主权权利和其他规则无法适用于CGIAR中心持有的非原生境收集品。考虑到这一点并顾及粮农植物遗传资源的特殊性，1992年5月22日召开的"通过生物多样性公约议定文本会议"通过的决议3（Resolution 3）指出，缔约方需要寻求解决粮农植物遗传资源保护和可持续利用全球系统中涉及植物遗传资源的突出问题，特别是未依据《公约》所获得的非原生境收集品的获取问题（Access to ex situ collections not acquired in accordance with the CBD）。

决议3是一个非常积极的发展，因为它保留了针对关于粮农植物遗传资源的获取问题而制定更为适当的制度的可能性，同时它也吸引了国际社会对于CGIAR中心持有的非原生境收集品法律地位问题的更多关注。为了表明自身立场，CGIAR中心曾于1989年发布了一个声明，其确认CGIAR中心认为它们自己是在为了国际社会而"受托"持有粮农植物遗传资源样品。但是，某些非政府组织认为不存在支持CGIAR中心在道德上所作出的保证的法律基础。在一段时间内，国际上围绕着CGIAR中心持有的非原生境收集品的归属和地位产生了一些不安和忧虑。有评论认为CGIAR中心有可能改变它们的政策，从而切断或限制对于"它们的"收集品的获取。另外出现了CGIAR中心之外的力量，例如世界银行或CGIAR中心所在国，可能试图接管收集品并把它们转为私人或国家利用的担忧和谣言。还有其他方面的担心是，一些国家将要请求返还最初从它们国内所获得的并正在被CGIAR中心持有的材料。[1]显然，这些不同方面的关注都是因为CGIAR中心持有的非原生境收集品法律地位的不确定性而引起的。可以说，这些收集品处在一个国际法律真空（international legal vacuum）之中。

在这样一种氛围下，CGIAR中心加快努力，以便有效解决围绕在它们持有的非原生境收集品法律地位上的不确定性问题。CGIAR中心主要采取了三个方面的对策。首先，CGIAR中心发展出它们持有的非原生境收集品的"受

---

[1] Michael Halewood, Governing the Management and Use of Pooled Microbial Genetic Resources: Lessons from the Global Crop Commons, *International Journal of the Commons*, Vol. 4, No. 1, 2010.

托"（in trust）地位概念。这个概念表达的含义是：CGIAR中心持有的非原生境收集品不是某些国家的财产，也不是CGIAR中心的财产，而是由CGIAR中心为国际社会"受托"持有。"受托"概念在CGIAR中心1989年发布的声明中已被使用。其次，通过签订一系列的协议，明确了持有非原生境收集品的CGIAR中心的法律地位，这些中心由此成为拥有国际法律人格的团体。最后，CGIAR中心向有资格代表国际植物遗传资源共同体的联合国粮农组织寻求政策上的支持和合作，期待一劳永逸地阐明它们持有的非原生境收集品的法律地位。经过双方的努力，1994年10月26日，国际农业研究磋商组织主席代表12个CGIAR中心与联合国粮农组织签订"CGIAR中心与联合国粮农组织之间的将植物种质收集品置于联合国粮农组织主管之下的协议"（the Agreement between the CGIAR Centres and the FAO of the United Nations Placing Collections of Plant Germplasm under the Auspices of the FAO ）。[①]

　　这些协议时常被简称为"受托协议"（In Trust Agreements ）。根据"受托协议"的规定，CGIAR中心按照本协议列出的条款和条件，将列于本协议附录和由中心以印刷和机器可读形式编目和公布的的植物遗传资源收集品，即"指定种质"（designated germplasm ）置于联合国粮农组织主管之下，并作为《植物遗传资源国际约定》第7条规定的国际非原生境收集品网络的组成部分（第2条）；CGIAR中心应当按照《植物遗传资源国际约定》和本协议列出的条款及条件，为了国际社会的利益，特别是发展中国家的利益，受托持有指定种质（第3.a条）；CGIAR中心不应对指定种质主张法律上的所有权，也不应就指定种质或相关信息寻求获得知识产权（第3.b条）；CGIAR中心承诺为了科学研究、育种或遗传资源保存的目的，不加任何限制地直接向用户或通过联合国粮农组织向用户提供指定种质（第9条）；当指定种质的样品和（或）相关信息转让给其他人或机构时，CGIAR中心应确保这类其他人或机构，以及从这类人或机构收到指定种质样品的任何后续实体受到第3.b条所列条件的约束（第10条）。

　　此外，"受托协议"承认联合国粮农组织及其粮食和农业遗传资源委员会在制定《植物遗传资源国际约定》（《国际约定》）第7条提到的国际网络方面

[①] Christine Frison et al (eds), *Plant Genetic Resources and Food Security: Stakeholder Perspectives on the International Treaty on Plant Genetic Resources for Food and Agriculture*, Earthscan, 2011, p. 154.

的政府间权力（intergovernmental authority）。"受托协议"还认可CGIAR中心享有的决定哪些植物遗传资源收集品为"指定种质"的权力。[①]最后需要指出的是，CGIAR中心和联合国粮农组织在签署"受托协议"时发布了一个联合解释声明，其提到一个重要的问题，这就是CGIAR中心在分发指定种质时可以使用《材料转让协议》。但这份《材料转让协议》直到1998年才被CGIAR中心制定出来并启用。

对于CGIAR中心而言，1994年"受托协议"的重要性在于其阐明了CGIAR中心持有的粮农植物遗传资源非原生境收集品的法律地位。这为CGIAR中心提供了持续性的法律上和行政上的安定，从而使得这些中心能够在一个相对公开、全球性的创新和保存体系中继续发挥作为"输送器"的作用。不仅如此，"受托协议"的签署向当时正在进行的修改《国际约定》的谈判传递了一个积极的信号，CGIAR中心签署的12份"受托协议"是正式地将粮农植物遗传资源样品置于非原生境收集品国际网络中的第一批协议。考虑到这些收集品代表了世界上数量最大和最多样化的非原生境收集品，将这些收集品纳入国际网络是特别重要的。[②]而这也对持有非原生境收集品的各个国家起到了很好的示范作用。由于"受托协议"承认联合国粮农组织及其粮食和农业遗传资源委员会在制定政策上享有的政府间权力，CGIAR中心被带入修改《国际约定》的谈判之中。这对于确保这些非同寻常的收集品被置于正在谈判的新的国际文书范围之下至关重要，谈判的成果就是确立了专门适用于CGIAR中心持有的粮农植物遗传资源非原生境收集品的第15条规定。根据《国际条约》第15条的规定，各缔约方承认CGIAR中心受托持有的粮农植物遗传资源非原生境收集品的重要性，并要求CGIAR中心与《国际条约》管理机构按照有关条款和条件签订将这些收集品置于《国际条约》范围之下的协议。

[①] CGIAR中心在1998年发布了它们的"样品指定准则"。根据这些准则，CGIAR中心只会指定它们担负着长期保存任务的以及它们可以无限制分发的样品。对于CGIAR中心在《公约》生效之后获得的样品，上述准则指出：众所周知的是这些样品的获得应当基于相关政府权力的明确书面同意。See Michael Halewood, Governing the Management and Use of Pooled Microbial Genetic Resources: Lessons from the Global Crop Commons, *International Journal of the Commons*, Vol. 4, No. 1, 2010.

[②] Michael Halewood, Governing the Management and Use of Pooled Microbial Genetic Resources: Lessons from the Global Crop Commons, *International Journal of the Commons*, Vol. 4, No. 1, 2010.

三、《粮食和农业植物遗传资源国际条约》与国际农业研究中心及其他国际机构持有的粮食和农业植物遗传资源非原生境收集品

在修改《国际约定》的谈判中，国际植物遗传资源研究所（International Plant Genetic Resources Institute）作为国际农业研究磋商组织体系的主要代表，以观察员的身份出席了所有的会议。可能就是这样连续性的出席，再加上一连串及时、相关和可信的技术投入以及国际农业研究磋商组织体系的政治中立性，最大化地促成该体系对于那些谈判的影响。国际农业研究磋商组织体系在促进并确立一个针对粮农植物遗传资源的多边系统的概念上，以及提供使得其被接受的必要科学和技术信息上扮演了重要的角色。考虑到在谈判初期存在的技术上的不确定性，国际植物遗传资源研究所提供的无私和可信的科学信息（包括基因流动的现状和所有国家对于粮农植物遗传资源存在的相互依赖性）对于达成共识而言特别有帮助。[①]

国际植物遗传资源研究所主张在一个专门的条文中处理CGIAR中心受托持有的粮农植物遗传资源非原生境收集品，还支持建立通过CGIAR中心和《国际条约》管理机构之间签订协议而将这些收集品置于《国际条约》范围之下的法律机制。这些重要的主张和立场都被各国谈判者们所接受，从而最后形成《国际条约》第15条（"国际农业研究磋商组织所属各国际农业研究中心及其他国际机构持有的粮农植物遗传资源非原生境收集品"）。第15条由5段规定构成，其中第1段规定又包括7个分段规定。

第15.1条规定："各缔约方承认国际农业研究磋商组织所属各国际农业研究中心（CGIAR中心）受托持有的粮农植物遗传资源非原生境收集品对于本条约的重要性。各缔约方要求CGIAR中心与管理机构按照如下条款和条件就这些非原生境收集品签订协议：

（a）CGIAR中心持有的本条约附件1所列的粮农植物遗传资源应按照本条约第四部分的规定提供；

（b）CGIAR持有的未列入本条约附件1的以及在本条约生效前收集的粮农植物遗传资源应根据CGIAR中心与联合国粮农组织之间的协议而按照当前使

---

① Christine Frison et al (eds), *Plant Genetic Resources and Food Security: Stakeholder Perspectives on the International Treaty on Plant Genetic Resources for Food and Agriculture,* Earthscan, 2011, p. 156.

用的《材料转让协议》的规定予以提供。管理机构应按照本条约的相关规定，尤其是第12条和第13条并按照下列条件，与CGIAR中心磋商，最迟在第二届例会上对该《材料转让协议》进行修订：

（i）CGIAR中心应根据管理机构确立的安排定期向管理机构通报已签订的《材料转让协议》的情况；

（ii）应根据要求，向从其领土内并从原生境条件下收集到粮农植物遗传资源的缔约方提供这些粮农植物遗传资源的样品，而不需要任何《材料转让协议》；

（iii）在上述《材料转让协议》下产生的并由第19.3（f）条提及的机制取得的惠益，尤其应当用于上述粮农植物遗传资源的保护及可持续利用，尤其是发展中国家和经济转型国家，特别是多样性中心及最不发达国家的国家和区域项目；以及

（iv）CGIAR中心应根据其能力采取适当措施，维持对于《材料转让协议》的条件的切实遵守，并应将不遵守的情况及时通知管理机构。

（c）CGIAR中心承认管理机构遵照本条约规定对它们持有的非原生境收集品提供政策指导的权力；

（d）保存这些非原生境收集品的科学技术设施应处在CGIAR中心的管理权限之下，它们承诺根据国际公认的标准，尤其是联合国粮农组织的粮食和农业遗传资源委员会批准的《基因库标准》管理和监管这些非原生境收集品；

（e）如某个CGIAR中心提出请求，秘书应当尽力提供适当的技术支持；

（f）秘书应有权随时进入这些设施，并有权视察利用这些设施开展的与保存和交换本条所涉及的材料直接有关的所有活动；

（g）如CGIAR中心持有的非原生境收集品的有序保管受到任何事件的阻碍或威胁，包括不可抗力的阻碍和威胁，经所在国批准后，秘书应当尽可能协助进行撤出或转移。"

第15.1条规定界定了与CGIAR中心有关的《国际条约》的范围。具体来看，它在提及CGIAR中心持有的粮农植物遗传资源非原生境收集品时使用的表述与先前的"受托协议"是相似的，即CGIAR中心"受托"持有这些非原生境收集品。在这一点上，《国际条约》继受了"受托协议"的规定。根据本段规定，缔约方"要求"CGIAR中心与《国际条约》管理机构就这些非原生境收集品签订协议。为了将这些收集品纳入《国际条约》的范围，这些协议

是必须的。因为CGIAR中心拥有它们自己的法律人格和治理体系，未经它们同意是不受《国际条约》的规定约束的，而且CGIAR中心都不是国家，无法成为《国际条约》的缔约方，只有通过签订协议才能将这些收集品纳入《国际条约》的范围。值得注意的是，"要求"（call upon）CGIAR中心与管理机构签订协议比起简单"邀请"（invite）它们这么做是更有力的用词，如此处理是不想取代国际农业研究磋商组织的治理，如果《国际条约》明确宣布这些收集品为多边系统的一部分的话，这种情况就会发生。①

通过CGIAR中心与管理机构之间签订协议的方式，《国际条约》的规定将适用于如下粮农植物遗传资源：CGIAR中心"受托"持有的并在《国际条约》生效之前获得的粮农植物遗传资源非原生境收集品，包括附件一所列作物和非附件一作物的粮农植物遗传资源；在《国际条约》生效之后获得的附件一作物的粮农植物遗传资源。

需要指出的是，《国际条约》管理机构第一届会议审议并批准了"《国际条约》管理机构与CGIAR中心和其他相关国际机构之间的协议"。这份协议几乎逐字地重复了第15条的相关规定。在该协议被批准后，CGIAR中心和一些不属于国际农业研究磋商组织的国际机构相继表示将与管理机构签订协议。在2006年10月16日"世界粮食日"这一天，11个CGIAR中心以及热带农业研究和高等教育中心与管理机构签订了协议，此后，非洲和印度洋国际椰子基因库、南太平洋国际椰子基因库、联合国粮农组织/国际原子能机构联合司突变体种质样品库、国际可可基因库、太平洋作物和树木中心等5个其他国际机构与管理机构签订了协议。据统计，11个CGIAR中心和6个其他国际机构总共将70余万份粮农植物遗传资源样品纳入到了《国际条约》的范围之内。②

第15.1条（a）至（g）分段列出了CGIAR中心与管理机构之间签订的协议应当包含的七项条款和条件。

第15.1条之（a）是关于如何提供CGIAR中心持有的附件一所列粮农植物遗传资源问题的规定。根据规定，CGIAR中心持有的附件一所列粮农植物遗

---

① Gerald Moore and Witold Tymowski, *Explanatory Guide to the International Treaty on Plant Genetic Resources for Food and Agriculture,* International Union for Conservation of Nature and Natural Resources, 2005, p. 120.

② The Report on the Implementation of the Multilateral System of Access and Benefit Sharing, IT/GB-5/13/5.

传资源应按照《国际条约》获取和惠益分享多边系统的规定提供。这意味着，CGIAR中心持有的附件一所列粮农植物遗传资源将根据与适用于各缔约方持有的此类资源相同的条件予以提供，也就是说，CGIAR中心持有的附件一所列粮农植物遗传资源将通过《标准材料转让协议》提供。①

第15.1条之（b）是关于如何提供CGIAR中心持有的未列入附件一以及在《国际条约》生效前收集的粮农植物遗传资源问题的规定。上面指出，这一部分粮农植物遗传资源通过CGIAR中心与管理机构签订的协议已被纳入了《国际条约》的范围。但是，（b）分段在如何提供这一部分资源的问题上作出了不同于附件一所列资源的规定。具体来说，CGIAR中心应当按照它们目前正在使用的《材料转让协议》的规定提供上述资源。②不过，这只是暂时性的安排，《国际条约》的谈判者们并不打算让CGIAR中心一直通过这种方式提供它们在《国际条约》生效之前收集的非附件一资源，谈判者们意图将《国际条约》关于便利获取和分享商业化所产生惠益的规定引入到CGIAR中心使用的《材料转让协议》当中。因此，（b）分段第二句规定就要求管理机构按照《国际条约》第12条和第13条以及另外的四个方面的条件，与CGIAR中心磋商，最迟在其第二届例会上对以上《材料转让协议》进行修订。

在管理机构第二届会议召开之前，《国际条约》秘书处为了落实（b）分段所提出的要求积极展开相关的活动。2007年7月，秘书处向国际生物多样性中心（Bioversity International）发送了一封信函，请该中心代表CGIAR中心提

---

① CGIAR中心从2007年1月1日开始使用《标准材料转让协议》分发粮农植物遗传资源样品。从2007年1月1日至2008年7月30日，CGIAR中心通过《标准材料转让协议》分发了大约55万份样品（包括《国际条约》附件一所列资源和未列入附件一的资源），几乎3/4的已分发样品都是经过CGIAR中心改良的材料。80%的样品被分发给了发展中国家和经济转型国家，大约5%的样品进入了发达国家，而15%的样品是在CGIAR中心之间进行转让的。See Experience of the Centres of Consultative Group on International Agricultural Research with the Implementation of the Agreements with the Governing Body, with Particular Reference to the Standard Material Transfer Agreement, IT/GB-2/07/Inf. 11. Experience of the Centres of Consultative Group on International Agricultural Research with the Implementation of the Agreements with the Governing Body, with Particular Reference to the Use of Standard Material Transfer Agreement for Annex 1 and Non-Annex 1 Crops, IT/GB-3/09/Inf. 15.

② "目前正在使用的《材料转让协议》（the MTA currently in use）"是指CGIAR中心与联合国粮农组织在签订1994年的"受托协议"时发布的联合声明中提到的《材料转让协议》，这份协议于1998年被制定出来并启用。上文对此已做过说明。2002年，粮食和农业遗传资源委员会第九届会议对这份《材料转让协议》作出了一些变动，以使其与《国际条约》中使用的概念相符合，但这些变动属于过渡性的措施，需要等待管理机构通过《标准材料转让协议》之后再做调整。这些变动得到了相关CGIAR中心的同意，CGIAR中心从2003年5月开始使用这份过渡性的《材料转让协议》（interim MTA）。

交一份有关修订目前正在使用的《材料转让协议》的文件。在国际生物多样性中的协调和推动下，CGIAR中心就该问题进行了磋商，并向秘书处提交了磋商报告。

　　根据磋商报告，CGIAR中心明确倾向于只需要一个文件，即《标准材料转让协议》，安排它们持有的附件一材料和非附件一材料的提供或转让。因为这将简化材料的分发程序，从而减少费用。CGIAR中心也注意到，《标准材料转让协议》第6条及其附件中的一些用语明确提及了《国际条约》附件一，因此，如果使用《标准材料转让协议》转让非附件一材料，可以要求管理机构采用一些有关在非附件一材料场合所赋予这些用语的含义的解释或其他方面的澄清。有一个最佳的方案可供选择，即《标准材料转让协议》包含一个解释性脚注（interpretative footnote）或一系列脚注，以便表明这些规定不应当被解释为排除了使用《标准材料转让协议》转让非附件一材料。解释性脚注不应被看作是对《标准材料转让协议》的修改，它们将被纳入《标准材料转让协议》的所有版本之中，从而避免了使用两个《标准材料转让协议》版本的需要。[①]管理机构第二届会议对上述方案进行了审议，并且支持在实践中采纳该方案。CGIAR中心已于2008年2月1日开始使用包含解释性脚注的《标准材料转让协议》转让非附件一材料以及附件一材料。[②]

　　除了《国际条约》第12条和第13条的规定，（b）分段还列出了管理机构在修订《材料转让协议》时应当遵照的四个条件。

　　（b）分段之（i）规定了CGIAR中心定期向管理机构通报已签订的《材料转让协议》的义务。从上下文来看，该规定仅适用于CGIAR中心受托持有的并且在《国际条约》生效前收集的非附件一粮农植物遗传资源。这里需要说明的是，由于CGIAR中心选择使用包含解释性脚注的《标准材料转让协议》分发附件一和非附件一材料，而《标准材料转让协议》第5条之（e）规定了

---

① See Consideration of the Material Transfer Agreement to Be Used by International Agricultural Research Centres for Plant Genetic Resources for Food and Agriculture not Included in Annex 1 of the Treaty, IT/GB-2/07/13.

② 解释性脚注的内容为：当《标准材料转让协议》被用于转让《国际条约》附件一未列出的粮农植物遗传资源时，在《标准材料转让协议》中提及"多边系统"不应解释为将《标准材料转让协议》的适用限定为附件一粮农植物遗传资源，以及在《标准材料转让协议》第6.2条的场合则意味着"根据本协议"；在《标准材料转让协议》第6.11条和附件3提及"属于《国际条约》附件一所列同一作物的粮农植物遗传资源"应意味着"属于同一作物的粮农植物遗传资源"。

提供方定期向管理机构通报签订的《标准材料转让协议》的义务，因此，(b)
分段之 (i) 规定的这个义务将作为《标准材料转让协议》下提供方负担的一
项义务而得到实施。关于通报的具体时间安排和方式，管理机构第三届会议
已经作出了决定，第六节对此已有介绍，此处不赘。

(b) 分段之 (ii) 规定了CGIAR中心向从其领土内并从原生境条件下收集
到粮农植物遗传资源的缔约方返还这些资源样品的义务。根据规定，CGIAR
中心在返还样品时无需使用《材料转让协议》。这个规定在实施中可能出现
实际的困难，因为CGIAR中心并不总是知道从何处在原生境条件下采集到了
样品。

(b) 分段之 (iii) 处理了因利用非附件一材料所产生的惠益的有关问题。
该规定预先假定以非附件一材料作为标的的《材料转让协议》也包含一个关
于惠益分享的规定，其类似于《国际条约》第13.2条之 (d)(ii) 所规定的分
享商业化利用产生的货币惠益。《国际条约》第13.3条规定了使用因利用多边
系统中的粮农植物遗传资源所产生的惠益的方式，这些惠益将主要流向所有
国家，特别是发展中国家和经济转型国家保存和可持续利用粮农植物遗传资
源的农民。由于在以非附件一材料作为标的的《材料转让协议》下产生的惠
益处于多边系统之外，它们因此也就没有落入第13.3条的一般指示以内，使用
这些惠益的方式需要在一个专门的条文中加以处理。[①]

根据 (b) 分段之 (iii) 的规定，如果《材料转让协议》的接受方满足了
《材料转让协议》中所规定的惠益分享的条件，并且其向《国际条约》第19.3
条之 (f) 提及的机制，即"惠益分享基金"作出了付款，那么这些款项尤其
应当用于CGIAR中心持有的并在《国际条约》生效之前收集的非附件一粮农
植物遗传资源的保存及可持续利用，尤其是发展中国家和经济转型国家，特
别是多样性中心及最不发达国家的的国家和区域项目。

(b) 分段之 (iv) 处理了CGIAR中心担负的维持对于《材料转让协议》
条款的遵守的责任问题。该规定使用了词语"维持"（maintain）而非"确保"
（ensure）表明，各国并不期待CGIAR中心确保《材料转让协议》得到切实遵

---

① Gerald Moore and Witold Tymowski, *Explanatory Guide to the International Treaty on Plant Genetic Resources for Food and Agriculture,* International Union for Conservation of Nature and Natural Resources, 2005, p. 123.

守，它们仅仅期待CGIAR中心根据修订后的《材料转让协议》（即包含解释性脚注的《标准材料转让协议》）适当地分发材料，以及在CGIAR中心能力的范围内采取措施促进遵守并在不遵守的情形引起CGIAR中心注意时报告这些情形。需要指出的是，CGIAR中心在2006年10月16日与管理机构签订协议时发布了一个关于它们对于协议解释的声明，这份声明列出了CGIAR中心为了促进接受方遵守《材料转让协议》下的义务所要采取的措施，这包括：要求对觉察到的不遵守行为进行解释；通知管理机构；与国家主管当局一道就涉及知识产权的不遵守行为采取行动。①

第15.1条之（c）至（g）分段适用于所有CGIAR中心持有的落入《国际条约》范围之内的材料。这五个分段中的每一个都可以在1994年的"受托协议"中找到类似规定。实际上，"受托协议"中的表述被用作起草这些分段规定的基础。通过对比"受托协议"和《国际条约》，措辞上最明显的变化出现在（c）分段中。"受托协议"规定：CGIAR中心承认联合国粮农组织及其粮食和农业遗传资源委员会在就《国际约定》第7条提到的国际网络"制定政策"的权力，而《国际条约》更准确地提到管理机构就CGIAR中心持有的非原生境收集品"提供政策指导"的权力。既然CGIAR中心持有的非原生境收集品被纳入《国际条约》的范围，那么，由所有缔约方组成的作为《国际条约》最高权力机构的管理机构就有权力为这些收集品提供政策指导。

（d）分段提到了CGIAR中心承诺按照国际公认的标准，尤其是粮食和农业遗传资源委员会批准的《基因库标准》管理和监管这些非原生境收集品的问题。这里提到的"《基因库标准》"是指联合国粮农组织和国际植物遗传资源研究所在1994年制定的《基因库标准》。自《国际条约》通过以来，粮食和农业遗传资源委员会根据全球关于植物收集品政策框架发生的变化和科学技术进步的要求对上述标准进行了修订，并在2013年召开的粮食和农业遗传资源委员会第十四届会议通过了最新的《粮食和农业植物遗传资源基因

---

① Christine Frison et al (eds), *Plant Genetic Resources and Food Security: Stakeholder Perspectives on the International Treaty on Plant Genetic Resources for Food and Agriculture*, Earthscan, 2011, p. 158.

库标准》。①

（e）和（g）分段规定了《国际条约》秘书在涉及CGIAR中心持有的非原生境收集品的某些事务上负担的有关义务，（f）分段则授予了秘书进入保存非原生境收集品的设施和视察利用这些设施开展的有关活动的权利。这三个分段规定的含义清楚明了，在此不作解释和评论。

第15.2条规定："各缔约方同意，根据本条约向与管理机构已经签订了协议的CGIAR中心提供多边系统内附件一粮农植物遗传资源的便利获取。这些中心应当被列入由秘书持有的一份名单之中，并应要求提供给各缔约方。"

第15.2条确立了一种"互惠性"的安排。根据本段规定，各缔约方同意向与管理机构已经签订了协议的CGIAR中心提供附件一所列粮农植物遗传资源的便利获取。由于与管理机构签订了协议的CGIAR中心根据第15.1条之（a）有义务向《国际条约》缔约方及其管辖范围内的自然人和法人提供附件一所列粮农植物遗传资源的便利获取，第15.2条通过要求各缔约方向与管理机构签订了协议的CGIAR中心提供这些资源的便利获取而确立一种"互惠性"的安排。这个安排事实上能够起到便利CGIAR中心从事收集粮农植物遗传资源活动的作用。

第15.3条规定："对未列入附件一并由CGIAR中心在本条约生效之后接收和保存的材料，提供获取的条件应当与接收材料的CGIAR中心同这些资源的原产国，或按照《公约》或其他适用法律得到那些资源的国家共同商定的条件相一致。"

第15.3条处理了CGIAR中心在《国际条约》生效后接收的非附件一材料的获取问题。从本段规定的内容来看，《国际条约》获取和惠益分享多边系统对于这些材料是不适用的，也就是说，CGIAR中心不会向这些材料的索取方通过《标准材料转让协议》提供便利获取。实际上，为了表示对于《公约》

---

① 《粮食和农业植物遗传资源基因库标准》是一份自愿性的国际政策工具，它为保存植物收集品（种子、活体植物和外植体）的基因库提供了准则和程序。这些标准是在全球范围内与种子保存、超低温保藏和田间种质库领域的许多专家进行一系列磋商的基础上制定出来的。这些标准旨在建立一个高效和合理的基因库中的非原生境保存体系，这将更加理想地维持种子活力和遗传完整性，从而确保可以获取和利用已保存植物遗传资源的高质量种子。这个标准分为两部分，第一部分描述了支撑基因库标准及提供有用和有效基因库管理的支配性框架的基本原则，第二部分提供了种子库、田间种质库和体外及超低温保藏种质库三种类型基因库的详细标准。以种子库为例，第二部分针对种子库列出的标准包括：种质获得标准、干燥和储藏标准、种子活力检测标准、更新标准、描述标准、评价标准、记录标准、分发和交换标准、安全备份标准以及安全和人员标准。

有关规定的认可和接受，CGIAR中心已经按照《公约》提出的要求（包括事先知情同意和共同商定条件）或其他适用的法律从相关国家获取非附件一材料，随后也在遵照与相关国家（包括原产国和按照《公约》得到附件一材料的国家）在获取时商定的条件分发这些材料。本段规定反映了CGIAR中心现有的做法，并要求CGIAR中心继续按照与相关国家商定的条件分发它们在《国际条约》生效之后接收的非附件一材料。

第15.4条规定："鼓励各缔约方按照共同商定的条件，向已经与管理机构签订协议的CGIAR中心提供未列入附件一而对CGIAR中心的项目和活动具有重要意义的粮农植物遗传资源的获取。"

第15.4条向CGIAR中心就非附件一作物开展的研究工作提供了一种支持。本段规定间接地承认CGIAR中心就非附件一粮农植物遗传资源所开展的研究工作的重要性，它因此鼓励各缔约方向CGIAR中心提供这些资源的获取。尽管对CGIAR中心的项目和活动具有重要意义的作物没有被列入《国际条约》附件一，但第15.4条为CGIAR中心的项目和活动提供了某种形式的支持。可以预见的情况是，CGIAR中心将会向管理机构报告它们在获取非附件一材料方面所取得的经验，以此方式将能够进一步鼓励遵守本段规定。①

第15.5条规定："为实现本条所陈述的目的，管理机构还将寻求与其他相关国际机构建立协议。"

第15.5条提及管理机构与其他相关国际机构建立协议的问题。本段规定意图将不属于国际农业研究磋商组织的国际机构持有的粮农植物遗传资源非原生境收集品置于《国际条约》的范围之下。值得注意的是，本段规定并没有进一步对"其他相关国际机构"作出界定，这应当是有意地使用了宽泛的措辞，以便使得任何拥有粮农植物遗传资源非原生境收集品的国际机构都可以成为与管理机构签订协议的当事方。上面指出，截至目前，管理机构已经与6个国际机构签订了协议，它们是：热带农业研究和高等教育中心、非洲和印度洋国际椰子基因库、南太平洋国际椰子基因库、联合国粮农组织/国际原子能机构联合司突变体种质样品库、国际可可基因库以及太平洋作物和树木中

---

① Gerald Moore and Witold Tymowski, *Explanatory Guide to the International Treaty on Plant Genetic Resources for Food and Agriculture,* International Union for Conservation of Nature and Natural Resources, 2005, p. 125.

心。这些国际机构将它们持有的所有粮农植物遗传资源非原生境收集品纳入了《国际条约》的范围，并根据第15条规定提供。①

第八节 供资战略

《国际条约》将保护并可持续利用粮农植物遗传资源以及公正公平地分享利用这些资源而产生的惠益确立为自身的目标，然而，必须强调的是，充分实现这些目标需要全球协同努力，以便确保在国际、国家和当地层面上提供充足的资金并且以互补和有效的方式对这些资金加以利用。为此，《国际条约》第六部分（"财务规定"）围绕一个面向《国际条约》实施的供资战略（funding strategy）的问题进行了规定。②供资战略可以被看作是《国际条约》下的资金机制，③其旨在从所有可能的来源为《国际条约》的实施筹集和提供资金，并按照国际商定的优先重点、标准和运作程序对受《国际条约》管理机构直接控制的资金进行透明、高效和有效利用。

本节首先对《国际条约》第18条规定（"财政资源"）进行解释和分析，其次介绍和评论《国际条约》管理机构通过的《实施〈粮食和农业植物遗传资源国际条约〉的供资战略》及其附件的有关内容，最后就供资战略下的"惠益分享基金"的运作情况作一梳理和说明。

---

① 尽管这6个国际机构将它们持有的所有非原生境收集品纳入了《国际条约》的范围，但样品的总量并不是很大，相关的统计数字显示为1.6万余份。See Report on the Implementation of the Multilateral System of Access and Benefit Sharing, IT/GB-5/13/5.

② 《国际条约》第六部分（"财务规定"）只包含一条规定，这就是第18条（"财政资源"）。需要指出的是，第六部分的标题和第18条规定的标题并不一致，按理说两者应该是一致的，因为除了第18条，第六部分并没有包含其他规定，这似乎是一个形式上的瑕疵。

③ 资金机制，也称财务机制，是指为促进缔约方履行在多边环境协定（multilateral environmental agreements）中所作出的承诺，依据此类协定的规定向某些缔约方提供资金支持而形成的程序、机构和运作规则。资金机制的主要资金来源是发达国家缔约方的出资（法定义务），这些资金将提供给发展中国家缔约方和经济转型国家缔约方，以补偿这些缔约方因实施多边环境协定而增加的特定费用，即"议定的全部增加费用"（the agreed full incremental costs）。但需要指出的是，《国际条约》下的资金机制与其他多边环境协定下的资金机制有一个很大的不同，那就是《国际条约》的缔约方，尤其是发达国家缔约方并没有负担提供新的资金的义务。

一、《粮食和农业植物遗传资源国际条约》的实施与财政资源

正如上文所述，粮农植物遗传资源对于适应无法预测的环境变化以及满足人类未来的需要极其重要，为了应对全球粮农植物遗传资源不断减少和消失的严峻挑战，《国际条约》第5条和第6条规定了缔约方应当采取的保护和可持续利用粮农植物遗传资源的措施。但是，这些措施的落实需要相当大数量的财政资源（资金）。没有充足资金的投入，很难想象会在全球层面上取得一个有意义的效果。尤其对于发展中国家和经济转型国家而言，它们在为保护和可持续利用粮农植物遗传资源的活动提供资金上面临很多困难。《国际条约》认识到供资是实现其目标的一个关键要素，其因此决定设立和执行一个面向《国际条约》实施的供资战略。第18条对这一供资战略的基本架构，包括设立决定、目标、一个可能的资金来源清单以及筹集资金的优先重点等作出了规定，其由5段规定组成。

第18.1条规定："各缔约方承诺根据本条的规定，执行一个实施本条约的供资战略。"

本段规定明确要求各缔约方执行一个实施《国际条约》的供资战略。首先要强调的是，本段规定是从实施《国际条约》的需要出发向缔约方提出执行一个供资战略的要求。这表明，这个供资战略是服务于《国际条约》的实施的。实际上，这个供资战略在《国际条约》通过之时尚不存在，根据第19条的规定，通过和定期审查实施《国际条约》的供资战略是管理机构的一项职能。本段规定指出，各缔约方承诺各自和联合执行管理机构通过的供资战略。2006年6月召开的管理机构第一届会议通过了《实施〈粮食和农业植物遗传资源国际条约〉的供资战略》，下文将对其进行介绍和分析。

第18.2条规定："供资战略的目标应当是为实施本条约的活动而增强财政资源的可获得性，以及提高财政资源供给的透明度、效率和有效性。"

本段规定明确了供资战略的目标，这包括两个方面，一个是增强财政资源的可获得性，另一个是提高财政资源提供的透明度、效率和有效性。"增强财政资源的可获得性"意味着增加可用的资金数量。"透明度"表达了各国这样一种关注，即分配和提供财政资源的机制不应在幕后运作，而应以透明和负责任的方式作出它们的供资决定。"效率和有效性"既是对财政资源的供给，也

是对它们的利用提出的要求。当然，财政资源的利用也要符合透明度的要求。根据本段规定，财政资源要被用于实施《国际条约》下的活动，在大多数情况下，这些活动明显包括第5、6、7、8、14、16条以及第17条中所规定的活动。①

第18.3条规定："为了调动对于优先重点活动、计划和方案，尤其是针对发展中国家和经济转型国家的重点活动、计划和方案的供资，并考虑到《全球行动计划》，管理机构应定期确立此种供资的一个指标。"

本段规定向管理机构提出了定期确立供资指标（funding target）的要求。本段规定没有具体说明确立这样的指标的标准，但本段规定要求管理机构在确立指标时将《全球行动计划》考虑进去，这就使得对于《全球行动计划》所确立的优先重点活动领域的认可成为必须。通过在本段规定中提及《全球行动计划》，必定是这样一种设想：缔约方们期待滚动式或定期修订的《全球行动计划》为财政决定提供一个商定的科学和技术框架，就如同其在植物遗传资源保护和可持续利用为国家和国际行动提供了框架一样。②

为了落实第18.3条所提出的要求，管理机构第三届会议正式批准了《供资战略之惠益分享基金实施战略计划》（Strategic Plan for the Implementation of the Benefit Sharing Fund of the Funding Strategy）。这份战略计划为期五年，从2009年7月至2014年12月，其为"惠益分享基金"（受管理机构直接控制）设定了1.16亿美元的供资指标。这个指标是在开展了一系列工作的基础上所确立的，这就包括：审查了指明"惠益分享基金"需求的两个参照点（《全球行动计划》实施成本估算和"惠益分享基金"项目建议书首次征集和响应情况）；审视了"惠益分享基金"有望实现的前景；考虑了其他多边组织成功的资源筹集模式。

第18.4条规定："依照这一供资战略：

（a）各缔约方应在有关国际机制、基金和机构的管理机构内采取必要和适当的措施，确保对实施本条约的计划和方案的可预计和商定资源的有效分配给予应有的重视和关注。

---

① Gerald Moore and Witold Tymowski, *Explanatory Guide to the International Treaty on Plant Genetic Resources for Food and Agriculture,* International Union for Conservation of Nature and Natural Resources, 2005, p. 139.

② Gerald Moore and Witold Tymowski, *Explanatory Guide to the International Treaty on Plant Genetic Resources for Food and Agriculture,* International Union for Conservation of Nature and Natural Resources, 2005, pp. 139-140.

（b）发展中国家和经济转型国家缔约方有效履行其在本条约中所作承诺的程度，将取决于本条所提及资源的有效分配，尤其是发达国家缔约方进行的分配。发展中国家和经济转型国家缔约方在其本身的计划和方案中要给予粮农植物遗传资源方面的能力建设以应有的优先地位。

（c）发达国家缔约方也通过双边、区域和多边渠道为实施本条约提供财政资源，发展中国家和经济转型国家缔约方通过这些渠道利用这些财政资源。此类渠道应包括第19.3条之（f）提及的机制。

（d）每一缔约方同意按照本国能力和财政资源，开展保存和可持续利用粮农植物遗传资源的国家活动，并为此提供财政资源。提供的财政资源不应用于与本条约不一致的目的，尤其是在与国际商品贸易有关的领域。

（e）各缔约方同意第13.2条之（d）所产生的财政惠益属于供资战略的一部分。

（f）各缔约方、私营部门（考虑到第13条规定）、非政府组织和其他来源也可以提供自愿捐款。各缔约方同意管理机构应考虑促进此类捐款的战略的方式。"

第18.4条着重就供资战略下的财政资源（资金）的来源进行了规定，这些不同的资金来源被分别规定在（a）（c）（d）（e）和（f）分段当中，（b）分段则处理了发展中国家缔约方和经济转型国家缔约方履行在《国际条约》中所作承诺的程度与资金有效分配之间的关系问题。

（a）分段要求缔约方在"相关国际机制、基金和机构"内积极地寻求支持，以便确保对实施《国际条约》的计划和方案的"可预测和商定资源的有效分配"给予应有的重视和关注。（a）分段实际上间接地规定了一种供资战略下的资金来源，这就是相关国际机制、基金和机构为《国际条约》的实施提供的资金。值得注意的是，（a）分段并没有指明"相关国际机制、基金和机构"的名称。尽管如此，它们显然会包括全球环境基金①、全球作物多样性

---

① 全球环境基金（Global Environment Facility）于1991年10月正式成立，由联合国开发计划署、联合国环境规划署和世界银行共同管理和运作，它的资金来源为成员国的出资，其为发展中国家和经济转型国家应对全球变暖、国际水域污染、生物多样性消失以及臭氧层消耗等全球性环境问题提供资金援助。作为运作《公约》财务机制的实体，全球环境基金明确地将农业生物多样性列为一个重点领域。根据其运作战略，利用全球环境基金的资金必须遵照从《公约》缔约方大会接收到的指导。为了回应《公约》缔约方大会的决议，全球环境基金理事会作出的决定要求，在全球环境基金关于对农业至关重要的生物多样性的保护和可持续利用运作方案中直接参考修订后的《国际约定》（即《国际条约》）和《全球行动计划》，决定还指出了与联合国粮农组织和在农业领域开展工作的其他机构进行协作的重要性。

信托基金①、国际农业研究磋商组织以及世界银行。

这里使用的术语"可预测的"（predictable）和"商定的"（agreed）意味着接受国应当与供资机制就供资达成一致，以及应当以允许接受方制定资金支出计划和指望交付的适时性（按年度供资、每两年供资等）的方式分配资金。需要指出的是，缔约方根据（a）分段所负担的义务不是一种确保可预测和商定资源有效分配的义务，它仅仅是确保给予此类资源的分配以"应有重视和关注"（due priority and attention）的义务。谈判者们明白比起这个来他们不可能进一步约束他们，因为这些国际机制、基金和机构都拥有自己的决定各自优先重点和预算分配的治理架构。然而，（a）分段中的义务的确意味着《国际条约》缔约方要使他们受约束以便确保对《国际条约》的供资不应被上述机制、基金和机构所忽视，以及《国际条约》下的活动被适当地放在优先位置。②

第18.4条之（b）处理了发展中国家缔约方和经济转型国家缔约方履行在《国际条约》中所作承诺的程度与资金有效分配之间的关系问题。（b）分段重复了《公约》第20.4条的有关表述，但在内容上与第20.4条有很大差异。③（b）分段指出了发展中国家缔约方和经济转型国家缔约方履行在《国际条约》中所作承诺的程度将取决于第18条所提及的资金的有效分配，尤其是发达国家缔约方进行的分配。这里显然强调了发达国家缔约方通过（a）分段提及的多边机制以及它们自己的双边和区域性援助项目为资金的筹集和分配所要付出的努力。当然，这并非为发达国家缔约方设定一项义务，而是基于"共同

---

① 全球作物多样性信托基金（Global Crop Diversity Trust）是一个捐赠基金（endowment fund），其于2004年10月由联合国粮农组织和代表国际农业研究磋商组织联合体（CGIAR Consortium）的国际生物多样性中心联合创立。该基金的目标是确保粮农植物遗传资源的长期保存和可获得性，以期实现全球粮食安全和可持续的农业发展。具体而言，该基金主要致力于保护稀有和珍稀粮农植物遗传资源非原生境收集品，以及根据《国际条约》和《全球行动计划》促进一个有效面向目标的、经济上高效和可持续的全球非原生境保存体系。该基金从事的主要活动是接受捐赠并提供资金援助，以便支持满足了商定管理标准的合格粮农植物遗传资源收集品的维持以及遗传资源、相关信息和知识和技术的可获得性。

② Gerald Moore and Witold Tymowski, *Explanatory Guide to the International Treaty on Plant Genetic Resources for Food and Agriculture,* International Union for Conservation of Nature and Natural Resources, 2005, p. 140.

③《公约》第20.4条规定："发展中国家缔约方有效履行在本公约中所作承诺的程度，将取决于发达国家缔约方有效地履行其根据本公约就财政资源和技术转让所作出的承诺，并将充分顾及经济和社会发展和消除贫困是发展中国家缔约方首要优先事项这一事实。"

但有区别的责任"原则向发达国家缔约方提出的道义上的要求。另外，根据（b）分段第二句规定，发展中国家和经济转型国家缔约方在其本身的计划和方案中要给予粮农植物遗传资源方面的能力建设以应有的优先地位。这样一来，《国际条约》第5~7条和第13.2条之（c）中规定的承诺就因为上述规定而得到了加强。

第18.4条之（c）规定了供资战略的一类资金来源，这就是发达国家缔约方通过双边、区域和多边渠道为《国际条约》的实施提供的资金。（c）分段同时明确发展中国家缔约方和经济转型国家缔约方将通过这些渠道利用此类资金。此外，（c）分段第二句指出发展中国家缔约方和经济转型国家缔约方利用资金的渠道包括第19.3条之（f）提及的机制。根据第19.3条之（f）的规定，管理机构在必要时建立适当的机制，如信托基金账户，以便为实施《国际条约》接收和利用这种机制得到的资金。需要指出的是，这个机制目前已经被建立起来，就是上文多次提到的"惠益分享基金"。①

第18.4条之（d）规定了各缔约方所作出的一个承诺，即每个缔约方要开展保存和可持续利用粮农植物遗传资源的国家活动，并为这些活动提供资金支持。显然，该规定指出了供资战略的一类资金来源：每一缔约方为自己国家保存和可持续利用粮农植物遗传资源活动所提供的资金。（d）分段提到的"国家活动"主要指的是第5~7条所规定的那些活动，就此来说，（d）分段规定支持了这些规定中的义务。另外，根据这一分段规定，缔约方开展国家活动和提供资金的承诺受到"按照国家能力和财政资源"的限定，这无疑是考虑到了不同缔约方所处的经济社会发展水平。

（d）分段第二句规定指出，提供的财政资源不应用于与《国际条约》不一致的目的，尤其是在与国际商品贸易有关的领域。这一句规定预计的目的是阻止缔约方向农业提供补贴和其他支持措施，这些措施并非是真正为了实施《国际条约》的目的，而是补贴农业生产以及尤其是农业出口，它们因而扭曲了贸易模式。这一句规定再现了第6.2条之（a）中的表述"公平的农业政

---

① 根据管理机构通过的《实施〈粮食和农业植物遗传资源国际条约〉的供资战略》以及相关决议，发达国家缔约方通过双边、区域和多边渠道为《国际条约》的实施提供的资金属于不受管理机构直接控制的资金（resources not under the direct control of the Governing Body），"惠益分享基金"并不接收这一类资金，其只接收和利用受管理机构直接控制的资金。尽管第18.4条之（c）将第19.3条之（f）所提及的机制确定为一种利用资金的渠道，但该机制只是利用受管理机构直接控制的资金的渠道。

策"所表达的一个相似的告诫。①

第18.4条之（e）明确地将多边系统中分享商业化所产生的货币惠益确定为供资战略的一类资金来源。（e）分段使用的表述是"第13.2条之（d）所产生的财政惠益"，随着《标准材料转让协议》的通过及在实践中的使用，这里的"财政惠益"就是指粮农植物遗传资源的接受方按照《标准材料转让协议》第6.7条和第6.8条或第6.11条向"惠益分享基金"所支付的款项。

第18.4条之（f）又规定了供资战略的一类资金来源：各缔约方、私营部门、非政府组织及其他捐款方提供的自愿捐款（voluntary contributions）。这种捐款在第13.2条之（d）（ii）和第13.6条中已经有明确的规定，（f）分段因此在此提及"考虑第13条的规定"。基于对自愿捐款的重视，（f）分段要求管理机构考虑促进这种捐款的战略的方式。

第18.5条规定："各缔约方同意，为发展中国家，尤其是最不发达国家和经济转型国家保存和可持续利用粮农植物遗传资源的农民实施商定的计划和方案，将被列为优先重点。"

本段规定指出了供资战略的优先重点。值得注意的是，本段规定中的优先重点与第13.3条关于多边系统中分享的惠益应流向发展中国家和经济转型国家保存和可持续利用粮农植物遗传资源的农民的表述是一致的。本段规定与《国际条约》涉及农民的其他规定也保持一致，其承认农民在保存和可持续利用粮农植物遗传资源中作出的贡献，而且承认促进和支持农民在未来作出贡献的必要性。此外，本段规定提及"商定的"技术和方案似乎意味着必须与接受国就计划和方案达成一致并且农民和育种家应充分参与。它还可能部分地构成对于滚动式《全球行动计划》所列出的商定计划和方案的一个间接提及。②

---

① Gerald Moore and Witold Tymowski, *Explanatory Guide to the International Treaty on Plant Genetic Resources for Food and Agriculture,* International Union for Conservation of Nature and Natural Resources, 2005, pp. 141-142.

② Gerald Moore and Witold Tymowski, *Explanatory Guide to the International Treaty on Plant Genetic Resources for Food and Agriculture,* International Union for Conservation of Nature and Natural Resources, 2005, p. 142.

二、《实施〈粮食和农业植物遗传资源国际条约〉的供资战略》及其附件

上面指出，2006年6月召开的管理机构第一届会议通过了《实施〈粮食和农业植物遗传资源国际条约〉的供资战略》（以下简称《供资战略》）。这份文件是在代理《国际条约》临时委员会的粮食和农业遗传资源委员会的主持下，依据《国际条约》第18条关于供资战略的目标、资金来源及优先重点等规定，经磋商和谈判而拟定的。

从内容上看，《供资战略》包含了关于目标、目的、优先重点、受管理机构直接控制的资源、不受管理机构直接控制的资源、提供有关《供资战略》的信息、监测、与粮食和农业遗传资源委员会的合作以及审查等九个方面的规则。另外，《供资战略》还引入一个附件清单。但这个附件清单只是列出《供资战略》的四个附件的名称[①]，而每个附件的具体内容尚未被制定出来（除附件1简要地提及利用《供资战略》下的资源的最初优先重点）。从这一点来看，尽管《供资战略》在管理机构第一届会议上获得通过，但《供资战略》的适当运作所必需的四个方面的规则还需要商讨和拟定。这表明，《供资战略》的制定是一个渐进和持续的过程。不仅如此，《供资战略》自身也处在动态化的发展过程之中，其受管理机构定期和不定期的审查，如果需要的话，其可能得到进一步的发展以及使其适应正在变化的情势。[②]

为了制定《供资战略》的四个附件，管理机构建立了"《供资战略》特设咨询委员会"，该委员会随后召开两次会议，商讨并拟定了关于利用管理机构直接控制下的资源的优先重点（priorities）、资格标准（eligibility criteria）和运作程序（operational procedures）的三个附件。2007年10月召开的管理机构第二届会议通过《利用〈供资战略〉下的资源的优先重点》《利用管理机构直接控制下的资源的资格标准》《利用管理机构直接控制下的资源的运作程序》。在管理机构第二届会议之后，该委员会再次开会，讨论和起草了《供资战略》

---

① 附件1、2、3和附件4的名称分别是"利用《供资战略》下的资源的优先重点""利用管理机构直接控制下的资源的资格标准""利用管理机构直接控制下的资源的运作程序"及"《供资战略》下的信息和报告要求"。

② Food and Agriculture Organization of the United Nations, *The Funding Strategy of the International Treaty on Plant Genetic Resources for Food and Agriculture,* 2013, p. 9.

的第四个附件——《〈供资战略〉下的信息和报告要求》。这份附件在2009年6月召开的管理机构第三届会议上获得通过。

以下对《供资战略》及其附件确立的主要规则进行介绍并作出必要的评论。

首先来看《供资战略》的目标。由于《国际条约》第18.2条已经明确地规定了供资战略的目标，《供资战略》因而直接复制了第18.2条规定。上文已对第18.2条进行了解释和评论，在此不予重复。

其次来看《供资战略》的目的（aims）。《供资战略》的目的有两项：其一，根据《国际条约》第18条规定，开发方法和手段，以便为实施《国际条约》提供足够资源；其二，透明、高效和有效利用《供资战略》可提供的一切资源，注意到所提供的财政资源不得用于与《国际条约》或其他相关国际协定不相符的目的。

值得注意的是，一个关于《供资战略》财政资源的可能来源的清单被附加在说明第一项目的的文字之后。这个清单上的来源包括：发达国家缔约方通过双边、区域和多边渠道提供的并由发展中国家和经济转型国家利用的财政资源；相关国际机制、基金和机构为与《国际条约》的实施有关的优先重点活动、计划和方案所提供的财政资源；每一缔约方根据其国家能力和财政资源，为保存和可持续利用粮农植物遗传资源国家活动提供的财政资源；按照《国际条约》第13.2条之（d）（ii）因分享粮农植物遗传资源商业化所产生的货币惠益所得到的财政资源；来自于各缔约方、私营部门（考虑到第13条规定）、非政府组织以及其他来源的自愿捐款；通过联合国粮农组织正常计划提供的财政资源。

相比于关于目标的表述，《供资战略》关于目的的表述更加具体，其从资金的提供和利用两个角度指出实现目标所借助的途径。为了推进《国际条约》的实施，缔约方、相关国际组织、非政府组织及私营部门等要开发提供足够资金的方法和手段，并且《国际条约》管理机构和相关国际组织要透明、高效和有效利用已提供的资金。鉴于《供资战略》将财政资源分为受管理机构直接控制的资源和不受管理机构直接控制的资源，这两类资源的提供和利用的政策和标准存在着很大的不同，下文将就此作出说明。

《供资战略》关于目的的表述中包含一个《供资战略》财政资源可能来源

的清单，出现在该清单中前五个来源分别对应于第18.4条之（c）（a）（d）（e）和（f）所规定的资金来源。该清单又列出《供资战略》下的第六个资金来源，这就是通过联合国粮农组织正常计划提供的资金。

接下来看《供资战略》的优先重点。《供资战略》指出：根据包含于《国际条约》第13.4条中的指导，确立了《供资战略》支持的优先重点，以便确保对实施《国际条约》的一种均衡方法，尤其是对粮农植物遗传资源的保存和可持续利用；最初的优先重点是滚动式的《全球行动计划》的优先重点活动领域，供管理机构进一步发展；因利用粮农植物遗传资源所产生的并在多边系统中被分享的惠益应当用于粮农植物遗传资源的保存和可持续利用。

《供资战略》用了三段文字处理了优先重点的有关问题，这包括优先重点的确立、最初的优先重点以及分享利用粮农植物遗传资源所产生的惠益的用途等。实际上，《国际条约》第13.3、13.4、18.3条和第18.5条已经直接或间接地提到了与资金的提供和利用有关的优先重点，第18.3条还要求管理机构在确定供资指标时考虑《全球行动计划》确认的优先重点活动领域。这些规定为确立《供资战略》的优先重点提供了必要的指导。具体来看，《供资战略》的确立是以《国际条约》第13.4条作出的指导作为根据，并且是为了确保对实施《国际条约》的一种均衡方法（balanced approach）。提出"均衡方法"显然是要强调确立《供资战略》的优先重点是为了使《国际条约》得到全面的实施。但是应当指出的是，确立《供资战略》的优先重点在更大程度上是为了保存和可持续利用粮农植物遗传资源，这一点被清楚地表达在说明《供资战略》优先重点的第一段和第三段文字当中。第二段文字则明确地提出了《供资战略》最初的优先重点，这就是滚动式的《全球行动计划》的优先重点活动领域。这段文字中使用的词语"最初的"（initial）和短语"供管理机构进一步发展"（for further development by the Governing Body）为《供资战略》是一个动态化机制的描述提供了有力的诠释。

虽然《供资战略》将其优先重点确定为滚动式的《全球行动计划》的优先重点活动领域，然而，《全球行动计划》（1996）的优先重点活动领域有20个之多，将这些活动领域都确定为《供资战略》的优先重点显然是不切实际的。《供资战略》附件1——《利用〈供资战略〉下的资源的优先重点》就此作出了进一步的限定，其选择了《全球行动计划》的若干优先重点活动，并将它们整合为《供资战略》的三大最初的优先重点，它们是信息交流、技术转让和能力建设（反映了《全球行动计划》优先重点活动之15和19）、在农田管理和保存粮农植物遗传资源（反映了《全球行动计划》优先重点活动之2）、植物遗传资源的可持续利用（反映了《全球行动计划》重点活动之9、10和11）。[①]

再看《供资战略》的两类财政资源来源——受管理机构直接控制的资源和不受管理机构直接控制的资源。这是《供资战略》对实施《国际条约》的财政资源所作出的分类，这一分类实际上已经体现在《国际条约》第18条当中，但第18条并没有直接将该分类表达出来。《供资战略》依据第18条规定明确地提出这一分类，并对这两类资源所涵盖的具体资源、提供和利用这两类资源的政策和标准作出了说明。

根据《供资战略》相关段落的说明，受管理机构直接控制的资源包括上文提及的关于《供资战略》财政资源可能来源的清单中所列出的后三种资源，具体是：按照《国际条约》第13.2条之（d）（ii）因分享粮农植物遗传资源商业化所产生的货币惠益所得到的财政资源；来自于各缔约方、私营部门（考虑到第13条规定）、非政府组织以及其他来源的自愿捐款；通过联合国粮农组织正常计划提供的财政资源。

这里要指出的是，为了实施《国际条约》的目的接收和利用管理机构获得的财政资源，管理机构决定按照《国际条约》第19.3条之（f）建立了一个信托基金账户，该账户被命名为"惠益分享基金"。[②]这样一来，受管理机构直接控制的资源将通过"惠益分享基金"接收并支付，此类资源事实上就是"惠益分享基金"资源。[③]

《供资战略》一方面确定了受管理机构直接控制的资源的三个来源，另一方面为这些资源的利用设立了标准和程序。具体来看，《供资战略》指

---

① 需要指出的是，在商讨和拟定《供资战略》及其附件之时，经过更新的第二份《全球行动计划》（2011）尚未产生，因此《供资战略》及其附件提到的《全球行动计划》都是指1996年的《全球行动计划》。可以预见的是，管理机构在未来将会根据2011年《全球行动计划》对《供资战略》的优先重点进行必要的调整，这也符合《供资战略》的动态化特点。

② "惠益分享基金"的名称来自包含在《国际条约》第13.2条之（d）（ii）中的关于货币惠益分享的规定。See Food and Agriculture Organization of the United Nations, *The Funding Strategy of the International Treaty on Plant Genetic Resources for Food and Agriculture,* 2013, p. 13.

③ Food and Agriculture Organization of the United Nations, *The Funding Strategy of the International Treaty on Plant Genetic Resources for Food and Agriculture*, 2013, p. 12.

出：为了获得支付（disbursement）的资格，申请人和提案（proposals）必须满足本文件附件2（即《利用管理机构直接控制下的资源的资格标准》）列出的标准；关于接收和管理这些资源以及关于接收支付申请、遴选供资项目（projects）、准予支付以及监测供资项目的运作程序载于本文件附件3（即《利用管理机构直接控制下的资源的运作程序》）。

《利用管理机构直接控制下的资源的资格标准》列出"惠益分享基金"支持的项目必须满足的四个标准，它们是：符合《国际条约》的目标；归属于管理机构不定期地确立的优先重点；惠及发展中国家缔约方；通过相关缔约方提交。《利用管理机构直接控制下的资源的运作程序》包含关于原则、项目周期和遴选标准三个方面的规则。就原则而言，这些运作程序基于透明和公正、简明和可及性、高效和有效的原则。项目周期正常情况下持续两年（两届管理机构会议之间的期间），其由以下阶段组成：开放征求提案、提交预案、筛选和回应预案、提交来自于已获批准的预案的项目提案、评估项目提案、在项目周期内批准供资的项目、支付、报告和监测、独立评价。遴选标准是：项目的相关性、可行性、有效性和效率、益处和受益者、团队构成和能力、协作、计划和监测、可持续性、地理上的延伸、作物相关性。[①]

从以上《供资战略》就受管理机构直接控制的资源涉及的问题所作的说明来看，利用受管理机构直接控制的资源采取的是向符合标准的项目支付资金的方式实现的。在"惠益分享基金"的场景中，《供资战略》"目的"中提及的"透明、高效和有效利用"财政资源是通过商定的规范供资项目的遴选和执行的优先重点、资格标准和运作程序而加以确保的。[②]

除了受管理机构直接控制的资源，《供资战略》还预见没有落入到管理机构控制范围下但投资到有助于《国际条约》实施的活动中的财政资源，这些资源同样被认为是《供资战略》的组成部分，这就是不受管理机构直接控制的资源。

根据《供资战略》相关段落的说明，不受管理机构直接控制的资源包括

---

① 限于篇幅，这里不再进一步介绍和说明构成项目周期的各个阶段的具体规则，以各项遴选标准下列出的需要回答的问题，详细内容可参见《国际条约》管理机构第二届会议报告（IT/GB-2/07/Report）。

② Food and Agriculture Organization of the United Nations, *The Funding Strategy of the International Treaty on Plant Genetic Resources for Food and Agriculture*, 2013, p. 12.

了上文提及的关于《供资战略》财政资源可能来源的清单中所列出的前三种资源，它们具体是：发达国家缔约方通过双边、区域和多边渠道提供的并由发展中国家和经济转型国家利用的财政资源；相关国际机制、基金和机构为与《国际条约》的实施有关的优先重点活动、计划和方案所提供的财政资源；每一缔约方根据其国家能力和财政资源，为保存和可持续利用粮农植物遗传资源国家活动提供的财政资源。

这里特别需要提到一类不受管理机构直接控制的资源就是全球作物多样性信托基金为《国际条约》实施提供的资源。[①]作为一个捐赠基金，信托基金从其成立时到2013年已经获赠超过1.9亿美元的资金。信托基金目前支持着20个由国际基因库持有的主要作物收集品，绝大多数基因库都归属于CGIAR中心。在管理机构第一届会议上，管理机构与信托基金签订了一个"关系协议"。该协议将信托基金认可为，与粮农植物遗传资源的非原生境保存和可获得性有关的《供资战略》的一个必要组成部分。协议还规定，信托基金在《国际条约》的框架下运作，并接收来自于管理机构的政策指导。应当指出的是，信托基金和"惠益分享基金"已经形成一个完整的互补关系，因为"惠益分享基金"的主要关注点是粮农植物遗传资源在农田的保存（on-farm conservation）和管理及可持续利用，而该信托基金支持的是粮农植物遗传资源的非原生境保存。[②]

在不受管理机构直接控制的资源的提供和利用问题上，《供资战略》指出：一些国际机制、基金和机构提供资源支持与《国际条约》的实施有关的活动；鼓励所有这些供资的机构确保给予可预测的商定资源的有效分配以应有的重视和关注，以支持《国际条约》的实施；邀请这些供资的机构在它们的权限范围内分配资源以支持《国际条约》实施时，酌情使用本文件附件1所确认的优先重点。

由于管理机构对缔约方、相关国际机制、基金和机构为实施《国际条约》

---

① 除了全球作物多样性信托基金，还有一些具有全球影响力的国际组织为《国际条约》的实施提供资源，这些组织包括：联合国粮农组织、全球环境基金、国际农业研究磋商组织联合体、国际农业发展基金、联合国开发计划署、联合国环境规划署、世界银行以及全球适应基金（Global Adaptation Fund）。

② Food and Agriculture Organization of the United Nations, *The Funding Strategy of the International Treaty on Plant Genetic Resources for Food and Agriculture,* 2013, p. 23.

提供的资源无法行使直接控制的权力，管理机构也就不能为这些资源的提供和利用设定政策和标准。《供资战略》只能向供资机构在分配资源的问题上提供必要的指导，具体就是"邀请"供资机构在它们的权限范围内"酌情使用"附件1确认的优先重点。

最后来看《供资战略》就提供有关《供资战略》的信息、监测以及审查问题确立的规则。这三个问题关系到能否实现《供资战略》确立的目标和目的，《供资战略》对它们作出了说明。

在提供有关《供资战略》的信息的问题上，《供资战略》指出：《国际条约》秘书处（Secretariat）将收集和保持关于此类供资机构的职权、政策、资格标准和程序的信息，并通过《国际条约》网站向缔约方提供这些信息；实施《全球行动计划》的便利性机制可以通过收集和提供来自缔约方的相关可获得的资金信息，对该项活动进行补充。

提供有关《供资战略》的信息与不受管理机构直接控制的资源直接相关。由于管理机构对相关国际机制、基金和机构为实施《国际条约》提供的资源无法行使直接控制的权力，为了确保这些国际机制、基金和机构执行的有助于《国际条约》实施的活动的透明度、高效率和有效性，《供资战略》要求《国际条约》秘书处收集、保持并通过《国际条约》网站提供关于这些国际机制、基金和机构的职权、政策、资格标准和程序的信息。事实上，《供资战略》通过在保存和可持续利用粮农植物遗传资源领域提供一个国际认可的联合行动框架，增加了透明度、高效率和有效性以及加强了互为补充的行动。[①]

在监测的问题上，《供资战略》指出：管理机构应当通过本文件附件4确认的信息、审计和报告要求监测《供资战略》的实施并评估其功效。

《供资战略》附件4——《〈供资战略〉下的信息和报告要求》包含了信息和报告的定期性、关于管理机构直接控制下的资源的信息和报告以及关于不在管理机构直接控制下的资源的信息和报告三个方面的规则。[②]

在审查的问题上，《供资战略》指出：管理机构将每隔一届例会或必要时

---

① Food and Agriculture Organization of the United Nations, *The Funding Strategy of the International Treaty on Plant Genetic Resources for Food and Agriculture*, 2013, p. 26.

② 限于篇幅，这里不再进一步介绍和说明附件4关于管理机构直接控制下的资源和不在管理机构直接控制下的资源的信息和报告所涉及的具体事项，详细内容可参见管理机构第三届会议报告（IT/GB-3/09/Report）。

审查《供资战略》，包括及其附件。

正如上文所指出的，《供资战略》是一个动态化的机制，其可能得到进一步的发展以及使其适应正在变化的情势。显然，《供资战略》在未来将如何发展要取决于对其实施进行的监测以及对其内容进行的审查。就此而言，关于监测和审查的规则对于《供资战略》是不可或缺的。

三、"惠益分享基金"及其运作情况

《供资战略》指明纳入其范围的财政资源有两类，其中的一类资源由管理机构取得并受其直接控制。为了实施《国际条约》的目的接收和利用管理机构所取得的财政资源，管理机构依据第19.3条之（f）规定建立了"惠益分享基金"（Benefit-Sharing Fund）。这是《国际条约》缔约方们为推动《国际条约》的实施而采取的关键举措。"惠益分享基金"是作物多样性保存和利用领域的持续性努力所产生的一个重大成果，其与相关机制和机构开展的工作互为补充，并且促使利益相关者在当地层面上应对全球性挑战。

"惠益分享基金"带有一些突出性的特点，这使得其区别于作物多样性领域的其他倡议。第一，"惠益分享基金"与第一个充分运作的获取和惠益分享国际机制——获取和惠益分享多边系统直接相关，因为其接收和提供来自分享粮农植物遗传资源商业化所产生的货币惠益的财政资源。第二，"惠益分享基金"是由《国际条约》缔约方本着多边主义的精神所建立的，国际社会通过《国际条约》管理机构运营和管理该基金。为了使"惠益分享基金"的影响得以最大化，缔约方已经制定出据以利用资源的优先重点、标准和程序。第三，"惠益分享基金"指向的优先重点是以该基金应对保护作物多样性、加强粮食安全和适应气候变化的全球性挑战的方式所设计的。"惠益分享基金"支持能够确保对粮食安全具有重要性的地方作物品种在农民田间得以保留、再度引进、培育和维持的活动，它还支持查明一些具体性状和培育新品种的科学努力，这些新品种能够耐受气候变化诱发的压力和抵御日益出现的虫害和疫病，同时保持产量和营养水平不至于衰退。第四，"惠益分享基金"处在动态化的发展之中。"惠益分享基金"已经完成规则创制和投入实际运作的阶段，接下来其需要在一些关键问题上适应不断变化的情势和即将出现的挑战。管理机构早先设立的"《供资战略》特设咨询委员会"为促成"惠益分享基金"的动态化发展作出了重要贡献，管理机构在2013年设立的"推进获取和惠益分享多边系统运作的不限成员名额特设工作组"又将为"惠益分享基金"的进一步发展开展工作。①

当管理机构第三届会议通过《供资战略》附件4之后，这意味着"惠益分享基金"运作所需的核心规则已经全部到位。只要"惠益分享基金"能够接收到一定数额的资金，其就可以进入实际运作阶段。上文曾指出，《国际条约》第13.2条之（d）（ii）提及的粮农植物遗传资源商业化所产生的货币惠益不可能在短期内大量出现并实现分享，这样来看的话，"惠益分享基金"最初的资金来源只能是缔约方、私营部门、非政府组织以及其他来源提供的自愿捐款。自从管理机构第二届会议以来，第一批来自于缔约方的自愿捐款已经进入"惠益分享基金"，这些提供了自愿捐款的缔约方是：西班牙、意大利、澳大利亚、爱尔兰和瑞士。挪威在2008年3月宣布，其每年将向"惠益分享基金"捐赠本国种子销售额的0.1%。随后挪威向"惠益分享基金"兑现了首次年度自愿捐款的承诺。截至2009年4月，"惠益分享基金"收到大约58万美元的自愿捐款。

由于"惠益分享基金"收到一部分缔约方的自愿捐款，管理机构主席团（Bureau）决定公开征集提案（call for proposals）②，以启动"惠益分享基金"的实际运作。《国际条约》秘书着手采取具体行动，其预备了征集提案的通告，并在2008年12月发布在《国际条约》的网站之上。③在征集提案期间，《国际条约》秘书收到了来自联合国粮农组织全部七大区域的100多份预案。依据《供资战略》附件3确立的程序，一个独立专家小组对征集到的提案进行了筛选和评估，管理机构主席团于2009年5月批准了11个小型项目。每个项目获得了不超过5万美元的资助，它们将在自批准后的两年期内实施。管理机构及其秘书开展的上述活动，包括第一次提案征集、筛选和评估提案、批准供资以及向项目执行机构作出首笔支付，标志着"惠益分享及基金"已经完全运作

---

① Food and Agriculture Organization of the United Nations, *The Funding Strategy of the International Treaty on Plant Genetic Resources for Food and Agriculture*, 2013, pp. 37-41.

② 根据《国际条约》第19.11条规定，管理机构主席团由管理机构按照其议事规则选举出的主席和副主席组成。虽然第19.11条没有明确规定主席团的权力，但主席团可以经请求在管理机构会议间隔期间发挥重要的监督《国际条约》的实施的作用。

③ 这份征集提案的通告的名称是："领先业界"（Leading the Field），该通告包含有关优先重点、资格、筛选和评估标准、提交预案的截止时间、每个项目最高资助额度及过程等方面的信息。

起来。①

自管理机构第三届会议以来，来自于澳大利亚和德国的自愿捐款进入"惠益分享基金"，先前曾提供过捐款的爱尔兰、意大利、挪威和西班牙等缔约方又向"惠益分享基金"进行了捐款，国际农业发展基金提供了150万美元的捐款。借助于"惠益分享基金"新接收到的资金，第二次征集提案活动于2010年7月正式启动。值得注意的是，在本次征集提案活动启动之时，一个所谓的"计划性方法"（programmatic approach）被引入进来，其意图确保"惠益分享基金"的活动在全面战略（overarching strategies）的框架下得到实施，以增强它们的长期影响。为了加强这一计划性方法，第二次征集提案活动确定了一个"专题重点"（thematic focus），即"通过一套有针对性的保存和可持续利用粮农植物遗传资源的高度影响活动帮助农民适应气候变化，从而确保可持续的粮食安全"。需要指出的是，确定这个专题重点并不意味着扩大或修改"惠益分享基金"三个已商定的优先重点，相反，其构成了对商定优先重点的一个精准、一致和具体的实施，以便增加"惠益分享基金"的积极影响。②

第二次征集提案不仅确定了上述专题重点，而且设计了一个包含两个不同供资窗口（funding window）的结构。这两个窗口形成了互补的关系。设计这样一种结构的用意是将短期有形成果的取得与导致更广泛影响并能使之长期显现出来的活动结合起来。第一个窗口针对的是制定"战略行动计划"（Strategic Action Plan）的项目，这类项目将处理全球层面上的全部农业生态区域或作物、分析应对气候变化引发的挑战的机会、制定空间上适当的优先重点、战略和行动计划。第二个窗口则针对实施"近期行动计划"（Immediate Action Plan）的项目，这类项目与第一次征集提案活动资助的项目相同，它们旨在通过实施具体的有关保存和可持续利用粮农植物遗传资源的活动释放出近期的成果。第一个窗口资助的项目最长持续1年时间，资助金额最高不超过40万美元，第二个窗口资助的项目在正常的两年项目周期内实施，资助金额的上限为30万美元。第二次征集提案活动收到了400多份预案，通过有资格的缔约方国家当局提交的预案为344份，其中第一个窗口收到了85份预案，第二

① Food and Agriculture Organization of the United Nations, *The Funding Strategy of the International Treaty on Plant Genetic Resources for Food and Agriculture,* 2013, p. 44.

② Food and Agriculture Organization of the United Nations, *The Funding Strategy of the International Treaty on Plant Genetic Resources for Food and Agriculture,* 2013, pp. 48-51.

个窗口收到了259份预案。经过筛选和评估，管理机构主席团在管理机构第四届会议之后批准了19个来自于发展中国家的项目，投资到这19个项目上的资金共计达到了550万美元。①

第三次提案征集活动在2014年3月启动，本次活动的主要资金来源是欧洲委员会提供的500万欧元的自愿捐款，这是"惠益分享基金"自建立以来收到的单笔最大捐款。"惠益分享基金"预计在第三次提案征集活动中投资1000万美元。管理机构决定在本次提案征集活动中维持第二次活动确定的"专题重点"。基于不同供资窗口的结构在第三次活动中也被继续采用，本次活动开启了一个专注于技术联合开发和转让的新窗口。这是期待通过支持技术联合开发和转让的项目为《供资战略》优先重点之一提供实施的动力。本次提案征集活动共收到了394份预案，经过筛选，独立专家小组对56个完整项目提案（full project proposal）进行了评估，管理机构主席团于2015年3月批准了22个项目，这些受资助的项目所涉及的活动将在跨越非洲、亚洲、近东、拉丁美洲、加勒比海和西南太平洋区域的44个发展中国家实施。②

不论从"惠益分享基金"接收和投资于项目的资金数额上，还是从提案征集活动的方式和结构上来看，第二次和第三次征集提案活动相比于第一次已经有了非常大的发展，这表明"惠益分享基金"的运作取得了显著的进展，正在迈向更高级和成熟的阶段。可以预见，"惠益分享基金"给发展中国家及其农民、土著和当地社区带来的积极影响将会逐步地显现出来。

最后要强调的是，"惠益分享基金"的运作正在面临一些严峻的挑战。其中的一个挑战是，由于受到全球经济不景气的影响，《供资战略之惠益分享基金实施战略计划》确定的1.16亿美元的筹资指标已经累积了很大的资金缺口，这个筹资指标事实上已经无法完成。值得注意的是，"惠益分享基金"仅仅收到11个缔约方和两个国际组织的自愿捐款，而按照《国际条约》第13.2条之（d）（ii）所分享的货币惠益，也就是接受方按照《标准材料转让协议》第6.7条和第6.8条或第6.11条向"惠益分享基金"所支付的款项尚未进入"惠益

① Food and Agriculture Organization of the United Nations, *The Funding Strategy of the International Treaty on Plant Genetic Resources for Food and Agriculture,* 2013, pp. 20, 59. See The Report of the Implementation of the Funding Strategy, IT/GB-4/11/9.

② The Report on the Execution of the Project Cycle of the Benefit-Sharing Fund Since the Fifth Session of the Governing Body, IT/GB-6/15/Inf.4.

分享基金"。①为了应对这些挑战，管理机构设立了"推进获取和惠益分享多边系统运作的不限成员名额特设工作组"，该工作组正在考虑采取一些创新性方法，包括修订《标准材料转让协议》有关条款、促进缔约方基于种子销售的常规捐资、扩大多边系统的范围等等，以便使"惠益分享基金"能够收到可预测的、可依赖的以及可持续的资金。

---

① 这里唯一的例外是加拿大向"惠益分享基金"支付了一笔数额为1190美元的款项，这笔款项直接来自因利用多边系统中的粮农植物遗传资源所获得的产品。由于该产品并没有受到专利保护，也未处在限制研究和育种的状态，所以这是一个自愿性质的捐款。尽管"惠益分享基金"收到了按照第13.2条之（d）（ii）所作出的付款，但考虑到这笔捐款的数额极低，其仅具有象征性的意义。

主要参考文献

一、英文著作

[1] Lyle Glowka et al, *A Guide to the Convention on Biological Diversity,* International Union for Conservation of Nature and Natural Resources, 1994.

[2] Thomas Greiber et al, *An Explanatory Guide to the Nagoya Protocol on Access and Benefit-Sharing*, International Union for Conservation of Nature and Natural Resources, 2012.

[3] Gerald Moore and Witold Tymowski, *Explanatory Guide to the International Treaty on Plant Genetic Resources for Food and Agriculture,* International Union for Conservation of Nature and Natural Resources, 2005.

[4] Michael L. Jeffery et al (eds), *Biodiversity, Conservation, Law + Livelihoods: Bridging the North-South Divide*, Cambridge University Press, 2008.

[5] Philippe G. Le Prestre (ed.), *Governing Global Biodiversity: The Evolution and Implementation of the Convention on Biological Diversity,* Ashgate Publishing Ltd, 2002.

[6] Kerry Ten Kate and Sarah A Laird, *The Commercial Use of Biodiversity: Access to Genetic Resources and Benefit-Sharing,* Earthscan, 1999.

[7] G. Kristin Rosendal, *The Convention on Biological Diversity and Developing Countries,* Kluwer Academic Publishers, 2000.

[8] K.V. Krishnamurthy, *Textbook of Biodiversity,* Science Publishers, Inc. 2003.

[9] Anthony J. Stenson and Tim S. Gray, *The Politics of Genetic Resource Control,* Macmillan Press Ltd, 1999.

[10] Elisa Morgera, Matthias Buck and Elsa Tsioumani (eds), *The 2010 Nagoya Protocol on Access and Benefit-Sharing in Perspective: Implication for International Law and Implementation Challenges,* Martinus Nijhoff Publishers, 2012.

[11] Geoff Tansey and Tasmin Rajotte (eds), *The Future Control of Food: A Guide to International Negotiations and Rules on Intellectual Property, Biodiversity and Food Security*, Earthscan, 2008.

[12] Graham Dutfield, *Intellectual Property, Biogenetic Resources and Traditional Knowledge,* Earthscan, 2004.

[13] Sebastian Oberthur and G. Kristin Rosendal (eds), *Global Governance of Genetic Resources: Access and Benefit Sharing after the Nagoya Protocol,* Routledge, 2014.

[14] Morten W. Tvedt and Tomme Young, *Beyond Access: Exploring Implementation of the Fair and Equitable Sharing Commitment in the CBD,* International Union for Conservation of Nature and Natural Resources, 2007.

[15] Jorge Cabrera Medaglia and Christian L. Silva, *Addressing the Problems of Access: Protecting Sources, While Giving Users Certainty,* International Union for Conservation of Nature and Natural Resources, 2007.

[16] Elisa Morgera, Elsa Tsioumani and Matthias Buck, *Unraveling the Nagoya Protocol: A Commentary on the Nagoya Protocol on Access and Benefit-sharing to the Convention on Biological Diversity,* Martinus Nijhoff Publishers, 2014.

[17] Lyle Glowka, A *Guide to Designing Legal Framework to Determine Access to Genetic Resources,* International Union for Conservation of Nature and Natural Resources, 1998.

[18] W. Lesser, *Sustainable Use of Genetic Resources under the Convention on Biological Diversity: Exploring Access and Benefit Sharing Issues,* CAB International, 1998.

[19] Catherine Redgwell and Michael Bowman (eds), *International Law and the Conservation of Biological Diversity,* Kluwer Law International, 1995.

[20] Shakeel Bhatti et al (eds), *Contracting for ABS: The Legal and Scientific Implications of Bioprospecting Contracts,* International Union for Conservation of Nature and Natural Resources, 2009.

[21] Cary Fowler, *Unnatural Selection: Technology, Politics, and Plant Evolution,* Gordon and Breach Science Publishers S.A, 1994.

[22] Jack R. Kloppenburg, JR. *First the Seed: The Political Economy of Plant Biotechnology, 1492-2000,* 2nd Edition, The University of Wisconsin Press, 2004.

[23] Jack R. Kloppenburg, JR. (ed.), *Seeds and Sovereignty: The Use and Control of Plant Genetic Resources,* Duck University Press, 1988.

[24] Stephen B. Brush, *Farmers' Bounty: Locating Crop Diversity in the Contemporary World,* Yale University Press, 2004,

[25] Margatet Llewelyn and Mike Adcock, *European Plant Intellectual Property,* Hart Publishing, 2006.

[26] Graham Dutfield, *Intellectual Property Rights and The Life Sciences: A Twentieth Century History,* Ashgate Publishing Company, 2003.

[27] Muriel Lightbourne, *Food Security, Biological Diversity and Intellectual Property Rights,* Ashgate Publishing Company, 2009.

[28] Evenson, D. Gollin and V. Santaniello (eds), *Agricultural Values of Plant Genetic Resources,* CAB International, 1998.

[29] Regine Andersen and Tone Winge, *Realizing Farmers' Rights to Crop Genetic Resources: Success Stories and Best Practices,* Routledge, 2013.

[30] Michael Halewood et al, *Crop Genetic Resources as a Global Commons: Challenges in International Law and Governance,* Routledge, 2013.

[31] Mario Cimoli et al (eds), *Intellectual Property Rights and Economic Challenges for Development,* Oxford University Press, 2014.

[32] Claudio Chiarolla, *Intellectual Property, Agriculture and Global Food Security: the Privatization of Crop Diversity*, Edward Elgar, 2011.

[33] Christine Frison et al (eds), *Plant Genetic Resources and Food Security: Stakeholder Perspectives on the International Treaty on Plant Genetic Resources for Food and Agriculture,* Earthscan, 2011.

[34] Evanson Chege Kamau and Gerd Winter (eds), *Common Pools of Genetic Resources: Equity and Innovation in International Biodiversity Law,* Routledge, 2013.

[35] Padmashree Gehl Sampath, *Regulating Bioprospecting: Institutions for Drug Research, Access and Benefit-Sharing*, United Nations University Press, 2005.

[36] Charles Lawson, *Regulating Genetic Resources: Access and Benefit Sharing in International Law,* Edward Elgar, 2012.

[37] Steinar Andresen, Elin Lerum Boasson and Geir Hønneland (eds), *International Environmental Agreements: An Introduction,* Routledge, 2012.

二、英文论文、报告、会议文件及其他

[1] Carlos M. Correa, Considerations on the Standard Material Transfer Agreement under the FAO Treaty on Plant Genetic Resources for Food and Agriculture, *The Journal of World Intellectual Property*, Vol. 9. No. 2, 2006.

[2] Carlos M. Correa, *Implication for BioTrade of the Nagoya Protocol on Access to Genetic Resources and the Fair and Equitable Sharing of Benefit Arising from their Utilization,* United Nations Publication, 2011,

[3] Cary Fowler, Accessing Genetic Resources: International Law Establishes

Multilateral System, *Genetic Resources and Evolution*, Vol. 51, 2004.

［4］Cary Fowler, Regime Change: Plant Genetic Resources in International Law, *Outlook on Agriculture*, Vol. 33, No. 1, 2004.

［5］Cary Fowler, Plant Genetic Resources for Food and Agriculture: Developments in International Law and Politics, *Bio-Science Law Review,* Vol. 7, Issue 1.

［6］Craig Borowiak, Farmers' Rights: Intellectual Property Regimes and the Struggle over Seeds, *Politics & Society*, Vol. 32 No. 4, 2004.

［7］Matthias Buck and Clare Hamilton, The Nagoya Protocol on Access to Genetic Resources and the Fair and Equitable Sharing of Benefits Arising from their Utilization to the Convention on Biological Diversity, *Review of European Community & International Environmental Law,* Vol. 20, Issue 1, 2011.

［8］Gerald Moore, Jan Engels and Cary Fowler, The International Treaty on Plant Genetic Resources for Food and Agriculture: Access, Benefit Sharing and Conservation, *Acta Hortculturae*, Vol. 1, 2007.

［9］Kal Raustiala and David G. Victor, The Regime Complex for Plant Genetic Resources, *International Organization,* Vol. 58, No. 2, 2004.

［10］Evanson Chege Kamau, Bevis Fedder and Gerd Winter, The Nagoya Protocol on Access to Genetic Resources and Benefit Sharing: What is New and What are the Implications for Provider and User Countries and the Scientific Community? *Law, Environment and Development Journal*, 6(3), 2010.

［11］K. Bavikatte and D. F. Robinson, Towards a People's History of the Law: Biocultural Jurisprudence and the Nagoya Protocol on Access and Benefit-Sharing, *Law, Environment and Development Journal,* 7(1), 2011.

［12］Gurdial Singh Nijar, Incorporating Traditional Knowledge in an International Regime on Access to Genetic Resources and Benefit Sharing: Problems and Prospects, *The European Journal of International Law,* Vol. 21, No. 2, 2010.

［13］H. David Cooper, The International Treaty on Plant Genetic Resources for Food and Agriculture, *Review of European Community & International Environmental Law*, Vol. 11, Issue 1, 2002.

［14］Daniele Manzella, The International Treaty on Plant Genetic Resources for Food and Agriculture: Potential Mechanism for Ensuring Compliance and Resolving Disputes, *Environmental Law Reporter,* Vol. XXXVI, No. 5, 2006.

［15］R. Paternostre, *The Nagoya Protocol ABS Protocol: A Legally Sound Framework for An Effective Regime?* Thesis for the attainment of the Master's Degree, Utrecht University, 2011.

[16] José Esquinas-Alcázar, International Treaty on Plant Genetic Resources for Food and Agriculture, *Plant Genetic Resources Newsletter,* 2004, No. 139.

[17] Brad Fraleigh and Campbell G. Davidson, Overview of the International Treaty on Plant Genetic Resources for Food and Agriculture with Emphasis on its Significance for Horticultural Crops, *Acta Horticulturae*, Vol. 1, 2003.

[18] Michael Halewood et al, Implementing "Mutually Supportive" Access and Benefit Sharing Mechanism under the Plant Treaty, Convention on Biological Diversity and Nagoya Protocol, *Law, Environment and Development Journal,* (9)2, 2013.

[19] Michael Halewood, Governing the Management and Use of Pooled Microbial Genetic Resources: Lessons from the Global Crop Commons, *International Journal of the Commons,* Vol. 4, No. 1, 2010.

[20] Sabrina Safin, Hyperownship in a Time of Biotechnology Promise: The International Conflict to Control the Building Blocks of Life, *The American Journal of International Law*, Vol. 98.

[21] W. Bradnee Chambers, WSSD and an International Regime on Access and Benefit Sharing: Is a Protocol the Appropriate Legal Instrument? *Review of European Community & International Environmental Law*, Vol. 12, Issue 3, 2003.

[22] James R. Maxeiner, Some Realism about Legal Certainty in Globalization of the Rule of Law, *Houston Journal of International Law*, Vol. 31:1, 2008.

[23] Charles Lawson, Patents and the CGIAR System of International Agricultural Research Centres' Germplasm Collections under the International Treaty on Plant Genetic Resources for Food and Agriculture, *Australian Journal of Agriculture Research,* 2004.

[24] Claudio Chiarolla, Plant Patenting, Benefit Sharing and the Law Applicable to the Food and Agriculture Organization Standard Material Transfer Agreement, *The Journal of World Intellectual Property,* Vol. 11, No. 1.

[25] Morten W. Tvedt, Changes in the Plant Treaty - How Can Benefit Sharing Happen and the Link to Intellectual Property Right - Assessing the Mutually Supportiveness, *Law Environment and Development Journal,* (11)1, 2015.

[26] Elisa Morgena and Elsa Tsioumani, Yesterday, Today and Tomorrow: Looking Afresh at the Convention on Biological Diversity, *Yearbook of International Environmental Law*, Vol. 22, 2011.

[27] Elsa Tsioumani, International Treaty on Plant Genetic Resources for Food and Agriculture: Legal and Policy Questions from Adoption to Implementation, *Yearbook of International Environmental Law,* Vol. 15, 2005.

[28] Christiane Gerstetter et al, The International Treaty on Plant Genetic Resources for Food and Agriculture within the Current Legal Regime Complex on Plant Genetic Resources, *The Journal of World Intellectual Property,* Vol. 10, No. 3, 2007.

[29] Robin Pistorius, *Scientists, Plants and Politics: A History of the Plant Genetic Resources Movement,* International Plant Genetic Resources Institute, 1997.

[30] Claudio Chiarolla, *Biopiracy and the Role of Private International Law under the Nagoya Protocol*, Working Papers No. 02/12, IDDRI, Paris, France.

[31] Gurdial Singh Nijar, *The Nagoya Protocol on Access and Benefit Sharing of Genetic Resources: Analysis and Implementation Options for Developing Countries,* Research Paper of South Centre, 2011.

[32] Regine Andersen, *The History of Farmers' Rights: A Guide to Central Documents and Literature*, Background Report of The Fridtjof Nasen Institute, 2005.

[33] Svanhild-Isabelle Batta Bjørnstad, *Breakthrough for 'the South'? An Analysis of the Recognition of Farmers' Rights in the International Treaty on Plant Genetic Resources for Food and Agriculture*, Report of The Fridtjof Nansen Institute, 2004.

[34] Gerald Moore, *International Arbitration,* CGRFA, Background Study Paper No.25, FAO, Rome, 2005.

[35] Carlos M. Correa, *Sovereign and Property Rights over Plant Genetic Resources,* CGRFA, Background Study Paper No.2, FAO, Rome, 1994.

[36] Gerald Moore and Elizabeth Goldberg, *The International Treaty on Plant Genetic Resources for Food and Agriculture: Learning Module,* Bioversity International, 2010.

[37] Organization for Economic Co-operation and Development, *Intellectual Property, Technology Transfer and Genetic Resources,* 1996.

[38] Food and Agriculture Organization of the United Nations, *The State of the World's Plant Genetic Resources for Food and Agriculture,* 1998.

[39] Food and Agriculture Organization of the United Nations, *The Second Report on the State of the World's Plant Genetic Resources for Food and Agriculture,* 2010.

[40] Food and Agriculture Organization of the United Nations, *Introduction to the International Treaty on Plant Genetic Resources for Food and Agriculture,* 2011.

[41] Food and Agriculture Organization of the United Nations, *Conservation and Sustainable Use under the International Treaty on Plant Genetic Resources for Food and Agriculture,* 2012.

[42] Food and Agriculture Organization of the United Nations, *The Funding Strategy of the International Treaty on Plant Genetic Resources for Food and Agriculture,* 2013.

[43] System-Wide Genetic Resources Programme, *Guide for the CGIAR' Use of the Standard Material Transfer Agreement,* Bioversity International, 2009.

[44] Overview of Recent Developments at National and Regional Levels Relating to Access and Benefit-sharing, UNEP/CBD/WG-ABS/5/4.

[45] The Report of the Meeting of the Group of Legal and Technical Experts on Concepts, Terms, Working Definitions and Sectoral Approaches, UNEP/CBD/WG-ABS/7/2.

[46] The Report of the Panel of Experts on Access and Benefit-Sharing, UNEP/CBD/COP/5/8.

[47] The Report of the Meeting of the Group of Technical and Legal Experts on Traditional Knowledge Associated with Genetic Resources in the Context of the International Regime on Access and Benefit-Sharing, UNEP/CBD/WG-ABS/8/2.

[48] The Report of the Meeting of the Group of Legal and Technical Experts on Compliance in the Context of the International Regime on Access and Benefit-Sharing, UNEP/CBD/WG-ABS/7/3.

[49] The Report of the First Meeting of the Ad Hoc Advisory Technical Committee on the Standard Material Transfer Agreement and the Multilateral System, IT/AC-SMTA-MLS1/10/Report.

[50] The Report of the First Session of the Governing Body of the International Treaty on Plant Genetic Resources for Food and Agriculture, IT/GB-1/06/Report.

[51] The Report of the Third Session of the Governing Body of the International Treaty on Plant Genetic Resources for Food and Agriculture, IT/GB-3/09/Report.

[52] Explanatory Notes on the First Draft of the Standard Material Transfer Agreement Prepared by Secretariat, CGRFA/IC/CG-SMTA-1/05/2 Add.1.

[53] Third Party Beneficiary, Including in the Context of Arbitration, CGRFA/IC/CG-SMTA-2/06/Inf.4.

[54] The Report on the Implementation of the Multilateral System of Access and Benefit Sharing, IT/GB-5/13/5.

[55] Experience of the Centres of Consultative Group on International Agricultural Research with the Implementation of the Agreements with the Governing Body, with Particular Reference to the Standard Material Transfer Agreement, IT/GB-2/07/Inf. 11.

[56] Experience of the Centres of Consultative Group on International Agricultural Research with the Implementation of the Agreements with the Governing Body, with Particular Reference to the Use of Standard Material Transfer Agreement for Annex 1 and Non-Annex 1 Crops, IT/GB-3/09/Inf. 15.

[57] Consideration of the Material Transfer Agreement to Be Used by International Agricultural Research Centres for Plant Genetic Resources for Food and Agriculture not Included in Annex 1 of the Treaty, IT/GB-2/07/13.

[58] The Report of the Implementation of the Funding Strategy, IT/GB-4/11/9.

[59] The Report on the Execution of the Project Cycle of the Benefit-Sharing Fund since the Fifth Session of the Governing Body, IT/GB-6/15/Inf.4.

三、中文译著

[1][美] 贾雷德·戴蒙德:《枪炮、病菌与钢铁:人类社会的命运》(修订版),谢延光译,上海译文出版社2014年版。

[2][美] 艾尔弗雷德·W·克罗斯比:《哥伦布大交换:1492年以后的生物影响和文化冲击》,郑明萱译,中国环境出版社2010年版。

[3][美] 何塞·E·阿尔瓦雷斯:《作为造法者的国际组织》,蔡从燕等译,法律出版社2011年版。

[4][英] 巴巴拉·J·劳琯:《编织环境法之网:IUCN环境法项目的贡献》,王曦等译,法律出版社2012年版。

[5][美] 理查德·B·普里马克:《保护生物学》,马克平、蒋志刚等编译,科学出版社2014年版。

[6][美] 沃特·V·里德等:《生物多样性的开发利用:将遗传资源用于可持续发展》,柯金良等译,中国环境科学出版社1995年版。

[7][美] 约翰·H·帕金斯:《地缘政治与绿色革命:小麦、基因与冷战》,王兆飞、郭晓兵等译,华夏出版社2001年版。